本书编委会

本书出版获广东省科技计划项目“创业投资支持科技型中小企业高质量发展研究与科技金融监测统计”（2020B0808070002）、“广东区域性股权交易市场科创专板助力科技企业创新发展”（2020B0808070001）资助

广东省创业投资行业发展报告（2021）

主　　编 ◎ 陈振权　李大伟
执行主编 ◎ 陶　锋
副 主 编 ◎ 燕志雄　田何志

暨南大学出版社
JINAN UNIVERSITY PRESS

中国 · 广州

图书在版编目（CIP）数据

广东省创业投资行业发展报告. 2021 / 陈振权，李大伟主编. —广州：暨南大学出版社，2022.9

ISBN 978-7-5668-3405-8

Ⅰ. ①广… Ⅱ. ①陈… ②李… Ⅲ. ①创业投资—研究报告—广东—2021 Ⅳ. ①F832.48

中国版本图书馆 CIP 数据核字（2022）第 074162 号

广东省创业投资行业发展报告（2021）

GUANGDONG SHENG CHUANGYE TOUZI HANGYE FAZHAN BAOGAO（2021）

主　编：陈振权　李大伟

出 版 人：张晋升

责任编辑：黄文科　冯月盈

责任校对：刘舜怡　黄亦秋　陈皓琳

责任印制：周一丹　郑玉婷

出版发行：暨南大学出版社（511443）

电　　话：总编室（8620）37332601

营销部（8620）37332680　37332681　37332682　37332683

传　　真：（8620）37332660（办公室）　37332684（营销部）

网　　址：http://www.jnupress.com

排　　版：广州尚文数码科技有限公司

印　　刷：佛山市浩文彩色印刷有限公司

开　　本：787mm×1092mm　1/16

印　　张：20.75

字　　数：500 千

版　　次：2022 年 9 月第 1 版

印　　次：2022 年 9 月第 1 次

定　　价：85.00 元

前 言

创新是引领发展的第一动力，是建设现代化经济体系的战略支撑。当前，我国经济已步入由高速增长转向高质量发展的阶段，对推动产业创新发展和转型升级提出了新的更高要求。创业投资是推动产业链、创新链和资金链深度融合的重要投融资方式，是促进大众创业、万众创新和产业转型升级的重要资本力量，是实现经济高质量发展、构建新发展格局的重要举措。

广东省在科技创新和产业发展方面走在全国前列，现代产业体系建设特别是战略性新兴产业发展释放出巨大的创业投资需求。经过多年发展，广东已成为我国创投市场规模大、活跃程度高、服务创新强、政策红利好的典型代表。其创业投资发展有三个特征：一是创业投资发展环境利好，市场开放和政策扶持为创业投资提供良好的发展基础与保障；二是创业投资格局演进，投资项目门槛提高，投资理念向理性化方向发展；三是创业投资绩效攀升，广东省创业投资主要面向以重大技术突破和重大发展需求为基础的战略性新兴产业，且投资回报稳步上升。当前，广东省创业投资行业也面临着投资速度放缓、投资金额下降、投资机构避险情绪上升等困难和挑战。

为全面展示广东省创业投资发展概况、总结发展成效、发现突出问题、提出解决对策和方案，广东省生产力促进中心和暨南大学产业经济研究院组成联合研究团队开展研究与编撰工作。本书以现代创业投资理论、产业经济理论和创新经济理论为基础，充分利用宏微观数据，辅之以充分文献阅读和资料查找，从产业链结构视角解剖创业投资配置状况，对广东省尤其是战略性新兴产业创业投资发展情况进行较深入的剖析研究。本书分为总体篇和产业篇两部分：

总体篇从宏观角度阐述我国创业投资整体发展环境（第一、二章），并分别从政府引导基金（第三章）、风险基金组织形式（第四章）和税收优惠方面（第五章）详细分析广东省创业投资概况，并在省际（第六章）、省内（第七章）甚至国际之间进行对比分析，指出广东省创业投资发展存在的主要问题并进行政策建议。该部分有助于读者全方面、多维度了解广东省创业投资现状，同时为政府完善和推出新的创业投资政策提供参考与依据。

产业篇（第八至十四章）筛选出广东省具有良好发展前景的7个战略性新兴产业，基于产业链、创新链、资金链融合视角，深入分析创业投资在这些重点新兴产业链上、中、下游的配置状况。我们筛选出超高清视频、新能源汽车、云计算、半导体与集成电路、医疗器械、智能家电、工业机器人7个产业，结合每个产业自身发展特点，从发展现状、创业投资概况、创业投资绩效及发展趋势研判等方面进行深入分析，对广东省加快形成以创新为主要动力和支撑的战略性新兴产业发展体系、建设全球科技创新高地与新兴产业重要策源地具有重要借鉴意义。

由于编者时间和精力有限，虽我们努力做到精益求精，但本书仍存在诸多不足之处，恳请各位读者给予批评指正，以求不断改进和完善！

编　者

2022 年 4 月

目录

CONTENTS

产业篇

ZONGTIPIAN

总体篇

第一章　中国创业投资市场发展环境*

第一节　宏观发展环境

一、宏观经济

（一）全球经济增长乏力，新一轮产业变革蓄势待发

新冠肺炎疫情的冲击使得全球各种深层次矛盾日益凸显，世界部分国家地区呈现经济负增长趋势（见图1-1），失业率攀升。截至2020年12月31日，海外累计确诊病例已超过8 379万。欧美、拉美等地区的国家累计确诊病例超过100万，美国、巴西等国家死亡人数已经超过15万。2020年美国失业率曾高达14.8%，欧元区失业率升至8.1%，日本失业率升至3.0%。疫情暴发后各国采取的隔离防疫措施减缓了复工复产速度，经济增速反弹乏力，经济复苏前景仍不容乐观，大量中小企业遭受了严重冲击。但是中小企业数字化转型的步伐反而在疫情的契机下加速，许多互联网新兴企业迅速发展，加快了产业变革的趋势。因此，可以看到科技创新作为引领深层次产业变革和经济发展的第一动力，能够推进新兴产业变革，为全球经济提供新动能，助力世界经济复苏和发展。

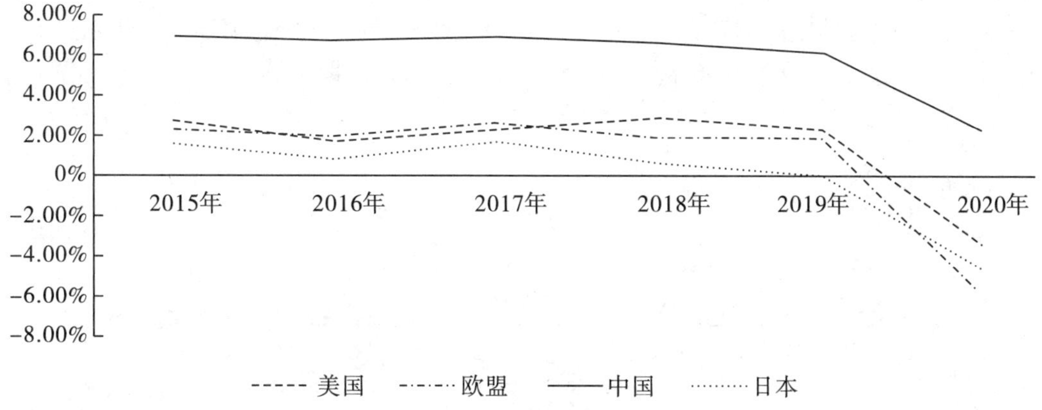

图1-1　2015—2020年世界主要经济体GDP增长率变化趋势

资料来源：中国国家统计局、美国统计局、日本内阁府、欧盟统计局。

---

* 本章第一执笔人为暨南大学产业经济研究院曹雨馨。

（二）逆全球化趋势加剧，贸易冲突推动产业链升级重塑

2020 年疫情重创全球经济，激化了各国家各民族之间的矛盾。随着逆全球化思潮的抬头、贸易保护主义的兴起，全球市场空间和国际贸易格局持续变化，给全球多边贸易体制带来极大挑战，区域产业链、供应链之间竞争更为激烈。2019 年下半年以来，美国对亚洲、欧洲、南美洲等地区的多个国家发动贸易战，另外，包括中国在内的亚洲国家之间的贸易摩擦也日益升温。在这种情况下，引导经济高质量发展，重塑产业链，对中国来说具备重要的战略意义。随着产业发展和世界制造业格局改变，新兴产业变革成为新的经济增长点，可以为经济体带来新的竞争优势，因此蕴含了极大的机遇和挑战。

（三）全球债务水平提高，FDI 大幅萎缩，科技行业估值逆势增长

国际金融协会（IIF）发布的《全球债务监测报告》显示，2020 年新冠肺炎疫情导致全球债务增加 24 万亿美元，达到 281 万亿美元，占全球 GDP 的比重达到 355%，远超 2008 年全球金融危机期间的增幅。疫情加重了企业、政府的债务负担，进一步加重全球经济体债务负担。各国为对冲负面影响相继推出大规模财政刺激与降息计划，提高金融机构杠杆水平，这加剧了违约风险。2021 年联合国贸易和发展会议发布的《全球投资趋势监测报告》显示，2020 年全球 FDI 总额约为 8 590 亿美元，与 2019 年相比减少了 42%。但是在疫情的驱动下，技术变革，机器人化、自动化和数字化发展加速，使得产业减少对有形资产的依赖，降低了相应的成本。科技行业也呈现出更为繁荣的景象，估值逆势增长，具备优越的发展前景。

（四）中国宏观调控成果显著，综合国力持续增强

2020 年我国经济运行呈现“V”形走势。得益于强有力的疫情防控和体制优势，中国经济从大幅下滑中逐步恢复（见图 1－2），全年同比增长 2.3%，经济总量首次突破 100 万亿元，是全球唯一实现正增长的主要经济体，也保持了全球最大出口国的地位。我国 GDP 稳居世界第二，占世界经济的比重预计达到 17% 左右。全国城镇新增就业 1 186 万人，全国城镇调查失业率全年平均 5.6%。人均国内生产总值连续两年超过 1 万美元，稳居中等偏上收入国家行列，与高收入国家发展的差距继续缩小。

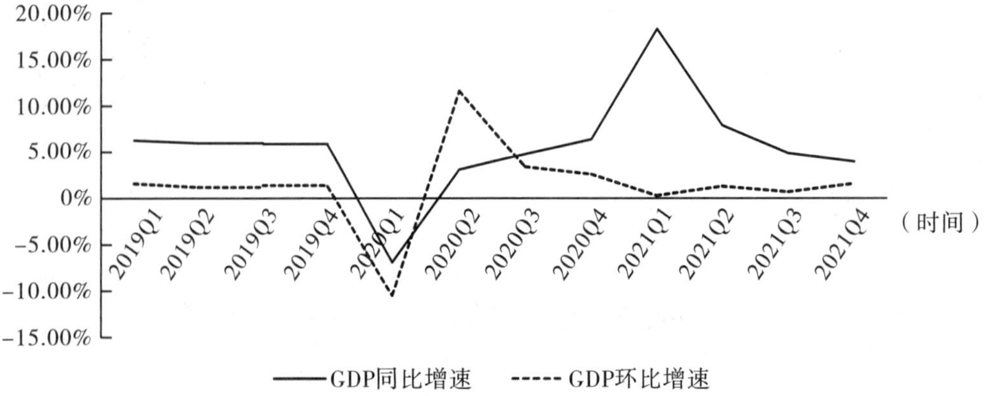

图 1－2　2019—2021 年中国 GDP 变化趋势

资料来源：国家统计局。

（五）产业结构布局稳定，疫情助力新兴产业崛起

2020 年中国实现了总体经济的正增长，且三次产业协同恢复发展。从表 1－1 可知，当前我国主要行业复苏速度加快，能源、粮食保障有力，工业生产强劲反弹，整体呈现明显向好趋势。2020 年规模以上工业增加值比上年增长 2.8%，高技术制造业增加值比上年增长 7.1%，占规模以上工业增加值的比重为 15.1%。全年新能源汽车产量 145.6 万辆，比上年增长 17.3%。全年规模以上服务业中，战略性新兴服务业企业营业收入比上年增长 8.3%，高技术产业投资比上年增长 10.6%。疫情暴发的特殊时期，线上线下融合的营销模式开始加速，使得新型商业模式快速扩张。同时 5G、人工智能、物联网等新技术得到广泛应用，短视频、直播带货等在线娱乐、在线营销方式逆势增长，远程办公、在线教育、互联网医疗等新模式发展壮大，新的产业和模式为经济发展注入新的活力。

表 1－1　2019—2020 年中国国内 GDP 核算数据

	绝对额/亿元		比上年同期增长/%	
年份	2019	2020	2019	2020
国内生产总值	990 865	1013 567	6.1	2.3
第一产业	70 467	78 031	3.1	3.1
第二产业	386 165	383 562	5.7	2.5
第三产业	534 233	55 974	6.9	1.9
农林牧渔业	73 567	81 397	3.2	3.3
工业	317 109	312 903	5.7	2.4
制造业	269 175	266 418	5.7	2.5
建筑业	70 904	72 445	5.6	2.7
批发和零售业	95 846	96 086	5.7	−0.9
交通运输、仓储和邮政业	42 802	40 583	7.1	0.8
住宿和餐饮业	18 040	15 285	6.3	−16.8
金融业	77 077	83 618	7.2	5.9
房地产业	69 631	73 425	3.0	1.3
信息传输、软件和信息技术服务业	32 690	38 244	18.7	18.3

资料来源：国家统计局。

（六）金融体系运行平稳，实体经济融资成本降低

为对冲新冠肺炎疫情对经济造成的影响，我国加大了金融对实体经济重点领域的精准支持力度，实体经济的融资成本总体下降明显，激发并改善了中小微企业活力。2020

年末，全国企业贷款加权平均利率为4.61%，比上年末下降了0.51个百分点。中国人民银行三次降低存款准备金率，增强市场流动性，帮助企业渡过难关。随着利率改革红利持续释放，货币政策传导效率增强，推动企业贷款利率明显下降。而我国疫情防控的有效进展也使得人民币汇率双向波动增强，人民币汇率市场形成机制不断完善。我国始终坚持稳健灵活的货币政策，实施必要的宏观审慎管理，推动金融供给侧改革和金融开放，极大促进了对外开放水平。这不仅体现出中国目前夯实的经济实力和完善的基础设施水平，使得产业转型升级拥有了强大的支撑，还体现了我国经济政策的合理性以及科学性，是未来世界经济发展的新蓝图。

二、宏观政策

（一）贸易保护政策加大国际摩擦

新冠肺炎疫情加速了逆全球化趋势和地方保护主义的发展。美国政府在特朗普总统任期内采取了具有单边主义、保护主义和经济民族主义色彩的贸易政策，企图重构以美国利益为核心的双边贸易体系。美国政府以国家安全为由，进一步强化了出口管制制度，尤其限制许多在中国有相当市场需求的技术和电信产品的销售。中美贸易摩擦在潜移默化中影响着世界贸易体系和价值链分工格局，全球范围内贸易保护性措施显著增加，贸易壁垒增多，外贸发展面临的不确定性、不稳定性增强。

（二）宽松货币政策加重全球债务负担

疫情暴发以来，各国央行采用了丰富的常规及非常规货币政策工具来应对疫情。为应对国际贸易争端和全球经济衰退风险，各国纷纷选择量化宽松的货币政策，以缓解金融机构债务危机以及企业债务负担。美国联邦政府财政预算赤字占GDP的比重已由2019年的4.6%攀升至2020年的14.9%。欧洲央行加大计划购买力度，并提高银行贷款额上限。日本同样废除贷款支持上限，鼓励金融机构向中小企业贷款，并购入商业票据和公司债。虽然各国政府和央行都采取了救市措施，但相应的措施只能短期解决流动性问题，长期来看进一步加重了全球债务负担。

（三）科技封锁政策加剧全球产业链重构风险

疫情的影响使得各国政府和依赖国际供应链的企业均深刻地认识到外部供应链中断所带来的安全风险，供应链安全成为各国政府和企业考虑全球供应链布局的重要因素。目前科技是中美战略博弈的焦点和核心。2019年美国商务部发布公告，将对更多中国输入美国的信息和通信产品实施新的、严格的审查，迫使美国国内进口商调整产业链，将中国产品及零部件排除在外。美国国会发起的《加强美国产业链安全与国家安全法》要求继续把控传统价值链两端，加强产业链的制造、加工环节。美国对我国科技进步进行全方位遏制，加强高科技出口管制，企图将中国产品剥离出美国科技产业链。疫情冲击叠加中美贸易战使得全球供应链脱钩风险急剧上升，带来了全球产业链重构的风险。

（四）中国宏观战略布局创新体系，建设科技强国

我国始终坚持创新在中国现代化建设全局中的核心地位，将科技自立自强作为国家

发展的战略支撑，深入实施创新驱动发展战略，完善国家创新体系，加快建设科技强国。2021年3月十三届全国人大四次会议批准了《中华人民共和国国民经济和社会发展第十四个五年规划和2035年远景目标纲要》（以下简称“十四五”规划），并在第二篇提出坚持创新驱动发展，全面塑造发展新优势。重点做到：①强化国家战略科技力量，制定科技强国行动纲要，健全社会主义市场经济条件下新型举国体制，打好关键核心技术攻坚战，提高创新链整体效能；②提升企业技术创新能力，完善技术创新市场导向机制，强化企业创新主体地位，促进各类创新要素向企业集聚，形成以企业为主体、市场为导向、产学研用深度融合的技术创新体系；③激发人才创新活力，贯彻尊重劳动、尊重知识、尊重人才、尊重创造方针，深化人才发展体制机制改革，全方位培养、引进、用好人才，充分发挥人才第一资源的作用；④完善科技创新体制机制，深入推进科技体制改革，完善国家科技治理体系，优化国家科技计划体系和运行机制，推动重点领域项目、基地、人才、资金一体化配置。

三、资本市场

（一）中国多层次资本市场服务创投市场

完善的多层次资本市场，将对经济转型、新兴产业的发展发挥关键性的推动作用。资本市场有助于优化创业投资机构资源配置效率，提升市场微观经济主体活力。资本市场还是创业投资退出的重要渠道，引导资本流向创新领域，形成创新与资本的正向循环。我国资本市场从20世纪90年代发展至今，从早期以经济发展服务的融资为主向财富管理功能凸显的投融资并重发展，分别建立了主板（含中小板）、创业板及科创板、新三板、区域性股权交易市场、证券公司主导的柜台市场，共同组成了我国多层次资本市场体系，满足不同类型投资者的投资偏好，适应不同类型和不同发展阶段企业的融资需求，不断激励企业科技创新，促进上市公司提高和完善治理水平。2021年设立的北京证券交易所将进一步完善多层次资本市场体系，加强与新三板创新层、基础层的有机联动，为中小企业发展创造良好的条件。

（二）新证券法实施提高资本市场效率

新证券法基于注册制的推行，大幅度简化发行条件，并加强了信息披露和退市制度的要求，提高发行人和上市公司的违法违规成本，提升上市公司质量，以“更高标准、更严要求”的准则维护资本市场环境，增强投资者的信心。全面实行注册制有助于改善资本市场整体生态环境，提高直接融资比例，解决企业融资难问题，让市场在资源配置中真正发挥核心作用。同时也增强了市场对于证券的定价能力，使得价格走势趋于合理化、专业化，大幅缓解企业尤其是科技型中小企业融资难的现状，充分激发资本市场活力及企业竞争力。投资者保护制度的改革有助于提升对证券市场的监管效力，不断完善监管中各个环节的有效衔接，且对证券市场上存在的违法行为实施严格执法、公平执法、公正执法，降低违规行为的发生。退市制度改革则有助于提高上市公司质量，对畅通资本市场出入口，完善优胜劣汰的良性市场生态具有重要意义，有助于加快完善多层次市场体系的步伐，推进资本市场高效有序地运行。

（三）资本市场规范化，维护市场秩序

资本市场的规范有利于长期健康稳定的发展，可以更好地防范化解金融风险，从而支持实体经济的发展，维护投资者合法权益。2017 年国务院发布的《关于规范发展区域性股权市场的通知》（国办发〔2017〕11 号）中对区域性股权市场进行相应规划，要求建立健全监管机制，不断提升监管能力，维护市场秩序，促进区域性股权市场健康稳定发展。2021 年 9 月北京证券交易所发布《北京证券交易所投资者适当性管理办法（试行）》，明确个人投资者准入的资金门槛为证券资产 50 万元，机构投资者准入不设置资金门槛；全国股转公司同步修改了《全国中小企业股份转让系统投资者适当性管理办法》，将创新层投资者准入资金门槛由 150 万元调整为 100 万元。2021 年国务院发布的《证券期货行政执法当事人承诺制度实施办法》（国令第 749 号）则规范了证券期货领域行政执法当事人承诺制度，维护了市场秩序，提高了行政执法效能。

（四）持续对外开放优化市场结构

资本市场对外开放将改善市场结构，有利于我国资本市场的高质量发展，增强金融供给效率；同时还能使得投资者行为更为理性，市场估值更加合理。近年来，外资流入我国的直接投资领域步伐加快，有效助力实体经济尤其是高科技产业的快速发展。随着对外开放的进一步深入，中长期资金在我国资本市场中的比重将提升，从而促进外资机构更加积极主动地参与我国资本市场。相应地，我国金融机构的国际化运行能力将得到极大增强，在国际竞争中具备更大的优势。2021 年央行债券“南向通”正式上线，“南向通”机制有利于完善我国债券市场双向开放的制度安排，维护香港的长期繁荣稳定，进一步拓展国内投资者在国际金融市场配置资产的空间，促进境内和香港债券市场监管标准的趋同，提高市场参与活跃度，打破境内外市场差异化，真正实现双向互联互通。

（五）提高上市公司质量，净化市场环境

提高上市公司质量是推动资本市场健康发展的内在要求，也是新时代加快完善社会主义市场经济体制的重要内容。目前，我国上市公司仍存在经营和治理不规范、发展质量不高等问题，与推动经济高质量发展的要求还存在差距。2020 年 10 月国务院发布的《关于进一步提高上市公司质量的意见》（国发〔2020〕14 号）中提出要进一步提高上市公司质量，坚持存量与增量并重、治标与治本结合，发挥各方合力，强化持续监管，优化上市公司结构和发展环境，提升上市公司运作规范性，改善信息披露质量，提高可持续发展能力和整体质量，从而为建设规范、透明、开放、有活力、有韧性的资本市场提供有力支撑。

四、小结

综合以上对宏观经济与政策、资本市场等现状的分析，我们可以得出目前中国创业投资市场所面临的宏观环境特点：

（一）国际局势动荡吸引资本流入

疫情以及战争的爆发严重影响了国际发展趋势，但中国应对危机交出的优秀答卷大

家有目共睹，进一步加大了国际市场对中国的投资信心。随着全球经济总量下滑，债务负担加重，各国之间矛盾重重。美国采取转移矛盾、以邻为壑的做法加剧了国际局势的动荡。相比之下，中国政府坚持以民为本，积极应对危机，并向世界各国提供援助的做法受到了广泛的认可。中国经济蕴含的稳定性、安全性以及规范性使得创投市场获得国际资本的信任。在当前世界创业投资风险加速流动的机遇下，中国创业投资市场拥有的巨大潜能吸引了大批资金的流入。央行数据显示，2021 年大量资金流入中国股市和债市。2021 年末境外机构债券持仓量同比增加约 7 500 亿元，持仓占比上升约 0.3 个百分点。A 股全年累计外资净流入超 4 300 亿元，外资全年买卖成交额合计达 27.63 万亿元，创历史新高。随着我国金融市场对外开放的稳步推进，人民币资产吸引力增强，创业投资市场的资金储备将更加充裕，资金结构将更加合理，也促进了市场的公平竞争和有序发展。

（二）国内政策利好促进创投发展

不管是宏观发展战略还是科技金融、创业扶持等专项政策都体现了我国对科技创新、创业投资的大力支持。2020 年的《政府工作报告》中同样要求继续深入开展大众创业、万众创新，发展创业投资和股权投资，增加创业担保贷款，深化新一轮全面创新改革试验，新建一批双创示范基地，坚持包容审慎监管，发展平台经济、共享经济，更大激发社会创造力。我国在 2021 年发布的“十四五”规划中表达了对创新的重视，要求解决科技“卡脖子”的问题，并对未来五年的创新发展目标进行了规划。这表明未来创业投资市场发展将受到我国政府部门以及金融机构的大力支持，发展动力强劲。创新创业投资市场在我国政府的有力扶持下，将在未来展示出更为优越的发展前景和发展实力。

（三）制度改革提振创投积极性

科创板的推出为科创企业提供了快速融资平台，聚集了大量科技投资资本，完善了多层次资本市场体系，打通了“募投管退”的股权投资闭环。而注册制的全面实施有利于资本市场的平稳健康发展，大幅缩短企业上市的审核周期，同时为创投机构提供了更加畅通的项目退出渠道，缩短了投资周期。因此我们可以看到，资本市场制度改革既极大提高了我国金融市场信心，为创投机构指明投资新风向，又可以吸引长期资金进入，进一步促进资本市场繁荣，推动整个资本市场高质量发展，促进“投资—退出—再投资”的良性循环，从而引导更多资本助力科创企业发展。

第二节 中国创业投资市场发展概况

我国创业投资市场近年来发展迅速，创业投资可以促进科技创新成果转化，是落实新发展理念、实施创新驱动发展战略、推进供给侧结构性改革、培育发展新动能和稳增长、扩就业的重要举措。而创业投资市场的发展则拓宽了创业企业的融资渠道，激发了企业创新创业的热情，促进了企业的结构调整与转型升级，为经济的发展增添了新动能。

一、市场政策概述

（一）科技金融创新政策

科技作为实体经济的重要支撑，科技金融在现代金融体系中扮演的角色越来越重要。2018 年由中国人民银行牵头，国家发改委、科技部等九部委共同编制的《“十三五”现代金融体系规划》（银发〔2018〕114 号）第八章专门论述要“完善有效支持实体经济的金融服务体系”，并专辟一节提出要“发展完善科技金融”，重点任务包括：一是要发展完善创业投资体系；二是要强化资本市场对创新创业的支持；三是要鼓励金融机构开发针对科技企业的金融服务和产品；四是要加快发展科技保险，为大力推动体制机制创新，促进科技和金融的深层次结合，支持国家创新体系建设。

2021 年国务院办公厅《关于完善科技成果评价机制的指导意见》（国办发〔2021〕26 号）中提出：①充分发挥金融投资在科技成果评价中的作用，完善科技成果评价与金融机构、投资公司的联动机制，引导相关金融机构、投资公司对科技成果潜在经济价值、市场估值、发展前景等进行商业化评价，通过在国家高新技术产业开发区设立分支机构、优化信用评价模型等，加大对科技成果转化和产业化的投融资支持；②推广知识价值信用贷款模式，扩大知识产权质押融资规模，在知识产权已确权并能产生稳定现金流的前提下，规范探索知识产权证券化，加快推进国家科技成果转化引导基金管理改革，引导企业家、天使投资人、创业投资机构、专业化技术转移机构等各类市场主体提早介入研发活动。

2020 年国务院办公厅印发《关于推广第三批支持创新相关改革举措的通知》（国办发〔2020〕3 号）提出针对科技与金融融合的相应改革措施：一是银行应当与专业投资机构建立市场化长期性合作机制支持科技创新型企业，实施科技创新券跨区域“通用通兑”政策协同机制；二是政银保联动授信担保提供科技型中小企业长期集合信贷机制，建立银行跟贷支持科技型中小企业的风险缓释资金池；三是建立基于大数据分析的“银行 + 征信 + 担保”的中小企业信用贷款新模式，建立以企业创新能力为核心指标的科技型中小企业融资评价体系。

（二）创业投资扶持政策

创业投资是促进科技创新成果转化的强大助推器，是落实新发展理念、培育发展新动能和稳增长、扩就业的重要举措。2019 年科技部印发的《关于新时期支持科技型中小企业加快创新发展的若干政策措施》的通知（国科发区〔2019〕268 号）中要求加快推动民营企业特别是各类中小企业走创新驱动发展道路，强化对科技型中小企业的政策引导与精准支持，明确提出：①要加大政策激励力度和财政资金支持力度，提高科技型中小企业研发费用加计扣除比例，并进一步落实高新技术企业所得税减免、技术开发及技术转让增值税和所得税减免、小型微利企业免增值税和所得税减免等支持政策，鼓励各级地方政府设立支持科技型中小企业技术研发的专项资金；②拓展国家科技成果转化引导基金功能，引导地方政府、社会资本成立专门投资科技型中小企业的“双创”基金，培育发展专注投资初创期科技型中小企业的天使投资；③拓展企业融资渠道，开展贷款风险补偿试点，引导银行信贷支持转化科技成果的科技型中小企业，加强科技金融结合试点工作，为优质企业进入新三板、科创板上市融资提供便捷通道。针对创投行业的税收问题，财政部、税务总局等部门也发布了多个优惠政策，包括《关于创业投资企业和天使投资个人有关税收政策的通知》（财税〔2018〕55 号）、《关于创业投资企业个人合伙人所得税政策问题的通知》（财税〔2019〕8 号）等，鼓励和扶持种子期、初创期科技型企业成长，促进创业投资持续健康高质量发展。

（三）知识产权法律政策

创新是引领发展的第一动力，保护知识产权也是对创新的保护。知识产权保护工作关系到国家治理体系和治理能力，国家的高质量发展和国家安全。国务院印发《关于“十四五”国家知识产权保护和运用规划的通知》（国发〔2021〕20 号）并提出：一要开展知识产权基础性法律研究，统筹推进专利法、商标法、著作权法、反垄断法、科学技术进步法、电子商务法等相关法律法规的修改完善。加强地理标志、商业秘密等领域立法，出台商业秘密保护规定，完善与国防建设相衔接的知识产权法律制度；二要全面建立并实施知识产权侵权惩罚性赔偿制度，加大损害赔偿力度；三要建立健全符合知识产权审判规律的特别程序法律制度，完善知识产权保护政策，健全大数据、人工智能、基因技术等新领域新业态知识产权保护制度。2021 年第十三届全国人民代表大会常务委员会第三十二次会议第二次修订的《中华人民共和国科学技术进步法》中提出：为了全面促进科学技术进步，促进科技成果向现实生产力转化，推动科技创新支撑和引领经济社会发展，全面建设社会主义现代化国家，国家制定和实施知识产权战略，建立和完善知识产权制度，营造尊重知识产权的社会环境，保护知识产权，激励自主创新。

当前，我们要认清我国知识产权保护工作的形势和任务，理解知识产权保护工作的重要性，贯彻落实党中央、国务院关于知识产权工作的决策部署，全面促进知识产权的运用，激发全社会创新活力，推动构建新发展格局，有力保障我国经济社会的高质量发展。

二、市场现状分析

（一）市场总规模持续增长

从募资层面分析，中国创业投资基金年度数量呈现阶段性上升的趋势。图 1－3 展示了在本章数据统计期间（2015—2021 年）中国创业投资市场的基金募集数量以及金额。具体来说，2017 年以前创业投资基金数量快速上升，2017 年达到峰值 8 385 家，2017 年以后创业投资基金数量逐步下降，但自 2019 年开始我国创业投资基金数量又稳步提升。清科私募通统计，2021 年中国创业投资市场共新募集 9 199 支基金，募集金额达到 41 132 亿元人民币①，相较去年同期上升 15%，这说明疫情并未削弱创业投资市场的基金募集热度，进一步体现出近年来中国创业投资市场资本吸引力大大提升。随着我国疫情防控常态化，经济持续稳定恢复，多项政策出台引领创业投资市场规范化发展，鼓励提升直接融资比例，募资市场将进一步回暖。

① 图表原始单位为百万元，正文为叙述简便，采用亿元为单位。后文作同样处理。

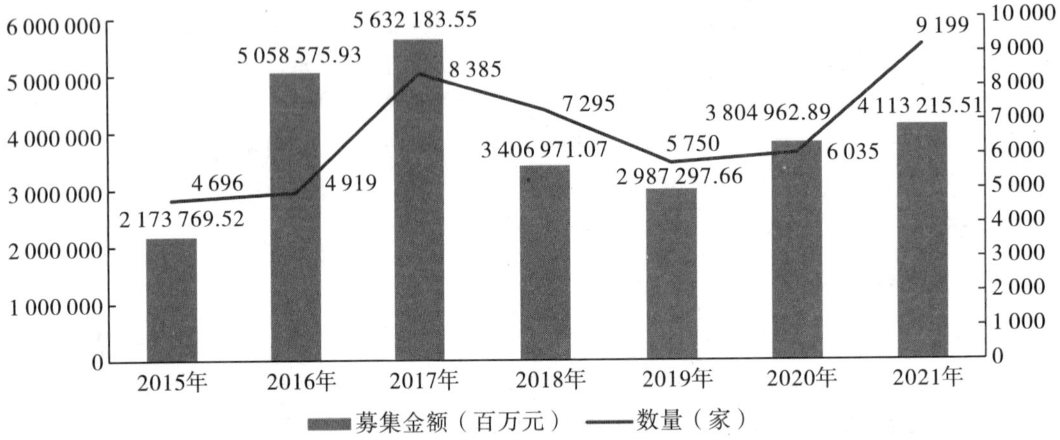

图 1－3 2015—2021 年中国创业投资市场基金募集规模统计

资料来源：清科私募通。

按募资类型来看，近年来新募基金类型主要为成长基金和创业投资基金。表 1－2 按基金类型展示了 2015—2021 年中国创业投资市场基金募集规模。成长基金和创业投资基金在数量上分别位列第一和第二，成长基金的基金数量为 16 502 支，创业投资基金数量为 9 954 支，两者相加占总数量比例超过 80%。占比较少的基金形式为夹层基金、基础设施投资基金和房地产投资基金，其中夹层基金数量最少，只有 17 支，占总数量比重为 0.05%。从募集金额上看，成长基金所募集到的创投金额最高，创业投资基金和 FOF 基金募集总额位列其后，三者总金额已经占据了大部分市场。

表 1－2 2015—2021 年中国创业投资市场募集基金类型

基金类型	数量/支	募集金额/百万元	平均募集金额/百万元
成长基金	16 502	7 060 872. 04	491. 53
创业投资基金	9 954	1 656 543. 18	177. 15
FOF 基金	2 067	3 357 576. 79	1 762. 51
并购基金	853	675 172. 51	841. 86
联接基金	729	212 719. 38	294. 22
早期投资基金	502	71 758. 43	152. 68
房地产投资基金	284	301 885. 11	1 105. 81
基础设施投资基金	281	1 013 563. 92	4 153. 95
夹层基金	17	31 895. 10	1 876. 18

资料来源：清科私募通。

从投资层面分析，如图 1－4 所示，中国创业投资市场投资趋势在 2015—2021 年基本保持稳定。类似基金募集的趋势，我国创业投资市场的投资案例数和金额在 2017 年达到峰值，随后逐渐下降，2018 年我国创业投资市场投资规模明显大幅下降。而 2019 年底疫情暴发后投资趋势逐渐回升，2021 年中国创业投资市场投资案例数 38 023 起，投资金额为 19 904 亿元人民币，较 2015 年的投资金额增长了 50%。投资市场的活跃一方面补足了疫情初期被延迟的部分投资，另一方面则开启了新一轮的投资热潮。

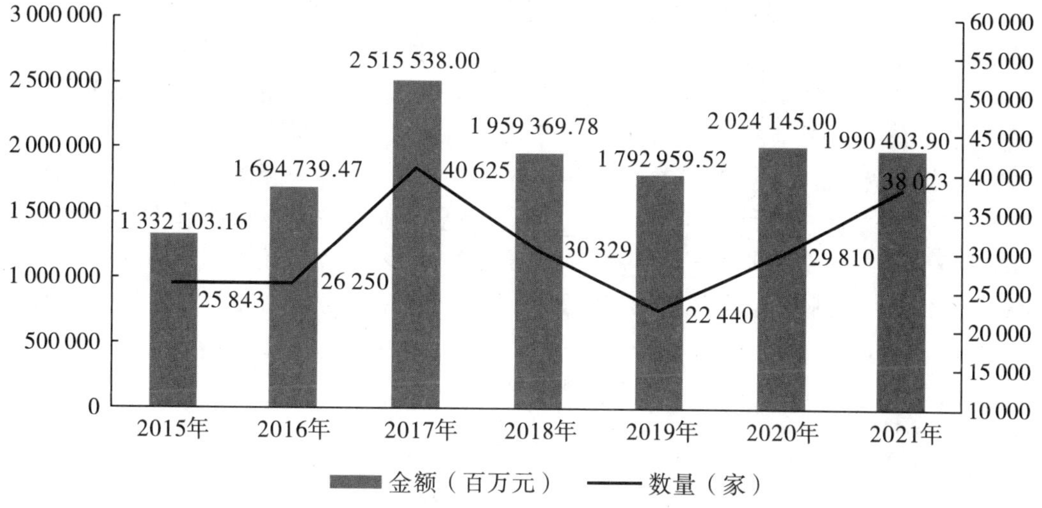

图 1－4　2015—2021 年中国创业投资市场机构投资规模统计

资料来源：清科私募通。

按投资轮次来看，图 1－5 展示了 2021 年中国创业投资市场基金投资轮次和金额。从数目来看，在 2021 年中国创业投资市场中，新三板定增、A 轮以及天使轮的投资基金数量占比最多；按投资金额来看，2021 年中国创业投资基金大部分投资于处于上市定增期以及 A 轮的企业，分别占总投资金额的 21.5% 和 17.9%。从投资金额规模分布和占比看，创业投资资本大多选择在创业企业的上市定增期和 A 轮融资进入，并且最主要集中在上市定增期。

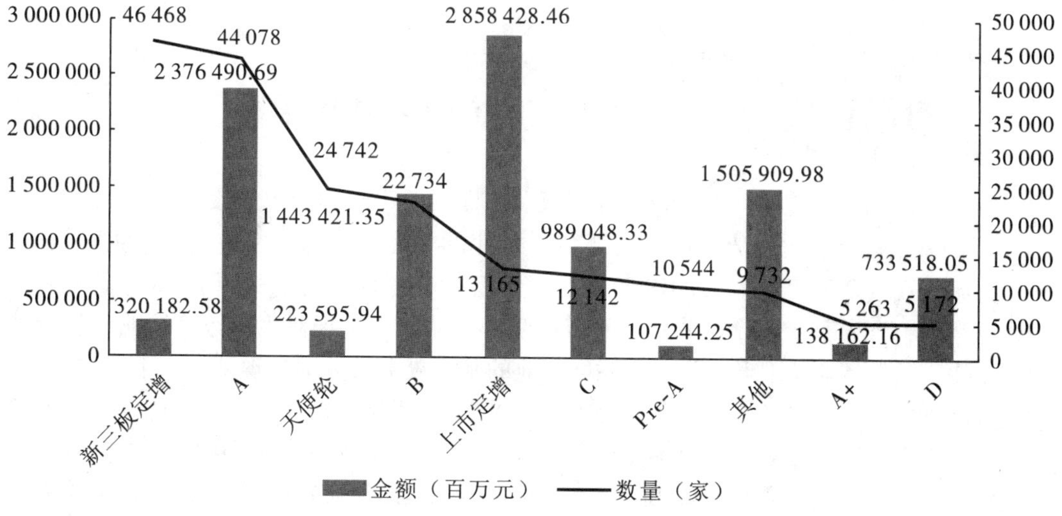

图 1－5　2021 年中国创业投资市场基金投资轮次统计

资料来源：清科私募通。

（二）市场集中效应明显

中国创业投资市场在行业上具备较为明显的集中效应。我国创业投资基金偏好投资科技、信息类行业，这是由于我国5G通信技术、AI应用、硬件制造等科技领域已处于全球前沿，带动发展了一批具有突破性创新力的企业。2021年以IT、生物技术/医疗健康、半导体及电子设备为主的科创领域备受创业投资市场关注。图1－6清科私募通的数据显示，2015—2021年，受人工智能发展推动，IT行业投资案例数继续保持第一，共发生39 445起投资事件，披露投资金额为14 983亿元人民币。互联网行业共发生29 698起投资事件，投资金额占总金额比例为13.12%，位居行业第一。生物技术/医疗健康行业以28 716起投资事件位居第三。半导体及电子设备行业投资活跃度跃居第四。机械制造、金融、电信及增值业务等行业投资热度有所下降。连锁零售业等行业投资热度依旧较低。

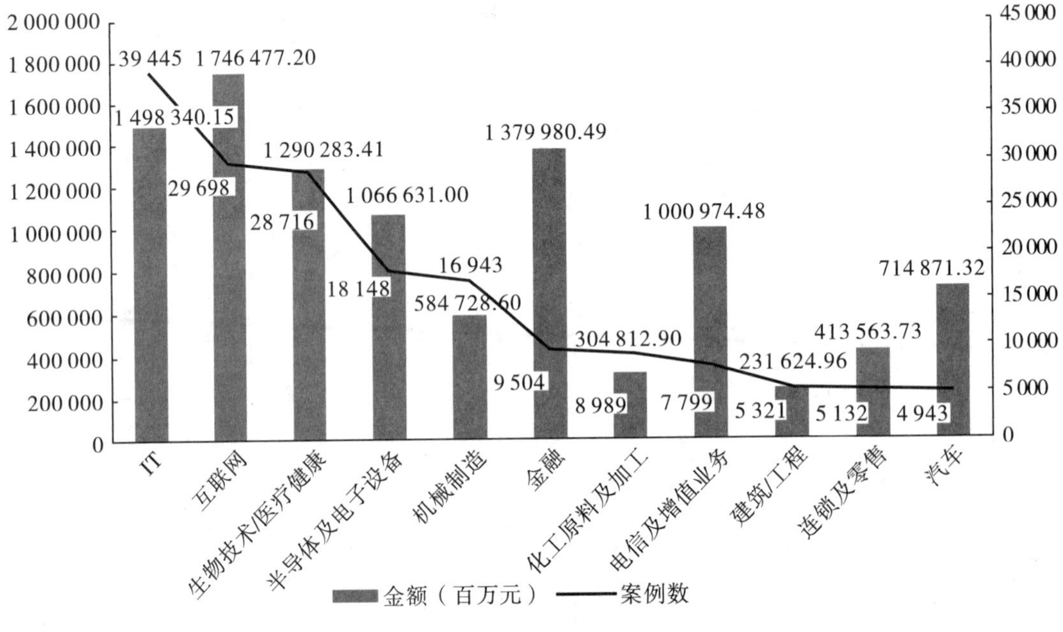

图1－6 2015—2021年中国创业投资基金投资行业统计

资料来源：清科私募通。

图1－7展示了IT、生物技术/医疗健康、互联网、半导体及电子设备行业在2015—2021年的基金数量变化趋势。可以发现，IT行业的热度始终保持在前列，而生物技术/医疗健康行业基金的数量则从2019年以后开始逐渐超过IT行业。由于2020年新冠肺炎疫情的暴发，市场对于医疗相关的产品需求激增，助长了市场对生物医疗行业的投资热情。相比于其他行业的上升来说，互联网行业的基金投资数量则呈现了逐年下降的趋势，热度有所下降。半导体及电子设备行业在近年来保持了较高的增速，且有持续增长的趋势。这一方面是因为国际市场对半导体需求旺盛，另一方面则体现了国家对半导体（集成电路）产业发展的重视。随着贸易摩擦频发，许多国家面临缺芯困局。因此全球主要国家将半导体技术和产业上升到国家安全战略层面，在政策利好的加持下，创业投资基金积极涌入半导体行业中。

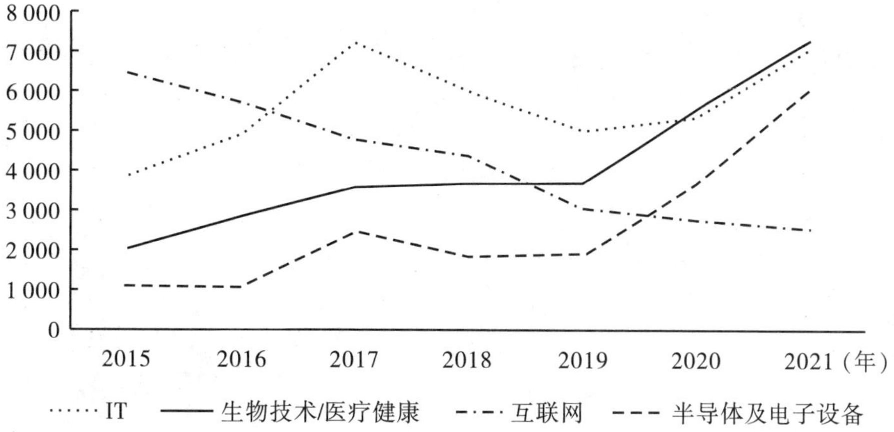

图 1－7　2015—2021 年中国创业投资行业基金数量变化趋势

资料来源：清科私募通。

从投资阶段分析，创业投资基金主要集中在扩张期和成熟期。2021 年约有 50 135 亿元人民币创业投资资金投资于扩张期的企业，占总数量比为 35.68%。而投资于成熟期企业的金额约为 55 746 亿元人民币，金额占比位列第一。处于种子期和初创期的企业获得的投资金额较少，分别为 6 564 亿元和 15 270 亿元。综上所述，虽然扩张期的企业数量占比较多，但是更多的创业投资基金投资于成熟期的企业。这可能是由于处于成熟期和扩张期的企业已经具备了更完善的运营模式，在投资决策上可能更为专业，在风险识别和处理上也更加及时，具备更为优越的发展前景，从而受到资本的青睐。种子期和初创期企业处于发展的早期阶段，可能具有较大的风险，因此资本吸引力较弱。这说明种子期、初创期企业融资难题应当成为我国经济关注的重心，这类企业的融资对创业投资市场的稳定和可持续发展起到了关键性作用。

表 1－3　2021 年中国创业投资市场基金投资阶段统计

阶段	数量	占总数量比	金额/百万元
扩张期	76 114	35.68%	5 013 484.03
成熟期	67 609	31.69%	5 574 572.81
初创期	39 619	18.57%	1 526 974.69
种子期	26 902	12.61%	656 367.03
其他	3 095	1.45%	544 140.40

（三）市场退出表现良好

资本的退出是资本再循环的逻辑前提，意味着资本可以实现变现，获取收益。退出事件的增多有利于投资者获得投资回报，从而促进中国创投市场的良性发展。图 1－8 清科私募通数据库统计显示，2015—2021 年中国创业市场退出案例数共 24 845 起，平均退出年限 3.4 年，平均回报倍数 6.87 倍。从图 1－8 中可以看到，平均退出年限基本稳定，而平均回报倍数则在 2016 年到达顶峰，但 2016 年退出事件数量较少，2017 年退出数量的突然增多可能导致了回报倍数的迅速下降，从 2016 年的 13.27 倍降至 3.71 倍。2020 年以来，创业投资市场的退出事件也有所增多，但回报倍数基本稳定，说明市场中资金规模成倍增加。

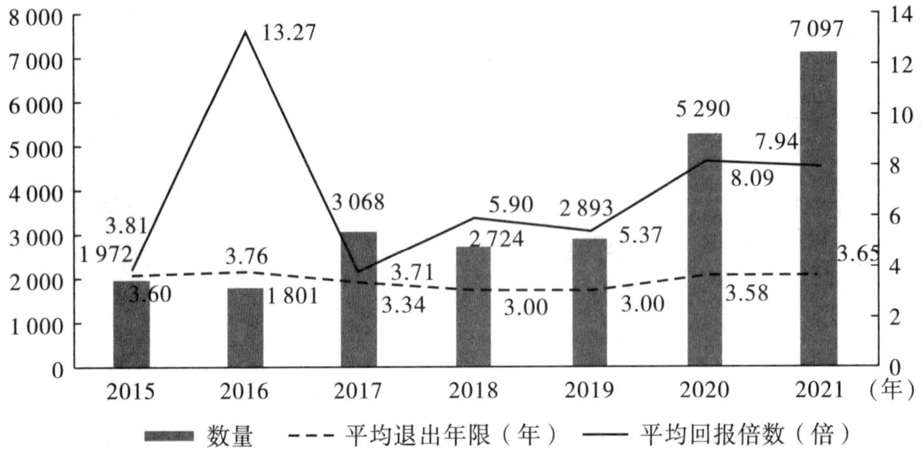

图 1－8 2015—2021 年基金退出事件趋势统计

资料来源：清科私募通。

按退出方式来看，2021 年创业投资基金的退出主要通过首次公开发行上市（IPO）退出、股权转让、并购退出三种方式。表 1－4 按退出方式展示了 2015—2021 年中国创业投资机构退出事件数量，IPO 是近年来创业投资机构选择最多的退出方式，数量达到了 14 110 起，占总数量的 56.79%，平均退出年限 3.51 年，平均回报倍数 6.04 倍。股权转让和并购方式分别位列第二、三位，退出案例数量分别为 4 738 和 3 583 起，平均回报倍数分别是 8.46 倍和 3.67 倍。

表 1－4 2015—2021 年中国创业投资机构退出方式统计

退出方式	数量	占总数量比	平均退出年限/年	平均回报倍数/倍
IPO	14 110	56.79%	3.51	6.04
股权转让	4 738	19.07%	3.24	8.46
并购	3 583	14.42%	3.08	3.67
回购	1 206	4.85%	4.26	4.44
其他	432	1.74%	2.79	3.24
借壳	289	1.16%	2.14	1.79
上市后减持	204	0.82%	5.88	108.49
并购减持	108	0.43%	4.28	1.90

（续上表）

退出方式	数量	占总数量比	平均退出年限/年	平均回报倍数/倍
清算	87	0.35%	2.47	1.32
分红	68	0.27%	3.66	0.96
新三板	20	0.08%	4.19	2.05

资料来源：清科私募通。

（四）区域发展分化明显

我国创业投资市场基金以及投资机构主要分布在北京、上海、广东、江苏以及浙江等发达省市。从图 1－9 和图 1－10 中可以看到，这几个省市聚集了绝大部分的创业投资资源。创新企业多集中在北京、上海、广东等省市。从募资基金分布来看，北京地区的基金规模遥遥领先，达到了 11 384 支，基金募集数量超过了排在后位的省市总和，募集总金额超过了 7 万亿元。而上海和广东则不相上下，位列第二梯队，分别有 8 818 和 10 176支创投基金，总金额均达到了 3.5 万亿元。这三个省份的基金金额占比总金额已经超过了 70%。而浙江、江苏以及山东等其他省份则远不及前三省市，创业投资市场发展程度落后。

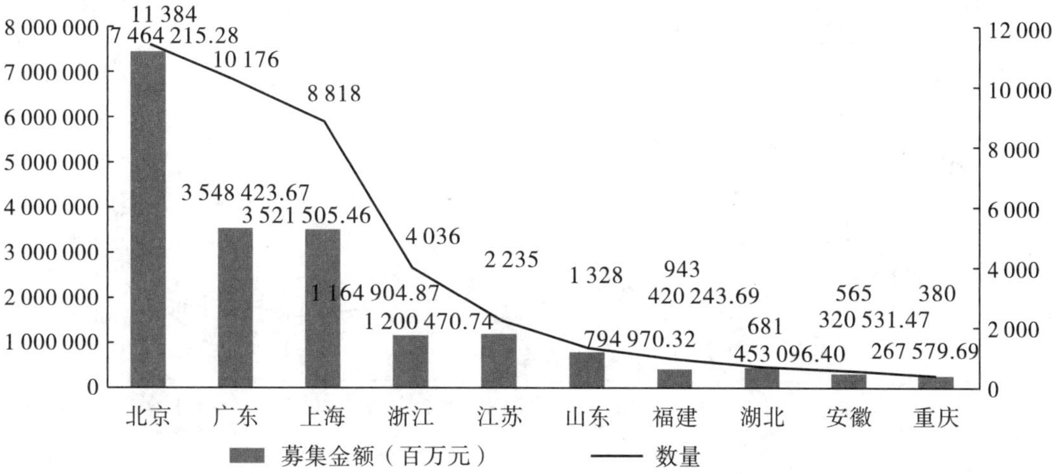

图 1－9　2015—2021 年中国创业投资市场募资基金地区统计

资料来源：清科私募通。

从投资机构来看，北京地区的创业投资机构投资规模依旧排在第一位，机构投资总数量达到了 16 510 支，投资总金额超过 8 000 亿元，而上海的基金投资总金额则高于广东。浙江和江苏的投资规模优于中部其他省市，但相对于其区域生产总值来说，表现则不尽如人意，亟待培育当地创新创业的新力量。因此，我们可以认识到位于中国经济中间梯队的大部分省市创业投资市场仍不发达，两极分化较显著，创新创业和股权投资市场还有较大发展空间。

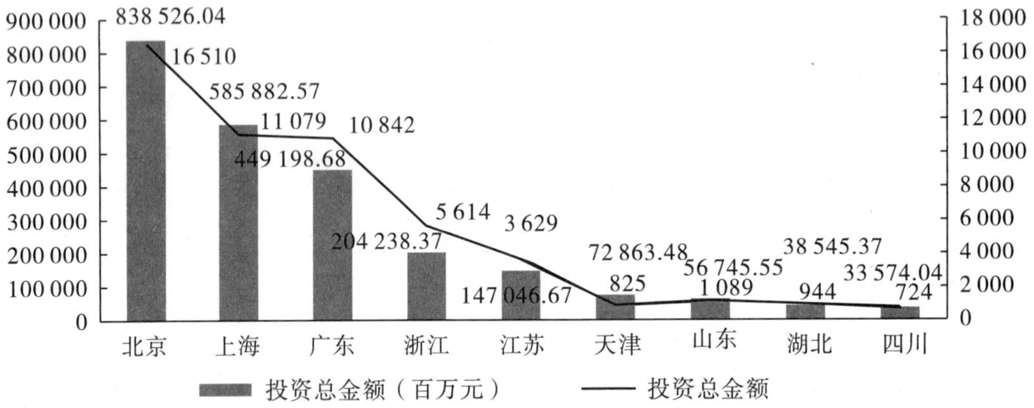

图 1－10 2015—2021 年创业投资机构地区基金数量统计

资料来源：清科私募通。

（五）政府引导基金设立逐渐放缓

截至 2021 年，我国共设立 1 860 支政府引导基金，新设立的政府引导基金 151 支，同比上升 31%，目标基金规模约为 8 729.6 亿元，同比上升 53%。从图 1－11 可以发现，自 2016 年政府引导基金设立规模达到高峰后便逐步下降，并逐渐处于较为稳定的状态。我国政府引导基金逐渐从量的发展变成质的优化，开始呈“下沉式”发展趋势，县级政府开始设立“母基金”。福建、重庆等地陆续整合已设立的政府引导基金，加强管理，优化引导基金的存量。

图 1－11 2015—2021 年政府引导基金设立规模趋势

资料来源：清科私募通。

按基金类型来看，我国政府引导基金以产业基金为主，总数量达 1 100 支，目标规模 68 212.5 亿元。PPP 基金的平均目标规模最高，单支基金规模达到 174.25 亿元，是产业基金平均目标规模的 2.36 倍，是创业投资基金平均目标规模的 7.9 倍。创业投资引导基金数量虽然位居第二，但平均目标规模最低，为 22.1 亿元，远小于产业基金和 PPP 基金规模。

表 1－5 2015—2021 年不同类型政府引导基金规模统计

基金分类	数量	目标规模/亿元	平均目标规模/亿元
产业基金	1 100	68 212.51	73.90
创业投资基金	501	9 026.11	22.07
PPP	179	23 871.57	174.25
其他	80	2 406.42	34.88

三、市场趋势展望

贯彻落实国家对创新驱动的重要部署，牢牢抓住新兴科技发展的重大机遇，把握创投市场整体发展趋势，能够为全面有效推进中国创新创业投资市场发展工作，提供正确的方向指引。

（一）创业投资市场监管体制进一步完善

2021 年《政府工作报告》中强调要“完善创业投资监管体制和发展政策，纵深推进大众创业万众创新”。因此我国要健全适应创业投资行业特点的差异化监管体制，实现创业投资监管和证券投资监管的差异化，发挥市场对创业投资资源配置的决定性作用，明确监管和发展的关系。坚持适度监管、差异监管和统一功能监管，创新监管方式，有效防范系统性、区域性风险。对创业投资企业在行业管理、备案登记等方面采取与其他私募基金区别对待的差异化监管政策，建立适应创业投资行业特点的宽市场准入、重事中事后监管的适度而有效的监管体制。

（二）创业投资市场运行环境进一步优化

开放的融资和投资环境可以促进资本的高效运行，积极推动创新发展，增强企业的活力以及融资力度。注册制改革、优化并购重组、再融资等制度安排能够畅通多渠道融资体系，助力创新创业公司发展，为股权投资市场提供更加便捷、更为丰富的退出选择，促进形成投资创新创业再投资的良性循环。交易制度的优化、投资者结构的改善可以活跃市场运行，充分发挥资本市场的价值发现与资源配置的能力，也有助于吸引长线资金，为股权投资市场带来更多的长期机构投资者。创投资金的来源将更加多元化，吸引更多长期的资金流入创投市场支持中国创新。同时我国要坚持走开放式发展道路，吸引境外投资，引进国际先进经验、技术和管理模式，放宽外商投资准入，简化管理流程，鼓励外资扩大创业投资规模，提升我国创业投资企业的国际竞争力。

（三）资本循环效率进一步提升

中央经济工作会议 2021 年重点工作任务部署中要求健全金融机构治理，促进资本市场健康发展，提高上市公司质量，打击各种逃废债行为，审慎监管金融创新。新证券法的修订为注册制的全面推定奠定了基础，科创板、创业板注册制相继落地使得新股供给规模显著提升，对投资者保护制度的完善和对违规违法行为的处罚也进一步净化了资本市场生态。退市制度及监管机制的配合有助于加快资本市场的优胜劣汰，提升上市公司整体质量，从长期来看将有利于提升普通投资者投资股票市场的积极性，并加大对机构、外资等长期资金入市的吸引力度。北京证券交易所的设立进一步完善多层次资本市场，加速了创新资本的流动，进而为中小企业提供支持，使得资本市场服务中小企业创新创业全链条的能力显著增强。

（四）政府引导基金机制进一步规范

政府引导基金是政府应对中小科技企业与初创企业融资市场失灵和缓解融资约束的重要举措，已成为政府干预创业投资市场和参与创业投资活动的主要政策手段。近年来，我国政府积极实施政府引导基金政策，破解科技型初创企业融资难的问题。政府引导基金对创业企业成长、创新活动活跃具备显著的推动作用，在推进经济结构转型中扮演十分重要的角色。由于我国创业投资发展迅速，引导基金仍然需要不断改进以适应环境的变化。随着越来越多的政府设立引导基金容错机制，使得引导基金更加规范化、市场化、专业化。因此未来需要进一步加强政府引导基金的作用，丰富政府调节市场的手段，同时还要促进引导基金自身运作效率，进而推动产业转型升级和实体经济高质量发展。

（五）绿色经济、数字经济引领投资热潮

“碳达峰、碳中和”、人工智能等领域逐渐成为国民经济发展中的热点。“碳达峰、碳中和”首次提出是在2020年，随后创投机构就开始设立“碳中和”基金，重视“碳中和”投资，布局“碳中和”投资版图。“双碳”目标体现了产业革命、能源革命、绿色经济的思想，是推动我国经济可持续发展的重要举措。数字经济则在疫情期间异军突起，体现了其内在优势。人工智能、云服务等相关技术作为数字经济发展的基础则受到了市场的追捧。为了获得数字经济时代的新红利，我国要加快数字化建设，促进数字技术与实体经济的深度融合，更好地赋能传统产业升级。数字经济也日益成为影响世界经济与国际关系的关键力量。绿色经济、数字经济等新模式与科技发展、产业升级高度相关，同时受到了我国政府的高度关注，因此也逐渐成为我国创投市场的投资热门领域。

第二章　广东省创业投资市场概况*

得益于广东省经济基础雄厚，广东省创业投资行业起步较早、发展迅速。2018 年来，受宏观经济和创业市场波动的影响，广东省创业投资机构的数量逐年波动，但受益于良好的创业投资市场环境和广东省创业投资行业政策，创业投资行业进入发展“新常态”。“大众创业、万众创新”战略的推进，促进了新经济、新业态、新技术等新兴产业的发展；相关减免税政策和创新创业孵化政策的出台，促进了多层次资本市场、主板市场基础制度、创业板、新三板、区域股权市场的日趋成熟。

本章将从广东省创业投资发展环境、创业投资基金的资金来源（募资）、资金去向（投资）和投资退出（绩效）这四个方面分析近年来广东省创业投资市场的情况。

第一节　发展环境

一、市场环境

广东省创业投资行业起步近三十年来，市场环境得到了充分发展。1992 年，广东省科委成立了省内第一家创业投资公司——广东省科技创业投资公司。1997 年，广东省科委设立了广东省科技风险投资有限公司并于 2000 年组建了国内第一家省级风险投资集团——广东省粤科风险投资集团（后更名为广东省粤科金融集团）。1999 年，深圳市创新科技投资有限公司成立（现已更名为深圳市创新投资集团），现已发展为国内资本规模最大、投资能力最强、最具竞争力的内资创业投资公司之一。2015 年，珠海市成立了珠海科技创业投资有限公司，开展创业投资、基金管理、科技创新园区建设运营及科技金融服务等业务。2015 年，东莞市成立了东莞科技创新金融集团，作为全市创新创业和科技发展领域的产业基金运作平台、国有资本投资平台以及科技金融服务平台。2019 年，广州国资发展控股有限公司通过整合原市科技局下属 26 家单位，成立了广州科技金融集团，打造集科技载体运营管理、科技产业投融资、科技创新综合服务于一体的全链条生态营运模式。2019 年，上海证券交易所正式设立科创板并首次试点注册制后，上海证券交易所南方中心落户广州，形成立足广州、面向珠三角、辐射全广东的资本市场服务开放格局，为广东省科创板上市优质后备企业提供事前介入、提前辅导等配套服务。

从募资情况来看，2015—2017 年，广东省创业投资基金年度数量和基金募集金额平

---

* 本章第一执笔人为暨南大学产业经济研究院罗文杰。

稳增长。但受国家加强金融监管、严控金融风险影响，创投行业的整体募资规模自2018年开始大幅度下滑，2020年基金募资总规模均为2018年来最低。

从创投机构类型来看，根据“清科2019年中国创业投资机构50强榜单”，北京、广东、上海各有15家、12家、9家创投机构入围，其中总部设在北京、上海的创投机构多为外资机构，广东入围的创投机构则以本土机构为主，上榜的深创投、达晨财智、国中创投、粤科金融4家省内创投机构为国有背景。

从地域分布情况来看，广东省内创投机构集中分布在深圳、广州、珠海、东莞、佛山，约占全省创投机构总量的97.6%，其中，深圳的创业投资金额占比超过广东全省的2/3；除深圳、广州两市外的广东地区创业投资金额占比不足全省的1/10。2015年以来，广东省内IPO企业也主要集中在深圳、广州、东莞、佛山、中山等珠三角地区，特别是深圳一枝独秀，区域发展不平衡问题较为突出。

二、创投政策

2015年开始，随着国家层面的“双创”政策正式实施，金融改革扩大，广东省创业投资市场得到政策上的支持，市场规模显著上升。2016年9月，国务院印发《关于促进创业投资持续健康发展的若干意见》后，广东省积极贯彻落实党和国家政策，实际颁布了一系列高质量、有特色、可落地的创业投资政策措施。2017年，广东省政府印发了《广东省加快促进创业投资持续健康发展的实施方案》，提出了以下七项要求：培育多元创业投资主体、多渠道拓宽创业投资资金和项目来源、加强政府引导和政策扶持、进一步完善创业投资退出机制、优化创业投资市场环境、推动创业投资行业双向开放、完善创业投资行业自律和服务体系。具体到地级市方面，方案要求优化创业投资产业布局，在广州、深圳、珠海、佛山等地规划建设一批基金产业园、基金小镇或股权投资基地，充分发挥广东金融高新区作用，鼓励各地级以上市在基金落户、投资奖励、置业补助、基金管理机构和核心管理团队奖励等方面出台支持力度更大的政策措施。该方案的颁布有效促进了广东省内各市级政府进一步完善一系列创业投资相关的政策，旨在营造创业投资氛围。

2018年，广州市政府颁布了《广州市鼓励创业投资促进创新创业发展若干政策规定》，提出支持创业投资类管理企业联合境外创业投资类管理企业或境外创业投资资金来穗设立创业投资、天使投资等基金。对引进的境外创业投资，可根据其对在穗注册科技型中小企业实际投资额中的境外资金部分给予投资奖励。支持在穗创业投资类管理企业与境外资本共同设立或管理境外创业投资基金。对投资境外高科技项目并成功引进且在穗新注册成立科技型中小企业的境外创业投资基金，可根据其对该科技型中小企业新增实际到账投资额中的境外资金部分，每年给予每家创业投资类管理企业的奖励金额不超过500万元。

2018年，深圳市政府颁布《深圳市扶持金融业发展的若干措施》后，又于2022年发布了《深圳市支持金融企业发展的若干措施》。2022版《措施》提出要不断增强深圳金融业的集聚力和辐射力，大力发展金融总部经济，吸引金融企业在深设立法人总部。对于符合条件的在深圳新注册设立的金融企业总部，可按规定享受落户奖励。

2020 年，珠海市政府颁布了《珠海市进一步促进科技创新的若干政策》，要求优化科技创新创业投资。设立基金规模 5 亿元的珠海市科技创业天使风险投资基金。围绕珠海市重点发展的新兴高潜产业、战略性新兴产业领域，对掌握前沿技术或颠覆性技术、创新能力强、发展潜力大的科技型企业进行投资。

2020 年，佛山市政府修订了《佛山市南海区促进千灯湖创投小镇产业集聚扶持办法》，对注册登记在创投小镇的私募股权投资基金、私募证券投资基金、其他投资类基金，按其规模给予其基金管理机构相应落户 2 000 万至 5 000 万人民币的奖励，对注册登记在创投小镇的基金管理机构及基金，按其规模给予 50% ~100% 的物业补贴。

第二节　基金募资

一、基金数量

广东省创投基金年度数量和募集金额呈现阶段性上升的态势。图 2 - 1 数据显示，2015 年起广东省创投基金数量快速上升（246 支），2017 年达到峰值后（476 支，增幅达 93%）迅速下降，截至 2020 年底，创投基金数量下降至 330 支，降幅约为 31%。

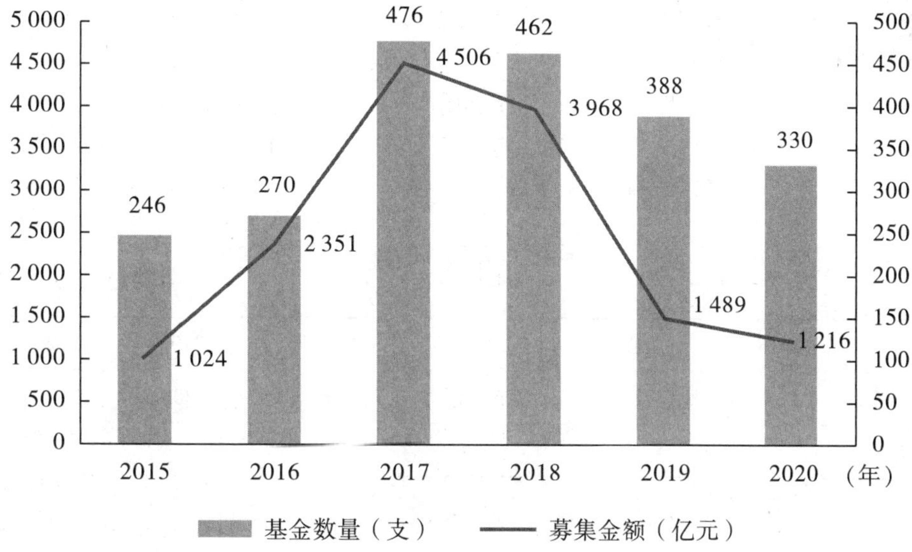

图 2 - 1　2015—2020 年广东省创业投资基金数量和募集金额

资料来源：清科私募通。

二、募集金额

创业投资行业所募集的资金变化形态与创投基金数量相似，募集金额 2017 年达到近年来峰值，2017 年以前募集金额呈现快速上升的趋势，2017 年以后募集金额逐步下降（见图 2 - 1）。具体而言，2015 年募集金额约 1 024 亿元，2017 年的募集金额较 2015 年增长约 340%，达到 4 506 亿元，而 2020 年的募集金额较 2017 年下降约 73%，为 1 216 亿元。

宏观政策的支持促进创投基金数量大幅增长。2016 年 9 月，国务院印发《关于促进创业投资持续健康发展的若干意见》强调拓宽创业企业投融资渠道、提高直接融资比重，扎实推进科技创新成果转化，加快形成有利于创业投资发展的良好氛围和“创新、创业 + 创投”的协同互动发展格局，支持创投行业发展与推动“大众创业、万众创新”。财政部、税务总局等部门也针对创投行业的税收问题发布多个优惠政策，鼓励和扶持种子期、初创期科技型企业成长，促进创业投资持续健康高质量发展。

监管政策的缩紧导致创投基金募集难度上升。2018 年，中国人民银行等 4 部门联合发布了《关于规范金融机构资产管理业务的指导意见》（即“资管新规”），这给国内创业投资机构的资金链带来了挑战。在创投市场总体募资量急剧下降、投资节奏明显放缓的艰难处境中，资金更加集中地流向了具有品牌影响力和专业实力的优秀创投机构，而众多中小型或新设创投机构的募资难度大，整个创投行业的机构头部效应愈加凸显。

总体而言，广东省创投行业已经从急速扩张市场规模的起步阶段逐步走向相对稳定、规模增长相对匀速的成熟阶段：虽然广东省创投行业的基金数量和募集金额的增长出现阶段性的变动，但也说明创投企业从单一追求投资项目的规模扩张逐渐转变为更注重投资项目的效益和质量的多元化发展阶段。

三、基金来源

本土基金是广东省创业投资机构和基金的主力。表 2 - 1 数据显示，本土基金的数量自 2015 年以来保持着稳健增长的态势，而合资基金的数量则较少。2020 年广东省创业投资机构中本土基金有 329 支，而合资基金仅有 1 支。

表 2 - 1　2015—2020 年广东省创业投资行业基金数量

（按基金来源，单位：支）

	2015 年	2016 年	2017 年	2018 年	2019 年	2020 年
本土基金	243	270	476	462	388	329
合资基金	3	1	—	—	—	1

资料来源：清科私募通。

表 2 - 2 数据显示，2020 年广东省创业投资机构募集金额大部分来源为本土基金，合资基金的募集金额仅为 5 亿元，而本土资金的募集金额远超合资机构，约为 1 210 亿元。本土基金的募资金额自 2015 年以来保持着稳健增长的态势，而合资基金的募集金额逐年下降。

表 2－2 2015—2020 年广东省创业投资行业募集金额

（按基金来源，单位：亿元）

	2015 年	2016 年	2017 年	2018 年	2019 年	2020 年
本土基金	993.2	2 345.7	4 506.2	3 968.3	1 489.1	1 210.7
合资基金	30.8	6.6	—	—	—	5.0

资料来源：清科私募通。

由此可见，在广东省创投行业中，本土基金的数量和募集金额近五年均占有绝对比重。这说明国内资本对创投行业比较重视，加上政府部门的鼓励扶持，本土资本进入创投行业的门槛相对较低；另外，合资基金的数量和募集金额在创投行业中的占比极低，表明国外资本面临的广东省内创投行业进入和退出门槛相对较高，对市场机制、政策适应、投资回报、资本进出等方面仍有较多限制。在本书数据涉及的大部分年份中甚至没有出现外商独资机构，可能是中资与外资之间存在一定的竞争关系，同时在人员引进、资本管理方式、投资目标规划、政策实施和衔接等方面存在较大差异，因此外商独资机构在创业投资方面的投入严重不足。

四、地区分布

广东省创投机构和基金分布与区域经济发展情况相对应，集中在珠三角地区。图 2－2数据显示，2020 年珠三角地区的深圳、广州所拥有的创投机构和创投基金数量之和占据了广东省全部数量的一半以上，其中深圳市的创投基金和募集金额分别为 120 支和 440 亿元，广州市的创投基金和募集金额分别为 80 支和 329 亿元。珠三角的珠海市、佛山市和东莞市也有一定创投基金，分别为 56、47、15 支。

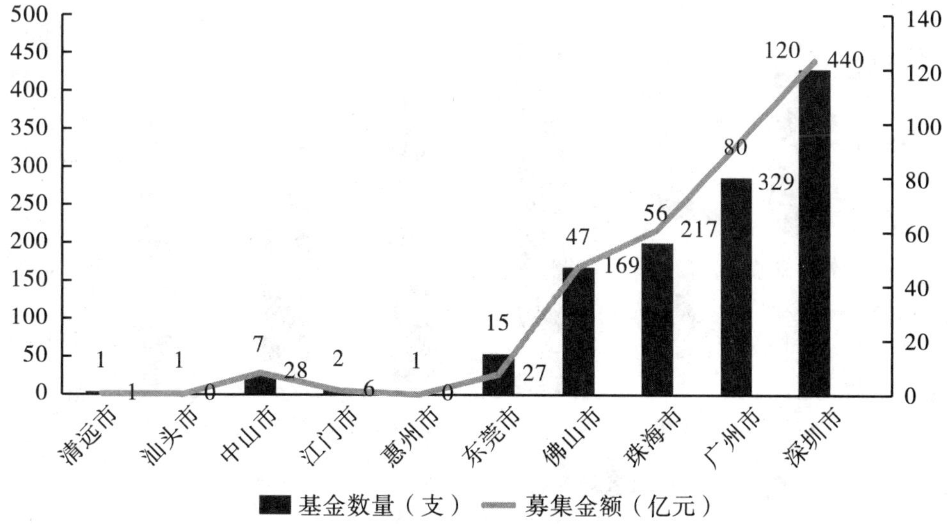

图 2－2 2020 年广东省创业投资行业基金数量（按地区）

资料来源：清科私募通。

广东省创投基金募集金额主要集中于珠三角核心城市。图 2－2 数据显示，2020 年广东省创投基金主要集中在深圳、广州、珠海、佛山等珠三角核心城市，其中仅深圳市的募集金额就达到 440 亿元，约占全省募集金额的 36%；广州市、珠海市和佛山市的募集金额分别为 329 亿元、217 亿元、169 亿元；东莞以及中山相对偏少，分别为 27 亿元和 28 亿元。究其原因，深圳市作为珠三角地区的经济、金融、科技中心，其拥有的创投基金和机构数量均为全省首位；广州市作为省会城市，在吸引创投基金和创投机构上亦有需求和便利条件；而珠海市、佛山市作为珠三角地区的新兴城市，对创投基金和创投机构也有很强需求；东莞市由于与深圳市产业高度融合，本地创投基金发展相对缓慢；而其他地区经济基础相对薄弱，创投行业发展水平较低。清远市、惠州市、汕头市、江门市、中山市虽然亦有创投机构和创投基金，但是数量和规模远不及珠三角核心城市。创投基金是企业融资重要的来源，在吸引创投基金方面，广东省创投行业的发展仍需要相关政策支持。

第三节　基金投资

一、企业数量

广东省创投基金投资企业数量总体呈现下降趋势。如图 2－3 所示，企业数量在 2017 年到达峰值后呈现下降趋势，但总投资金额在 2018 年后开始逐步回升。具体而言，2015 年企业数量为 1 924 家，经历了小幅下降后，2017 年企业数量回升至 1 976 家，达到峰值，之后企业数量开始逐年下降。2020 年，广东省接受投资企业为 1 062 家，同比 2017 年下降约 46%。

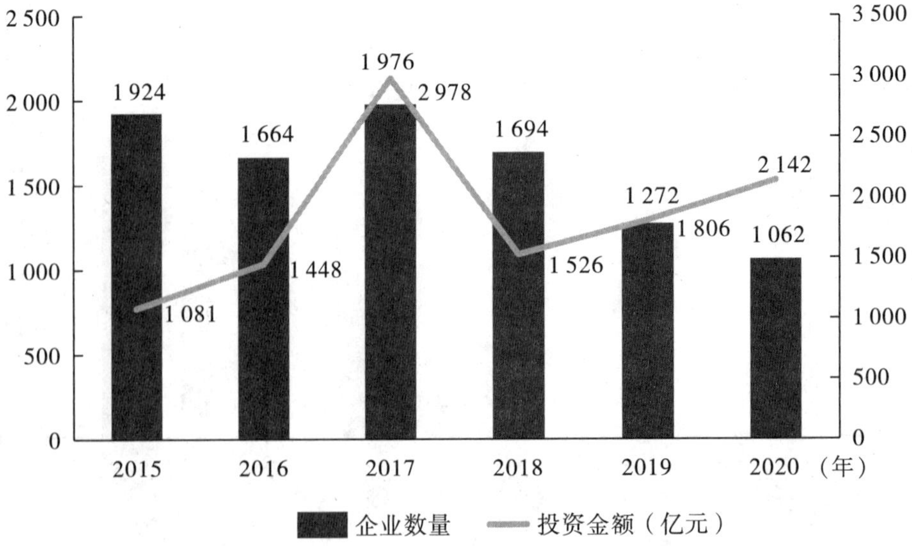

图 2－3　2015—2020 年广东省创投基金投资企业数量和投资金额

资料来源：清科私募通。

二、投资金额

广东省创业投资行业投资金额经历较大波动。图 2－3 显示，创投金额从 2015 年的 1 081亿元增加到了 2016 年的 1 448 亿元，2017 年达到 2 978 亿元峰值，随后 2018 年下降到 1 526 亿元，2019 年投资金额又开始回升，于 2020 年达到 2 142 亿元，较 2015 年的投资金额增长约 98%。

原因在于，一方面，创投行业整体受到宏观经济形势影响较大，例如 2016 年下半年我国创投行业遭遇“资本寒冬”，上一年度大批涌现的诸如 O2O、P2P 项目的创业企业在当年经历了短期规模、融资快速扩张之后遭遇盈利模式瓶颈，出现一波倒闭潮，使得大量创投资本无法成功退出，创投企业在选择投资项目方面更为小心谨慎，更加注重项目质量，使得当年新增投资企业的数量规模和增长率相比上一年出现明显下降。2020 年上半年，中国创业投资市场在新冠肺炎疫情的冲击下遭遇挫折，但随着国内疫情得到控制、复工复产稳步推进，预计创业投资市场也逐渐回到正轨。

另一方面，创投行业整体发展也受到政策环境的影响。2015 年以来，随着“双创”政策的正式实施，金融改革扩大，我国股权投资市场得到多方面的支持，市场规模显著上升。2018 年受金融严监管政策影响，我国金融市场规范程度加强，银行理财等资金进入股权投资市场的通道被切断，造成资金面紧张，机构活跃度下降。

三、投资阶段

广东省创投企业投资金额集中在成熟期和扩张期企业。表 2－3 数据显示，成熟期企业的投资金额从 2015 年的 523.1 亿元增长到 2020 年的 1 330.4 亿元，扩张期的企业从 2015 年的 291 亿元增加到 2020 年的 584.3 亿元。而初创期和种子期的企业投资金额较少，2020 年分别仅为 110.3 亿元和 117.1 亿元。广东省创投行业经过多年的发展探索，不仅各阶段的投资金额规模日益增加，而且各阶段资金投资策略正逐步走向成熟稳健。从各阶段投资金额占比的变化趋势看，目前初创期、种子期、扩张期投资金额的比例相对均衡。

表 2－3　2015—2020 年广东省创业投资行业投资金额

（按发展阶段，单位：亿元）

	2015 年	2016 年	2017 年	2018 年	2019 年	2020 年
成熟期	523.1	760.7	1 404.9	598.9	1 164.3	1 330.4
扩张期	291.4	276.4	534.5	649.1	499.9	584.3
种子期	112.6	94.7	199.9	85.9	50.4	117.1
初创期	154.1	317.2	473.8	191.3	94.5	110.3
其他	0.1	—	365.7	1.7	—	—

资料来源：清科私募通。

广东省创业投资企业多处于扩张期。如图 2－4 所示：2020 年处于扩张期的企业有 450 家，占企业总数的 41%；处于成熟期和初创期的企业分别有 264 和 213 家，占企业总数的 44%；处于种子期的企业最少，有 154 家，占企业总数的 14%。

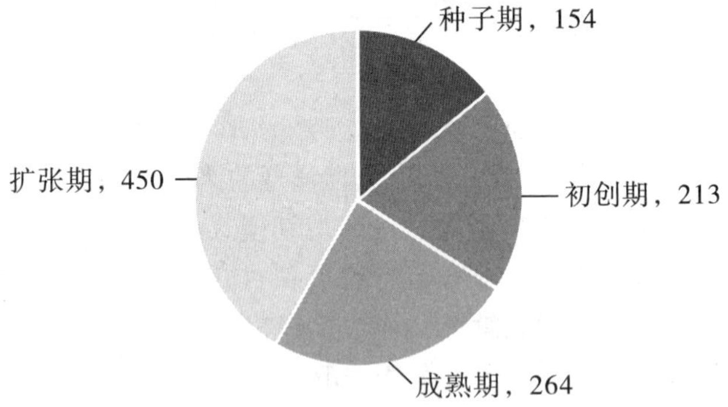

图 2－4　2020 年广东省创业投资行业各投资阶段企业数量（单位：家）

资料来源：清科私募通。

广东省创投基金投资集中于成熟期企业。如图 2－5 所示：2020 年有 1 330 亿元的创投资金投资于成熟期企业，占总投资金额的 62%；有 584 亿元的创投资金投资于处于扩张期的企业，占总投资金额的 27%；而种子期和初创期的企业获得的投资金额较少，分别为 117 亿元和 110 亿元。

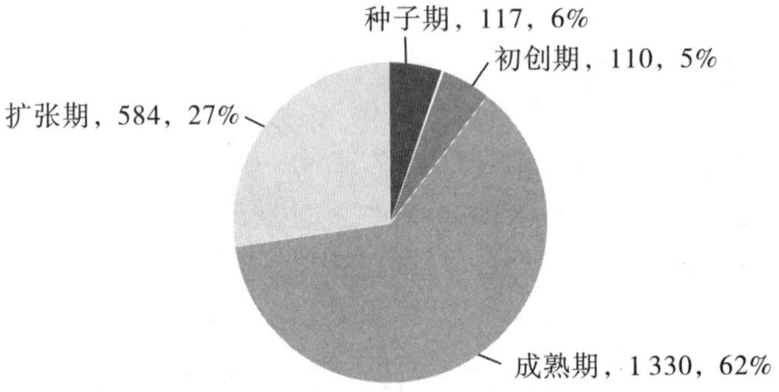

图 2－5　2020 年广东省创业投资行业各投资阶段的投资金额（单位：亿元）

资料来源：清科私募通。

四、投资轮次

广东省接受投资企业呈现两极分化状态。如图 2－6 所示：从企业数量来看，接受投资企业多处于 A 轮和天使轮；按回报金额来看，上市定增期创业企业得到最多创投回报。2020 年处于 A 轮的企业有 291 家，占企业总数的 25%；处于天使轮和 B 轮的企业分别有 168、133 家，占企业总数的 15% 和 11%；处于新三板定增和上市定增的企业分别有 71、52 家，共占企业总数的 11%；处于其余轮次的企业有 443 家。2020 年上市定增期企业得到 1 002 亿元的创投回报，占总回报金额的 47%；处于融资 A 轮的企业得到 285 亿元的创投回报，占总回报金额的 13%；其余融资轮次的回报金额总和为 855 亿元。

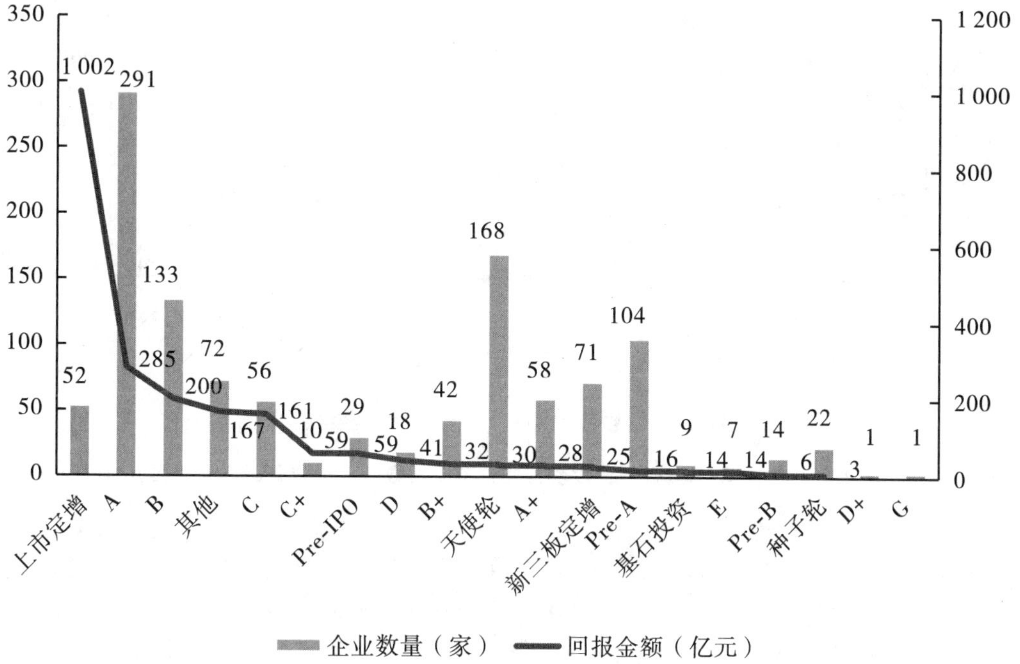

图 2－6　2020 年广东省创业投资行业投资企业数量和回报金额（按轮次）

资料来源：清科私募通。

由此可见，天使投资的企业数量虽然占比较高，但是回报金额仍然较低，政策应该转向积极鼓励包括天使投资人在内的各类个人从事创业投资活动。首先，培育新兴投资主体，鼓励成立公益性天使投资人联盟等各类平台组织，培育和壮大天使投资人群体，促进天使投资人与创业企业及创业投资企业的信息交流与合作，推动天使投资事业发展；其次，规范发展互联网股权融资平台，在总结试点经验的基础上，培育一批运作规范、专业能力强的省级互联网股权投融资平台示范企业；最后，优化服务提质增效，鼓励天使投资人为广东省科技型企业提供资源对接、跟踪辅导等增值服务，与被投企业共同携手成长，也有利于早期投资群体的长足发展。

五、投资区域

广东省创投行业投资区域发展不平衡问题较为突出。由图 2－7 可见，2020 年，广东省内接受投资企业主要集中在深圳、广州、东莞、珠海、惠州等地。深圳市拥有创投企业 671 家，远超广东其他城市企业数量之和；而深圳市的创投企业得到的投资金额也远超广东其他城市的投资金额。珠三角地区的广州市、东莞市、珠海市和佛山市也有较多创投企业聚集，分别为 231 家、45 家、37 家和 31 家。而非珠三角地区的揭阳市、肇庆市、清远市、梅州市、汕头市和潮州市仅有 1～3 家创投企业，投资金额也远低于珠三角的城市。

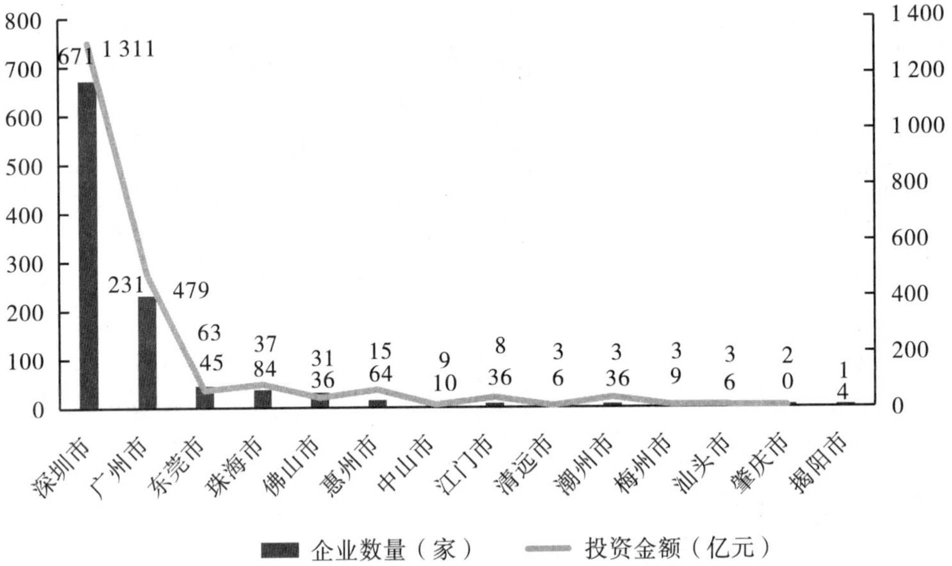

图 2－7　2020 年广东省创业投资行业投资企业数量和投资金额（按地区）

资料来源：清科私募通。

在粤港澳大湾区国际科技创新中心建设背景下，广东应充分发挥粤港澳科技和产业优势，积极吸引和对接全球创新资源，建设开放互通、布局合理的区域创新体系，开发以广州、深圳、香港、澳门为创新核心，带动珠三角其他城市，进而辐射全省的内聚外合创新网络，为广东省创业投资行业合作发展提供前沿科技基础和先进技术支持。在对接国家远期规划方面，大湾区还应进一步突破体制机制障碍，发挥粤港澳资源互补优势，深化珠三角九市与港澳科技创新和金融创新全面务实合作，打造高质量的创投机构集聚区和创投服务生态圈，全力助推广东建设成为具有国际影响力的风投创投中心。

六、投资行业

广东省创投市场资金集聚于高回报行业。从表 2－4 不同行业的投资金额来看，近年来，以机械制造、半导体及电子设备、生物技术/医疗健康、互联网、IT 为代表的科技、消费、大健康领域热度持续不减。

表 2－4　2015—2020 年广东省创业投资行业投资金额

（按行业，单位：亿元）

行业	2015 年	2016 年	2017 年	2018 年	2019 年	2020 年
半导体及电子设备	191.0	457.6	291.2	159.1	150.4	431.3
生物技术/医疗健康	86.5	1 367.6	136.4	112.4	85.7	322.9
IT	103.3	1 696.0	153.5	213.2	199.5	238.0
金融	187.5	2 480.1	100.4	133.4	96.8	212.6

（续上表）

行业	2015 年	2016 年	2017 年	2018 年	2019 年	2020 年
互联网	195.1	3 324.6	250.0	238.5	150.7	189.3
其他	6.5	685.5	103.7	119.1	342.0	176.1
电信及增值业务	56.0	1 187.3	72.6	43.7	27.4	142.1
房地产	30.6	647.3	336.0	31.5	74.6	67.8
机械制造	32.7	414.1	117.8	136.7	495.3	61.4
清洁技术	32.1	453.4	91.6	65.8	54.8	51.4
化工原料及加工	10.0	266.5	31.7	25.9	14.5	45.1
建筑/工程	44.5	148.3	72.4	34.7	13.6	43.7
汽车	21.5	1 360.8	358.1	74.5	35.2	40.9
食品 & 饮料	1.9	69.6	56.0	13.0	9.3	29.3
物流	25.3	353.5	122.2	31.5	18.1	28.1
连锁及零售	10.3	294.9	622.6	55.9	4.4	26.7
农/林/牧/渔	0.7	101.5	0.9	7.2	19.9	12.8
纺织及服装	2.5	118.6	2.3	3.8	2.4	7.9
能源及矿产	1.1	580.1	17.6	1.2	2.6	6.9
教育与培训	4.8	138.2	9.5	9.8	2.7	5.5
娱乐传媒	37.2	869.6	32.0	15.9	8.7	2.6
广播电视及数字电视	0.2	19.8	0.4	—	0.5	0.1

资料来源：清科私募通。

广东省创业投资行业投资企业数量和投资金额同样集中。从企业数量看（图 2－8），机械制造、半导体及电子设备、生物技术/医疗健康、互联网、IT 这五大行业的企业有 808 家，占企业总数的 76%；行业内大于 20 家企业的行业有清洁技术、金融、电信及增值业务、食品 & 饮料、连锁及零售、化工原料及加工，共 155 家，占企业总数的 14%。

从投资金额看（图 2－8），2020 年有 1 398 亿元的创投资金投资于机械制造、半导体及电子设备、生物技术/医疗健康、互联网、IT 这五大行业，占总投资金额的 65%；投资额超过 50 亿元的有清洁技术行业（51 亿元）、机械制造行业（61 亿元）、房地产行业（68 亿元）和电信及增值业务行业（142 亿元），这四个行业的投资额占总投资金额的 15%。

总体而言，广东省创投行业的投资热点逐渐转向原始技术创新领域，广东省创业投资的发展将侧重于重大技术突破和重大发展需求为基础的战略性新兴产业。

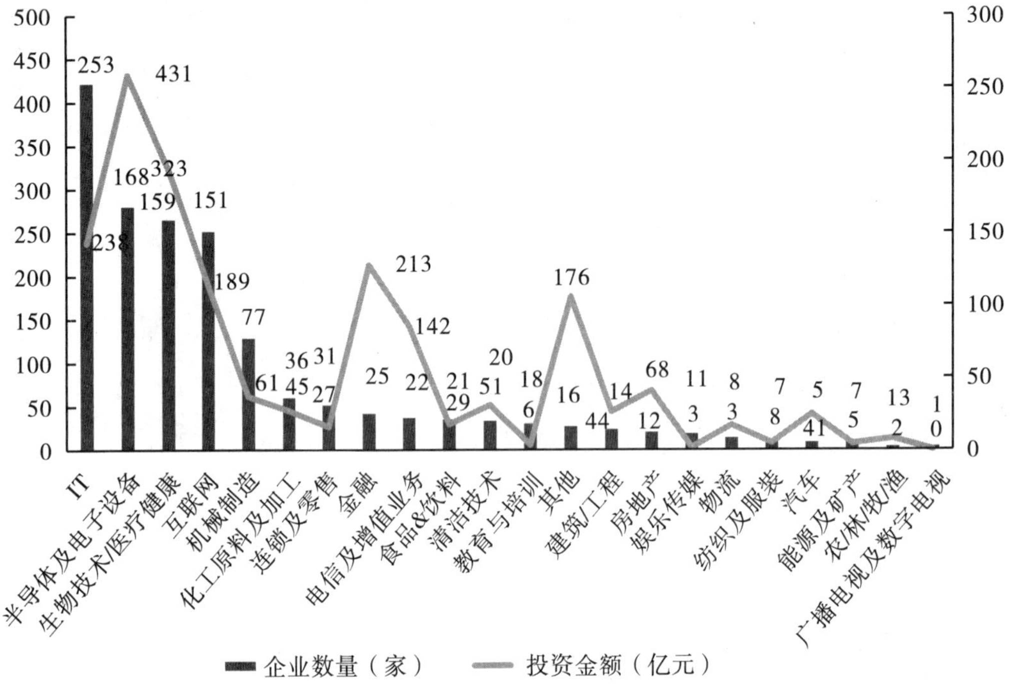

图 2－8　2020 年广东省创业投资行业投资企业数量和投资金额（按行业）

资料来源：清科私募通。

第四节　投资绩效

作为创业投资资金运作的最后一个阶段，创业投资的退出至关重要。一方面，资本退出为持有股份的创业投资机构和管理层人员提供激励，将其利益与企业未来的发展状况联系在一起；另一方面，创业投资机构一般会在标的企业上市后选择将之前的投资变现，初创企业具有回购的优先权，能够通过对股权的重新分配来保持对企业的控制。在复杂多变的市场环境下，选择退出时间、退出区域和退出方式等对保证投资的收益尤为重要。

广东省创业投资的退出次数和回报金额呈现出增长趋势。图 2－9 数据显示：退出次数从 2015 年的 98 次增长到 2021 年的 311 次，回报金额也从 2015 年的 41 亿元增长到 2020 年的 288 亿元。

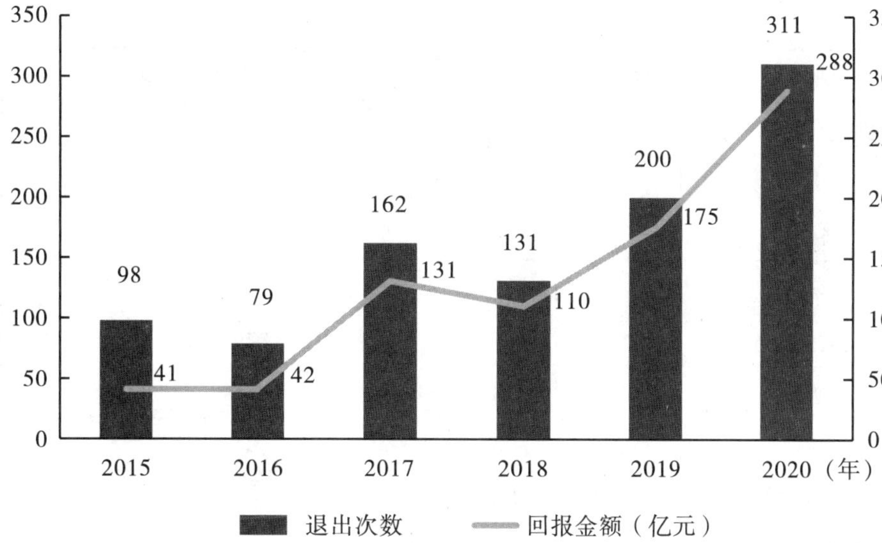

图 2-9　2015—2020 年广东省创业投资行业投资企业退出次数和回报金额

资料来源：清科私募通。

一、产业培育

IT、机械制造、半导体及电子设备和生物技术/医疗健康成为创投机构退出最多的行业。表 2-5 的退出行业数量显示：IT 行业的高速发展带来了退出次数的增加，IT 行业的退出企业数量由 2015 年的 4 家增加至 2020 年的 33 家，增幅达 800%。生物技术/医疗健康行业近年来也有快速的增长，从 2015 年的 2 家退出企业增加到 2020 年的 37 家。依赖科学技术的进步和发展，机械制造和半导体及电子设备行业的退出企业数量也较高，2020 年的数量分别为 32 家和 40 家。2020 年，IT、机械制造、半导体及电子设备、生物技术/医疗健康行业的退出企业数量均超过 30 家；化工原料及加工行业退出企业数量为 14 家；其他行业投资企业相对稳定，退出企业数量均不超过 10 家。

总体而言，不同行业之间的企业退出数量不同，可能的原因是不同行业的投资年限和投资收益不同，创投企业在投资时会优先考虑回报年限短，回报收益率高的行业，而 IT、半导体及电子设备和生物技术/医疗健康恰好是近年来投资的风口。

表 2-5　2015—2020 年广东省创业投资行业退出企业数量

（按行业，单位：家）

行业	2015 年	2016 年	2017 年	2018 年	2019 年	2020 年
半导体及电子设备	12	9	14	14	32	40
生物技术/医疗健康	2	11	18	16	19	37
IT	4	4	7	9	25	33

（续上表）

行业	2015 年	2016 年	2017 年	2018 年	2019 年	2020 年
机械制造	10	13	10	3	18	32
清洁技术	4	5	6	10	16	18
化工原料及加工	1	4	9	6	9	14
汽车	2	1	4	7	7	10
电信及增值业务	11	4	7	10	3	10
其他	1	1	4	2	2	9
互联网	3	1	10	11	16	9
能源及矿产	2	1	2	—	2	8
连锁及零售	—	4	1	2	—	4
物流	—	2	1	3	—	3
娱乐传媒	4	2	2	3	6	2
食品 & 饮料	2	—	2	—	3	2
金融	2	1	5	1	3	2
纺织及服装	1	—	—	—	—	2
教育与培训	—	1	1	—	—	1
农/林/牧/渔	3	1	1	—	2	1
建筑/工程	5	3	2	14	3	1
广播电视及数字电视	—	—	1	—	—	—
房地产	—	—	—	—	2	—

资料来源：清科私募通。

二、投资退出

创业投资的资本主要通过并购、IPO、股权转让、回购四种方式进行退出获得收益。并购是指创投机构通过对标的企业进行收购进而实现其收益的退出方式，并购的退出周期短、受市场周期波动影响小。IPO 是指创投机构在标的企业上市后通过减持股票的方式来获取投资回报，由于 IPO 的回报收益率通常较高，较多的创投机构选择这种方式退出。股权转让是指创投机构将其股东权益进行转让，常见的股权转让方式包括协议转让、公开挂牌转让等。回购指的是管理层或股东向创投机构购买创投机构所持有的股份，回购退出在一定程度上可以保持企业运营的独立性。

广东省创投基金的退出主要通过 IPO 退出、并购退出、股权转让退出三种渠道。由

表2－6可见，IPO是近年来广东省创投机构退出的主要方式。并购和股权转让是退出数量排名第二和第三的退出方式，可能的原因是相较于IPO的退出方式，股权转让和并购的退出实现周期较短，且并购行为受市场周期波动影响较小。

表2－6 2015—2020年广东省创业投资行业退出企业数量

（按退出方式，单位：家）

退出方式	2015年	2016年	2017年	2018年	2019年	2020年
IPO	18	34	41	49	96	150
并购	25	15	35	26	30	20
股权转让	15	9	13	19	12	13
借壳	—	2	3	1	2	3
回购	1	—	2	4	4	3
并购减持	—	—	—	—	1	1
新三板	—	—	—	—	2	—

资料来源：清科私募通。

广东创新企业在全球资本市场的IPO数量一直居于全国前列。其可能的原因在于，深圳证券交易所拥有主板、中小板、创业板，再加上深圳前海股权交易中心、广东股权交易中心，广东资本市场建设较为完善，可以服务处于不同发展阶段的创业公司，为其提供便利的融资市场，同时也为众多创业投资机构提供更加快捷的退出渠道。

三、投资回报

IPO是创投机构回报金额最高的退出方式，表2－7显示了广东省创投机构IPO退出的回报金额逐年增长，可能的原因是：一方面，IPO退出方式自身的高回报收益率；另一方面，IPO有较高的退出数量，加总来看亦有较高的回报金额。2015—2020年并购的退出方式也收获了较高回报金额。

表2－7 2015—2020年广东省创业投资行业退出回报金额

（按退出方式，单位：亿元）

退出方式	2015年	2016年	2017年	2018年	2019年	2020年
IPO	12.0	30.2	61.6	66.9	107.5	237.7
并购减持	—	—	—	—	4.3	18.8
借壳	—	4.7	14.0	4.4	3.3	14.2
并购	24.0	4.1	43.4	31.9	56.8	7.4
股权转让	4.5	2.7	11.2	6.3	2.7	6.4

（续上表）

退出方式	2015 年	2016 年	2017 年	2018 年	2019 年	2020 年
回购	0.5	—	0.3	0.4	0.4	0.4
新三板	—	—	—	—	—	—

资料来源：清科私募通。

第五节　突出问题与政策建议

一、突出问题

（一）科技金融平台建设不完备

虽然以粤科金融为代表的广东省科技金融平台有效提高了省内外优质创投机构和创业企业的积极性，初步构建了创业投资、科技金融、科技园区与上市公司平台相结合的“3+1”服务体系，但创业投资机构的发展仍缺少省级层面的科技金融工作的统筹管理，部分创投企业的成长仍缺少创投基金的支持，省级层面的科技金融综合服务中心和科技金融服务平台不能充分引导与支持创投机构和创业企业两者之间的互动。

（二）早期投资比例较低

早期投资的不足体现在当前种子期和初创期的企业数量、企业募资金额仍然较少。当前广东省内天使基金数量及投资规模仍有较大增长空间，创业投资时点有待进一步前移。早期投资比例的提高有利于发掘优质科技资源，从源头上孵育不成熟技术或商业灵感创意，为创新创业、成果转化提供资金支持，有利于丰富省内创业投资层级，提高初创科技型企业存活率。近年来，省内各创投企业、领军企业、高校院所等社会机构已开始设立天使投资基金、原始创新引导基金等早期基金，其份额仍有进一步提高的空间。

（三）创业投资与当地经济产业结构匹配度不足

虽然目前大部分的创投基金倾向于布局在战略性新兴产业，但是创投机构的投资往往没有结合不同地市的实体经济特点，投资决策前未能充分分析当地重点产业特色，与当地经济产业结构的匹配度较低，因此未能形成区域经济间的比较优势。而培育与当地产业结构相匹配的战略性新兴产业往往能带动区域经济转型升级，如佛山的光电、新材料、智能制造产业；东莞的新一代信息技术、机器人产业等。广东省创投行业的未来投资热点不再是模式创新，而是愈加关注以重大技术突破和重大发展需求为基础，引导创业投资企业形成科技成果转化，因此与当地经济产业结构相匹配的原始技术创新领域更是代表着广东省创业投资的发展方向。

（四）退出方式单一

由于各板块资本市场之间的互联互通还没有成型，成长期的企业往往受限于不完善的金融信息服务平台，得不到足够的上市资源和资本力量，创业投资的退出因此相对不灵活、不通畅。例如，尽管在新三板挂牌上市的一些企业实现了在创业板、中小板上市，但这并不是依靠“绿色通道”，即完善的转板制度实现的，而是与普通未上市企业一样走完 IPO 的所有程序才得以上市，同时，坐拥上市公司“壳资源”但实际经营业绩并不好的公司也得不到降级、退市等合理的处理。

二、政策建议

创业企业的发展本身具有不确定性，创业资本在选择创业企业和创业项目时，需要综合考量企业的自身因素、环境因素、政策影响因素等。在“双创”时代的大背景下，我国创业投资产业想要得到更好的发展则必须要采用具有针对性的策略。

（一）强化科技金融平台的纽带作用

首先，政府应该发挥在项目资源方面的先天优势，要积极搭建创业投资和创业企业之间的信息共享平台，尽可能解决创业资本和创业企业之间的信息不对称问题。其次，政府应设立科技创新引导基金或母基金，完善创业投资风险补偿机制，以创业投资、服务平台、政策保障为主线，逐渐建立起以政府财政投入为引导，社会资本为支撑的科技型企业投融资体系，营造良好的政策环境。广东省创投机构应学习引进国内外领先创投机构的先进管理模式与运行机制，积极培育深圳、广州等地优秀创投机构，打造一批具有市场竞争力的本土创业投资品牌。各市级城市还要进一步培育形成若干国内知名的创业投资机构，支持具备条件的国有创业投资企业开展混合所有制改革试点，鼓励在市场竞争中培育和发展一批具有重大影响力和竞争力的本土创业投资品牌。

（二）引育高素质创投人才

创业投资不同于其他投资方式，其风险较大且主要目的是资本权益的长期增值，因此创业投资十分需要熟悉资本市场环境和特点的专业人士负责运作，以激励约束机制促进创业投资在科技成果转化、发展创业型企业、培育新兴产业方面发挥重要作用。

（三）鼓励创投机构进行早期投资

首先，政府应鼓励天使投资人为广东省科技型企业提供资源对接、跟踪辅导等服务，鼓励天使投资人与被投企业共同携手成长。其次，政府还应推出早期创投基金的相关政策，建立科技创业天使风险投资基金，围绕重点发展的新兴高潜产业、战略性新兴产业领域，对掌握前沿技术或颠覆性技术、创新能力强、发展潜力大的科技型企业进行投资，鼓励早期投资群体的长足发展。

（四）因地制宜引入创投企业

当地政府应根据当地产业结构引入相应创投企业。首先，政府部门应该积极在一些比较合适的地区创立试验区，具有针对性地建立生物技术、先进设备制造等产业，通过这些新型的产业来吸收创业基金，根本性地将创业基金与国家产业园进行全面结合，通过这种方式能够使得投资变得更加集聚。其次，不断优化整体的区域政策环境，通过设立战略性新兴产业发展基金、重大产业投资基金等方式，帮助广东省内科技型企业攻克第三代半导体芯片、高端装备制造、集成电路设计等重要领域的“卡脖子”技术难题与产业短板。最后，支持创投机构围绕战略性新兴产业的产业链上、下游进行投资，优化创业投资产业布局，引导社会资源投向，建设“产业引导基金 + 并购基金 + 重大项目基金”等市场化运作基金簇，形成以重点产业园区为依托，以重大创新平台为载体，以骨干科技企业为引领，以基金簇为产业赋能的创业投资特色模式，打造产业链整合延伸、创投资金充溢的优势支柱产业集群，为广东省地方性代表产业发展提供有力支撑。

（五）完善多种创投退出渠道

首先，政府充分发挥其本身信息服务平台的作用，帮助中小企业快速成长，帮助企业更好地“走出去”，借助上市资源和资本力量，做好地方经济的“引进来”，持续推动“大众创业、万众创新”，配合做好项目对接和服务。其次，政府应拓宽创业投资退出渠道，尤其要制定规范的管理办法，鼓励省内非上市股份公司到区域性股权交易市场集中登记托管，通过区域性股权交易市场构建公信高效、安全有序的创业投资项目二级交易市场，为创业投资企业投资退出创造条件。最后，还应引导创投资本回归价值投资本源，将其流向国家重点产业领域的高成长创新企业，支持企业往硬科技方向转型发展、研发拥有自主知识产权的核心技术，为创投机构重塑适应时代的项目估值体系和投资策略，为广东省科技创新企业提供一条更具包容性的上市通道。

第三章　广东省政府引导基金发展*

第一节　政府引导基金概述

一、定义与分类

政府引导基金是指由各级政府单独出资或与社会资本共同出资设立的政策性基金，不完全以营利为目的，按照市场化方式运作。政府引导基金旨在发挥政府资金的杠杆放大效应，引导社会资本投向经济发展重点领域和薄弱环节，优化产业结构，推动产业转型升级。

按照投资方向和目的不同，政府引导基金可分为：①产业投资引导基金（简称产业基金）：即以国家产业政策为指导，旨在扶持重点产业发展，培育新兴产业，壮大优化产业结构，促进产业转型升级和发展。②创业投资引导基金（简称创业基金）：即通过扶持创业投资机构进而带动社会资本支持创新创业和中小企业发展的政府引导基金。一方面，创业基金可以增加风险资本供给，创造有利于创新发展的市场环境，鼓励投资者对处于种子期、起步期等早期阶段企业的投资，支持创业创新；另一方面，创业基金可以改善企业的融资环境，鼓励中小微型企业发展，增强经济持续发展的内在动力。③PPP基金（政府和社会资本合作模式）：即政府采取竞争性方式择优选择具有投资、运营管理能力的社会资本，双方按照平等协商原则订立合同，明确责任和权利关系，由社会资本提供公共服务，政府依据公共服务绩效评价结果向社会资本支付相应对价，保证社会资本获得合理收益。

二、发展历程

我国政府引导基金与西方国家相比起步较晚，至今仅有二十几年的发展历程。广东省是国内较早开展政府引导基金实践的省份之一，其发展历程大致可分为四个阶段：

（1）初步探索阶段（1999—2007 年）：1999 年广州科技风险投资有限公司（广州科技金融创新投资控股有限公司前身）的成立，标志着广东省政府引导基金进入了初步探索阶段。

---

* 本章第一执笔人为暨南大学产业经济研究院刘小菊。

（2）规范发展阶段（2008—2014 年）：2008 年出台的《关于创业投资引导基金规范设立与运作的指导意见》，第一次对政府引导基金的概念做出了明确界定，并提出了政府引导基金的运作规范。广东省在 2008—2014 年共设立 16 支政府引导基金，为之后政府引导基金的快速发展奠定了基础。

（3）快速发展阶段（2015—2016 年）：2015 年以后，政府引导基金相关的规范文件如《政府投资基金暂行管理办法》《政府出资产业投资基金管理暂行办法》等接连出台，这些政策文件从资金来源、投资领域、监督与指导、风险控制等方面全方位规范了政府引导基金的设立与运作。2015—2016 年广东省政府引导基金出现爆发式增长，两年内成立了 55 支政府引导基金，每年的目标规模均达千亿级别，数量与规模在全国范围内均位于前列。

（4）理性发展阶段（2017 年至今）：经历了爆发式增长后，已设立的政府引导基金出现资金闲置、政策目标重复、投资效率低下等问题，导致政府设立引导基金的意愿降低。2017 年广东省政府引导基金增量为负，目标规模也逐年减小。2019—2021 年新增基金数量仅为个位数，目标规模也降为百亿元。当前，政府引导基金的重点转向存量基金的精耕细作，探寻优化发展之路。

三、特征与作用

政府引导基金在设立和发展中表现出以下几个特征：①非营利性。政府引导基金是不以营利为目的的政策性基金，而不是单纯的商业性基金。②市场化运作。政府引导基金中政府参与出资，但不参与管理，而是将基金交给专业的投资机构管理，按照市场化方式运作。③引导性。政府引导基金重在“引导”，主要是吸引大量社会资本并引导资金投向本地区重点产业或国家战略性新兴产业。

政府引导基金旨在缓解风险投资市场失灵问题。具体来说，政府引导基金的作用主要有以下几点：①弥补市场失灵。众所周知，我国科技型中小企业存在严重的融资难、融资贵问题，很难从银行或风险投资处获得充足的资金支持。政府引导基金的设立就是为了发挥财政资金的杠杆放大作用，使更多的社会资本投入科技型企业的早期阶段中去，以弥补科技型中小企业的融资缺口。②引导作用。引导作用体现在对投资行业的引导，对投资阶段的引导，对投资区域的引导等方面。首先，引导“投科技”。政府引导基金主要引导社会资本投向生物医药、节能环保、新一代信息技术、新能源与新材料等战略性新兴产业的企业，而对于传统行业的企业投资较少。其次，引导“投早期”。政府引导基金主要引导社会资本投向创新型中小企业，尤其是处于种子期、初创期等早期的企业。从而扶持一批创新能力强、市场发展前景好的创业企业快速成长。最后，引导“区域平衡发展”。目前我国政府引导基金存在严重的投资不平衡问题。越发达的地区越容易得到风险资本，而中西部地区的企业很难获得充足的资金。投资区域分布的不平衡进一步扩大了区域经济之间的差距。而政府引导基金可以引导社会资金投向中西部地区的特色产业和重点产业，缓解区域间经济发展不平衡问题。③认证作用。政府引导基金可以通过认证作用，为投资企业提供信用担保，以吸引保险资金、社保资金、民间资本等各种社会资金进入，形成资本供给效应，为创业投资开拓资金来源渠道，提高资本总供给水平。

第二节　政府引导基金发展现状

一、政策环境

广东省一直都是我国政府引导基金发展最好、最为成熟的省份之一。广东省政府引导基金的蓬勃发展离不开国家相应政策法案的出台和实施，也离不开广东省各部门相关政策的支持。近年来，我国政府引导基金相关的政策法规不断完善，政策环境整体向好。为了对本地引导基金的发展提供更为合理的指导和规范，广东省也先后颁布了与战略性新兴产业、基础设施、科技成果产业化引导基金等相关的政策法规，具体见表3－1。这些政策对广东省政府引导基金的规范发展起到了很大的促进作用，也为其之后的迅猛发展提供了良好的政策环境。

表3－1　全国性与广东省政府引导基金相关政策汇总

颁布时间	代表性政策文件	主要作用及影响
2008年	《关于创业投资引导基金规范设立与运作的指导意见》	第一次明确了引导基金性质与宗旨、设立与资金来源以及运作原则与方式等内容
2013年	《广东省战略性新兴产业创业投资引导基金管理暂行办法》	规范设立和运作广东省战略性新兴产业创业投资引导基金，引导更多社会资本进入创业投资领域
2014年	《国家科技成果转化引导基金设立创业投资子基金管理暂行办法》	健全国家科技成果转化引导基金管理制度，进一步提高创业投资子基金规范化管理和专业化服务水平，提升运行效率
2015年	《政府投资基金暂行管理办法》	规范政府投资基金的设立、运作和风险控制、预算和资产管理等工作，促进政府投资基金持续健康运行
2016年	《政府出资产业投资基金管理暂行办法》	优化政府投资方式，发挥政府资金的引导作用和放大效应，提高政府资金使用效率，吸引社会资金投入政府支持的领域和产业
2018年	《广东省基础设施投资基金管理办法》	充分发挥政府投资基金的政策引导作用和放大效应，提高基金投资效率，深化广东省基础设施供给侧结构性改革
2019年	《关于新时期支持科技型中小企业加快创新发展的若干政策措施》	加快推动民营企业特别是各类中小企业走创新驱动发展道路，强化对科技型中小企业的政策引导与精准支持
2020年	《关于加强政府投资基金管理提高财政出资效益的通知》	有效解决当前一些政府投资基金存在的政策目标重复、资金闲置和碎片化等问题，促进基金有序运行

资料来源：根据公开资料整理。

综合来看，近年来，国家和地方均颁布了大量的法律法规和管理办法，大多是从政府引导基金规范性和效率方面提出的规定和建议。随着各种政策法规的出台、金融去杠杆、行业严监管及宏观经济环境的变化，我国政府引导基金增速逐渐放缓。在日益完善的政策环境中，广东省政府引导基金将继续探寻一条优化发展之路。

二、管理机构

（一）机构发展现状

广东省政府引导基金的管理机构数量较少，PE 型机构占主导。截至 2021 年底，广东省共有 113 家政府引导基金的管理机构，而全国共有 1 398 家政府引导基金的管理机构，广东省管理机构总数在全国中的占比仅为 8.08%，相对来说数量并不多。

从机构类型来看，PE 类型的管理机构是广东省政府引导基金管理机构的主力军。广东省政府引导基金的 PE 型机构有 64 家，在总数中占比达到 56.64%，其次是 VC 和 FOFs，分别占总数的 24.78% 和 13.27%，而早期投资机构和战略投资者很少。全国范围内的早期投资机构和战略投资者也普遍较少，发展滞后。广东省早期投资机构占全国同类型机构的 15.38%，高于广东省投资机构总数占全国的比例（8.08%）。具体见表3－2。

表 3－2　广东省与全国政府引导基金机构按类型分布情况

机构类型	广东省		全国		广东省在全国占比
	数量	占总数量比	数量	占总数量比	
PE	64	56.64%	873	62.45%	7.33%
VC	28	24.78%	256	18.31%	10.94%
FOFs	15	13.27%	208	14.88%	7.21%
早期投资机构	2	1.77%	13	0.93%	15.38%
战略投资者	0	0%	2	0.14%	0%
其他	4	3.54%	46	3.29%	8.70%
总计	113	100.00%	1 398	100.00%	8.08%

资料来源：清科私募通。

（二）机构地区分布

广东省政府引导基金的管理机构分布不均衡，出现两极分化情况。广东省政府引导基金的管理机构主要分布在广州和深圳两地，分别有 34、33 家，仅这两市的机构数之和就占了广东省机构总数的近 60%。其次是珠海、佛山、中山、东莞，管理机构均在 5 家或以上，而江门、河源、肇庆、揭阳和清远都仅有 1 家。具体见图 3－1。

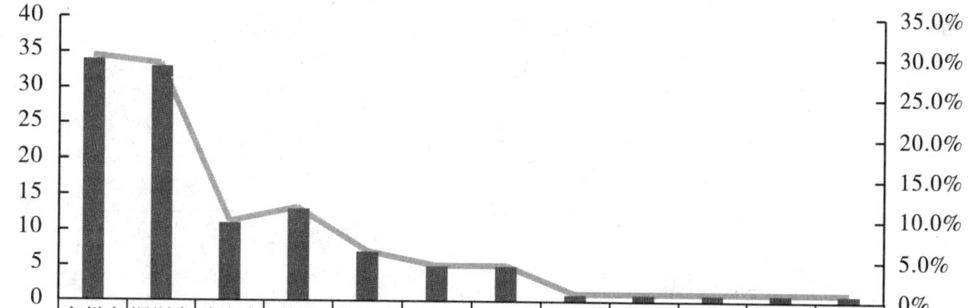

	广州市	深圳市	珠海市	其他	佛山市	中山市	东莞市	江门市	河源市	肇庆市	揭阳市	清远市
数量	34	33	11	13	7	5	5	1	1	1	1	1
占比	30.1%	29.2%	9.7%	11.5%	6.2%	4.4%	4.4%	0.9%	0.9%	0.9%	0.9%	0.9%

图 3－1　广东省不同地区政府引导基金机构分布图

资料来源：清科私募通。

（三）机构组织形式

公司制管理机构是广东省政府引导基金管理机构的主要组织形式。如表 3－3 所示，广东省政府引导基金的公司制管理机构有 92 家，在总数中占比达到 81.42%。其次是有限合伙制形式，有 13 家，在总数中占比为 11.50%。公司制的机构数是有限合伙制机构数的七倍多，而其他类型的组织形式只有 8 家。从全国范围来看，政府引导基金仍然是以公司制管理机构为主，占总数的 74.96%，有限合伙制次之，在总数中占比为 12.52%。此外，广东省的公司制管理机构在全国的占比略高于整体占比水平。

表 3－3　广东省与全国政府引导基金机构按组织形式分布情况

组织形式	广东省		全国		广东省在全国占比
	数量	占总数量比	数量	占总数量比	
公司制	92	81.42%	1 048	74.96%	8.78%
有限合伙制	13	11.50%	175	12.52%	7.43%
其他	8	7.08%	175	12.52%	4.57%

资料来源：清科私募通。

三、基金现状

近年来，广东省政府引导基金发展迅猛，为扶持省内创新企业发展和促进产业转型升级发挥了重要作用。截至 2021 年底，广东省共有 142 支政府引导基金，平均目标规模为 105 亿元。同时期全国共有 1 720 支政府引导基金，平均目标规模为 68.61 亿元。广东省政府引导基金数量在全国的占比为 8.26%，其数量在全国占比仅次于江苏和浙江，位列全国第三。广东省政府引导基金平均目标规模比全国的高出 53.04%。广东省政府引导基金的数量和规模在全国占据了重要地位，并且引导基金具有规模大的突出特点，如表3－4所示。

表3－4 广东省与全国政府引导基金按类型分布情况

基金类型	广东省		全国		广东省在全国的占比	
	基金数量	平均目标规模/亿元	基金数量	平均目标规模/亿元	基金数占比	平均目标规模占比
产业基金	70	139.17	1 012	74.61	6.92%	186.53%
创业基金	49	25.25	452	22.15	10.84%	114.00%
PPP	18	222.36	177	175.16	10.17%	126.95%
其他	5	26.70	79	34.88	6.33%	76.55%
总计	142	105.00	1 720	68.61	8.26%	153.04%

资料来源：清科私募通。

（一）按类型分布

从不同类型基金的数量来看，广东省产业基金数量最多，创业基金次之，PPP基金数量最少。在广东省已设立的政府引导基金中，产业基金有70支，在总数量中占比高达49%。这表明广东省政府主要通过产业基金对社会资本进行产业间的资源配置优化。其次是创业基金，有49支，占比约为34%。PPP基金的数量在各类型政府引导基金中最低，有18支，仅占总数的13%。这主要是因为我国在2013年才开始出台PPP基金的相关政策，全国范围内的PPP模式的基金都比较少。具体见图3－2。

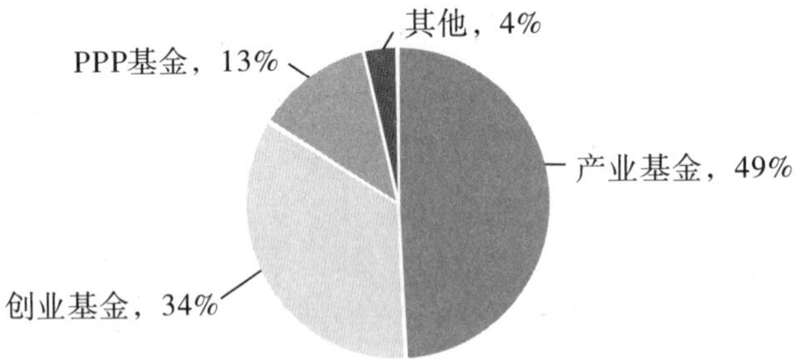

图3－2 广东省不同类型政府引导基金数量分布图

资料来源：清科私募通。

从不同类型的基金规模来看，如表3－4所示，广东省PPP基金规模最大，产业基金次之，创业基金规模较小。其中PPP基金的平均规模达到222.36亿元。产业基金平均目标规模稍低于PPP基金，为139.17亿元。创业基金平均目标规模最低，仅为25.25亿元，远小于产业基金和PPP基金规模。广东省与全国政府引导基金的类型分布情况较为一致。

（二）按级别分布

从基金级别来看，广东省的地市和区县级政府引导基金占据主导地位。截至2021年底，广东各有地市级和区县级政府引导基金71支和41支，分别约占总数的50%和29%；有省级、国家级基金18支和7支，分别占总数的13%、5%，如图3－3所示。从全国范围来看，政府引导基金同样是以地市级、区县级为主。国家级和省级政府引导基金数量少，规模大，而地市级和区县级政府引导基金的数量较多，规模较小，见表3－5。这是因为小规模的基金更容易管理和监督，更精准地助力地方产业转型升级，过度追求大规模反而会造成基金运作的低效率。

表3－5 广东省与全国政府引导基金按级别分布情况

基金级别	广东省		全国		广东省在全国的占比	
	基金数量	平均目标规模/亿元	基金数量	平均目标规模/亿元	基金数占比	平均目标规模占比
地市级	71	110.24	762	42.67	9.32%	258.35%
区县级	41	32.85	498	23.84	8.23%	137.79%
省级	18	163.73	344	118.72	5.23%	137.91%
国家级	7	332.58	37	721.88	18.92%	46.07%
其他	5	26.70	79	35.53	6.33%	75.15%

资料来源：清科私募通。

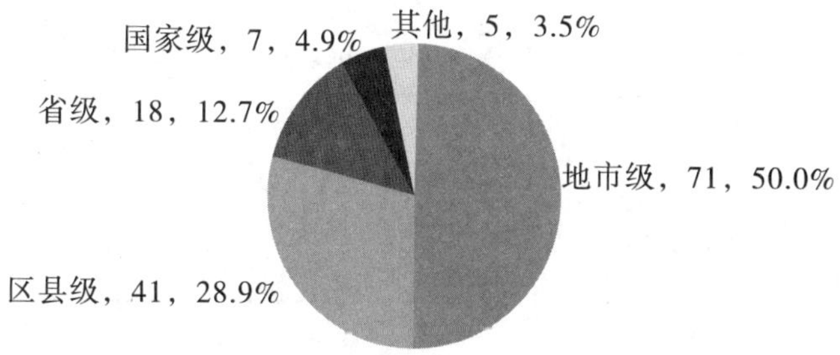

图3－3 广东省不同级别政府引导基金数量分布

资料来源：清科私募通。

（三）按区域分布

从基金注册地来看，广东省政府引导基金存在区域发展不平衡问题。基金主要设立在广深等经济发达地区，而在其他地区则呈现分散状态分布。截至2021年底，广东省已设立政府引导基金注册地数量最多的地区是广州，有35支，其次是深圳，有27支，珠海、佛山、东莞和江门的引导基金数量在10支及以上。而其他经济欠发达城市设立的引导基金相对较少，比如河源、梅州、清远、湛江、汕尾、揭阳，都仅有1支政府引导基金。具体见图3－4。由此可见，广深地区的政府引导基金发展势头强劲，在总数中占比高达43.7%。

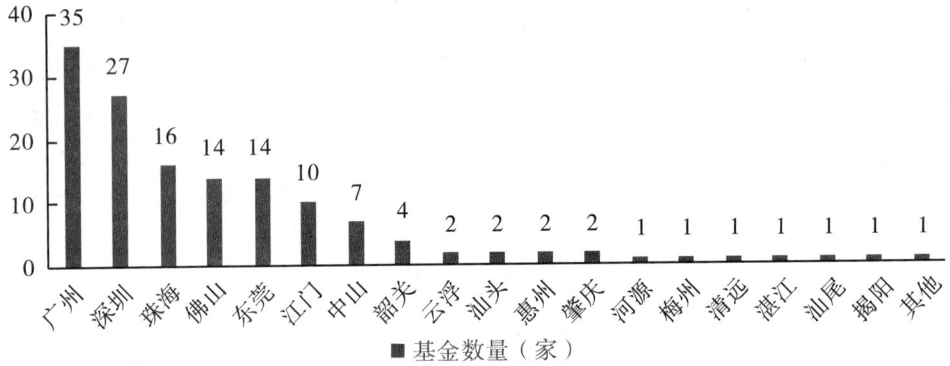

图 3－4 广东省不同区域政府引导基金数量分布

资料来源：清科私募通。

四、基金投资

（一）投资数量与规模

广东省作为政府引导基金发展最好的省份之一，其投资活动也较为活跃。如表 3－6 所示，截至 2021 年底，广东省政府引导基金共参与了 2 866 个投资案例，总投资金额达到 876.70 亿元。同期全国政府引导基金参与的投资案例数为 11 636 个，总投资金额为 5 291.75 亿元。其中，广东省政府引导基金参与的投资事件数在全国占比为 24.63%，投资金额占比为 16.57%。综合来看，广东省政府引导基金参与的投资事件数量和规模在全国都占据很大的比重，呈现投资数量多、投资金额偏少的特点。

表 3－6 广东省与全国政府引导基金投资情况对比

	广东省	全国	广东省在全国占比
案例数/个	2 866	11 636	24.63%
投资金额/亿元	876.70	5 291.75	16.57%

资料来源：清科私募通。

2021 年广东省共发生 917 起政府引导基金参与的投资事件，总投资金额 148.29 亿元。同期全国共发生政府引导基金参与的投资案例数为 3 414 个，总投资金额 946.61 亿元。其中，2021 年广东省政府引导基金参与的投资事件数在全国占比为 26.86%，投资金额在全国中的占比为 15.67%。与广东省的综合情况相比，2021 年广东省政府引导基金参与的投资数量在全国的比重再次提升，但投资金额的占比略有减少。这表明广东省在疫情冲击下的经济仍表现强劲，在政府的支持下，引导基金参与投资的活动受到的影响较小。具体见表 3－7。

表 3－7　2021 年广东省与全国政府引导基金投资情况对比

	广东省	全国	广东省在全国占比
案例数/个	917	3 414	26.86%
投资金额/亿元	148.29	946.61	15.67%

资料来源：清科私募通。

（二）投资阶段

从投资阶段来看，广东省政府引导基金的投资数量和金额集中在扩张期和成熟期的企业。表 3－8 统计数据显示，截至 2021 年底，广东省政府引导基金投向扩张期阶段的案例数最多，为 1 302 个，而投向成熟期阶段的金额最多，为 486.90 亿元。相比而言，对于种子期和初创期的投资数量和金额都要少很多。此外，与全国相比，广东省政府引导基金对种子期、初创期等早期的投资案例数在全国同时期投资中占比分别为 21.12% 和 23.25%，投资金额占比为 4.93% 和 9.04%，仍低于扩张期和成熟期投资在全国的占比。从全国政府引导基金的投资情况来看，扩张期和成熟期的投资数量和金额仍占据主导地位。

表 3－8　广东省与全国政府引导基金投资按阶段分布情况

投资阶段	广东省		全国		广东省在全国的占比	
	案例数	投资金额/亿元	案例数	投资金额/亿元	案例数占比	投资金额占比
扩张期	1 302	305.68	4 998	1 485.42	26.05%	20.58%
成熟期	692	486.90	2 719	2 619.31	25.45%	18.59%
初创期	538	46.59	2 314	515.56	23.25%	9.04%
种子期	320	30.82	1 515	624.92	21.12%	4.93%
其他	14	6.71	90	46.54	15.56%	14.42%

资料来源：清科私募通。

2021 年广东省政府引导基金参与扩张期的投资案例数最多，有 427 个，约占总数的 47%。但从投资金额来看，投向成熟期的金额最多，有 86.99 亿元，在总金额中占 58.66%。基金对种子期和初创期的总投资数量占比为 36.53%，总投资金额占比仅为 15%。因此，虽然 2021 年早期阶段的投资数量和金额增长明显，但投资金额仍比较少。具体见图 3－5。

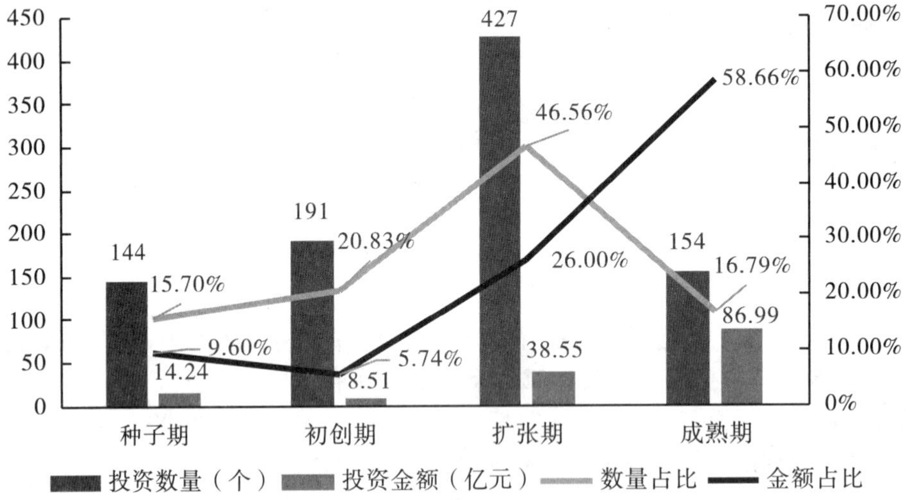

图 3-5　2021 年广东省政府引导基金投资阶段分布

资料来源：清科私募通。

（三）投资轮次

从投资轮次分布来看，广东省政府引导基金对 A 轮、B 轮等早期轮次的投资数量和规模在所有投资轮次中居于前列。如表 3-9 所示，截至 2021 年底，广东省政府引导基金参与 A 轮的投资数量和金额最多，投资案例数有 748 个，投资金额为 185.11 亿元，均位于首位。对 B 轮的投资案例数有 448 个，位列第二，投资金额为 96.77 亿元，处于第三位。对上市定增的投资案例数较少，但投资金额达到了 180.95 亿元，仅次于 A 轮。同时，对天使轮，C 轮，Pre-A 等早期轮次的投资案例数也较多。全国政府引导基金的投资轮次分布与广东省类似。

表 3-9　广东省与全国政府引导基金投资轮次分布情况

投资轮次	广东省		全国		广东省在全国占比	
	数量	金额/亿元	数量	金额/亿元	数量占比	金额占比
A	748	185.11	3 421	1 634.65	21.86%	11.32%
B	448	96.77	1 774	555.97	25.25%	17.41%
天使轮	278	10.23	1 219	240.38	22.81%	4.26%
C	213	93.33	823	259.32	25.88%	35.99%
Pre-A	205	10.51	681	43.63	30.10%	24.09%
新三板定增	164	50.32	745	228.32	22.01%	22.04%
A+	158	17.81	516	74.80	30.62%	23.81%
其他	141	94.65	502	320.11	28.09%	29.57%

（续上表）

投资轮次	广东省		全国		广东省在全国占比	
	数量	金额/亿元	数量	金额/亿元	数量占比	金额占比
B+	104	18.12	336	57.42	30.95%	31.56%
Pre-IPO	100	15.28	319	69.72	31.35%	21.92%
D	98	28.88	325	118.64	30.15%	24.34%
上市定增	49	180.95	312	1 154.81	15.71%	15.67%
C+	38	8.04	136	31.21	27.94%	25.76%
E	28	9.06	103	48.20	27.18%	18.80%
Pre-B	22	2.01	68	4.41	32.35%	45.58%
战略投资	16	19.53	67	100.71	23.88%	19.39%
种子轮	15	0.72	89	5.82	16.85%	12.37%
老股权转让	12	11.12	70	58.45	17.14%	19.02%
基石投资	9	21.75	49	220.25	18.37%	9.88%
F	9	1.39	34	27.24	26.47%	5.10%
D+	7	0.12	35	17.66	20.00%	0.68%
G	4	1.00	12	20.06	33.33%	4.99%

资料来源：清科私募通。

如图3－6所示，2021年广东省政府引导基金参与的投资事件案例数仍主要分布在A轮和B轮，天使轮、Pre-A和C轮也比较多。投资金额主要集中在上市定增、A、B、C轮等轮次。这说明广东省政府引导基金在积极参与较早轮次的投资，符合政府引导基金设立的目的，但对早期轮次的投资金额较少，更多地投向上市定增阶段。

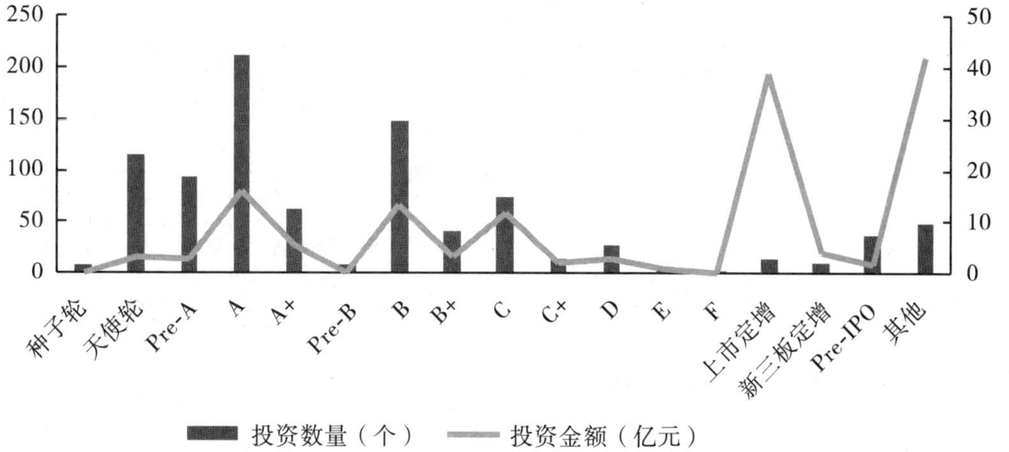

图3－6　2021年广东省政府引导基金投资轮次分布图

资料来源：清科私募通。

（四）投资行业

从投资行业来看，广东省政府引导基金偏好投资科技类行业。截至2021年底，IT和生物技术/医疗健康行业的投资数量在广东省并列首位，均为604个，两者在广东省政府引导基金投资案例总数中占比合计达到42%，在全国中的占比也较大，在26%以上。

从投资金额来看，广东省政府引导基金对IT行业的总投资金额最多，对半导体及电子设备、机械制造和生物技术/医疗健康行业的投资额也都超过百亿元。从全国占比来看，广东省对半导体及电子设备行业的投资金额在全国中的占比仅为7.55%，相对来说仍比较少。而物流、房地产、教育与培训等行业的投资额在全国中的占比却很大，这表明广东省对这些行业的资金投入在全国范围内处于领先水平。具体见表3－10。

表3－10　广东省与全国政府引导基金投资行业分布情况

行业	广东省		全国		广东省在全国占比	
	数量	金额/亿元	数量	金额/亿元	数量占比	金额占比
IT	604	137.24	2 308	536.04	26.17%	25.60%
生物技术/医疗健康	604	111.20	2 178	498.29	27.73%	22.32%
半导体及电子设备	537	124.92	1 966	1 655.65	27.31%	7.55%
机械制造	242	120.58	917	421.87	26.39%	28.58%
互联网	236	49.55	1 057	219.38	22.33%	22.59%
化工原料及加工	102	32.32	441	140.06	23.13%	23.08%
清洁技术	100	56.68	440	219.35	22.73%	25.84%
电信及增值业务	69	43.69	370	228.82	18.65%	19.09%
娱乐传媒	58	8.32	341	79.24	17.01%	10.50%
其他	56	41.60	278	176.25	20.14%	23.60%
连锁及零售	46	8.60	212	61.90	21.70%	13.89%
金融	41	48.14	188	196.81	21.81%	24.46%
汽车	34	9.90	215	139.00	15.81%	7.12%
物流	27	32.91	84	70.66	32.14%	46.58%
食品 & 饮料	26	4.59	122	30.15	21.31%	15.22%
建筑/工程	22	4.05	137	58.35	16.06%	6.94%
教育与培训	18	4.36	84	13.12	21.43%	33.23%
能源及矿产	16	17.82	118	443.37	13.56%	4.02%
农/林/牧/渔	16	5.85	100	48.50	16.00%	12.06%
纺织及服装	5	1.00	39	14.20	12.82%	7.04%

（续上表）

行业	广东省		全国		广东省在全国占比	
	数量	金额/亿元	数量	金额/亿元	数量占比	金额占比
房地产	4	13.21	24	30.27	16.67%	43.64%
广播电视及数字电视	3	0.18	17	10.50	17.65%	1.71%

资料来源：清科私募通。

如图3－7所示，在2021年，广东省政府引导基金的投资数量集中在IT、半导体及电子设备和生物技术/医疗健康行业，投资金额更多地分布在半导体及电子设备、化工原料及加工和IT等行业。这说明广东省政府引导基金对科技类行业的引导效果较好。

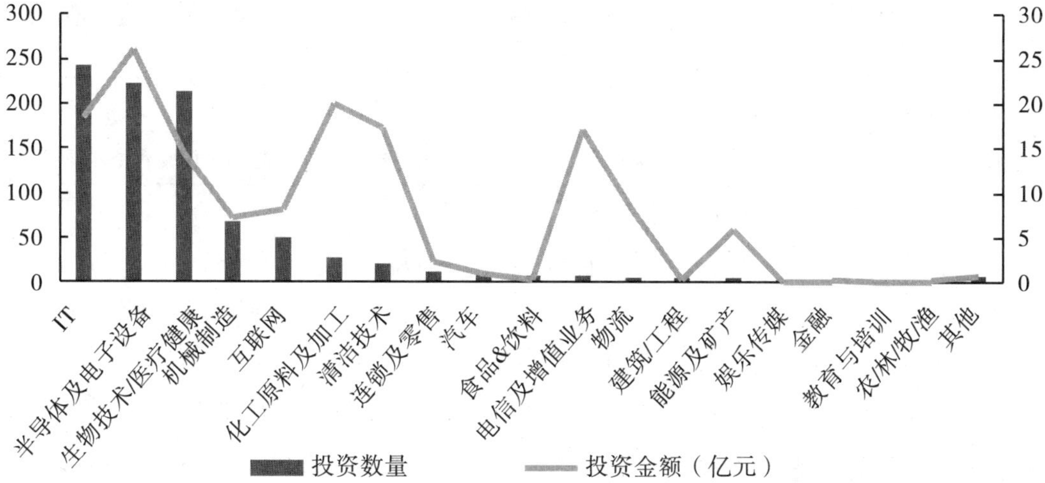

图3－7　2021年广东省政府引导基金投资行业分布图

资料来源：清科私募通。

总体而言，截至2021年，广东省政府引导基金的投资数量和投资规模都比较大。广东省政府引导基金对扩张期和成熟期阶段投资较多，参与A、B轮次的投资较多，投资偏好IT、生物技术/医疗健康、半导体及电子设备等行业。

第三节　政府引导基金的投资绩效

一、产业培育

广东省政府引导基金主要定位于产业引导，培育新兴产业，解决市场失灵问题。一方面，针对投资金额大、投资周期长的战略性项目，市场化的资金由于逐利性不愿意参与，政府引导基金能够积极发挥引导性作用；另一方面，企业在起步阶段资金不足或在发展过程中出现政策缺失问题时，政府引导基金又能发挥市场性作用。

政府引导基金培育产业的方式如下：一是产业引导、培育和发展，打造地方产业生态；二是围绕产业发展目标，通过重点项目落地和发展实现经济目标；三是与市场化基金协同合作，推动新兴行业和创新性产业发展；四是通过产融合作，用金融支持实体产业的发展。广东省政府引导基金大多在设立之初就将投资领域聚焦在新一代信息技术、生物医药等新兴产业，具体情况见表3－11。从中可见广东省政府引导基金对培育新兴产业的重视和大力支持。

表3－11 广东省政府引导基金的投资领域选择

基金	主要投资领域
广东省创新创业基金	天使创业孵化培育、新兴产业前沿科技创新、区域科技产业创新、文化媒体科技融合、集成电路创新、重大科技成果产业化、产业技术升级等领域
广州产业转型升级引导基金	新一代信息技术、生物、新材料、新能源汽车、新能源与节能环保、海洋工程等战略性新兴产业和高新技术改造传统产业领域的创业投资企业
深圳市政府投资引导基金	新一代信息技术、生物医疗、智能装备、节能环保等行业
深圳市福田引导基金	新能源、新材料、航天军工、信息技术、生物医药、升级消费等领域

资料来源：广东省各政府引导基金网站。

在实际投资中，广东省政府引导基金也主要投向科技类新兴产业。如前文表3－10所示，政府引导基金投向IT、半导体及电子设备、生物技术/医疗健康、互联网和机械制造等行业的数量和金额均比较多，在总行业投资中占据重要地位。这说明广东省政府引导基金有效地引导资金对高科技创新企业的投资，从而培育新兴产业，促进产业发展优化。

二、基金退出

我国政府引导基金在2002年第一次出现，但直到2014年才开始大规模设立，基金的存续期一般要求7～10年，因此，未来几年各地政府引导基金将面临大规模退出。目前，我国政府引导基金从子基金或直投项目中退出的方式主要有IPO、股权转让、份额转让、减资、清算等。其中，IPO退出是实现投资机构和被投企业双方利益最大化的方式，也是要求最高、流程最复杂的方式。

当前，我国与退出机制有关的法律法规和政策规范不够明晰。关于政府引导基金的退出问题，当前并无明确的法律法规规定，各地方政府制定的框架性规定中的退出机制也不全面、不细致。表3－12为我国地方政府引导基金关于退出的一些规定。

表3－12 各地政府引导基金退出相关规定

地区	基金名称	退出规定
北京	北京市中小企业创业投资引导基金	在有受让方的情况下，政府引导基金可以随时退出；参股创投企业的其他股东不先于引导基金退出。参股创投企业发生破产清算，按照法律程序清偿债权人的债权后，剩余财产首先清偿引导基金

（续上表）

地区	基金名称	退出规定
上海	上海市创业投资引导基金	投资形成的股权可按照政府引导基金运作的有关规定，采取上市退出、股权转让、股东回购及破产清算等方式退出
广州	广州市政府投资基金	政府投资基金中的政府出资部分一般应在投资基金存续期满后退出，存续期未满如达到预期目标，可通过股权回购机制等方式适时退出，相关工作由业务主管部门组织实施
浙江	浙江省创业风险投资引导基金	政府引导基金参股创业投资企业稳定运营以后，可在适当时机将股份通过下列途径完成退出：将股权优先转让给其他股东；公开转让股权；参股创业投资企业到期后清算退出

资料来源：根据公开资料整理。

三、基金回报

目前我国关于政府引导基金退出的数据很少，广东省政府引导基金退出相关的案例更为匮乏。为了更好地了解广东省政府引导基金的退出方式和效果，下面就以广州科技金融创新投资控股有限公司（简称“科金控股”）为例来分析政府引导基金的退出与回报问题。

科金控股成立于1999年，是广东省第一家政府投资基金。科金控股直接投资高科技类企业超过130家，主要涉及生物医药、信息技术、先进制造等行业领域，推动多家企业实现上市和挂牌国内新三板。同时，科金控股充分发挥国有资本的带动作用，投资超40亿元，引导资金有效投入实体经济中去，培育更多的优质项目，积极推动产业转型升级。

科金控股至今已有18个退出事件，退出方式主要有IPO、股权转让、并购、回购、清算等。在不同的退出方式下的退出金额差异很大，例如，2015年6月以IPO方式退出万孚生物获得的退出金额最多，为3亿元。从回报倍数来看，已披露的退出事件中，2011年1月以IPO方式退出杰赛科技的回报倍数最大，为19.83倍。就内部收益率而言，2000年11月以股权转让的方式退出迪森股份实现了最高的内部收益率，达到1 503.55%。2021年，科金控股以IPO方式完成三次退出，但回报倍数和内部收益率普遍不高，甚至为负。具体如表3－13所示。

表3－13 科金控股退出情况

退出时间	被退出方	退出方式	退出金额/万元	回报倍数	内部收益率/%
2021年12月	品高股份	IPO	1 156.13	2.31	44.96
2021年9月	禾信仪器	IPO	7 486.04	6.91	17.01

（续上表）

退出时间	被退出方	退出方式	退出金额/万元	回报倍数	内部收益率/%
2021 年 3 月	深水海纳	IPO	1 910.95	0.96	-2.11
2020 年 10 月	不披露	股权转让	1 604.79	—	—
2018 年 12 月	万孚生物	并购	—	—	—
2018 年 6 月	不披露	回购	1 325.00	—	—
2017 年 12 月	不披露	回购	8 500.00	17.35	25.44
2015 年 6 月	万孚生物	IPO	30 000.00	17.55	21.73
2015 年 4 月	不披露	清算	—	—	—
2014 年 4 月	不披露	—	—	—	—
2014 年 1 月	不披露	股权转让	5 100.00	33.77	—
2011 年 1 月	杰赛科技	IPO	—	19.83	42.89
2006 年 12 月	华大股份	股权转让	195.00	1.00	—
2006 年 8 月	天普药业	股权转让	—	—	—
2005 年 4 月	迪森股份	股权转让	3 154.91	1.17	3.5
2002 年 7 月	创想股份	—	66.00	2.62	51.05
2000 年 11 月	迪森股份	股权转让	718.40	1.59	1 503.55

资料来源：清科私募通。

退出不仅是整个基金投资运转的最后一步，也是影响其下一轮募集资本和投资项目，保障政府资金良性循环的重要一步。但综合来看，目前广东省政府引导基金的退出案例较少，退出方式也不太完备，以 IPO 方式退出的回报率较大，但难度也最大。未来几年将迎来政府引导基金退出的高峰期，但广东省政府引导基金在退出方面仍存在很大的问题。因此，广东省应健全相关法律规范和政策规范，进一步完善基金退出机制和多层次的资本交易市场体系，以保证政府引导基金能够顺利退出，并提高退出收益率。

第四节　政府引导基金发展趋势

一、基金设立趋势

2015 年以来广东省政府引导基金经历了爆发式发展，随后很快进入理性发展阶段。目前广东省政府引导基金已逐渐趋于饱和，呈现数量和规模下降的趋势。如表 3－14 所示，广东省政府引导基金的新增数量和目标规模在 2016 年均达到峰值，新增政府引导基金为 35 家，新增目标规模突破 4 000 亿元大关。2015—2016 年政府引导基金呈现快速增长的态势，主要得益于我国货币政策相对宽松，财政政策比较积极。这一阶段我国关于政府引导基金的专门性规范也陆续出台，政府引导基金受到越来越多的重视。

然而，广东省政府引导基金迅猛发展的势头并没有表现出持续性。由于基金在运作过程中暴露出诸如资金闲置、投资效率低等问题，广东省政府出台了相关政策和修订了管理办法。随着金融监管的加强和去杠杆的推进，政府引导基金新增数量和目标规模的增速均出现了明显下滑。2017—2019 年政府引导基金新增数量和目标规模增速均为负，2020 年出现大幅度回升，但数量仍比较少。2021 年，广东省仅新设立 3 支政府引导基金，平均目标规模为 166.67 亿元。近年来广东省政府引导基金发展较为成熟，存量规模大，增速明显放缓，逐步进入存量优化阶段。

表 3－14　2015—2021 年广东省新设立政府引导基金情况

年份	新增数量	增速	新增目标规模/亿元	增速
2015	21	—	2 172.36	—
2016	35	66.67%	4 232.45	94.83%
2017	34	－2.86%	3 949.82	－6.68%
2018	23	－32.35%	1 573.13	－60.17%
2019	3	－86.96%	60.00	－96.19%
2020	4	33.33%	213.00	255.00%
2021	3	－25.00%	500.00	134.74%

资料来源：清科私募通。

二、基金投资趋势

（一）总投资数量持续增长，总投资金额有增有减

广东省依靠其经济、政策等优势，投资活动一直较为活跃，今后也将呈现蓬勃发展的势头。如表 3－15 所示，从投资数量看，政府引导基金参与的投资案例数量呈上升趋势。2017 年增幅较大，2019 年增速放缓后又继续上升，2021 年达到 917 个，增长率为 38.31%，远低于 2020 年的增速。从投资金额看，2016 年、2017 年出现较大幅度的提升，2017 年投资金额达到了峰值，为 188.09 亿元。2018 年投资金额出现了负增长，随后又开始逐渐上升。2021 年广东省政府引导基金的投资金额达到 148.29 亿元，相比 2020 年有所减少。

综合来看，近年来广东省政府引导基金的投资活动持续快速发展，投资案例数持续增加，投资金额却没有明显增长，甚至出现负增长，说明政府引导基金对单个案例的投资金额有所减少。

表 3 - 15　2015—2021 年广东省政府引导基金的投资趋势

时间	投资案例		投资金额	
	投资案例数量/个	增长率	投资金额/亿元	增长率
2015 年	118	—	27.79	—
2016 年	121	2.54%	77.68	179.53%
2017 年	243	100.83%	188.09	142.13%
2018 年	346	42.39%	117.40	-37.58%
2019 年	353	2.02%	123.83	5.48%
2020 年	663	87.82%	178.76	44.36%
2021 年	917	38.31%	148.29	-17.05%

资料来源：清科私募通。

（二）投资偏向中后期阶段，初创期投资数量增长较快

从投资数量来看，2015—2021 年，广东省政府引导基金在各个阶段的投资数量都实现了增长。如图 3 - 8 所示，扩张期阶段的投资数量一直是最多的，成熟期次之，但在 2021 年初创期的投资数量首次超过了成熟期，位列第二。种子期阶段的投资数量在 2017 年突破零增长，到 2021 年的投资数量增加到 144 个，比 2020 年投资数量增长了约 1.5 倍。具体见图 3 - 8。这说明广东省政府引导基金对种子期、初创期阶段的投资发挥了引导作用，但引导基金投资仍偏向中后期。

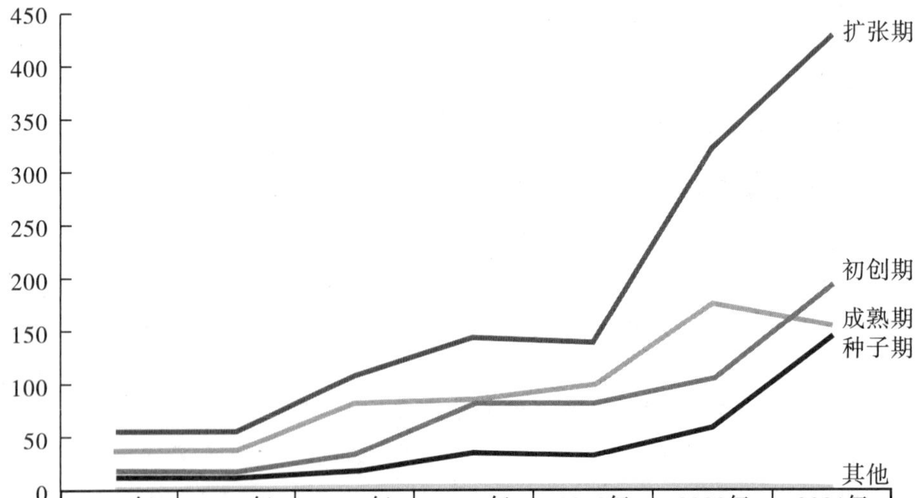

	2015年	2016年	2017年	2018年	2019年	2020年	2021年
扩张期	55	55	108	143	139	323	427
成熟期	36	37	82	86	99	176	154
初创期	16	17	34	81	80	104	191
种子期	11	11	17	34	33	58	144
其他	0	1	2	2	2	2	1

图 3 - 8　2015—2021 年广东省政府引导基金投资数量趋势（按阶段，单位：个）

资料来源：清科私募通。

从投资金额分布来看，2015—2021 年广东省政府引导基金参与投资的金额在各阶段也有所增加。成熟期的投资金额最多，变化幅度也最大，2017 年达到峰值 133.68 亿元后下滑，2021 年的投资金额为 86.99 亿元。扩张期阶段的投资金额也较多，甚至在 2016 年超过了成熟期。初创期阶段的投资数量虽然增多了，但投资金额始终没有超过 12 亿元。种子期的投资金额增势明显，2021 年增加至 14.24 亿元，但仍远低于成熟期和扩张期。具体见图 3-9。这说明早期阶段的投资金额还比较少，且无明显提升。

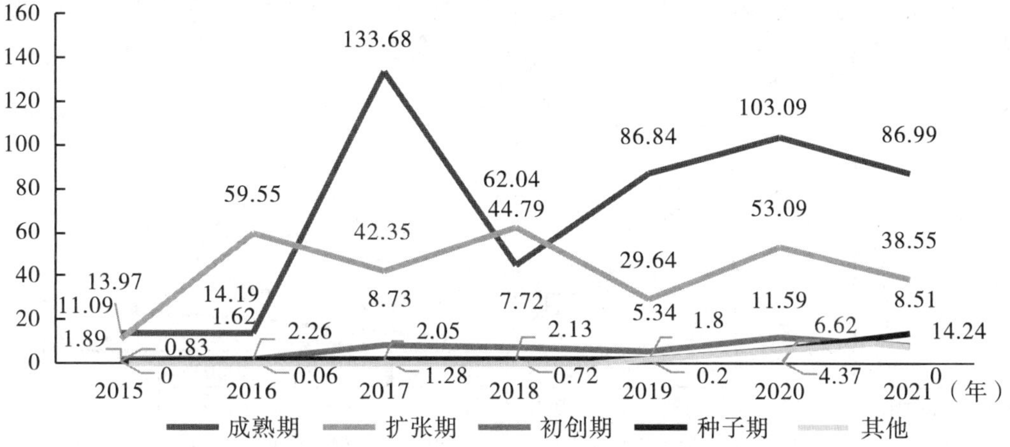

图 3-9 2015—2021 年广东省政府引导基金投资金额趋势（按阶段，单位：亿元）

资料来源：清科私募通。

（三）投资集中在 A、B 轮次，上市定增的投资金额增长较快

这里以广东省政府引导基金主要投资的几个轮次为例来分析其增长趋势。首先，从投资数量看，广东省政府引导基金参与的投资一直集中在 A、B 轮，投资轮次靠前。2015—2021 年广东省政府引导基金对天使轮、A 轮、B 轮、C 轮等轮次的投资案例数普遍实现了大幅增加。如图 3-10 所示，A、B 轮的投资数量变化趋势大体一致，自 2020 年以来出现较大幅度的增长，2021 年分别达到了 211 和 148 个。此外，天使轮和 C 轮的投资数量也保持快速的增长，而上市定增的投资数量较少，且增长趋势不太明显。

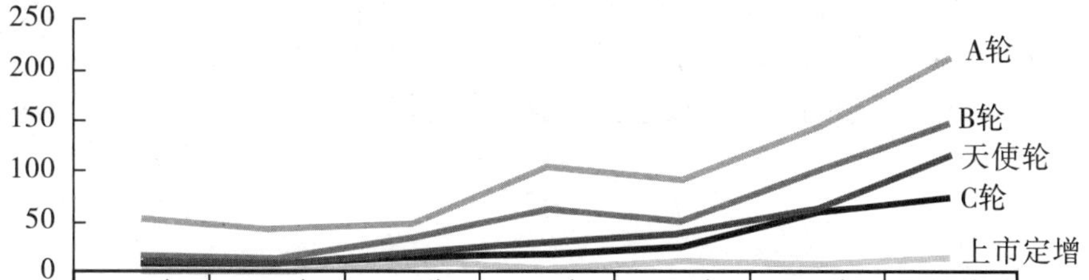

	2015年	2016年	2017年	2018年	2019年	2020年	2021年
天使轮	10	6	17	29	37	61	115
A轮	53	42	49	103	92	142	211
B轮	16	13	34	62	49	100	148
C轮	8	11	14	17	24	60	74
上市定增	3	2	8	3	9	10	14

图 3-10 2015—2021 年广东省政府引导基金投资数量趋势（按轮次，单位：个）

资料来源：清科私募通。

从投资金额分布来看，虽然上市定增的投资数量较少，但近两年广东省政府引导基金对上市定增的投资金额最多，且增长较快。与此相反的是，政府引导基金对天使轮的投资数量增长较快，但投资金额却非常少，并且无明显增加。政府引导基金对 A 轮、B 轮和 C 轮的投资金额也较多，变化幅度也比较大。A 轮和上市定增的投资额一开始变化趋势相似，都是在 2017 年达到峰值。不同的是，A 轮的投资额之后一直下降，2021 年降为 16.08 亿元；而上市定增的投资额从 2019 年恢复增长，到 2021 年已达到 38.78 亿元，居于首位。C 轮的投资额在 2016 年达到峰值，随后下降又上升，但始终低于 2016 年的投资额。具体如图 3－11 所示。

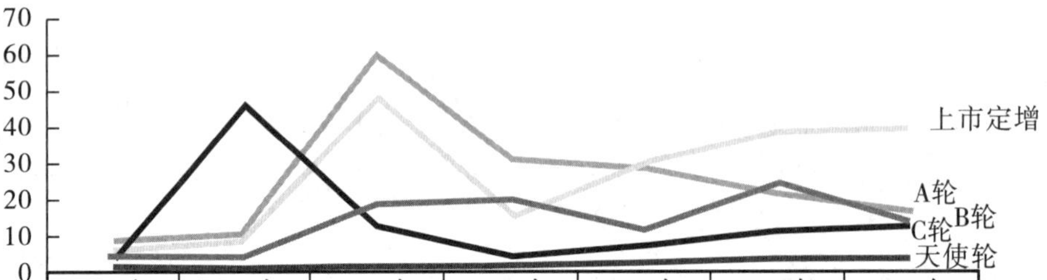

	2015年	2016年	2017年	2018年	2019年	2020年	2021年
天使轮	0.72	0.01	1.22	0.54	1.50	2.99	3.24
A轮	8.61	10.63	58.74	30.50	27.99	21.26	16.08
B轮	3.36	3.11	18.26	19.46	11.02	23.74	13.18
C轮	2.18	45.46	12.45	3.74	6.21	10.78	11.81
上市定增	5.93	7.18	47.06	15.00	28.92	38.08	38.78

图 3－11　2015—2021 年广东省政府引导基金投资金额趋势（按轮次，单位：亿元）

资料来源：清科私募通。

（四）投资偏好科技类行业，投资数量持续上升

IT、半导体及电子设备和生物技术/医疗健康行业一直是广东省政府引导基金最为偏好的三大行业。因此，以这三个行业为例来分析投资趋势。从投资数量来看，如图 3－12 所示，IT 行业自 2019 年以来增速飞快，2021 年投资数量达到 243 个，在全行业中排名第一。半导体及电子设备行业与 IT 行业的增长情况类似。生物技术/医疗健康行业的投资案例数在 2018 年之前一直位居广东省行业第一，但在 2019 年出现下降，之后回升，到 2021 年有 213 个，位列第三。从趋势上看，这三大行业的投资数量将继续增加。

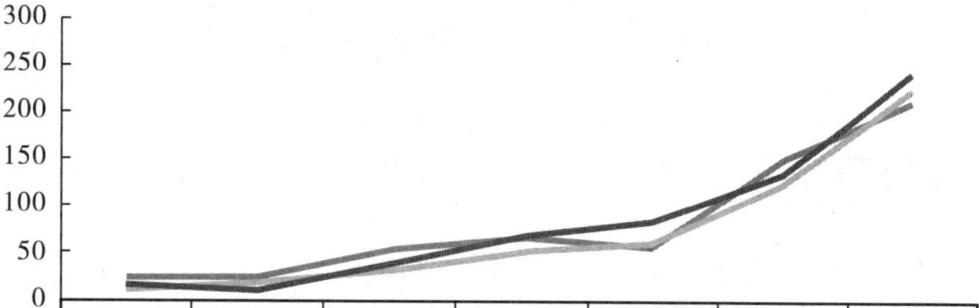

	2015年	2016年	2017年	2018年	2019年	2020年	2021年
IT	14	11	38	66	82	135	243
半导体及电子设备	12	15	32	50	62	124	222
生物技术/医疗健康	24	25	53	67	55	150	213

图 3 - 12　2015—2021 年广东省政府引导基金投资数量趋势（按行业，单位：个）

资料来源：清科私募通。

从投资金额来看，广东省政府引导基金对这三个行业的投资金额波动较大，并没有明显的增长趋势。其中，IT 行业在 2016 年达到最大值 43.82 亿元，随后有增有减，但始终在 20 亿元上下浮动。半导体及电子设备行业的投资额除了在 2021 年略有减少，一直保持上升趋势，并成为 2021 年投资额最多的行业。生物技术/医疗健康行业在 2020 年达到最大值 30.21 亿元，但在 2021 年大幅减少至 14.48 亿元。具体见图 3 - 13。

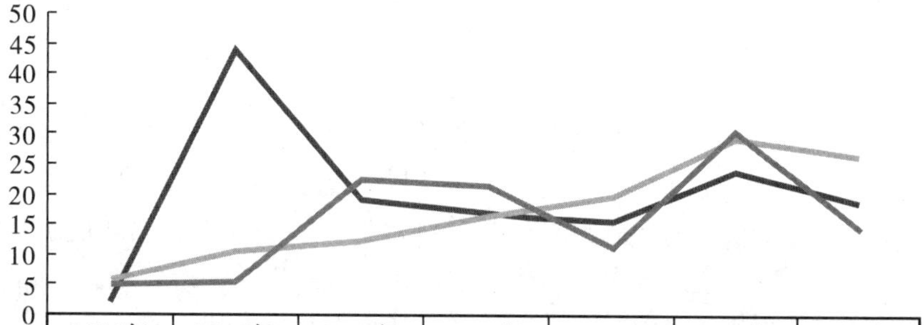

	2015年	2016年	2017年	2018年	2019年	2020年	2021年
IT	1.92	43.82	19.14	16.65	15.12	23.86	18.51
半导体及电子设备	5.49	10.34	12.18	16.09	19.37	29.15	26.06
生物技术/医疗健康	4.90	5.27	22.28	21.14	10.98	30.21	14.48

图 3 - 13　2015—2021 年广东省政府引导基金投资金额趋势（按行业，单位：亿元）

资料来源：清科私募通。

总的来说，近年来广东省政府引导基金设立数量和目标规模明显减少；参与的投资数量大幅持续增加，投资金额上下浮动且增长不明显；对扩张期和成熟期阶段投资数量和金额较多，同时对早期阶段的投资增长较快；对 A 轮、B 轮的投资数量继续加大，并明显增加了对天使轮的投资；对 IT、半导体及电子设备和生物技术/医疗健康等新兴行业的投资持续增加。因此，从基金数量、规模以及参与的投资情况等方面来看，广东省政府引导基金整体形势向好，并且会呈现出持续增长的趋势。

第五节　政府引导基金的突出问题与发展建议

一、突出问题

（一）新增基金数量少，基金分布不均衡

自2019年以来，广东省政府引导基金新设基金数量骤减，连续三年每年新增基金仅为3~4家。虽然目前全国各地政府引导基金新增数量都有所减少，并寻求优化发展之路，但许多地方仍在积极设立政府引导基金并支持其发展，广东省在新增政府引导基金方面表现有些消极。此外，广东省的政府引导基金集中分布在广州、深圳等地，很多地方只有一两家引导基金，这将进一步导致区域间发展不平衡。

（二）投资金额偏少，投资偏向中后期

广东省政府引导基金数量在全国的占比高，而总投资金额占比相对较少。此外，广东省政府引导基金偏向扩张期和成熟期等中后期阶段的投资，而对种子期、初创期阶段的投资数量和金额均较少。这主要是因为政府出资追求的是政策目标，而社会资本追求的是经济效益目标。因此，投资者的利益冲突使得广东省政府引导基金在实际投资中未达到预期的引导效果。广东省政府引导基金对初创期阶段的投资数量增长较快，并在2021年超过了成熟期，但投资金额仍比较少。总的来说，目前广东省政府引导基金对种子期和初创期阶段的投资数量及规模远小于扩张期与成熟期阶段。

（三）绩效评价、管理制度不够完善

广东省政府引导基金的绩效评价机制和管理制度有待完善。在对政府引导基金进行绩效评价时需要平衡好政策目标与经济目标。如果片面强调政府引导基金的政策目标，可能出现对子基金选择把关不严或者运作过程中失控，产生利益输送等风险。而如果片面强调政府引导基金的经济目标，追求基金收益最大化或者资产安全，可能导致基金投资效率低下或者基金实际投资方向偏离预期政策目标。当前广东省政府引导基金尚未建立完整和具体的基金绩效考核体系，还存在着管理机构专业性不强，市场化运作水平不高，专业基金管理机构和人才区域分配不均衡，政府监督不够等一系列问题。

（四）退出量大，退出问题严重

广东省政府引导基金在未来两年将面临诸多基金退出问题。一是退出量大。市场上大量的政府引导基金将陆续步入退出期。二是到期退出难。我国政府引导基金退出方式集中、单一，受让市场不成熟。我国一级市场与二级市场的资本容量有限，多层次资本市场尚未完善，导致政府引导基金到期难以从子基金正常退出。三是问题基金强制退出难。在子基金严重违约时，财政资金一般要求强制退出，但出现重大问题的子基金大多无足额可供分配资金，同时子基金管理机构多为有限责任公司，股东仅承担有限责任，问题基金的资产难以覆盖其全部债务，引导基金强制退出问题基金的难度大。

二、发展建议

（一）积极设立政府引导基金，促进区域平衡发展

广东省应继续大力支持政府引导基金的发展，积极设立政府引导基金。虽然政府引导基金在运作和投资过程中存在着一些问题，过分追求数量会导致基金效率不高，但是政府引导基金在增加资金供给，引导社会资本，扶持当地产业等方面的作用是不容置疑的。因此，在向存量优化道路转变过程中，广东省应该学习其他地区的成功经验，继续积极设立和支持引导基金的发展，以发挥其引导作用，促进当地产业发展。尤其是注重在经济发展较为落后的地区设立相应的产业基金，以扶持当地的特色产业发展，促进区域间的平衡发展。

（二）进一步发挥政府引导基金对早期阶段投资的引导作用

当前广东省政府引导基金能较好地引导资金投向高科技行业，但投向早期阶段的引导作用并不明显。因此，针对处于种子期、初创期等早期阶段的创业企业，政府应发挥积极作用。如通过税收优惠政策、激励机制或者提供让利补偿等方式，缓解政府与私人投资者的目标不一致的问题，促使投资机构将资本更多地投向种子期、初创期的高科技企业。此外，政府引导基金应适当增加投资金额，寻找优质的专业投资管理机构合作，加强政府引导基金的资金管理，提高资金的使用效率和引导效果。

（三）完善基金的绩效评价和管理体系

第一，构建全方位的基金绩效评价体系。对政府引导基金的评价要平衡好政策目标与经济性目标，设立涵盖政策目标实现程度、投资运营情况以及投资效益效果等多维度的考核指标，并赋予相应的权重。第二，实现内部控制与外部监管的有效结合。一方面，通过委派相关专业人员旁听投资决策委员会或咨询委员会，及时地发现、反映和评价相关问题，进一步完善内控制度；另一方面，引入独立的第三方专业评审机构进行评估，提高评价的公正性和公平性。第三，完善基金的管理监督机制。在保证合作管理机构的评估筛选、引资和投资是规范的基础上，还要加强对基金运营管理的全过程的管理，全面客观评价基金的运营情况，及时发现并解决基金运营过程中存在的管理问题。

（四）明确健全退出机制

广东省政府引导基金的退出问题可以通过健全退出机制来解决。首先，进一步完善退出渠道，建立多层次的资本交易市场。政府引导基金的退出需要完善的资本交易市场作为支撑，但是当前国内的二级市场发育还未完全成熟，应加快全面推行注册制改革和大力发展并购交易市场等。其次，健全相关法律政策，完善基金退出机制。政府应加快出台针对引导基金退出的相关政策，从国家层面研究和完善引导基金退出制度，规范引导基金退出程序和让利处理；同时广东省政府引导基金也应根据当地具体发展情况、具体产业特点等制定出合理的退出机制。

第四章　广东省风险基金组织形式发展*

风险投资机构，又名风险投资公司或风险投资基金，是直接进行风险投资的实际操作者。在我国资本市场的发展过程中，风险投资机构对我国的科研事业产业化、国际化的推进做出了重要贡献。目前，风险投资机构有三种典型组织形式，即有限合伙制、公司制和信托基金制。不同国家和地区的经济发达程度、法律制度及文化存在差异，导致各种风险投资机构组织形式上的差异，并最终影响风险投资的经济效益。本章将对这三种主流的风险投资机构组织形式进行详细介绍与分析。

第一节　风险基金组织形式概述

一、组织形式界定

（一）有限合伙制

创业投资有限合伙制是合伙公司的一种，由两类合伙人组成：一类是普通合伙人，由有着丰富经验的创业投资经理人担任，负责公司的运营，对公司运营风险承担无限责任，仅象征性地投入少量资本；另一类是有限合伙人，是公司风险资本主要的提供者，只负责基金的投资，不直接干预资金的运营管理，起监督作用并以出资规模为限对有限合伙公司承担有限责任。它设置的法律基础主要有：《合伙企业法》《合伙企业登记管理办法》《外国企业或个人在中国境内设立合伙企业管理办法》《国务院关于个人独资企业和合伙企业征收所得税问题的通知》等。有限合伙制风险基金组织运作流程如图 4－1 所示。

---

* 本章第一执笔人为暨南大学产业经济研究院陈金凤。

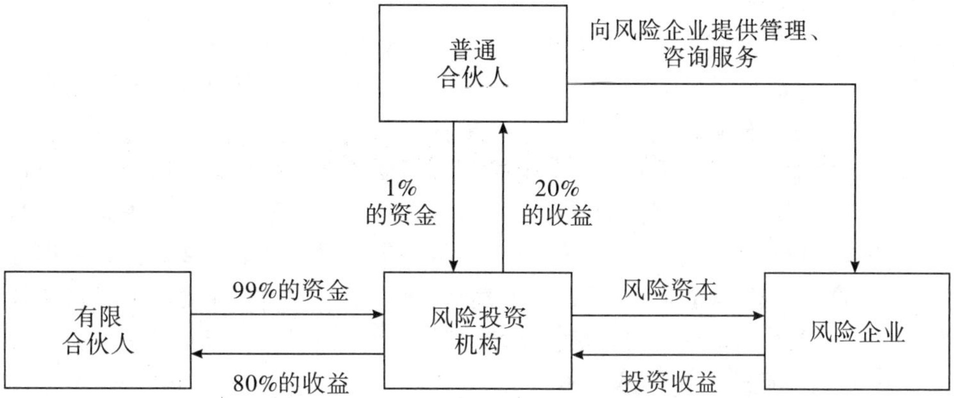

图 4-1 有限合伙制风险基金组织运作流程

（二）公司制

公司制是指：通过定向或发行股份向公众筹集资金而成立的专门的有限责任公司或股份有限责任公司。公司制涉及的法律为《公司法》《证券法》和《创业投资企业管理暂行办法》。公司制的结构为：基金公司委托第三方投资顾问公司或者投资管理公司，具体负责投资经营业务，包括：项目的选择、尽职调查、签订投资协议、提供增值服务、PE 退出工作等；基金公司委托基金管理公司或者投资顾问公司对全部的资金或部分资金进行投资。基金公司承担有限责任，不参与具体的投资经营活动；而基金管理公司负责具体运营委托资金，每年收取一定的管理费，并按照比例分配和基金公司共同分享投资收益。基金管理公司承担的损失和责任风险仅限于自身的那部分资本。公司制风险基金组织的组织结构如图 4-2 所示。

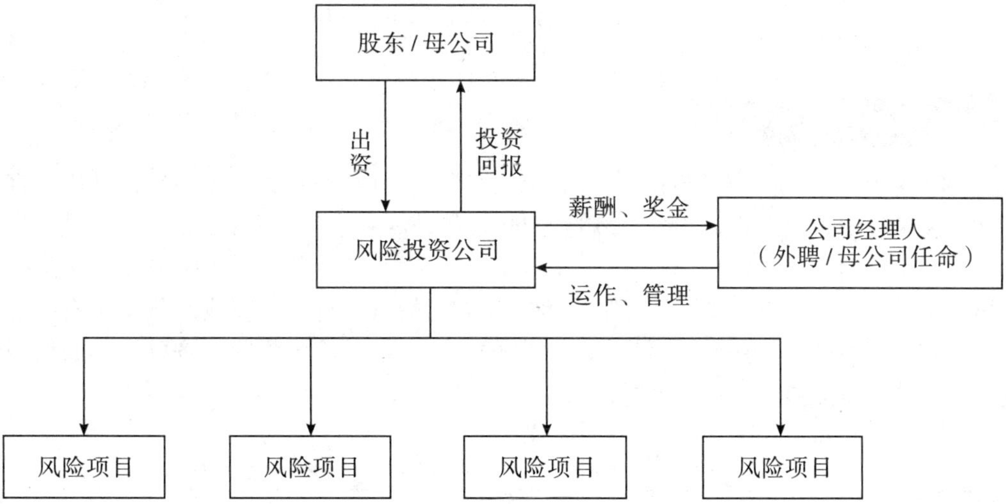

图 4-2 公司制风险基金组织运作流程

（三）信托基金制

信托基金制风险投资机构主要由投资者、基金管理人及基金托管人组成，三者依据《信托法》签订基金合同，在此基础上形成信托关系。信托基金制风险投资机构不具有法人资格，仅仅是一种契约式法律关系。在信托制基金中包括两层信托关系。在第一层信托关系中，资金所有者是委托人，基金管理人是受托人，委托人将风险资金委托给受托人进行运作与管理，投资者作为受益人享有投资收益。在第二层信托关系中，基金管理人是委托人，基金托管人是受托人。管理人将募集到的信托基金交由托管人进行保管和使用：一方面，托管人要执行管理人的投资命令；另一方面，托管人可以监督管理人的投资决策和投资行为，以此对管理人形成良性约束，实现基金收益最大化。信托制风险基金组织的运作流程如图 4－3 所示。

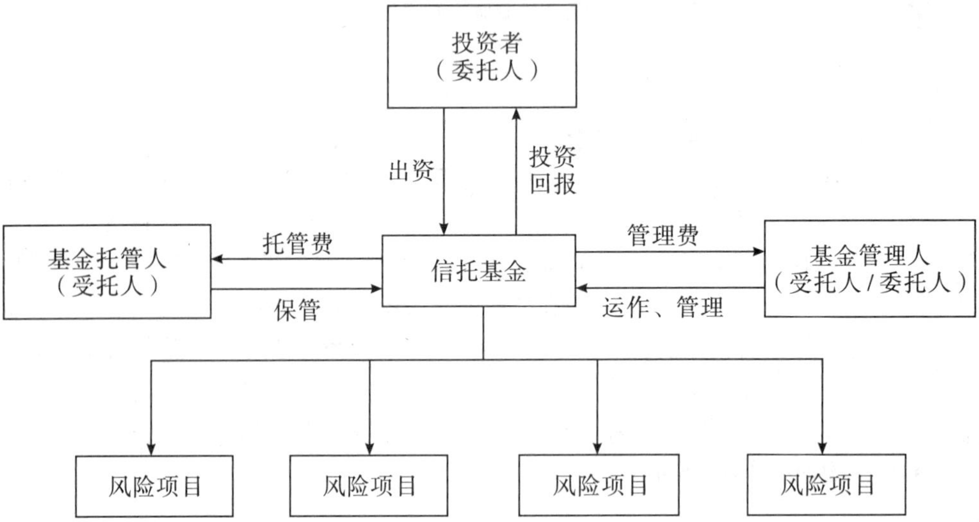

图 4－3　信托制风险基金组织运作流程

二、相关政策发展

1985 年 9 月，第一个风险投资机构在我国诞生，其组织形式为公司制，其成立宣布了我国风险投资企业发展的开端。20 世纪 90 年代是风险投资迅猛发展的时期，全国人大颁布了《促进科技成果转化法》，以条文的形式对国家财政应支持和促进发展风险投资作出规定，主要的组织形式是公司制。2007 年施行的新《合伙企业法》规定了有限合伙制的内容，现在《公司法》对公司设立条件的放宽，都顺应了国际经济融合不断增强的趋势。部分重要法律法规及其重要影响如表 4－1 所示。

表 4－1　风险基金组织形式相关法律法规

年份	法律法规	主要影响
1993 年	《公司法》	允许采用有限责任公司、股份有限公司以及大公司附属投资机构的投资形式

（续上表）

年份	法律法规	主要影响
2003 年	《深圳经济特区创业投资条例》	最先涉及有限合伙制的内容，但并未明确规定可采用有限合伙制的形式
1997 年	《中华人民共和国合伙企业法》	为风险投资机构采取普通合伙企业的形式提供了法律基础
2001 年	《中关村科技园条例》	明确规定园区中的风险投资机构可以采取有限合伙制的形式
2001 年	《信托法》《投资基金法》	为信托基金制风险投资机构在我国的发展奠定了法律基础
2005 年	《创业投资企业管理暂行办法》	明确创业投资企业可以以有限责任公司、股份有限公司或法律规定的其他企业组织形式设立
2006 年	《关于〈中华人民共和国合伙企业法〉（修订草案）的说明》	在全国范围内，初步允许在普通合伙人形式之外可以通过有限合伙制的形式成立风险投资机构
2018 年	《关于创业投资企业和天使投资个人有关税收政策的通知》	明确了公司制与合伙制创业投资企业的税收优惠

资料来源：根据公开资料整理。

三、制度比较分析

（一）组织设立

有限合伙制风险投资机构主要依据《合伙企业法》设立，有限合伙人与普通合伙人协商确定具体事项。第一，由普通合伙人提供 1% 的资金，其余 99% 的资金则由有限合伙人提供，每个有限合伙人的最低出资额不少于 100 万美元。第二，普通合伙人一般包括高新技术开发人员、有经验的企业家、IT 软件产品设计专家、专业投资家和银行家等；有限合伙人则主要由拥有大量富余资金的个人、养老金基金、捐赠基金、保险公司、大型企业、银行以及国外投资者等组成。第三，普通合伙人作为基金的发起者，一般不对其数量进行限制。有限合伙人的数目会根据预期募集资金总额的多少来设定，一般是 10 ~30 人。第四，每个风险基金所投资的企业或项目一般是 10 ~50 个，每年投资 2 ~10 个新项目。第五，有限合伙制风险投资机构在基金的投入阶段完成后，每隔 3 ~5 年就开始筹集新的基金。表 4 –2 对三类风险投资机构的设立进行了简单对比。

表4－2　风险投资机构组织形式设立比较

	有限合伙制	公司制	信托基金制
法律基础	《合伙企业法》、有限合伙协议	《公司法》	《信托法》及三方契约
投资者范围	有限合伙人、普通合伙人	个人、机构、母公司	个人、机构
投资者限制	10～30人	2人及以上	无限制
投资额度限制	至少100万美元/人	最低注册资本要求	对信托基金规模有要求

资料来源：根据公开资料整理。

公司制风险投资机构的设立必须严格按照《公司法》的章程来进行。公司制风险投资机构设立条件严格，有股东人数和最低注资要求，审批程序较为复杂，设立难度很大。

信托基金制风险投资机构主要基于《信托法》设立，投资者、基金管理人和基金托管人三方以信托合同为基础，以书面化、法律化的形式来约束和规范各当事人行为，并且在其规模大小的设定上有严格要求。

（二）权责分配

在有限合伙制中，普通合伙人拥有基金的运营权及部分投资回报受益权，同时要承担无限法律责任。而有限合伙人享有基金所有权与主要的投资回报受益权，虽然有限合伙人不能过多地参与机构管理，但其拥有在契约终止前解散合伙企业、更换普通合伙人、延长风险机构存续期限、投资决策投票权等权利，同时承担有限法律责任。

在公司制中，投资者作为公司的股东，享有公司资产受益权、重大决策参与权和选择董事会的权利，可以对风险投资家（经理人）进行监督、更换或解雇经理人等；风险投资家（经理人）则负责具体的投资活动。股东以自身的出资额为限承担有限责任；公司经理人如果违反了公司章程或者《公司法》规定的相关法律规范，未能履行其忠诚、监管等义务时，他们将承担赔偿损失、降薪、罚款、记过甚至罢免职务等责任。

在信托基金制中，信托财产的所有权和经营权转让给基金管理人，导致风险资金所有权与受益权的分离。首先，在所投资的风险企业方面，受托人以投资额为限承担有限责任，享有同公司普通股东一样的法律保护；其次，在信托风险基金方面，一般基金管理人和基金托管人不出资，不对基金的债务和亏损承担任何法律责任，只有在违反了信托合同条款或者出现了重大失职行为时才承担相应责任；最后，投资者以其出资额为限对信托基金负责，基金委托人、基金管理人以及基金托管人三者的债务关系也与该信托基金无关。表4－3对三类风险投资机构权责分配特征进行了简单对比。

表 4-3 各类型风险投资机构权责分配特征比较

	有限合伙制		公司制		信托基金制		
	有限合伙人	普通合伙人	股东/母公司	经理人	投资者	基金管理人	基金托管人
权利	所有权 受益权 监督权	所有权 受益权 经营权	所有权 受益权 决策权 监督权	经营权	受益权	所有权 经营权	保管权
责任	有限	无限	有限	有限	有限	有限	有限

资料来源：根据公开资料整理。

（三）约束机制

在有限合伙制中，风险投资家受到多种约束：①声誉约束。普通合伙人必须努力实现投资成功，建立良好声誉，以便其在日后筹集更多新的基金。②无限责任约束。普通合伙人负责风险资本的经营和管理，要求其对机构的亏损和债务承担无限责任。③管理费用约束。有限合伙协议规定将风险资金总额的2% ~3%作为管理费用，若普通合伙人的日常支出多于特定额度，投资者也没有义务再向其支付额外费用。④出资方约束。普通合伙人除了受到基本的法律监管之外，还受到有限合伙人的监管，有限合伙协议中也会制定相关条例对其进行约束。⑤会计报表约束。考虑到风险投资活动所投资的企业或项目一般都具有高不确定性和高风险性，并且对于这些企业或项目的价值和风险评估又相当困难，因此，所有的有限合伙人都要求普通合伙人提供有关被投资企业价值的评估报告和投资进展的定期报告。⑥其他约束。有限合伙协议还规定：只有在有限合伙人收回投资以后，普通合伙人才能参与收益分配；禁止普通合伙人投资于他们自己管理的公司；禁止普通合伙人将机构的资金和自己的资金同时投资于同一风险企业或项目等。

公司制中存在的约束有：①出资方约束。投资者具有较大的决策权、控制权和监督权，公司股东大会、董事会、监事会和经理会可以对公司进行集中管理和监督，风险投资家的投资决策直接关系到公司的绩效。②经理人市场约束。董事会在经理人市场选择任用经理人，只有拥有良好声誉和投资业绩的风险投资家才能获得期望职位与薪酬。③法律约束。法律对于公司风险投资机构的各方面都有明确的规定与要求，一旦违反相关规定，就必然会受到相应惩罚。④会计报表约束。大多数公司制风险投资机构是公开上市的，要求公司运作具有高度的透明性。因此，风险投资机构每年必须定期报送完整的会计报表和财务资料，以保证信息的透明度和可获得性。

信托基金制风投机构中存在的约束有：①法律约束。信托基金制对于投资者、基金管理人和基金托管人都有明确的法律规定，各个参与主体只有在满足相关规定以后，该机构才能得以运作。②契约约束。风险投资家作为受托人，其行为严格受到信托合同的约束，若有违反合同的行为出现，则要接受罚款、降薪和撤职等不同程度的处罚。③信誉约束。投资者是否投资取决于对风险投资家的信任程度，风险投资家的信誉越好，可募集的资金就越多。④资本市场约束，开放式基金投资者可以随时申购和赎回基金。

⑤外部约束。风险资金的所有权和经营权都集中于基金管理人，投资者无法对基金管理人的投资决策与投资行为进行有效监管。因此，信托基金的运作和管理会受到来自外部金融监管机构的限制。表4-4对三种风险投资机构的约束机制进行了简单对比。

表4-4 风险投资机构约束机制比较

	有限合伙制	公司制	信托基金制
约束机制	声誉约束、无限责任约束、管理费用约束、出资方约束、会计报表约束、其他约束	出资方约束、经理人市场约束、法律约束、会计报表约束	法律约束、契约约束、信誉约束、资本市场约束、外部约束

资料来源：根据公开资料整理。

（四）激励机制

1. 有限合伙制

（1）经济利益激励。普通合伙人的报酬主要来源于管理费和投资收益提成，管理费一般为基金资金总额的2%左右，收益提成一般为投资回报总额的20%左右。在实际的报酬支付过程中，大部分有限合伙制基金规定必须在有限合伙人收回全部累计投资之后，普通合伙人才有权参与利润分配；一半以上的风险投资机构要求将当年已实现的全部利润进行分配，部分机构由普通合伙人来决定是否进行利润分配；当然，还可以使用期权股权这种长期激励方式，即风险投资家有在未来以一定的价格购买股票的选择权。以上三种经济利益来源均能激励风险投资家努力实现自身及投资者收益的最大化。

（2）权力地位激励。在有限合伙机构中，普通合伙人全权负责风险资本的运营和管理，拥有风险资本的实际控制权；普通合伙人还有权根据有限合伙协议要求和监督投资者按时交付允诺资金。

2. 公司制

（1）经济利益激励。公司制一般会根据经营者绩效建立年薪制、奖金制或股票期权等激励方案。但是，当风险投资家投入相同的努力程度时，与有限合伙制中普通合伙人所能享有的20%投资收益相比，这些报酬明显缺乏激励作用。在具体报酬支付时，公司的投资收益既可以即期向股东、经理人分配，也可以留存用于下一轮投资，进行再分配。

（2）权力地位激励。公司经理人的权力受到股东大会和董事会的限制，难以吸引到优秀的风险资本家的加入，但是由于对经理人权力的有效控制，尽可能避免了信息不对称和道德风险问题；尽管经理人权力有限，但其声誉与业界地位仍可为其职业发展带来好处。

3. 信托基金制

（1）经济利益激励。在信托基金制中，基金管理人和基金托管人一般不出资，分别获得固定比例的管理费和托管费，有时也可分得部分投资收益，但报酬支付总额一般低于普通合伙人。

（2）权力地位激励。在信托基金制中，投资者没有任何干预权，而由基金管理人享有借托财产的所有权与经营权。因此基金管理人的权力与地位极高，进而激励其做好投资管理工作。表 4 -5 对三种风险投资机构的激励机制进行了简单对比。

表 4 -5 风险投资机构激励机制比较

		有限合伙制	公司制	信托基金制
激励机制	经济利益激励	管理费用、利润分配、期权股权	年薪制、奖金、期权股权	管理费用、业绩报酬
	权力地位激励	有风险资本实际控制权、受有限合伙人的部分干预	无风险资本实际控制权、受股东大会/董事会的限制	全权经营管理、投资者无权干预

资料来源：根据公开资料整理。

（五）存续期限及资本退出方式

有限合伙制中的合伙关系通常维持 10 年，也可延期，每次延期 1 ~2 年，最多 4 年。虽然有限合伙协议一般都有延长风险基金存续期限的条款，但在所有有限合伙协议中，有 52% 的协议规定要征得有限合伙人的同意才能调整基金寿命，48% 的协议规定由普通合伙人全权决定。当然，也存在单个普通合伙人退伙导致整个有限合伙制基金提前解散的可能性。在机构运作后期主要通过风险企业的 IPO 上市、并购等形式实现资本退出。

公司制风险投资机构除非破产或被兼并，否则可以长期存续下去。在资本退出方面，公司制的股票可以转让，但不能撤出，但由于股票流动性过大，对运行初期的风险投资项目也会造成不利影响。

信托基金制风险投资机构的信托期限较短，其延续时间一般为 1 ~2 年，基金委托人只有事先撤销权；而基金受托人在接受委托后，不得任意离职，也无权单方面终止信托关系；信托基金的存续期限不得因基金委托人的撤销或基金受托人的更换而中断。信托基金寿命较短，一方面，出资人期望在短期内获得投资回报，对长期投资缺乏信心；另一方面，信托机构短期内的投资决策能力、企业品牌声誉尚未完全建立，难以取得投资者的信任。为保证风险投资活动的顺利进行，在组建信托基金时大多采用封闭式现金的形式，投资结束后通过赎回的方式退出。表 4 -6 对三种风险投资机构的存续期限和资本退出方式进行了简单对比。

表 4 -6 风险投资机构存续期限和资本退出方式比较

	有限合伙制	公司制	信托基金制
存续方式	10 年（最长不超过 14 年）	永久	1 ~2 年
资本退出方式	IPO 上市、并购	股权转让	赎回

资料来源：根据公开资料整理。

第二节　风险基金组织形式发展概况

一、全球风险基金组织形式发展概况

（一）全球概况

根据图 4－4 私募通统计数据，在全球范围内，从 20 世纪 80 年代开始，公司制是最主要的组织形式，其每年新建比例约占据了新建基金总量的 74% 左右；其次是合伙制风险投资机构，其每年新建比例约占新建基金总量的 17%；而信托基金制的应用不太普遍，在以上统计中，信托基金制新建基金数量被统计在“其他”类别中，占据的比例很小，约为 9%。

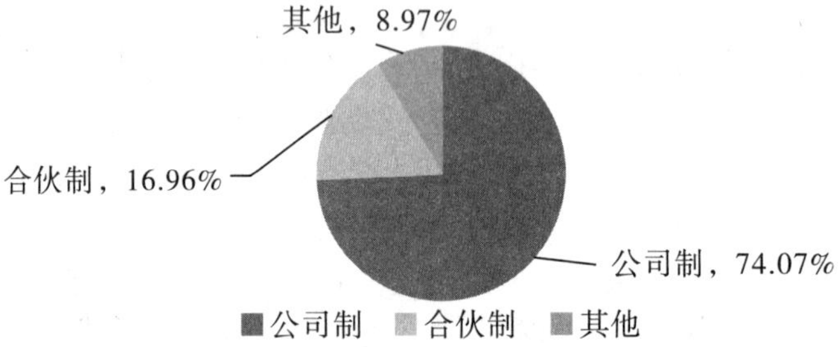

图 4－4　1980—2021 年全球各类型机构占比

资料来源：清科私募通。

根据私募通统计数据，从 20 世纪 80 年代开始，公司制是全球最主要的组织形式，其每年新建比例占据了新建基金总量的 74% 左右；其次是合伙制风险投资机构，其每年新建比例占新建基金总量的 17%；而信托基金制的应用不太普遍，在以上统计中，信托基金制新建基金数量被统计在“其他”类别中，占比很小，仅为 9%。从图 4－5 风险投资行业过去近 40 年的发展情况来看，各类型的风险投资机构所占比例相对比较稳定，变化不大，即以公司制为主，其次是合伙制，最后是包括信托基金制在内的其他组织形式。在 20 世纪 80 年代，公司制风险投资所占比例仅为 50%，合伙制与包括信托制在内的风险投资机构各占 25% 左右。经过 20 年的发展，21 世纪初，公司制风险投资机构比例达到历史最高，为 80% 以上，而合伙制风险投资机构比例缩减为 5% 左右，包括信托基金制在内的风险投资机构比例缩减为 15% 左右。20 世纪 10 年代开始，公司制风险投资机构比例有所下降，为 50%，与 80 年代所占比例持平，合伙制风险机构所占比例不断上升，截至 2021 年，合伙制风险投资机构比例为 40% 左右，包括信托基金制风险投资机构在内的其他类型组织仍是最少数，占比仅为 10%。

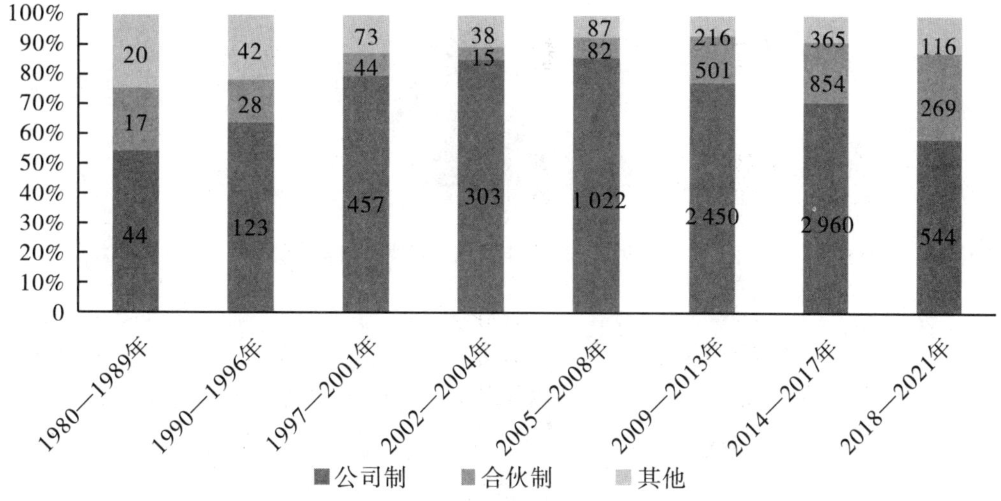

图 4-5 1980—2021 年全球各类型机构占比变化趋势

资料来源：清科私募通。

（二）代表性地区概况

1. 美国

根据图 4-6 私募通统计数据，美国的主流风险投资机构形式是公司制，占比高达 43%，而有限合伙制风险投资形式占比仅为 20%，甚至低于其他类型的风险投资机构形式。此外，在美国，包括信托基金制在内的其他类型风险投资机构占比近乎高达 36%，可见美国风险投资机构组织形式较为多元化。

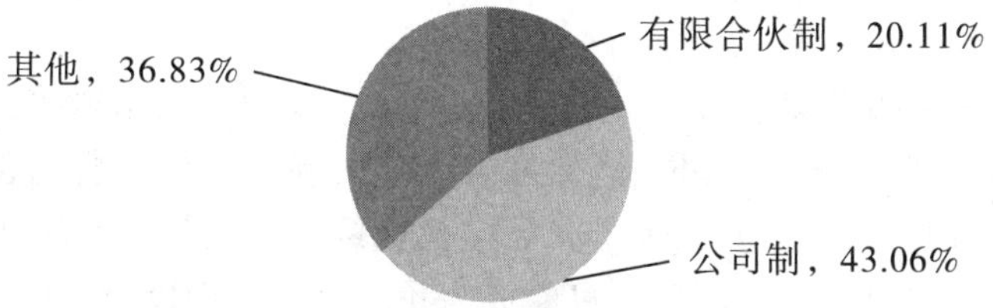

图 4-6 1980—2019 年美国各类型机构占比

资料来源：清科私募通。

2. 以色列

从 1980—2016 年的数据可知，以色列风险投资机构最初以包括信托基金制在内的其他类型风险投资机构组织形式为主，占比高达 60% 左右。20 世纪 90 年代以后，有限合伙制开始发展起来，其占比高达 70%，与此同时，公司制也在发展，但占比低于有限合伙制。21 世纪 10 年代后，有限合伙制比例下降迅速，仅为 20%，公司制取而代之，成为以色列主要的风险投资机构组织形式。

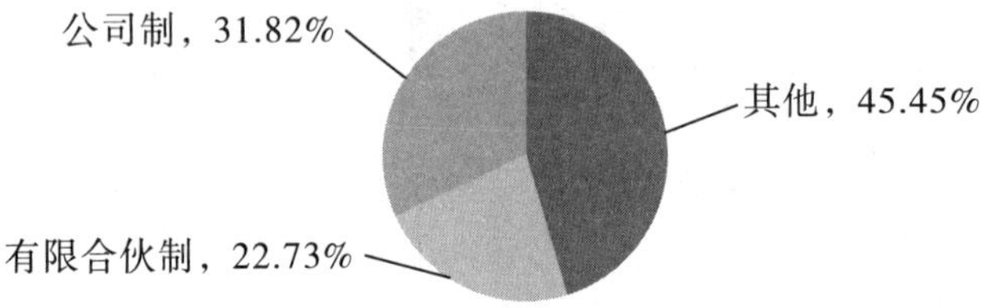

图 4-7　1980—2016 年以色列各类型机构占比

资料来源：清科私募通。

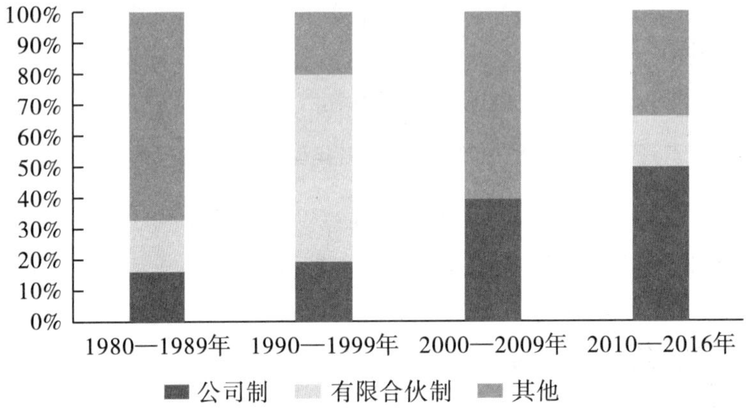

图 4-8　1980—2016 年以色列各类型机构占比变化趋势

资料来源：清科私募通。

3．中国大陆

我国从 1980 年开始，新募集的风险投资基金中主要以公司制为主，其次是有限合伙制，而信托基金制的应用并不广泛。由图 4-9 可知，我国公司制风险投资机构占风投机构总量的 77% 左右。除公司制以外，近年来有限合伙制风险投资机构也日渐兴起，占比超过 16%，但是普通合伙制以及其他形式风险投资机构的数量仍然很少，二者合计占比不足 7%。根据这一趋势，公司制将有可能成为我国未来风险投资机构的主流组织形式。

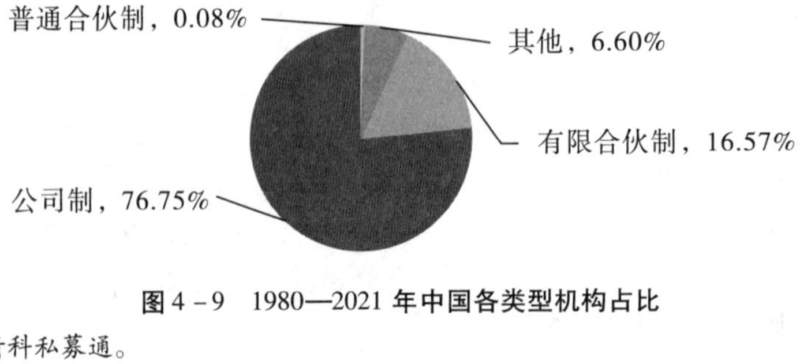

图 4-9　1980—2021 年中国各类型机构占比

资料来源：清科私募通。

二、重点省份风险基金组织形式发展概况

（一）管理基金数量与资本量

公司制广东居首，合伙制北京领先。从公司制风险投资机构来看，排名前三的地区总管理基金数量和资本量分别为 2 442 家和 11 806 亿元人民币，占比分别为 60.3% 和 76.2%。其中，广东地区排名第一，共管理 981 家基金和 5 253 亿元资金，占总管理基金数量的 24.2%，占总管理资本量的 33.9%；排名第二的北京地区共管理 841 家基金和 3 456亿元资金，占比分别为 20.8% 和 22.3%。在合伙制风险投资机构中，北京地区以 585 家基金数量和 4 034 亿元资金跃居全国第一位，分别占比 32.2% 和 66.3%；紧随其后的是江苏、上海和香港。就管理资本量而言，香港地区管理 571 亿元资金，占比 9.4%，位居第二；江苏地区管理 552 亿元资金，占比 9.1%，位居全国第三。就管理基金数量而言，上海地区管理 278 家基金，占比 15.3%，位居第二；江苏地区管理 254 家基金，占比 14.0%，居全国第三。具体见表 4 – 7。

总体而言，公司制风险投资机构发展暂时占优，合伙制风险投资机构迎头赶上，已实现部分反超。北京市受宏观政策环境影响，合伙制风险投资机构发展情况优于公司制，如《关于促进股权投资基金业发展的意见》明确表示合伙制股权基金和合伙制管理企业不作为所得税纳税主体。

表 4 – 7　1983—2021 年全国各类型机构管理基金数量与资本量

地区	公司制				合伙制			
	基金数量	占比	管理资本量/百万元	占比	基金数量	占比	管理资本量/百万元	占比
广东	981	24.20%	525 362.10	33.90%	234	12.87%	26 019.16	4.28%
北京	841	20.75%	345 623.18	22.30%	585	32.18%	403 444.77	66.34%
江苏	620	15.30%	309 629.33	19.98%	254	13.97%	55 237.40	9.08%
上海	528	13.03%	104 078.98	6.72%	278	15.29%	46 287.08	7.61%
浙江	342	8.44%	17 420.41	1.12%	172	9.46%	5 763.05	0.95%
天津	115	2.84%	18 245.07	1.18%	39	2.15%	10 899.02	1.79%
香港	6	0.15%	1 640.03	0.11%	82	4.51%	57 110.16	9.39%
总计	3 433	100.00%	1 321 999.1	100.00%	1 644	100.00%	604 760.64	100.00%

资料来源：清科私募通。

（二）投资总数量和总金额

广东公司制融资投资夺魁，北京合伙制融资投资占优。从公司制机构投资情况来看，广东、北京、江苏稳居前三。排名第一的广东，共投资 4 517 家企业，累计投资 1 477 亿

元，占比分别为26.3%和29.7%；第二是北京，共投资3 960家企业，累计投资1 391亿元，占比分别为23.1%和28.0%。从合伙制机构投资情况来看，北京投资总数量和总金额分别为4 026家和2 443亿元，占比分别为48.4%和63.6%，远高于全国其他地区，位居榜首。就投资总数量来看，上海地区共投资1 455家企业，占比17.5%，位居第二；广东地区投资859家企业，占比10.3%，位居第三。就投资总金额来看，香港地区共计投资500亿元，占比13.0%，位居全国第二；上海地区投资365亿元，占比9.5%，位居第三。

总体而言，公司制风投机构发展暂时占优，合伙制风投机构迎头赶上，已实现部分反超。中西部地区风险投资整体发展处于初期阶段，公司制与合伙制之间的发展差异较小，较容易实现公司制与合伙制风投机构的均衡发展。北京市受宏观政策环境影响，合伙制风投机构发展情况优于公司制，如《关于促进股权投资基金业发展的意见》明确表示合伙制股权基金和合伙制管理企业不作为所得税纳税主体。

表4-8 1983—2021年全国各类型机构投资总数量与总金额

地区	公司制				合伙制			
	总数量	占比	总金额/百万元	占比	总数量	占比	总金额/百万元	占比
广东	4 517	26.31%	147 749.21	29.74%	859	10.33%	28 082.17	7.31%
北京	3 960	23.07%	139 088.58	28.00%	4 026	48.42%	244 335.59	63.58%
江苏	2 973	17.32%	74 679.44	15.03%	812	9.77%	17 167.66	4.47%
上海	2 033	11.84%	54 376.21	10.95%	1 455	17.50%	36 504.18	9.50%
浙江	1 261	7.35%	28 414.38	5.72%	150	1.80%	2 514.11	0.65%
湖北	492	3.06%	7 749.20	3.11%	5	0.06%	54.22	0.01%
天津	526	2.87%	15 454.49	1.56%	89	1.07%	2 267.09	0.59%
香港	11	2.63%	202.2	29.74%	731	8.79%	50 038.44	13.02%
总计	15 773	100.00%	496 769.24	100.00%	8 127	100.00%	384 285.40	100.00%

资料来源：清科私募通。

三、广东省风险基金组织形式发展概况

（一）发展概况

广东省各类型风险投资机构数量持续增长。第一，从1980年开始，公司制是广东省风险投资机构所采用的最主要的组织形式，其每年新建比例占据了新建基金总量的77%。第二，合伙制风险投资机构也比较流行，其每年新建比例占据了新建基金总量的18%。第三，信托基金制的应用不太普遍，在以上统计中，信托基金制风险投资机构被统计在“其他”类别中，占据的比例很小，仅占5%。具体见图4-10、图4-11。

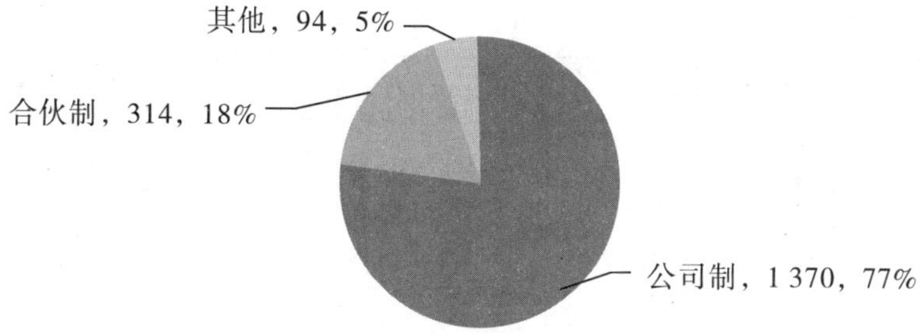

图 4 - 10　1983—2021 年广东省各类型机构数量及占比

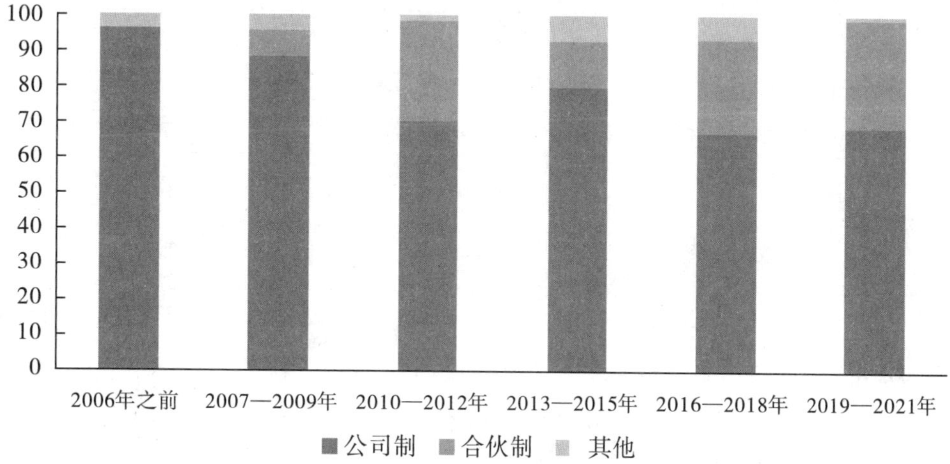

图 4 - 11　1983—2021 年广东省各类型机构分阶段占比（%）

资料来源：清科私募通。

（二）筹资与投资

广东省公司制风投机构投资能力高于有限合伙制。2019 年开始，公司制与有限合伙制风投机构投资总数量与投资总金额下降，但公司制风投机构投资总数量仍有 100 多家，投资总金额新增 171 亿元，可见，公司制风投机构在广东省发展态势较好。总体而言，广东省内一直以公司制风险投资机构为主，管理基金数量、资本量、投资总数量、投资总金额均位于全国前列，同时开放程度高、创新能力高、活力高，所以处于领先地位。具体见表 4 - 9、表 4 - 10。

表 4 - 9　1983—2021 年广东省各类型风投机构管理基金数量与资本量

年份	有限合伙制		公司制		其他	
	基金数量	资本量/百万元	基金数量	资本量/百万元	基金数量	资本量/百万元
2006 年之前	—	—	772	541 752.06	56	30 000
2007—2009 年	11	1 273.06	563	118 812.07	3	—

（续上表）

年份	有限合伙制		公司制		其他	
	基金数量	资本量/百万元	基金数量	资本量/百万元	基金数量	资本量/百万元
2010—2012 年	86	27 592. 56	536	123 312. 68	—	—
2013—2015 年	105	673. 15	1 297	82 155. 74	12	10
2016—2018 年	86	—	629	16 419. 57	13	—
2019—2021 年	7	—	41	7 033. 85	—	—

资料来源：清科私募通。

表 4 - 10　1983—2021 年广东省各类型风投机构投资总数量与总金额

年份	有限合伙制		公司制		其他	
	总数量	总金额/百万元	总数量	总金额/百万元	总数量	总金额/百万元
2006 年之前	—	—	4 671	158 482. 89	1 014	30 681. 43
2007—2009 年	139	2 884. 63	2 752	66 912. 41	15	242. 54
2010—2012 年	523	20 839. 07	2 912	70 382. 35	10	52. 51
2013—2015 年	233	2 451. 00	2 283	50 672. 28	56	625. 26
2016—2018 年	206	5 715. 15	1 221	40 186. 03	46	1 848. 24
2019—2021 年	13	567. 89	132	1 718. 51	1	5

资料来源：清科私募通。

第三节　各组织形式风险基金投资概况

一、投资行业

从表 4 - 11 可知，公司制机构投资 IT 行业的案例数夺魁，合伙制机构投资互联网行业的案例数与投资金额位居第一。从公司制机构投资情况来看，IT、生物技术/医疗健康与半导体及电子设备行业位居前三。其中，排名第一位的 IT 行业共发生投资事件 2 166 起，第二位是生物技术/医疗健康行业，发生投资案例数 1 852 起；半导体及电子设备行业发生投资案例 1 543 起，位居第三。生物技术/医疗健康行业获得 509 亿元融资，占比 17. 7%，稳居首位；IT 行业约获得 471 亿元融资，占比 16. 4%，排名第二；半导体及电子设备约获得融资 312 亿元，占比 10. 8%，位居第三。

从合伙制机构投资情况来看，互联网、生物技术/医疗健康、半导体及电子设备及 IT

行业排名前列。其中，互联网行业投资案例数量和投资金额分别为 188 起和 65 亿元，分别占比 15.7% 和 20.5%，稳居第一。生物技术/医疗健康累计投资案例数量 164 起，占比 13.7%，位居第二；IT 行业发生投资案例 161 起，占比 13.5%，位居第三。IT 行业获得融资 33 亿元，占比 10.6%，位居第二；半导体及电子设备位居第三，获得约 31 亿元投资金额，占比 9.7%。

总体来看，半导体及电子设备、生物技术/医疗健康、IT 等新兴行业长期作为热点投资行业，投资案例数继续增长并创新高，其中生物技术/医疗健康行业作为新兴产业和重点民生产业，投资额自 2016 年起持续保持高增长，截至 2020 年，投资规模已扩大了 17 倍。清洁技术、娱乐传媒、生物技术/医疗健康等新兴行业投资案例数波动上升，表明广东新兴行业市场正茁壮成长。

表 4-11 广东省各类型机构分行业投资案例数量与投资金额

行业	公司制				合伙制			
	案例数量	占比	投资金额/百万元	占比	案例数量	占比	投资金额/百万元	占比
IT	2 166	17.83%	47 056.72	16.35%	161	13.45%	3 346.33	10.62%
生物技术/医疗健康	1 852	15.24%	50 944.06	17.70%	164	13.70%	2 757.24	8.75%
半导体及电子设备	1 543	12.70%	31 162.81	10.83%	146	12.20%	3 060.78	9.71%
互联网	1 358	11.18%	26 235.39	9.11%	188	15.71%	6 452.24	20.48%
机械制造	916	7.54%	21 272.46	7.39%	86	7.18%	2 170.32	6.89%
电信及增值业务	594	4.89%	12 496.77	4.34%	65	5.43%	1 273.19	4.04%
化工原料及加工	538	4.43%	11 546.35	4.01%	60	5.01%	768.92	2.44%
清洁技术	534	4.40%	13 565.32	4.71%	35	2.92%	865.03	2.75%
娱乐传媒	467	3.84%	8 285.15	2.88%	40	3.34%	652.88	2.07%
其他	345	2.84%	6 556.83	2.28%	25	2.09%	431.94	1.37%
金融	339	2.79%	15 286.27	5.31%	35	2.92%	1 563.35	4.96%

资料来源：清科私募通。

二、投资阶段

扩张期投资案例数量与投资金额均位居榜首。广东省各类型机构的投资阶段从数量分布上来看，排名前三的是扩张期、成熟期与初创期。公司制机构在扩张期投资案例数量和投资金额分别为 5 456 起和 1 221 亿元，占比分别为 44.9% 和 42.4%，合伙制机构在扩张期投资案例数量和投资金额分别为 578 起和 158 亿元，占比分别为 48.3% 和 50.2%。具体见表 4-12。

总体来看，公司制与合伙制风险投资机构主要投资扩张期企业，两种类型风险投资机构在各阶段投资案例数量和投资金额相当，没有较大差异。

表 4－12　广东省各类型机构分阶段投资案例数量与投资金额

阶段	公司制				合伙制			
	案例数量	占比	投资金额/百万元	占比	案例数量	占比	投资金额/百万元	占比
扩张期	5 456	44.91%	122 090.85	42.41%	578	48.29%	15 830.85	50.24%
成熟期	2 576	21.20%	106 224.52	36.90%	237	19.80%	9 632.49	30.57%
初创期	2 438	20.07%	34 238.85	11.89%	224	18.71%	4 435.03	14.07%
种子期	1 413	11.63%	20 349.25	7.07%	148	12.36%	1 535.28	4.87%
其他	266	2.19%	4 964.01	1.72%	10	0.84%	78.13	0.25%
总计	12 149	100.00%	287 867.48	100.00%	1 197	100.00%	31 511.78	100.00%

资料来源：清科私募通。

三、投资区域

深圳投资案例数与投资金额占据榜首，广州紧随其后。从公司制机构投资情况来看，排名前三的总投资案例数为 207 起，总投资约 32 亿元人民币，占比分别为 77.2% 和 65.4%。其中，深圳排名第一，共发生 109 起投资事件，涉及 18 亿元投资金额，占投资案例总数的 40.7%，占总投资金额的 37.5%；排名第二的广州地区共发生 86 起投资事件，占比 32.1%，累计投资 11 亿元人民币，占比 23.5%。从合伙制机构投资情况来看，深圳、广州位列前二，投资事件数分别为 79 起和 21 起，占比分别为 66.4% 和 17.6%，投资金额分别为 12 亿元和 4 亿元人民币，占比分别为 63.8% 和 19.6%。具体见表 4－13。

总体而言，深圳市和广州市风投机构依然强劲且具有进一步增加趋势。两个城市内公司制风投机构投资情况优于合伙制风投机构。惠州加入公司制风投机构投资行列，东莞则有加入合伙制风投机构投资行列的趋势。近年来，珠海市、佛山市也保持快速增长趋势，而随着珠海横琴新区、广州南沙新区的加速建设，接下来两市的投资规模将出现加速攀升。未来要在持续保证珠三角地区创业投资市场稳定发展的同时，积极探寻有益于粤东西北地区创业投资发展新模式，缓解广东省内地区发展不平衡问题。

表 4－13　广东省各类型机构投资案例数量与投资金额

地区	公司制				合伙制			
	案例数量	占比	投资金额/百万元	占比	案例数量	占比	投资金额/百万元	占比
深圳	109	40.67%	1 806.65	37.45%	79	66.39%	1 233.46	63.84%

（续上表）

地区	公司制				合伙制			
	案例数量	占比	投资金额/百万元	占比	案例数量	占比	投资金额/百万元	占比
广州	86	32.09%	1 135.58	23.54%	21	17.65%	377.83	19.56%
东莞	12	4.48%	214.48	4.45%	5	4.20%	146.18	7.57%
中山	12	4.48%	184.82	3.83%	1	0.84%	—	—
佛山	12	4.48%	134.03	2.78%	5	4.20%	70.47	3.65%
珠海	12	4.48%	116.74	2.42%	6	5.04%	74.85	3.87%
江门	11	4.10%	304.05	6.30%	—	—	—	—
惠州	9	3.36%	732.10	15.17%	1	0.84%	10.00	0.52%

资料来源：清科私募通。

第四节　各组织形式风险基金投资绩效

一、产业培育

公司制风投机构在半导体及电子设备行业成功退出数量占据榜首，合伙制风投机构在机械制造行业成功退出数量领先。从行业成功退出数量来看，半导体及电子设备、生物技术/医疗健康与机械制造位居前三。在公司制投资机构所投资的行业中，半导体及电子设备成功退出数量最多，达 130 起，占比 13.5%，稳居第一；生物技术/医疗健康以 101 起成功退出位居第二，占比 10.5%；机械制造成功退出数量为 92 起，占比 9.6%，位居第三。在合伙制机构所投资的行业中，机械制造以 17 起成功退出数量占据第一，占比 11.5%；半导体及电子设备紧随其后，以 16 起成功退出位列第二，占比 10.8%；生物技术/医疗健康、IT、互联网并列第三，成功退出数量为 14 起，占比 9.5%。具体见表 4－14。总体来说，公司制风投机构与合伙制风投机构在投资赛道上具有各自的偏好和优势，两种形式的风投机构并存有利于广东省各行业的均衡发展。

表 4－14　广东省各类型机构分行业成功退出数量

行业	公司制		合伙制	
	退出数量	占比	退出数量	占比
半导体及电子设备	130	13.54%	16	10.81%
生物技术/医疗健康	101	10.52%	14	9.46%
机械制造	92	9.58%	17	11.49%

（续上表）

行业	公司制		合伙制	
	退出数量	占比	退出数量	占比
IT	87	9.06%	14	9.46%
清洁技术	72	7.50%	9	6.08%
化工原料及加工	64	6.67%	9	6.08%
互联网	51	5.31%	14	9.46%
电信及增值业务	48	5.00%	7	4.73%
建筑/工程	44	4.58%	7	4.73%
娱乐传媒	41	4.27%	5	3.38%
金融	30	3.13%	6	4.05%

资料来源：清科私募通。

二、退出方式

不论是公司制机构还是合伙制机构，首选 IPO 退出，并购退出位居第二。IPO、并购及股权转让退出方式位居前三。其中，通过 IPO 成功退出的公司制案例 251 起，合伙制案例 40 起，占比分别为 41.9% 和 44.0%；通过并购成功退出的公司制案例 139 起，合伙制案例 23 起，占比分别为 23.2% 和 25.3%，位居第二；通过股权转让成功退出的公司制案例 108 起，占比为 18.0%，合伙制案例 15 起，占比 16.5%。

总体来说，广东省公司制与合伙制风投机构退出总体情况良好，数量依旧保持在高位水平。退出方式上既有多元化又有重点，以回报率最高的 IPO 退出方式为主，进一步体现了地区大力支持科技金融优质投资标的优先上市的决心。目前，深圳证券交易所拥有主板、中小板、创业板，再加上前海股权交易中心、广东股权交易中心，广东省资本市场建设较为完善，可以服务处于不同发展阶段的创业公司，为其提供便利的融资市场和退出渠道。

表 4－15　广东省各类型机构退出方式

退出方式	公司制		合伙制	
	退出数量	占比	退出数量	占比
IPO	251	41.90%	40	43.96%
并购	139	23.21%	23	25.27%
股权转让	108	18.03%	15	16.48%
回购	55	9.18%	6	6.59%

（续上表）

退出方式	公司制		合伙制	
	退出数量	占比	退出数量	占比
其他	17	2.84%	4	4.40%
上市后减持	9	1.50%	2	2.20%
分红	7	1.17%	—	—
借壳	5	0.83%	1	1.10%

资料来源：清科私募通。

三、投资回报

公司制风投机构整体回报高，合伙制风投机构整体回报低。公司制风投机构投资回报金额在 2017 年到达最高，为 15 亿元人民币，平均收益率在 2016 年达到最高，为 76.71%；合伙制风投机构在 2020 年获得最高投资回报，回报金额为 13 亿元人民币，在 2021 年获得最高平均收益率，为 55.64%。具体见表 4－16。总体来看，公司制风投机构投资项目质量平均水平高于合伙制风投机构所投项目。

表 4－16　广东省各类型机构回报金额与平均收益率

年份	公司制		合伙制	
	回报金额/百万元	平均收益率/%	回报金额/百万元	平均收益率/%
2021	1 125.5	16.00	787.39	55.64
2020	732.99	35.97	1 319.13	37.77
2019	554.86	20.80	993.31	19.54
2018	349.25	17.09	143.24	8.36
2017	1 522.93	16.97	49.74	7.76
2016	729.44	76.71	155.65	24.58
2015	180.31	19.68	269.88	37.35
2014	324.86	31.84	63.41	15.31
2013	5.49	12.00	214.61	6.93

资料来源：清科私募通。

第五节 风险基金组织形式发展问题及政策建议

一、突出问题

目前，广东省风险投资机构仍以公司制为主，有限合伙制为辅，信托基金制仍处于起步阶段。以政府为主导或引导、以公司制为主要形式的风险投资还存在较多问题，主要表现为以下三个方面。

（一）资金匹配差，创新绩效低

私募通相关数据显示，80%的公司制与合伙制风险投资机构均倾向于投资扩张期和成熟期企业，并通过上市退出投资尽快获得回报。显然，这并不利于企业开展长期的技术创新。尽管风险投资能够支持战略性新兴产业的发展并且战略性新兴产业具有一定的创新性，但是两者之间由于对结合的规律认知不足，造成风险无处不在，战略性新兴产业的发展经验还有待斟酌总结。

（二）激励机制差，专业人才少

首先，风险投资活动的成功取决于丰富资金与专业人才的有机结合，而在公司制的收益分配制度下，过多地将投资收益倾斜于资金提供者（股东），而经理人在分享收益时却受到诸多限制，将难以激励专业的风险经理人充分发挥其才能。其次，广东省现有的战略性新兴产业风险投资家极其匮乏，这不仅与亟待完善的相关激励机制有关，而且还与教育体制以及浓厚的从政氛围有关。当然，在由政府主导的风险基金中，部分甚至全部经理人均由政府任命，但其实这些经理人在风险投资方面的专业知识是有所欠缺的，并且这些经理人可能更倾向于通过其他渠道来得到上级肯定，而非专注于风险投资活动，从而增加了投资绩效低下的可能性。

（三）税收负担重，退出机制少

所有的公司制风险投资机构均需面对双重纳税问题，从而削减了投资者的投资回报与投资动机，造成公司制在吸引高科技产业风险投资与公共政策研究自然人股东上的竞争劣势。风险投资退出机制是整个战略性新兴产业运作过程中的重要环节，对于收益获取、风险转移、投资成败都有关键性的影响。私募通数据显示，IPO是风险投资机构的最佳退出方式，回报最高。但是主板市场对企业要求较高，大部分中小企业没有机会进入主板上市。尽管另外两板（中小板、创业板）的要求较低，但是能够成功退出的风险投资仍然不多。后期成立了新三板，新三板虽然要求也比较低，但是尚处在发展的阶段，还有待完善与进一步的观察。

二、政策建议

尽管公司制风险投资机构在我国风险投资业中的应用存在很多问题，但是就我国目前市场经济不完善、法制环境不健全、社会信用体系未建立的实际情况而言，在我国大量采用有限合伙制或者信托基金制的风险投资组织形式是不切合实际的。然而，从长远角度出发，我国最终应该建立起以有限合伙制为主要组织形式的风险投资体系。因此，在我国风险投资组织形式和治理结构的未来选择问题上，一方面，我国要采取相关政策手段逐渐引导风险投资机构采用有限合伙制的组织形式；另一方面，也要结合我国的具体国情，不可照抄照搬，更不能操之过急。

首先，在目前我国风险投资机构以公司制为主要组织形式的实际情况下，我国仍然可以通过采取部分措施来提高风险投资效益。例如，了解并掌握风险投资与战略性新兴产业之间的发展规律，准确地挖掘技术链条与资金链条之间的关系，使得风险投资与战略性新兴产业之间的机制更完整。提供优惠政策或者引进资本，欢迎海外人才来华就业或创业；对国内人才进行培养，建立高校与企业之间的合作教学。主板、中小板、创业板以及新三板出台相关的政策与措施，确保完善战略性新兴产业在资本市场上的风险退出机制。值得一提的是，我国的新兴产业目前仍处于发展的初期阶段，在这一阶段，政府有必要对其发展进行扶持。政府可以采用资助、补贴、拨款等方式对风险投资公司进行扶持，并避免过多干预，尽可能由专业风险投资家做出投资决策。随着风险投资业的不断发展以及资本市场的不断完善，政府应该逐渐从中退出，使民间资本成为风险投资的主体，建立起民营模式的风险投资公司。

其次，努力营造信托基金制在我国发展的良好经济与法制环境，促使信托基金制成为我国风险投资机构由以公司制为主向以有限合伙制为主的过渡组织形式。信托基金制的引入可以降低伴随公司直接投资而来的高成本和高风险。在信托基金制下，风险投资公司作为一家风险基金，通过委托合同或契约，将风险资金委托给专业的投资管理机构，由专业的风险投资人员负责资金运营与管理，既可以弥补专业人员缺乏的现状，又可以在投资决策上取得更大的主动权从而实现更好的投资效益。在这种机制设计下，转型后的风险投资公司类似于有限合伙制中的有限合伙人，他们是风险基金的所有者；专业的投资管理机构类似于有限合伙制中的普通合伙人，他们是风险基金的管理与运作者。通过签订委托合同，明确各参与主体的权利与义务，并建立有效的利润分配与监督机制，以实现代理关系上的有效激励与约束。

最后，尝试将有限合伙制应用于风险投资发展相对成熟的地区，形成示范企业或区域以后再在全国范围内进行推广，最终在我国建立起以有限合伙制为主的风险投资体系。目前，在北京、上海、深圳等多个地区，风险投资业的发展是相对比较成熟的，所以可以先尝试在这些地区建立有限合伙制，加强和完善有利于建立有限合伙制的法律法规体系。此外，在专业人才供给方面，我国应尽量避免由法人来充当普通合伙人，注重培养拥有复合型知识的风险投资家以及建立良好的报酬支付激励机制等。在风险资金筹募方面，我国要培育多元化市场参与主体，积极从私人资本、机构投资者、国内大型企业和政府资金等多方主体融资，拓宽资金来源，并在此基础上尽可能降低政府的主导地位。

第五章　广东省税收优惠与创业投资发展*

税收优惠是政府对高科技企业投资和风险投资的利益补偿，这种补偿能够降低投资者的预期投资成本，从而增加投资积极性，持续激发创业企业的热情与活力，带动就业和经济增长，推动科技创新进步。本章前半部分主要对创业投资税收优惠政策的重要性进行说明，并梳理国家层面的创业投资税收优惠政策；后半部分聚焦广东省创业投资政策现状，一方面对比广东省内地区间政策差异，另一方面分析其他省份和城市的政策亮点，综合探讨广东省在创业投资税收优惠政策上的优点与不足。当前中国正积极抵御经济下行压力，创业投资关系到企业创新和科技发展，影响社会福利和国民经济，广东省作为我国创业投资重点地区、粤港澳大湾区发展重点地区，其创投产业健康发展显得尤为重要，所以在本章最后，为促进广东省创业投资的进一步发展，对其税收政策现存问题提出改进建议。

第一节　创业投资税收优惠的理论探讨

一、税收优惠概念界定

税收优惠是指国家运用税收政策在税收法律、行政法规中规定对某一部分特定企业和课税对象给予减轻或免除税收负担的一种措施。通常税收优惠包括优惠目的、优惠方式、优惠对象、优惠力度、限制条件等要素。

二、税收优惠重要性

由于创业投资活动具有高风险性和规模不经济性等特征，出于成本收益的考虑，创业投资企业往往会选择风险较低的投资项目，但市场资金集中在低风险投资项目并不能很好地促进创业创新。对创业投资实施税收优惠政策的实质是政府通过让渡部分的税收权益来分担创业投资企业的风险成本，使其能够获得更高的投资回报，积累更多投资成本，提高其从事投资活动的积极性，增进社会效益。

（一）风险投资供给提高

从需求端来说，税收优惠政策是创业投资机构的需求所在。表 5 – 1 统计整理了中国

---

* 本章第一执笔人为暨南大学产业经济研究院魏伊琳。

创业投资机构最需要的政府激励政策，主要有完善创投税收优惠政策、设立政策性引导基金、畅通进入和退出渠道等。2012—2018 年，完善创投税收优惠政策的需求始终排在第一，从 2012 年的 27.1% 逐年增长为 2016 年的 43.0% 并达到峰值，而后在 2017 年下降至 31.0%。究其原因，2017 年《关于创业投资企业和天使投资个人有关税收试点政策的通知》（财税〔2017〕38 号）在京津冀等 8 个试点地区和苏州工业园区试行，此次政策在《关于有限合伙制创业投资企业法人合伙人企业所得税有关问题的公告》（国税〔2015〕81 号）的基础上扩大了优惠对象，在一定程度上满足了创业投资机构的需求，反映出政策的及时性和有效性。但是与补贴相关的激励政策如人员培训、政府奖励对创业投资机构来说吸引力不强。这说明完善相关税收优惠政策仍是创投机构最为关切的需求，因此促进我国创业投资机构的投资热情，完善创投税收优惠政策、扩大税收减免范围、落实税收优惠政策显得至关重要。

表 5-1　中国创业投资机构的政策需求

（单位:%）

各项激励政策	2012 年	2013 年	2014 年	2015 年	2016 年	2017 年	2018 年
完善创投税收优惠政策	27.1	25.4	25.5	36.9	43.0	31.0	31.9
设立政策性引导基金	22.4	22.5	23.9	15.5	13.1	16.6	17.3
加快注册制改革，建立转板机制	19.2	19.1	17.2	20.1	14.8	16.2	16.2
人员培训	19.2	6.2	6.6	—	—	—	—
政府奖励	12.1	12.3	12.4	—	—	—	—
鼓励科研人员创新创业	—	—	—	5.4	5.6	9.2	8.1

资料来源：历年《中国创业投资发展报告》。

（二）风险投资可获得性增加

创业投资税收优惠政策能够降低创投企业税收负担、提高税收企业投资收益率，激励风险资本加大对创业企业的投资力度。美国、英国等发达国家的经验表明，税收政策确实是激励风险投资的重要因素，如 1957—1997 年，美国资本利得税经历多次调整，每次政策的调整都带来风险资本供给与风险投资额的巨大波动，极大促进了美国风险投资业的发展。而风险投资活动主要有以下几方面的意义：①缓解企业资金难题。融资难、融资贵的问题增加了中小企业的创业成本，限制了企业的成长。风险投资作为一种特殊的投资方式能够为中小企业的发展提供灵活的融资方式。②推进科研成果转化。企业早期的研发创新需要耗费大量的人财物，风险投资的加入为企业提供了研发费用和相关人才，有助于研发成果的实践转化。③促进产业转型升级。新兴产业的发展关乎未来的经济主导权，包含电子、信息、新能源在内的新兴产业也是技术密集型产业，相关领域科技成果的转化势必会推动我国产业的转型升级。④带动经济持续增长。从宏观的角度看，创业投资能够促进企业的研发和创新活动，推动企业成长、增加社会就业、提升经济产出、增加社会经济效益。

综上所述，创业投资与经济社会发展环环相扣，是推动中小高新技术企业的得力助手，而税收优惠政策能够很好地引导创业投资机构的加入，从而为中小科创企业的创新与发展保驾护航。

第二节　我国创业投资的税收优惠概况

自1999年国务院办公厅转发科技部等七部门联合出台的《关于建立风险投资机制的若干意见》开始，我国各有关部门相继出台了支持创业风险投资发展的相关政策，涉及外商投资创业风险投资机构、管理监管、税收优惠、专项引导基金等多个方面，有效推动了我国创业风险投资事业的快速健康发展，但对比其他国家和地区仍存在不足之处。

一、税收优惠政策

（一）税收优惠政策比重的变化

我国提出多项政策扶持创业投资发展。图5－1是中国创业投资机构能够享受各项政府政策扶持的比重情况，可以看出，所得税减免、获得政府资金直接支持和提供相关信息交流服务是最主要的三个方面。2012年三者比例相当，随后信息交流逐渐挤占政府资金直接支持的份额，所得税减免维持在25%左右，仍然是扶持政策的主要构成，总体政策偏向间接支持创业投资发展，鼓励创投企业多投资，以投资额来抵扣税收。

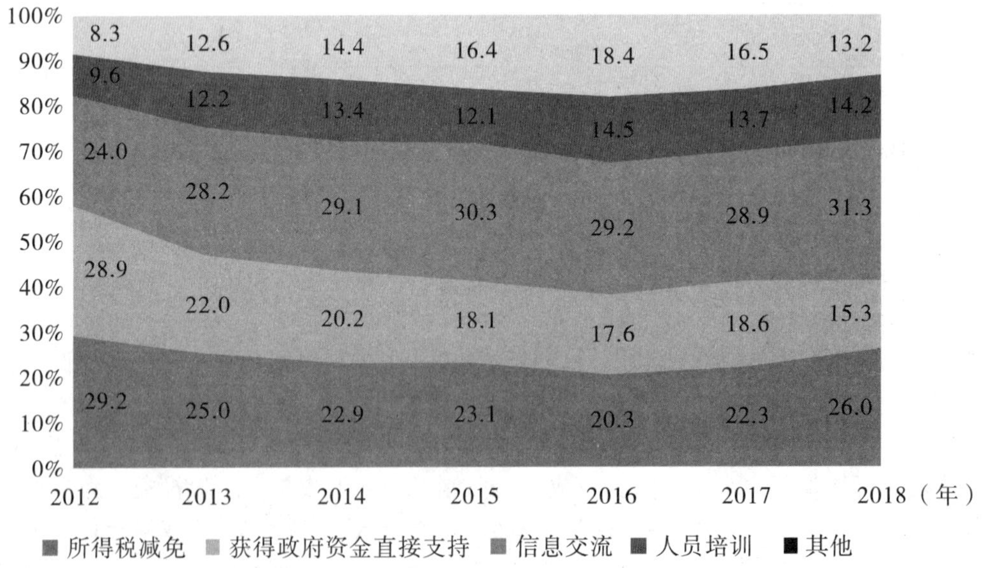

图5－1　中国创业投资机构能够享受政府政策扶持的比重变化趋势

资料来源：历年《中国创业风险投资发展报告》。

（二）税收优惠政策梳理

创业投资减税政策的历史演化如表5－2所示。国家为鼓励资金投向初创期科技型中小企业，自2007年以来颁布多项财税政策，通过所得税投资抵扣方式给予创业投资机构税收扶持政策支持，而政策落地主要是通过先区域试点再推广至全国的方式。2009—2018年政策变化主要体现在：①扶持范围从最初的公司制创投企业逐渐扩大到包含有限合伙制创业投资企业；②投资对象由中小高新技术企业扩宽到种子期、初创期科技型企业。政策的变化使得税收优惠措施更加符合市场发展的需要。截至2021年，创业投资企业税收政策以《关于创业投资企业和天使投资个人有关税收政策的通知》（财税〔2018〕55号）规定为主要依据。《关于创业投资企业个人合伙人所得税政策问题的通知》（财税〔2019〕8号文）提供"二选一"税收优惠方式，大幅降低个人创业投资所得的税收负担，鼓励个人投资者将资金投资于创业企业，为创新驱动的国家战略注入更多民间资本，也给社会各界以更加稳定的预期和更加优惠的条件去发展创业投资，促进形成"大众创业、万众创新"的良好局面。

表5－2　创业投资减税政策历史演变

	国税发〔2009〕87号文①	国税〔2015〕81号文②	财税〔2017〕38号文③	财税〔2018〕55号文④	财税〔2019〕8号文⑤
颁布时间	2009年4月30日	2015年11月16日	2017年4月28日	2018年5月14日	2019年5月9日
优惠对象	公司制创业投资企业	有限合伙制创业投资企业法人合伙人	公司制创业投资企业、有限合伙制创业投资企业法人合伙人和个人合伙人	公司制创业投资企业、有限合伙制创业投资企业法人合伙人和个人合伙人，以及天使投资个人	有限合伙制创业投资企业个人合伙人
抵扣条件	采取股权投资方式投资于未上市的中小高新技术企业2年以上	采取股权投资方式投资于未上市的中小高新技术企业2年以上	采取股权投资方式投资于种子期、初创期科技型企业2年以上	采取股权投资方式投资于种子期、初创期科技型企业2年以上	采取股权投资方式投资于种子期、初创期科技型企业2年以上
优惠力度	投资额抵扣70%	投资额抵扣70%	投资额抵扣70%	投资额抵扣70%	取决于个人选择的税收核算方式
实施地区	全国	全国	京津冀等8个试点地区和苏州工业园区	全国	全国

注：①《关于实施创业投资企业所得税优惠问题的通知》。
②《关于有限合伙制创业投资企业法人合伙人企业所得税有关问题的公告》。
③《关于创业投资企业和天使投资个人有关税收试点政策的通知》。
④《关于创业投资企业和天使投资个人有关税收政策的通知》。
⑤《关于创业投资企业个人合伙人所得税政策问题的通知》。
资料来源：中央人民政府门户网站。

二、税收优惠政策效果

（一）激发创业投资活力

图5－2为投融资市场经济指标统计图，主要选取市场投融资案例数量、融资企业数量和投资机构数量三个指标来反映投融资市场的发展情况。2017年是各项指标大幅增长的分水岭，案例数量表现尤其明显。

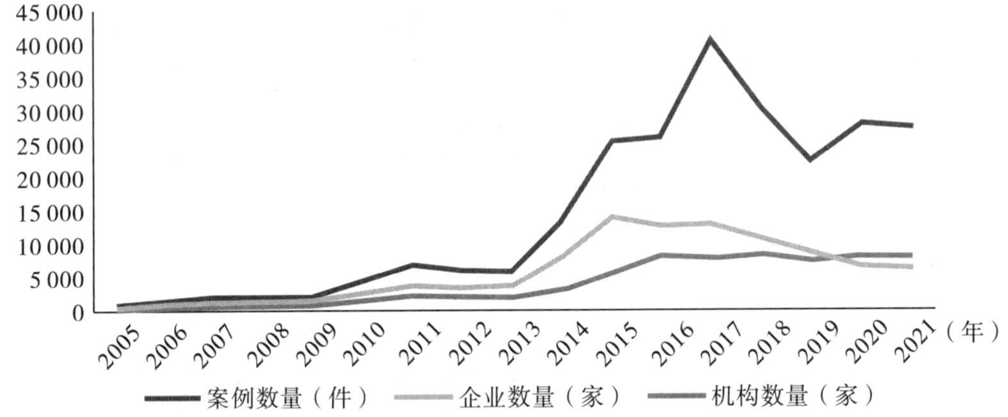

图5－2 2005—2021年我国创业投资案例数、企业数和机构数

资料来源：清科数据库。

随着2017年、2018年创投税收优惠政策的持续优化，各项指标逐渐达到峰值，而后开始缓慢下降，原因可能有以下几点：①政策作用对象局限性。政策未能惠及以其他形式参与企业投资的机构；②抵扣条件局限性。被投资企业当前还仅限于种子期、初创期科技型企业；③外生冲击的影响。个别国家单边主义、保护主义对世界经济的影响以及疫情给全球经济带来了重创。

（二）调整创投企业收入结构

1. 公司型创业投资企业收入来源结构变化

如图5－3所示，我国公司型创业投资企业在各个年度均实现了投资运营收入，总体收入呈现大幅上升趋势，不过2019年的下跌值得市场关注。2010—2019年，股权转让收入与股息红利收入之比基本处于3：1的平稳状态，前者是公司型创业投资企业的主要收入来源。

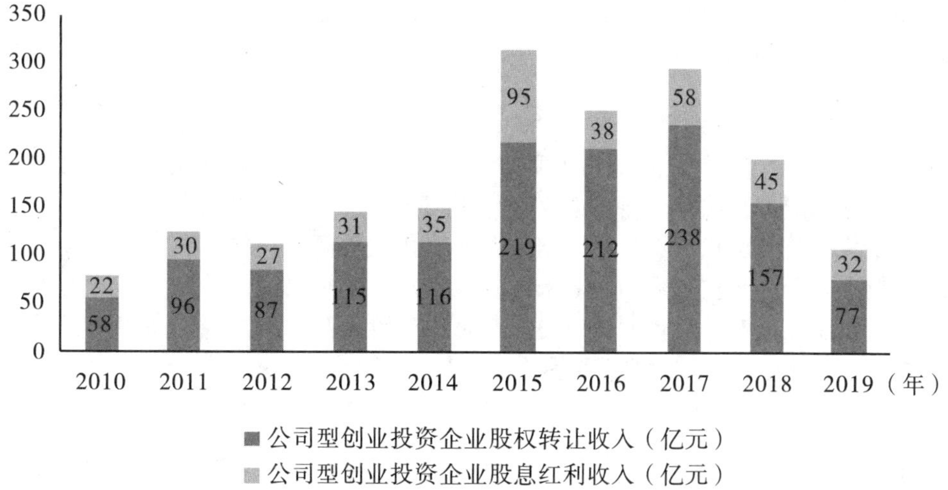

图 5－3 公司型创业投资企业税前收益来源结构

资料来源：中国投资协会股权和创业投资专业委员会。

2. 有限合伙型创业投资企业收入来源结构变化

2007 年我国第一家有限合伙型创业投资企业开始运作，2015 年在全国推广有限合伙制创业投资企业法人合伙人的税收优惠政策，因此相对于公司型创业投资企业，有限合伙型创业投资企业的收入波动在前期表现明显，如图 5－4 所示。从其收入来源结构看，股权转让收入占比后期持续攀升，2019 年股权收入和股息红利收入之比达 4：1。

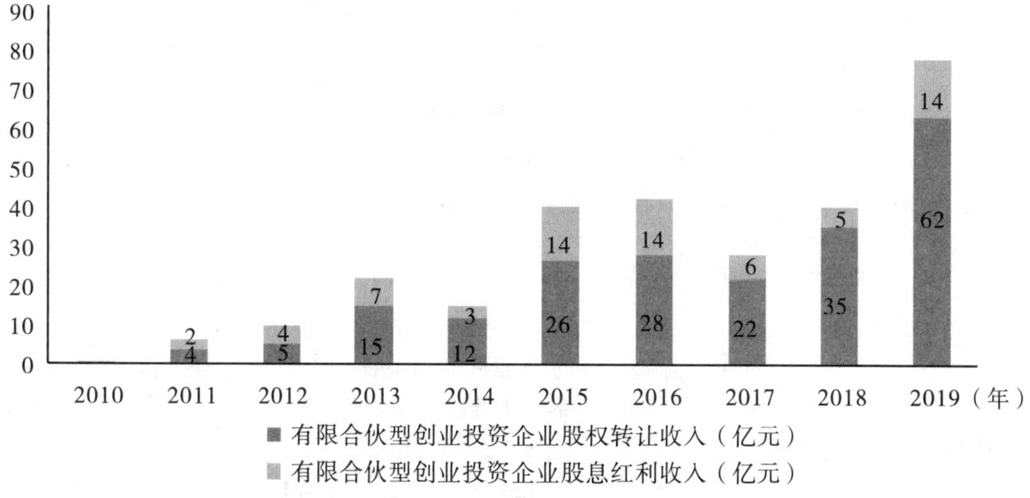

图 5－4 有限合伙型创业投资企业税前收益来源结构

资料来源：中国投资协会股权和创业投资专业委员会。

结合图 5－3 和图 5－4 分析二者的股权转让收入，2010 年公司型创投企业的收入总额为 80 亿元，有限合伙型创投企业收入总额不足 5 000 万元，两者相差百倍；但是随着创业投资税收优惠政策范围逐渐扩大到有限合伙型创投企业，2019 年两者的差距已经大幅度减小，后者有赶超前者的趋势。有限合伙型创投企业的收入增长肯定了政策的有效性，也说明政策范围的扩大有效地激发了合伙型创投企业活力，为社会科技企业注入更多资金。

（三）加大创投企业税收抵扣额度

图 5－5 是创投企业的税收抵扣额度的变化情况。随着创业投资税收优惠政策的逐步实施和创业投资的蓬勃发展，创投企业可享用和实际享用的税收抵扣额度经历了先上升后下降的变化，公司型和有限合伙型创投企业变化趋势高度一致，实际享用占可享用抵扣额的比例在三分之一左右浮动。未来的政策重点，一是要挽回总体下降的趋势，税收优惠对于创投企业仍然具有高度吸引力；二是通过流程简化等方式提高实际享用与可享用税收抵扣额的比重，让政策真正惠及企业。

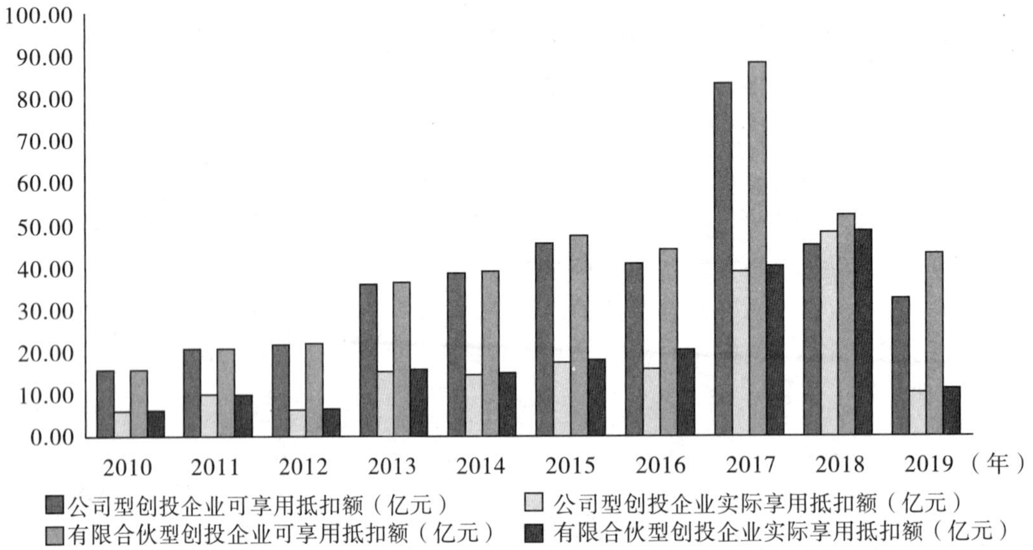

图 5－5　创业投资企业应纳税所得抵扣额情况

资料来源：中国投资协会股权和创业投资专业委员会。

（四）提升被投资企业经济效益

表 5－3 展示了被投资企业和全国城镇平均水平经济指标的对比情况。创业投资机构通过注入资金支持企业的创业活动，进而增加社会就业岗位、提高企业研发能力、促进创新产品产业化、促进税收增长和经济持续健康发展等，为经济社会发展做出显著贡献。从长期来看，企业的创业活动尤其是初创期科技型企业更加需要创业投资机构的支持，但是被投资企业和城镇增幅正由数十倍的差距逐渐缩小，增长出现一定程度的疲软，2019 年各项指标出现了负增长，2020 年也遭受了全球疫情的影响，值得社会关注和政策引导。

表 5－3　创业投资机构所投资企业经济绩效的增长情况

单位：%

年份	就业岗位数		研发投入		销售额		缴纳税金	
	(1)	(2)	(1)	(2)	(1)	(2)	(1)	(2)
2010	78.75	4.10	82.17	18.88	127.72	10.50	123.69	23.00
2011	55.60	3.54	55.75	28.47	67.42	9.75	75.90	22.58
2012	11.52	3.31	15.00	23.35	10.89	7.90	2.83	12.12
2013	4.96	3.07	12.22	18.93	6.86	7.80	1.50	9.86
2014	7.80	2.80	45.33	16.27	13.04	7.30	11.01	7.82
2015	－0.98	2.80	－5.56	11.81	30.32	6.90	51.64	4.82
2016	5.62	2.52	11.69	6.45	5.14	6.70	－23.30	4.35
2017	－0.29	2.50	2.28	10.64	－11.49	6.90	13.27	10.75
2018	6.32	2.25	32.68	12.30	11.43	6.60	13.24	8.33
2019	－24.55	1.91	－10.48	11.77	－22.05	6.10	－35.16	1.02

注：列（1）为创业投资机构所投资企业增长幅度；列（2）为全国城镇平均增长幅度。

资料来源：中国投资协会股权和创业投资专业委员会。

第三节　广东省创业投资税收优惠政策

广东省是我国创业投资行业的发源地。1992 年广东省科委成立了省内第一家创业投资公司——广东省科技创业投资公司。得益于创业投资各类扶持政策，截至 2020 年 5 月，根据中国证券投资基金业协会统计数据，广东省已登记备案的私募基金管理机构 6 264 家，机构数量位居全国首位，占全国的 25.48%。本节通过梳理广东省和其他重点创业投资地区的创业投资政策，分析税收优惠政策在各地政策中的地位和意义，在对比中学习其他地区一些极具亮点的做法。

一、广东省税收优惠政策

（一）省级层面政策梳理

广东省是国内创业投资行业发展较早的省份之一，政府对创业投资发展的鼓励支持和规范引导政策一直走在全国前列。2003 年，广东省印发了《广东省促进创业投资发展暂行规定》，其中第二十五条认定了广东省创业投资税收优惠政策遵照国家标准。

在政策的扶持和经济发展的大背景下，广东省迅速成为国内创业投资发展最为迅速和最为活跃的地区之一，培育出了广东榕泰、大族激光、风华高科等一批知名的高新技术企业。为进一步推进创业投资的健康发展，2013 年广东省出台《广东省关于发展创业投资促进产业转型升级的意见》，通过壮大创业投资规模、促进创业投资规范运作、完善创业投资管理和服务体系，充分发挥创业投资对培育和发展战略性新兴产业、促进产业转型升级、加快转变经济发展方式的支撑作用。同年 8 月，广东省发改委出台《广东省战略性新兴产业创业投资引导基金管理暂行办法》，对广东省战略性新兴产业创业投资引导基金的管理模式、运作方式、运作程序、申请条件、退出方式、风险控制、考核评估与监督等进行规范，以引导更多社会资本进入创业投资领域，促进广东省创业投资行业持续健康发展，加快培育和发展战略性新兴产业，促进经济发展方式转变。2017 年广东省在国家政策指导下出台《广东省加快促进创业投资持续健康发展的实施方案》，多措并举壮大广东省创业投资市场，优化创业投资环境，着力打造华南风投创投中心。到 2019 年广东省股权投资总金额位列全国第二，仅次于北京，上海位列第三。

（二）市级层面政策梳理

广东省一直以来积极贯彻落实党和国家政策，实际发布了一系列高质量、有特色、可落地的创业投资政策措施。通过政策积极引导社会资本参与创业投资，充分发挥创业投资在科技型企业转型升级、发展壮大过程中的推动作用。

在搜集整理广东省创业投资政策的过程中，我们发现补贴和奖励是各地激励创业投资的主要手段，由于各地统一实行中央税收政策，仅有部分城市开始在税收优惠上做出了一些新的尝试，表 5 -4 是广东省部分城市（广州、深圳和珠海）创业投资新增政策中关于税收优惠的部分。

表 5 -4　广东省部分城市创业投资税收优惠政策

广州市	时间：2019 年 4 月 政策文件：《广州市促进外商投资股权投资类企业集聚发展工作指引》 政策扶持形式：税收优惠 文件内容：对外商投资股权投资类企业实行国家统一规定的税收政策，即财税〔2018〕55 号文和财税〔2019〕8 号文；对于符合《广州市人民政府办公厅关于印发广州市风险投资市场规范发展管理办法的通知》穗府办规〔2017〕17 号文相关规定的外商投资股权（创业）投资管理企业，给予最高 1 500 万元人民币的管理能力奖励
深圳市	时间：2021 年 9 月 政策文件：《深圳经济特区创业投资条例（修订征求意见稿）》 政策扶持形式：税收优惠 文件内容：市、区人民政府应当按照税收中性、税收公平原则和税制改革方向与要求，研究争取鼓励创业投资主体投资特区战略性新兴产业、未来产业、绿色产业及创新领域的中小微创业创新创造企业的税收支持政策，进一步完善创业投资主体投资抵扣税收优惠政策。研究争取在特定区域开展合伙型创业投资企业在单一基金核算下亏损跨年结转试点以及公司型创业投资企业所得税优惠政策试点，对符合条件的公司型创业投资企业按照企业年末个人股东持股比例减免征收企业所得税

（续上表）

珠海市	时间：2021年9月 政策文件：《横琴粤澳深度合作区建设总体方案》 政策扶持形式：税收优惠 文件内容：对合作区符合条件的产业企业减按15%的税率征收企业所得税；对企业符合条件的资本性支出，允许在支出发生当期一次性税前扣除或加速折旧和摊销；为促进境内外人才集聚，对在合作区工作的境内外高端人才和紧缺人才，其个人所得税负超过15%的部分予以免征；对在合作区工作的澳门居民，其个人所得税负超过澳门税负的部分予以免征

资料来源：各地人民政府网站。

通过上述政策，广东省部分地区根据发展需求对税收政策进行了补充和完善。《广州市促进外商投资股权投资类企业集聚发展工作指引》的印发意味着，开展合格境外有限合伙人（QFLP）试点在广州落地。关于QFLP试点企业的税收政策主要有三个方面：创投基金适用〔2018〕55号文；先分后税适用《财政部　国家税务总局关于合伙企业合伙人所得税问题的通知》（财税〔2008〕159号文）；个人投资者税收优惠适用财税〔2019〕8号文。

《深圳经济特区创业投资条例（修订征求意见稿）》聚焦创投行业基金募集、基金投融、投后管理、资本退出等难点问题，提供解决方案，旨在促进深圳市创业投资行业高质量发展，在该条例社会公开征求意见采纳情况表中，为天使投资引导基金税收政策提出过两点建议：一是借鉴国内外实践经验，对投资于天使投资企业的投资者，可按投资金额100%减抵应缴纳的所得税，当年不足抵扣的可向后递延；二是将在各区注册的创投风投机构产生的市区两级税收分享部分，部分统筹用于扶持创投风投机构发展。这都是完善深圳创业投资税收政策所做的尝试。

《横琴粤澳深度合作区建设总体方案》旨在推动澳门长期繁荣稳定和融入国家发展大局。该方案对符合要求的企业实施税收优惠政策，有利于澳门经济适度多元发展的产业全部纳入政策范围，激发粤澳合作区内创业投资的发展；对具备执业资格的金融、规划、设计等领域专业人才实行个人所得税优惠政策，能够吸引具备创业投资本领的专业人才。

二、其他地区税收优惠政策

清科研究指出，区域股权投资市场活跃度与经济水平发展呈高度相关性，比如北京、上海、广州等经济发展水平高的城市，创业投资发展也相较活跃。当前全国各地统一执行财税〔2018〕55号文，查找其他几个创业投资活跃的地区（北京、上海、江苏、浙江）地区近年政策，浙江和江苏仍然以补贴和政府奖励的形式激励创业投资的发展，当前只有北京和上海颁布了特定区域的税收优惠政策，旨在提高风险投资长期持股率。

研究表明风险投资长期持股对企业技术创新的促进作用更强，具体原因有：①风险投资长期持股能在资金供给、增值服务、监督控制方面给予更多支持；②不同背景风险投资在长期持股过程中充分发挥各自的优势，对技术创新产生差异化的积极作用；③风险投资在长期持股过程中对企业技术创新的管理模式进行了最佳动态选择。北京和上海通过对不同年限的股权转让设置梯度式的税收优惠政策，以此激励创业投资机构的长期投资。

1. 北京市

北京市重视创业投资企业对企业上市的推动作用，通过税收优惠吸引创投企业加入；另外北京在2020年进行中关村创投企业税收政策的试点实施，旨在鼓励个人投资公司型创投企业，引导个人资金通过创投企业进入资本市场，扩大投资资金规模，进而投资实体经济促进其发展壮大，同时还解决了对个人投资者的重复征税问题，可以有效调动个人投资者的投资积极性。

表5－5　北京市创业投资的税收优惠政策

时间：2018年5月 政策文件：《关于进一步支持企业上市发展的意见》 政策扶持形式：税收优惠 文件内容：北京市为进一步支持企业上市，鼓励和引导社会资本参与企业上市发展。鼓励创业投资企业采取股权投资方式投资于未上市中小高新技术企业，符合条件的可享受国家有关税收优惠政策
时间：2020年12月 政策文件：《中关村国家自主创新示范区公司型创业投资企业有关企业所得税试点政策的通知》 政策扶持形式：税收优惠 文件内容：对示范区内公司型创业投资企业，转让持有3年以上股权的所得占年度股权转让所得总额的比例超过50%的，按照年末个人股东持股比例减半征收当年企业所得税；转让持有5年以上股权的所得占年度股权转让所得总额的比例超过50%的，按照年末个人股东持股比例免征当年企业所得税

资料来源：北京市人民政府门户网站。

2. 上海市

同北京一样，上海也对公司型创业投资企业实施了进一步的税收优惠政策。这意味着《中共中央　国务院关于支持浦东新区高水平改革开放打造社会主义现代化建设引领区的意见》中所提到的在浦东特定区域开展公司型创业投资企业所得税优惠政策试点正式落地。该政策鼓励投资机构长期投资，持股时间越长，优惠力度越大。结合上海浦东的地方财政返还政策以及后续将持续推出的其他税收优惠政策，有利于将上海浦东建设为更具竞争力的创业投资基地。公司型创投企业税收优惠政策为创业投资机构的组织形式选择以及个人投资者投资创投企业提供了新的可能。

表5－6　上海市创业投资的税收优惠政策

时间：2021年11月 政策文件：《关于上海市浦东新区特定区域公司型创业投资企业有关企业所得税试点政策的通知》 政策扶持形式：税收优惠 文件内容：对上海市浦东新区特定区域内公司型创业投资企业，转让持有3年以上股权的所得占年度股权转让所得总额的比例超过50%的，按照年末个人股东持股比例减半征收当年企业所得税；转让持有5年以上股权的所得占年度股权转让所得总额的比例超过50%的，按照年末个人股东持股比例免征当年企业所得税

资料来源：上海市人民政府门户网站。

三、广东省税收优惠政策现状

广东省作为全国创业投资的重点省份，在政策制定上必然有其亮点和优势，但是立足长远且可持续的发展，本书认为广东省在税收优惠政策上也存在着一些不足之处。当前我国创业投资统一实行财税〔2018〕55号文，全国各地的创业投资税收优惠政策大体一致，但是根据前文的政策整理，部分城市也开始了税收政策新的尝试。就广东省内比较来看，深圳的税收优惠提案虽然没有通过，但已经表现出企业的迫切需求，政府仍要继续倾听企业的声音，珠海《横琴粤澳深度合作区建设总体方案》从企业所得税、个人所得税等多方面减轻企业和投资者的负担，其政策效应取决于未来的落实情况；对标北京和上海两地，广东省还没有开展公司型创业投资企业所得税新一轮的试点政策，在鼓励企业进行长期投资的优惠政策上稍显落后。

第四节　广东省创业投资税收优惠政策绩效

科技创新是经济发展的不竭动力，创业投资可以通过以下途径激励和促进创新：第一，创业投资作为一种有效的股权融资方式，专注于早期中小微企业的长远投资，可以有效地降低早期中小微企业的融资约束，弥补企业研发投资力度的不足，降低外部融资成本，从而促进创新绩效；第二，创业投资机构的筛选和监督能力均强于银行，对企业的价值判断也更准确，在信息不对称严重的创新活动中，股权形式的创业投资比债务更能发挥优势，更能提高资源配置效率和创新型企业的创新效率；第三，创业投资活动使得相关人才进入董事会监督企业，为企业提供专业增值服务，引导企业创新高效发展。本节选取创新合作、高技术产业创新绩效以及众创空间投融资指标进行简单计算制成图表，通过对比广东和北京、上海、江苏和浙江四地在指标上的差异，尝试从政策差异分析广东省在投融资和创新上的特点。

一、企业创新的合作选择

税收优惠政策引导创业投资参与企业的创新研发活动，创新是医药制造、航空航天、电子通信等高技术产业发展的不竭动力。图5-6展示了规模以上企业在创新活动时选择和风险投资机构合作的比例。从总的趋势看，随着时间的推移，该比例在所有地区都呈现下降趋势；分地区看，广东省比例一直保持在最高，说明广东的企业更倾向于在创新活动时选择和风险投资机构合作，也从侧面表现广东省的风险投资机构更好地参与了企业的创新研发。造成该差异的原因可能有两方面原因：一是得益于广东省极具吸引力的企业政策；二是一个地区活跃的研发创新具有知识溢出效应，能够持续激发行业内的研发创新潜能，吸引更多创业投资企业的加入。综上所述，创业投资能够解决中小微企业融资难、融资贵等问题，在政策的合理引导下，广东省企业更乐于和风险投资企业合作进行创新活动。

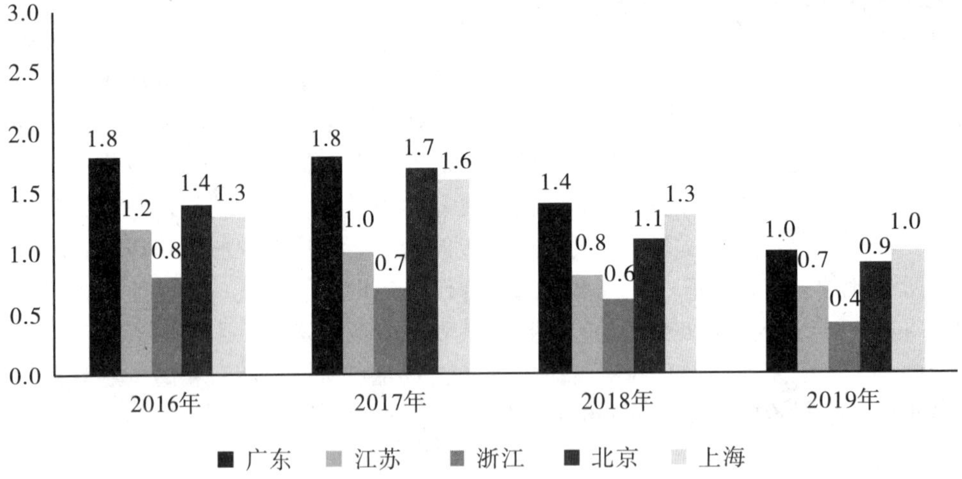

图5－6　在创新活动中与风险投资机构开展合作的企业占比（单位:%）

资料来源：历年《中国科技统计年鉴》。

二、高技术产业的创新绩效

（一）产品开发经费支出比重大

为进一步考察重点地区的创新活动，通过《中国高技术产业统计年鉴》摘取与高技术产业新产品开发相关的统计数据。年鉴中的高技术产业涵盖医药制造、航空航天制造、电子及通信设备制造等，这些行业既是我国今后重点发展的行业，同时也与创业投资税收优惠政策所要求的科技型企业有着高度重叠性。

图5－7是高技术产业新产品开发经费支出和广东省的占比情况，将2019年各地区按照指标大小进行排列后，广东省位居第一，江苏、浙江、上海和北京的相对位置如图5－7所示。2014—2019年，广东、江苏、浙江、上海和北京各地区涨幅依次为133%、76%、111%、27%和39%，广东省高技术产业新产品开发的投入呈现大幅上涨，在几个地区中变化最为明显，这也能说明广东省的企业为什么更倾向与风险投资机构合作，科技创新的一大特点是高风险、轻资产、长周期，而创投资本能为科创企业的创新活动带来大量资金；同时注意到2019年广东省的经费支出占到全国四成的份额，表现出广东省创新研发投入在全国经济中的重要地位。

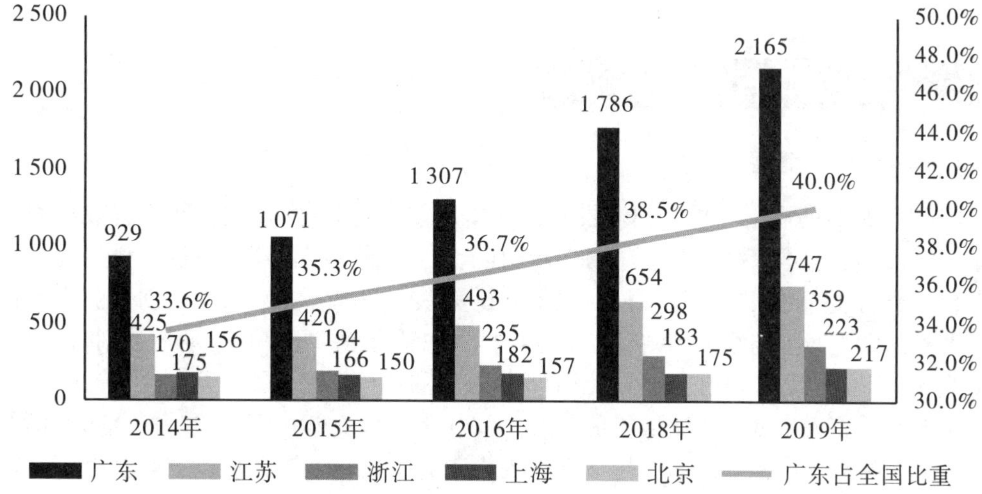

图 5－7　各地区高技术产业新产品开发经费支出和广东占比（单位：亿元）

资料来源：历年《中国高技术产业统计年鉴》，因 2017 年年鉴缺失故没有 2017 年相关数据。

（二）产品研发项目数量多

图 5－8 同样是各地区高技术产业的创新数据，选取的指标为新产品开发项目数。将数据按从大到小排列后广东省仍位居第一，从 2014 年到 2019 年，广东、江苏、浙江、北京和上海各地区项目数涨幅依次为 126%、38%、101%、－3% 和 5%，广东省涨幅远超其他地区；总体上新产品开发经费支出越多，新产品开发项目就越多。高技术产业中有很大一批专精特新科技企业，因此，如果参与产品开发的创投企业能够在税收政策上得到更多的优惠，也就能通过链条传导效应最终提升创新成果的转化，推动我国创新事业稳步前进，在国际市场大放异彩。

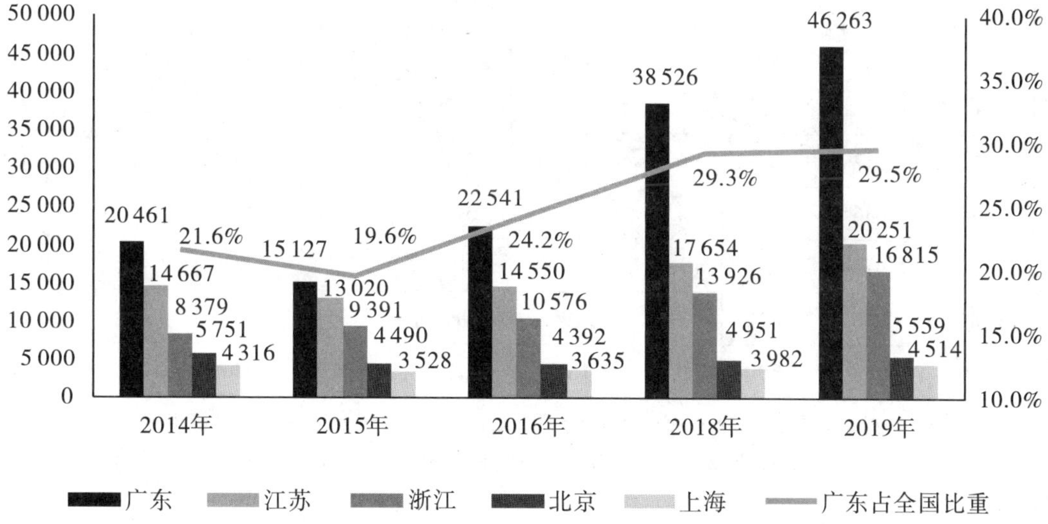

图 5－8　各地区高技术产业新产品开发项目数及广东占比（单位：项）

资料来源：历年《中国高技术产业统计年鉴》，因 2017 年年鉴缺失故没有 2017 年相关数据。

三、众创空间的创业投资发展

（一）创业投资潜力巨大

2015 年政府就提出“扩大创业投资，开拓众创空间”。众创空间能够有效利用国家自主创新示范区、国家高新区、应用创新园区、科技企业孵化器、高校和科研院所的有利条件，着力发挥政策集成效应；创投企业投资众创空间，能够帮助初创企业实现创新与创业相结合、线上与线下相结合、孵化与投资相结合等，更好地推动科技创新的发展。

表 5 -7 是重点地区众创空间初创企业投融资的获得情况。①从众创空间总体投融资获得情况来看，无论是企业数量还是金额，2020 年都小于 2018 年，北京、上海、浙江和总体变化一致，而广东和江苏的指标则表现为正向变化，表明在众创空间投融资总体下行的趋势下，广东和江苏市场活力更优；②北京、上海虽然在企业数量上不及广东，但是投融资金额却远高于广东，这说明当地众创空间内初创企业平均获得投融资的金额远远高于广东，创业投资能满足初创企业更大的资金需求；③第（3）列数据的计算方法是用当地众创空间获得投融资的初创企业个数除以当地众创空间初创企业的总数，通过数据的对比可以看出，浙江获得投融资的初创企业比例连续三年最高，广东省比例虽然在平均水平之上，但基本也仅高于北京市。综上分析，在众创空间数量持续增长的当下，从绝对量看，广东省初创企业的投融资获得情况表现突出；从相对量看，广东省初创企业获得投融资的比例并不高，且平均获得的金额远不如北京和上海，这将会影响到初创企业的创新表现，但同时也表明无论是在企业数量上还是在获得投融资的金额上，广东省创业投资都具有深入发展的潜力。

表 5 -7　众创空间初创企业的投融资获得情况

地区	2018 年			2019 年			2020 年		
	（1）	（2）	（3）	（1）	（2）	（3）	（1）	（2）	（3）
合计	9 196	456	5.4	9 379	663	4.5	8 529	426	3.9
广东	912	27	6.4	1 146	41	5.1	1 058	42	4.6
北京	686	206	4.1	740	376	3.1	476	200	2.3
上海	445	59	7.7	434	102	5.9	273	49	4.2
江苏	826	22	6.4	961	17	5.9	953	38	4.9
浙江	1 368	30	9.7	1 055	22	6.8	926	22	5.6

注：（1）列为获得投融资的初创企业数（个）；（2）列为初创企业获得投融资总额（亿元）；（3）列为获得投融资的初创企业占众创空间初创企业的比重（%）。合计为全国所有省市数据合计，表中仅列出广东、北京、上海、江苏、浙江。

资料来源：历年《中国火炬统计年鉴》。

（二）初创企业吸纳就业

根据《中国创业孵化发展报告 2020》，众创空间吸纳创业就业人数保持稳健增长，特别是高层次创业群体呈现增长趋势，众创空间已成为各地区促发展、稳就业的“新基础设施”。图 5－9 是众创空间初创企业吸纳的就业人数。各地总体为上升趋势，北京众创空间初创企业的劳动力吸纳效应最为明显，其次是广东省，但是广东省和江苏、浙江的差距并不明显。就业人数上升主要有以下几个原因：①近年来，各地方加大对众创空间的财税金融等政策支持力度，通过支持众创空间平台化发展，从而为社会提供稳就业、促发展的公共政策和服务；②众创空间离不开创业投资，创业投资不仅能够为众创空间带来资金，还能为众创空间提供具备专业知识和风险意识的高素质人才，满足众创空间的发展需求。因此，创业投资的发展还能推进我国“大众创业，万众创新”政策的实施，为初创企业提供资金，为社会提供就业岗位。

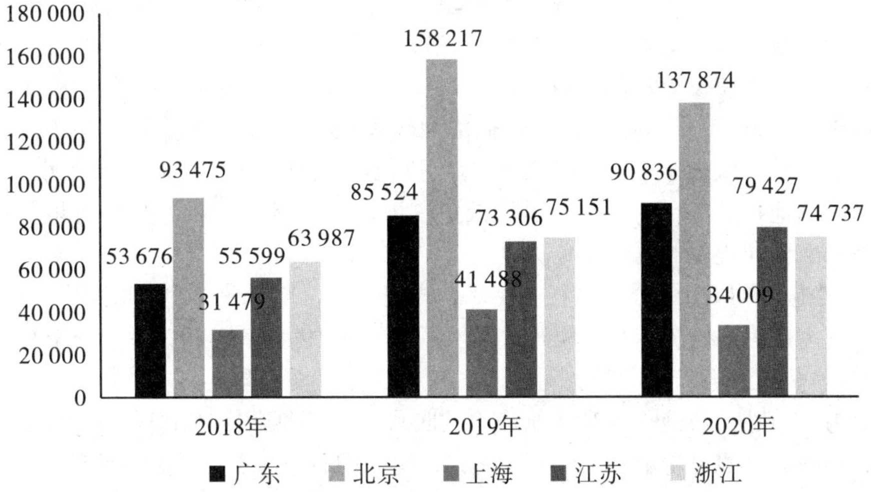

图 5－9　各地众创空间初创企业吸纳就业人数（单位：人）

资料来源：《中国火炬统计年鉴》。

第五节　广东省创业投资税收优惠政策建议

广东省创业投资产业的发展不仅是广东省经济和科技发展的一部分，同时也是粤港澳大湾区发展的一部分。广东省珠三角城市群作为对接港澳的重点城市，是粤港澳大湾区城市群建设的核心参与者，创业投资作为以初创和起步阶段科技企业为投资重点的社会资本，能够有效支撑科技成果转化，对粤港澳大湾区的创新事业具有重要推动作用。因此为了广东省也为了粤港澳大湾区建设，本节在借鉴国外创投税收优惠政策的基础上，结合广东省的实际情况，提出广东省创业投资税收优惠政策建议。

一、国外税收优惠政策

（一）美国创业投资与税收优惠政策

全球风险投资活动于20世纪60年代后期发源于美国，根据美国创业投资统计数据，截至2018年末，美国创投募集项目数占全球66%、创投交易量占比58%、创投退出数占全球60%。可以说，美国创业投资规模在全球占据主导地位，究其原因，税收优惠政策在其中发挥着重要作用。

（1）美国构建了完备的创业投资税收政策。美国联邦政府为了发挥风险投资的作用，自20世纪60年代开始先后制定了多项法律、政策来促进风险投资的发展。在税收优惠政策上，通过《股票期权促进法》规定以股票期权作为酬金的只在出售股票时才课税，实行股票期权时则不必缴税。

（2）地方州出台相应的投资税收抵免政策。明尼苏达州设立天使税收抵免政策，规定新兴小企业投资可享受25%的税收抵免，每年每人最大减免额度达12.5万美元；夏威夷州每年对单个天使投资者税收减免额度达200万美元，对投资于高新技术领域的天使投资者给予五年100%的税收抵免；爱荷华州（艾奥瓦州）设立爱荷华母基金、企业或社区型种子基金、风投基金等不同类型的风投税收抵免项目。堪萨斯州、威斯康星州、肯塔基州等其他州都出台了相应的税收抵免政策，对新兴小企业、女性创办企业等诸多投资种类采取不同程度的税收抵免。

（3）实施极具吸引的低资本利得税率。研究表明，降低资本利得税能够提高对风险投资的吸引力。美国的资本利得税经过多次调整，从1978年的49%逐步降至0。2013年以后，根据《奥巴马医改法案》，对第7、第8档的高收入群体额外增加3.8%的资本利得税，但为了鼓励大众投资，对其他档次的收入群体不征收资本利得税。同时，根据资本的持有年限，美国也制定了不同的税率，持有时间越长税率越低，以此鼓励长期投资。

（二）英国创业投资与税收优惠政策

英国风险投资在欧洲起步最早，虽然其规模和市场地位远不能与美国风险投资相比，但在欧洲大陆，以企业投资计划（EIS）、风险投资信托计划（VCT）和种子企业投资计划（SEIS）为核心的税收激励体系较好地促进了英国天使投资的发展，具有学习和借鉴意义，如表5-8所示。

表5-8　英国创业投资税收优惠政策

企业投资计划（EIS）	风险投资信托计划（VCT）	种子企业投资计划（SEIS）
通过一系列税收优惠政策，吸引自然人投资者和特定受托人，旨在帮助小型高风险交易企业筹集资金	鼓励个人投资者通过类似于投资信托公司的金融媒介间接投资小型非上市企业，创业投资信托通过投资多家企业来分散投资风险	作为企业投资计划和创业投资信托体系的补充，通过给个人投资者提供一系列的税收优惠进一步支持小型初创企业的发展

（续上表）

企业投资计划（EIS）	风险投资信托计划（VCT）	种子企业投资计划（SEIS）
涉及优惠种类：个人所得税和资本利得税	涉及优惠种类：企业所得税、资本利得税和个人所得税	涉及优惠种类：个人所得税、资本利得税和再投资的税收优惠

资料来源：刘健钧，刘国艳，王元．创业投资的税收优惠：英国经验及借鉴［J］．国际税收，2014（9）：40－43。

（1）多项税收优惠齐发力。表5－8中的税收优惠政策涉及企业所得税、个人所得税、资本利得税和再投资税收优惠等多个方面，确保每一个促进创投的环节都能享受税收优惠政策，极大地激发了投资者的热情。

（2）鼓励间接投资。创业投资信托计划通过多项税收优惠政策，引导个人投资者间接投资非上市小企业；创业信托从投资者获得的收益可免交企业所得税；个人投资者在认购新股时可享有个人所得税“前端”优惠，股息、红利所得减免，资本利得税减免和资本利得税递延优惠。而以其他方式获取普通股只享有资本利得税减免和股息红利所得减免，以此激发间接投资的积极性。

（3）鼓励再投资。SEIS针对投资收益再投资的部分免征资本利得税，帮助面临众多不确定性的小企业留住投资者，减少不确定性；该项目个人所得税减免比例达50%；且新增再投资税收优惠：在上一年度处理资产获得的收益全部或部分再投资于种子企业投资计划且符合种子企业投资计划减免规定的，对再投资部分的收益免征资本利得税。

二、政策借鉴

国内外的实践证明，创投行业也可以像银行、证券、保险业等一样成为成长性很强的新型科技创业投资金融产业，应该把创业投资作为一个新兴产业来发展。而产业的发展离不开完善的体系建设，完善的创业投资税收体系能够指导创业投资企业在进入、投资、退出等各个环节的计税工作中有法可依，充分发挥税收优惠的激励作用。因此，综合国内外在创业投资税收优惠上的亮点，对广东省创投税收政策的改进提出以下建议以供参考：

（一）结合地区特性，差异化政策制定

我国市场化水平不同导致经济发展不平衡、创业投资分布不均。广东省各地级市也存在该问题，因此，为了促进地区均衡发展，应充分调研当地市场环境，建议对创业投资发展落后的地区给予更大的税收抵扣力度；同时把握创业投资发展的机遇和优势，选取适合创业投资集群的区域，进而制定税收优惠等政策，如佛山市陆续出台政策支持珠江西岸创业投资中心和千灯湖创投小镇集群的发展。

（二）间接为主直接为辅，扶持创业投资发展

美国联邦政府和州政府为促进创业投资发展广泛采用财税手段来鼓励和支持风险投资的发展，如制定较低的资本利得税和税收抵免政策，这些政策都属于间接手段。随着政策的不断完善，我国也有向以间接扶持为主转化的趋势，但地方政府为了吸引创业投

资机构和人才落户，当前的政策内容表现为大量的补贴和奖励等直接扶持，如何将直接激励政策转化为税收优惠的间接激励是未来改进的方向。另外，随着税收政策逐渐呈现多样化、差异化，为有效进行各项工作，需要明确企业享受各项优惠政策的优先顺序，厘清政策之间的关联。

（三）优化个人所得税，重视科技创新人才

创业投资的发展归根结底是人的作用，对于创业投资来说，优秀的创投人才和团队应该具备资本运作、财务管理、技术评估、法律研究、商务谈判等多种知识和技能，能为企业提供全方位的管理及增值服务。目前广东省创业投资从业人员的企业管理经验相对匮乏，因此难以为创业企业提供全方位的增值服务。建议充分利用粤港澳大湾区的高校和科研资源，推进珠三角九市高新技术企业规模化和人才集聚化，重视对专业人才的引进，通过组合税收优惠和补贴政策、改进个人所得税政策，加大对优秀创投人才的吸引力度、对创投企业落户的奖励力度，不断为现有创业投资环境注入新活力。

（四）畅通创投渠道，做好制度衔接

不同行政层级政府对创业风险投资的支持力度不同，并且粤港澳大湾区制度的复杂性主要表现在粤港澳三地的行政、法律、税收、货币及汇率体系不同，因此制度差异是大湾区创投机构进行跨市跨境活动亟须考虑的问题。要做好制度的衔接和相应优惠政策渠道的畅通，确保税收优惠政策的顺利落地，打通创业投资企业在地域选择上的可能性和多样性。

（五）鼓励长期投资，强化政策引导

长期投资对企业的创新和成长具有正向激励作用。北京和上海先后在2020年与2021年提出相关政策，设计了投资期限越长缴纳企业所得税越少的反向挂钩制度，有利于增强创投企业长期投资初创型科技企业的“耐心”，能够初步实现鼓励创投企业长期投资的效果，促进被投资的科技企业做大做强。

三、市场展望

广东省要把握大湾区建设规划，充分发挥大湾区科技和产业优势，借助税收优惠政策扶持，积极吸引和对接全球创新资源，建设开放互通、布局合理的区域创新体系，开发以广州、深圳、香港、澳门为创新核心，带动珠三角九市进而辐射全省的内聚外合创新网络，为广东省创业投资行业合作发展提供前沿科技基础。

第六章　广东省与重点省市的创业投资比较分析*

第一节　发展环境比较

一、经济环境

广东省总体经济发展优越，为创业投资发展提供良好经济支撑。广东具有可观的经济总量、成熟的工业基础以及合理的产业结构，为广东省创业投资发展提供了良好的经济基础。

（一）地区发展状况

广东省地区生产总值高，经济基础雄厚。2020 年，广东、江苏、浙江、北京、上海五省市的 GDP 排名如图 6－1 所示，广东以 11 万亿元排名第一，继续领跑全国。

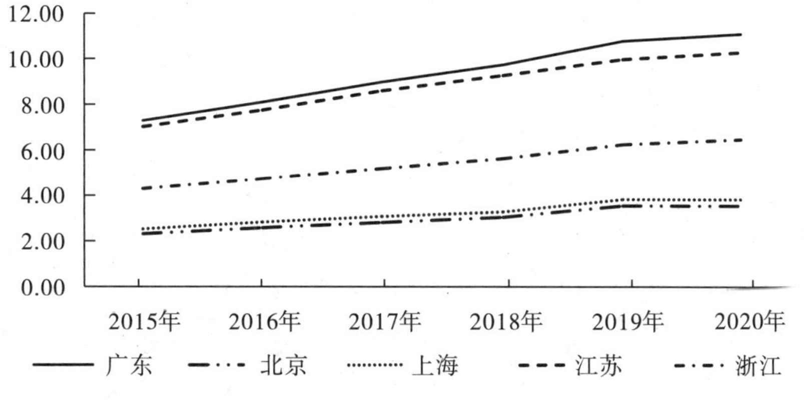

图 6－1　五省市 2015—2020 年地区 GDP 变化趋势（单位：万亿元）

资料来源：五省市 2015—2020 年统计年鉴。

广东省产业结构相对协调，具备创投行业发展的工业、服务业基础。北京、上海两地金融服务业方面的优势得天独厚；而粤苏浙三省第二产业份额相对北京、上海较大，工业基础雄厚，为创投基金提供了广泛的市场标的，同时广东省在第三产业方面相对江

* 本章第一执笔人为暨南大学产业经济研究院任东来。

苏、浙江又具有略微优势，如图 6－2 所示。

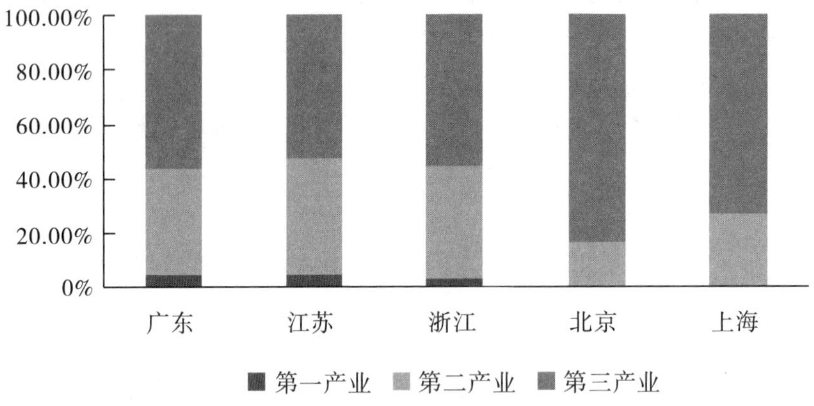

图 6－2　五省市 2020 年第一、二、三产业结构对比

资料来源：五省市 2015—2020 年统计年鉴。

（二）财政支出

广东省科研教育板块财政支出力度大，支撑地区内创投标的企业发展。创业投资一方面依靠海量资金，另一方面需要大量优质标的企业，科研院所与大中专院校作为重要的创业创新发力点，离不开地方财政的大力支持。广东省历来重视科技与教育发展，在科学技术与教育支出的总量上保持领先地位，由表 6－1 可知，2020 年广东省教育支出逆势增长 9.35%，同时广东省教育支出占比也达到了五省市中最高的 20.14%。科技支出方面，广东增幅势头减缓，北京市科技支出占总财政总支出的比例仍然以 5.78% 居首位，上海、浙江、江苏在科技上的支出保持小幅上涨。

表 6－1　五省市 2020 年科技、教育支出绝对值、占比及增幅变化情况

省市	科学技术/亿元	科技支出比例	科技支出增幅	教育/亿元	教育支出比例	教育支出增幅
广东	955.73	5.48%	－18.23%	3 510.56	20.14%	9.35%
江苏	584.39	4.27%	2.16%	2 406.53	17.59%	8.70%
浙江	472.13	4.68%	－8.51%	1 881.09	18.66%	6.60%
北京	410.96	5.78%	－5.18%	1 138.29	16.00%	0.10%
上海	406.20	5.01%	4.28%	1 000.59	12.35%	0.49%

资料来源：五省市 2015—2020 年统计年鉴。

二、科技环境

广东省科技总体保有量大、研发门类全、科研人员多，专利等成果丰富，为创业创新提供深厚的培植土壤，但相对北京、上海等科研聚集高地，在研发强度上略显不足，需在后期进一步加强研发力度，引入更多科研要素。

（一）规模以上工业企业参与研发开发活动的企业数

广东企业参与研发比例较低，吸引创投资金能力较弱，创新能力亟须进一步加强。企业研发水平高能够吸引创业投资发展基金的青睐，推动地区创投事业发展。由图6-3 2019年统计数据可知，江苏省规模以上工业企业参与研究开发活动的企业数量为27 365家，显著高于其他地区，且参与研究开发活动的企业占工业企业比重也远超其他地区，达到59.38%。广东省、浙江省参与研究开发活动的规模以上工业企业数量分别位于二、三位，分别达到了20 922家与20 217家，占工业企业总数中的比例低于江苏省，分别为37.76%、44.24%。①

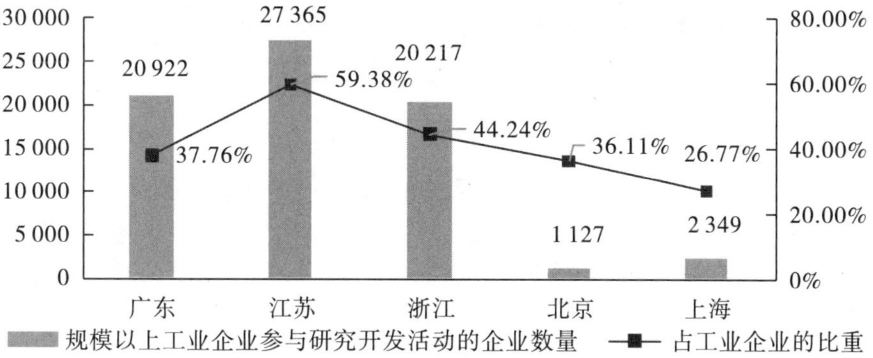

图6-3　五省市2019年规模以上工业企业参与研发开发活动的情况

资料来源：五省市2019年统计年鉴。

（二）研究开发人员数量

广东科研人力资源丰富，助力创投标的企业发展。从业经验丰富的研发（R&D）人员意味着企业创新能力更强、创新型企业数目更多，进而吸引更多创投资金。在图6-4区域R&D人员数量上，广东省人数最多，达到109.15万人，其次为江苏91.45万人，浙江与北京在增长率方面表现优异，广东、江苏、上海三省市增长速率相比较低。②

---

① 由于部分地区统计部门未公布2020年规模以上工业企业参与研究开发活动的情况，本部分选取2019年的数据进行考察。

② 由于部分地区统计部门未公布2020年R&D人员数量的情况，本部分选取2019年的数据进行考察。

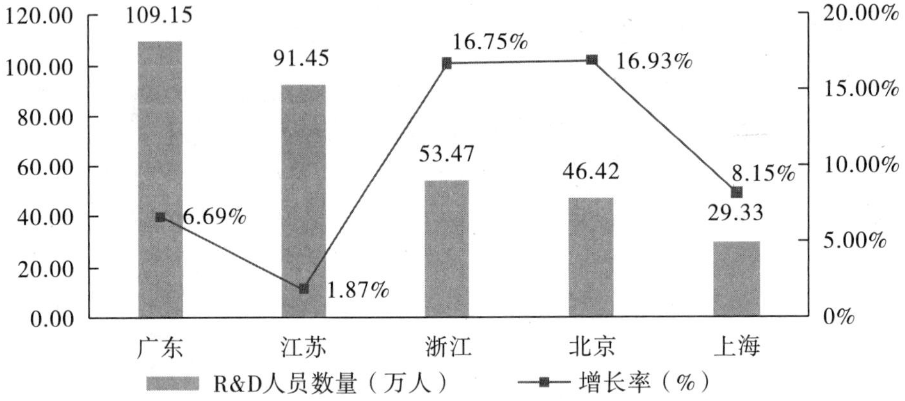

图 6－4　五省市 2019 年 R&D 人员数量与增长情况

资料来源：五省市 2015—2020 年统计年鉴。

（三）R&D 经费内部支出情况

广东地区研发投入总量多，强度较低。由图 6－5 2015—2019 年统计数据可知，2015—2019 年，五个省市在 R&D 经费内部支出上均呈现上升趋势。其中广东省在 2019 年实现了对江苏省的超越，跃居第一名，总量达到 3 098.49 亿元，在研发投入总量上优势明显。①

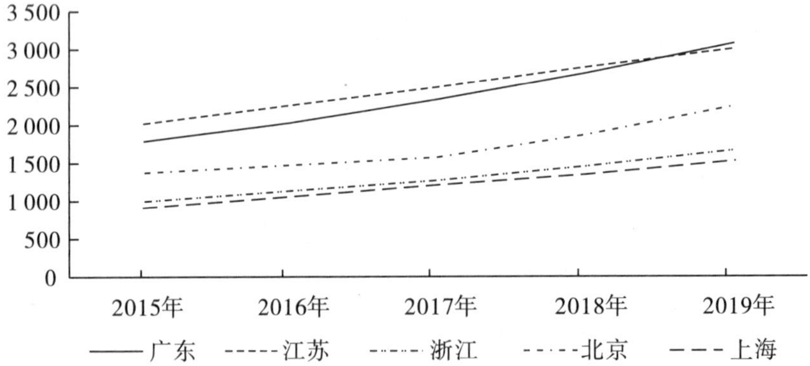

图 6－5　五省市 2015—2019 年 R&D 经费内部支出变化趋势（单元：亿元）

资料来源：五省市 2015—2020 年统计年鉴。

在图 6－6 R&D 经费内部支出占本地区生产总值比例上，北京市最高，达到 6.30%。其次是上海市，为 4.01%。广东省的研发投入强度远低于北京、上海，与江苏、浙江类似。

① 由于部分地区统计部门未公布 2020 年 R&D 经费内部支出的情况，本部分选取 2015—2019 年的数据进行考察。

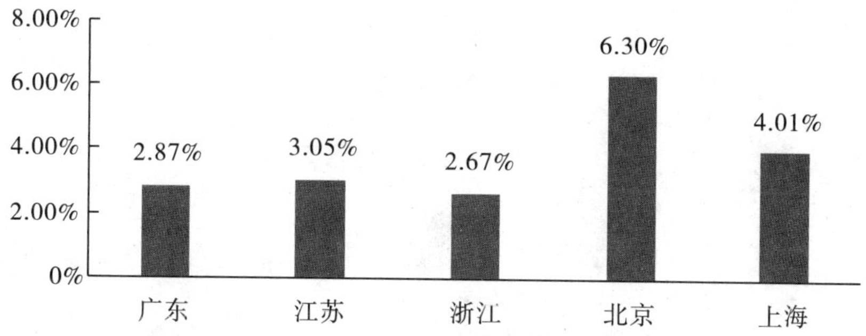

图 6－6　五省市 2019 年 R&D 经费内部支出占本地区生产总值比例

资料来源：五省市 2015—2020 年统计年鉴。

（四）三种专利情况

广东省创新成果丰富，技术转化高效，创业创新企业发展态势良好。如图 6－7 所示，2019 年广东省专利申请与授权数量位列第一，申请数与授权数均超出位于第二的江苏 20 万余件，约 5 倍于上海，与上年相比继续保持了增长趋势，为创业投资壮大提供必要条件。

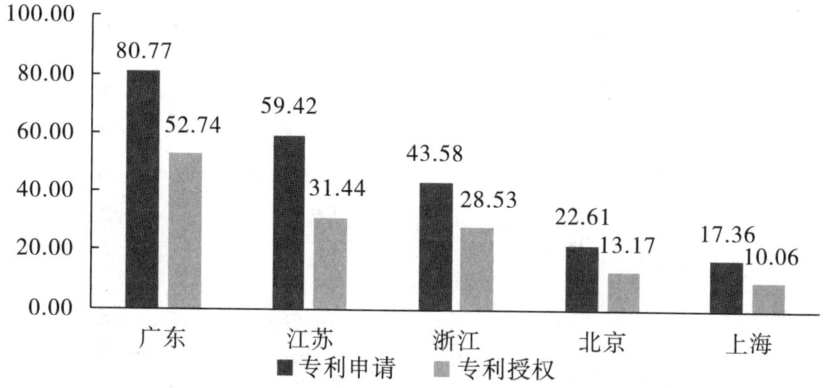

图 6－7　五省市 2019 年专利申请与授权情况（单位：万件）

资料来源：五省市 2015—2020 年统计年鉴。

（五）创新载体数量

广东省创新载体总量大，为中小型科技企业的发展提供了良好的环境，同时也为创投市场提供发展基础。如图 6－8 所示，广东省科技企业孵化器总量在五省市中处于领先地位，达到了 1 013 家，相较其他地区具有明显的优势；在国家级科技企业孵化器方面，广东省虽然稍落后于江苏省，但是总量上远高于浙江、北京、上海等地区。

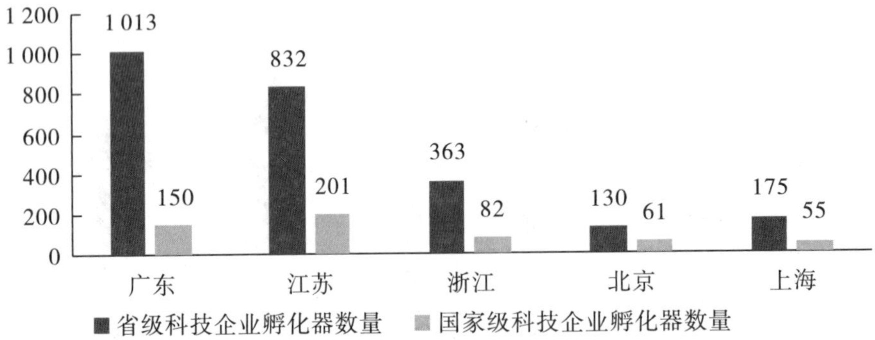

图 6－8　五省市 2019 年创新载体数量情况（单位：个）

资料来源：科技部火炬中心。

三、人才环境

相较于北京、上海、江苏等拥有丰富科教资源的省市，广东省虽高等学校数量充足，人才培养总量多，为创业投资发展提供较多的知识性劳动力，但在高精尖人才培育方面，与前者存在较大的差距。

（一）普通高等学校数量

广东省高校数量较多。高等学校能够为创投事业提供本地人才及创新动力，表 6－2 五省市中有三个地区的高校数量超过了 100 所，且 2016—2020 年五省市普通高校数量总体上没有较大变化。其中，截至 2020 年，江苏普通高等学校数量达到 167 所，较 2016 年增加了 26 所，增幅、数量均为首位。广东省在高校数量上总体处于第二的位置，共计 154 所。

表 6－2　五省市近五年普通高等学校数量

年份	广东	江苏	浙江	北京	上海
2016	147	141	107	91	64
2017	151	142	107	92	64
2018	152	167	108	92	64
2019	154	167	108	93	64
2020	154	167	110	93	64

资料来源：五省市 2015—2020 年统计年鉴。

（二）本专科及研究生人数

广东本地技术性人才资源丰富，高端人才仍存短板，制约创投事业发展。如表 6－3 所示，广东省与江苏省在校本专科学生数量均超过了 200 万人，其中广东省达到了

240.02 万人，研究生在校人数相对较少，仅略高于浙江省，相对于北京、上海研究生在校人数是本专科在校人数一半以上的情况而言，广东省研究生人数与比例远远低于两地水平。①

表 6-3 2019 年五省市本专科及研究生人数（单位：万人）

省市	本专科	研究生
广东	240.02	15.13
江苏	201.47	24.37
浙江	114.87	11.01
北京	59.03	38.66
上海	32.82	19.63

资料来源：五省市 2015—2020 年统计年鉴。

第二节 发展政策比较

总体来看，各省市针对创业投资发展出台了各具地方特色的政策，尤其是广东在创业投资发展各阶段均出台多样化的支持、优惠、补贴待遇，为广东省创业投资事业的发展构建了良好的政策支撑。

一、培育政策

广东省创投培育政策类型丰富，注重打造本地创投品牌与标的企业。从培育阶段政策来看，各地均重点关注扩展投资主体，寻求更多类型的企业及个人参与创业投资。但同时又各具本地特色，例如江苏、北京以政府补贴支持各类创投企业的设立；浙江致力于打造本地创投品牌。广东相较于创投发展成熟的北京、上海等地区，推出培育政策的类型较为丰富，不仅重点关注扩展投资主体，打造本地创投品牌，提供资金支持，并且注重为创业投资企业提供更多的投资标的。具体见表 6-4。

表 6-4 五省市创业投资培育政策

省市	政策领域	具体内容
广东	扩展投资主体	1. 成立公益性天使投资人联盟等组织，壮大天使投资人群体 2. 吸引外资，境外资金折算成人民币额度按 1.5% 给予投资奖励 3. 鼓励社会资本参与创业投资，引导培育各类创业投资基金、并购投资基金、产业投资基金和母基金等专业化创业投资机构发展

① 由于上海未公布 2020 年普通高等学校在校学生情况，本部分选取 2019 年的数据进行考察。

（续上表）

省市	政策领域	具体内容
广东	打造本地创投品牌	以市场化手段运作母基金、直投或跟投方式，打造具有国际影响力和竞争力的本地创业投资品牌
	培育优质项目	推进科技产业中心建设，开展公司制改制工作
	政府补贴	给予基金管理机构相应落户 2 000 万至 5 000 万人民币的奖励，按其规模给予 50% ~100% 的物业补贴
江苏	扩展投资主体	1. 支持国有企业、有实力的民营企业、保险公司、大学捐赠基金等各类机构投资者投资创业投资企业和设立创业投资基金； 2. 支持个人参与投资创业投资企业； 3. 鼓励政府出资产业投资基金与众创空间、科技企业孵化器、民间投资机构等共同组建孵化投资基金； 4. 支持具有资本实力和管理经验的个人通过依法设立一人公司从事创业投资活动
	政府补贴	创业投资企业可申请 50 万元一次性启动资金补贴
浙江	扩展投资主体	1. 鼓励行业骨干企业、创业孵化器、产业（技术）创新中心、创业服务中心、保险公司、证券公司、外资和民间资本设立创业投资企业； 2. 鼓励成立政府或民间的公益性天使投资人组织； 3. 政府设立创业投资引导基金，通过参股、提供融资担保和补偿机制等方式扶持创业投资企业的设立
	打造本地创投品牌	培育一批注册地、核心管理机构均在我省的创业投资企业，鼓励和吸引省外知名创业投资企业将总部或核心管理团队迁入浙江省
北京	扩展投资主体	1. 鼓励和引导社会资本开展天使投资； 2. 推动外商投资与境外投资发展，做好外商投资创业投资企业的设立审批工作，简化创业投资机构境外投资备案手续； 3. 中关村相关分园建设创投项目集聚区，鼓励投资机构投资的新设科技创新企业或其投资的境外、京外科技创新企业落户集聚区
	政府补贴	1. 达到一定标准的企业按照每家入驻企业 10 万元的标准给予投资机构资金支持，每年每家投资机构支持资金总额不超过 100 万元； 2. 给予入驻企业或专业服务机构房租费用补贴支持； 3. 对运营主体举办有影响力的创新创业大赛和专业技术论坛、开展展览展示等活动，按其实际投入金额的 30% 给予资金支持，每年支持金额不超过 200 万元
上海	扩展投资主体	1. 鼓励各类有风险承受能力的主体开展天使投资，通过天使投资引导基金，引导社会资本共同设立机构化天使投资企业； 2. 鼓励本市有条件的大型产业集团与创业投资企业对接，打通创新成果产业化、规模化的链条

资料来源：根据各地市政策整理。

二、发展政策

广东省创投发展政策覆盖较为全面，浙江省以政府力量引导值得借鉴。从表6－5创业投资发展阶段的政策来看，大部分的省市关注融资渠道的扩展，鼓励金融机构与创业投资企业合作，形成更为市场化、多元化的资金来源；或者是通过税收优惠及返还、投资补贴等方式支持创业投资企业的发展。相对而言，广东、江苏、浙江与创业投资发展成熟的北京、上海两市相比，政府扶持创业投资发展政策多、种类全、领域广，凸显了三省政府支持创业投资发展的决心。其中，浙江省创造性设立引导基金管理委员会，引入政府力量进行统一管理，为当地创业投资发展注入强心针，值得其他省市学习借鉴。

表6－5　五省市创业投资发展政策

省市	政策领域	具体内容
广东	扩展融资渠道	1. 支持符合条件的银行业金融机构设立子公司开展股权投资，与创业投资企业实施投贷联动共同成立股债联动基金； 2. 开展投保联动，鼓励创业投资企业与担保机构合作开展担保换期权、担保分红以及担保换股权等业务； 3. 鼓励和支持创业投资企业创新募资手段，如通过上市，发行企业债券、公司债券等固定收益产品，以及募集保险资金等方式
	税收抵扣优惠	创业投资机构采取股权投资方式直接投资于种子期、初创期科技型企业满2年的，按国家规定实行应纳税所得额抵扣政策
	贷款利率优惠	发行各类债券产品的创业投资机构，按照中国人民银行同期贷款基准利率的一定比例给予贴息等相关政策扶持
	给予投资奖励	1. 按照投资额的1%给予创业投资类管理企业投资奖励； 2. 创业投资基金按照其实际投资额的1.5%给予投资奖励
江苏	扩展融资渠道	1. 支持创业投资企业发行企业债券和其他债务融资工具； 2. 鼓励保险资金加大对江苏省创业投资领域的投入，推动发展投贷联动、投保联动、投债联动等新模式，创业投资企业联合金融机构共同成立股债联动基金
	税收返还政策	1. 对主要投资于高新技术开发区内的中小高新技术企业的创业投资企业，实行投资收益免征所得税的优惠政策； 2. 创业投资企业可以全额资产对外投资； 3. 股权分利所缴纳的企业所得税100%予以返还，对其他计税利润缴纳的企业所得税5年内按50%予以返还
	贷款利率优惠	对创业投资机构投资的成果转化项目、高新技术产业化项目，优先列入政府支持的科技计划，优先安排扶持资金和贷款贴息
	给予风险补偿	1. 创业投资企业按实际投资额1%的比例提取风险补偿金； 2. 投资初创期科技型中小企业发生损失的，可申请引导基金给予最高不超过创业投资企业实际投资额5%的风险补助

（续上表）

省市	政策领域	具体内容
浙江	扩展融资渠道	建立和完善股权债权等联动机制。鼓励商业保险资金加大对创业投资的投入，推动发展投贷联动、投保联动、投债联动等新模式
	设立管理机构	设立引导基金管理委员会，负责有关引导基金重大事项的决策和协调，成立杭州高科技投资有限公司作为引导基金的管理机构
	税收优惠政策	落实创业投资企业投资抵扣和技术成果投资入股的税收优惠政策，争取列入天使投资人个人所得税政策国家试点
北京	给予投资补贴	1. 根据投资机构投资于中关村示范区企业的实际投资额10%，给予补贴的专项资金，单笔最高补贴100万元； 2. 对高精尖产业开展天使和创业投资的，按照其实际投资额的10%给予风险补贴，每年每家投资机构补贴总额不超过200万元
上海	扩展融资渠道	1. 推动银行、保险、券商、各类基金、担保公司以及其他专业科技金融机构之间的联动衔接，鼓励本市银行业金融机构与创业投资企业合作，积极探索投贷联动业务； 2. 鼓励和支持运作规范的创业投资企业，通过上市、发行企业债券、发行资金信托和募集保险资金等方式扩展资金来源

资料来源：根据各地市政策整理。

三、退出政策

广东省创业投资退出政策呈现激励退出、设置股权交易中心等多管齐下的态势。综观表6－6创业投资退出政策方面，各省市均为创投企业的退出方式做出了规定，包括支持上市、并购、重组等。作为国有资本最为活跃的地区，北京侧重于国有资本的退出，并为此完善相应的绩效评价体系。广东相对于其他省份，在区域性股权交易中心的设立上曾经存在空白，针对于此，广东积极推动区域性股权交易中心的设立；与其他省份又有不同的是，为鼓励创投企业退出，广东省制定了详细的退出激励机制，按照贡献程度提供资金补贴，旨在提高创投企业退出积极性，提升创业投资项目的绩效完成水平，反映了广东省扶持创业投资发展的力度与决心。

表6－6　五省市创业投资退出政策

省市	政策领域	具体内容
广东	设立股权交易中心	鼓励省内非上市股份公司到区域性股权交易中心集中登记托管，构建创业投资项目二级交易市场
	拓宽投资退出渠道	1. 区域性股权交易中心与证券公司合作开展新三板推荐业务； 2. 探索建立新三板与创业板、创业板与中小板的转板对接机制，探索设立私募股权二级市场基金； 3. 基金投资股权参照国有产权转让程序以招拍挂方式退出
	给予退出奖励	1. 对完成股改企业给予最高不超过50万元的资助； 2. 投资基金按其对经济社会发展贡献情况给予100%奖励

（续上表）

省市	政策领域	具体内容
江苏	拓宽投资退出渠道	1. 支持创业投资企业培育优质企业在主板、创业板上市，在全国中小企业股份转让系统挂牌，同时鼓励创业投资以并购重组等方式实现市场化退出； 2. 支持地方政府、国有企业、上市公司等设立专业化并购基金； 3. 鼓励非银行金融机构、上市公司、产业投资基金或其他公司及私营经济等参与对高新技术企业的并购活动
浙江	拓宽投资退出渠道	1. 除运用好主板、创业板、全国中小企业股份转让系统市场功能外，发挥省级股权交易平台等区域性交易场所作用； 2. 规范发展专业化并购基金，鼓励创业投资以并购重组等方式实现市场化退出
	给予退出优惠	创业投资企业、从事创业投资业务的企业在产权交易中心进行股权交易时，产权交易中心减免相关过户手续费
北京	拓宽投资退出渠道	1. 改革财政资金、国有资本参与创业投资的投入、管理与退出标准和规则，建立完善与其特点相适应的绩效评价体系； 2. 依法依规豁免国有创业投资机构和国有创业投资引导基金国有股转持义务，为私募股权基金提供优质缓释、退出通道
上海	拓宽投资退出渠道	退出方式包括上市、股权转让、企业回购及破产清算等方式。并且参股创投企业，在有受让人的情况下，可随时退出

资料来源：根据各地市政策整理。

第三节　发展市场比较

一、政府引导基金

广东省政府引导基金数量多，但近两年增长速度稍显滞后，未来更需进一步增量提质。

（一）政府引导基金数量对比

广东省政府引导基金数量优势较大。从表 6 - 7 上来看，截至 2020 年，广东省政府引导基金共有 141 支。表明广东省政府重视创业创新，具有良好的创业投资发展环境。从分类上来看，各地政府引导基金偏重于产业基金，其次是创业投资基金；鉴于 PPP 模式在我国发展时间较晚，因此数量相对较少，其中数量最多的广东省也只有 17 支。

表 6－7　五省市各类型政府引导基金数量情况

（单位：支）

类型	广东	江苏	浙江	北京	上海
产业基金	70	110	106	46	18
创业投资基金	49	59	48	26	12
PPP	17	7	5	11	0
其他	5	13	2	0	2
总计	141	189	161	83	32

资料来源：清科私募通。

（二）政府引导基金增量对比

广东省政府引导基金增量明显不足。从增量上看，五省市政府引导基金增量数据如表 6－8 所示，总体来看各省市出现了增量放缓的趋势，尤其是广东省，自 2019 年起出现了断崖式下跌，由 2018 年的 24 支下跌至 2019 年、2020 年的 3 支。相对而言，江苏省政府引导基金增量变化较为平缓，在 2018 年后仍保持了 15、17 支的增量。其次是浙江省，在 2017 年起基金增量出现大幅削减后保持稳定。北京、上海两地的增量相比较少。

表 6－8　五省市各类型政府引导基金数量增长情况

（单位：支）

年份	广东	江苏	浙江	北京	上海
2015	22	18	38	10	2
2016	34	36	31	19	7
2017	34	17	17	12	0
2018	24	19	11	8	4
2019	3	15	13	6	4
2020	3	17	11	2	7

资料来源：清科私募通。

二、投资项目

广东省创业投资规模体量大、优势明显，在投资强度上表现出劣势，与创业投资事业发达的北京市等第一梯队差异较大，需要进一步提升单个项目的投资力度与精度。

（一）创业投资项目数量比较

广东省创业投资项目数量下滑，绝对数量仍具优势。自 2015 年以来，由于国家政策的收紧与经济增长方式的转换，我国创业投资项目数量出现了总体下滑。从表 6－9 选取的五个代表省市数据来看，北京下滑最为严重，广东省作为创业投资活动较为活跃的地区，受大环境影响，创业投资数量在近五年内下降51%，由2015年2 410项锐减至2020年1 186项，虽然项目数量出现大幅下滑，但在绝对数量上广东省仍仅次于北京。

表6－9　五省市创业投资项目数量比较

省市	2015年	2016年	2017年	2018年	2019年	2020年
广东	2 410	2 017	2 421	1 924	1 434	1 186
江苏	951	873	1 117	941	849	785
浙江	1 246	1 070	1 227	1 093	783	680
北京	4 530	3 846	3 513	2 707	1 743	1 272
上海	2 541	2 048	2 061	1 743	1 298	1 013

资料来源：清科私募通。

（二）创投金额比较

广东省创投金额规模领先，但投资的力度与精度稍显不足。从图6－11创投金额上来看，五省市均呈现“倒U形”变化，2020年北京市创业投资项目总金额位居首位，共计250亿元。广东在创业投资金额总量上多年保持第二，2020年创投金额总量为215亿元左右，进一步减少了与第一位北京之间的差距。

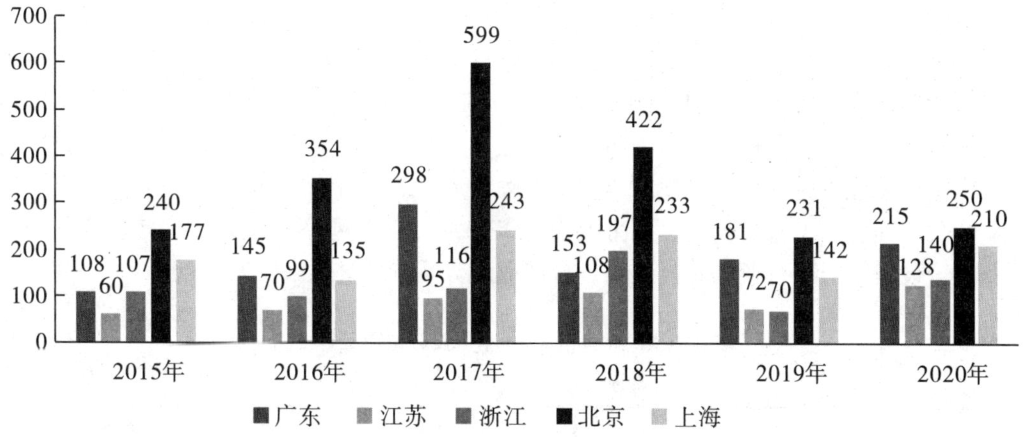

图6－9　五省市创业投资项目金融变化趋势（单位：亿元）

资料来源：清科私募通。

从投资强度上来看，如表6－10所示，五省市的投资强度均呈现逐年递增的趋势，其中浙江、上海两地2020年投资强度超过2 000万元/项。广东省自2015年的449万元/项增加至1 813万元/项，需要进一步加强投资的力度与精度，增强竞争优势。

表 6－10　五省市创业投资项目投资强度比较

（单位：万元/项）

省市	2015 年	2016 年	2017 年	2018 年	2019 年	2020 年
广东	448.7	718.3	1 230.4	793.6	1 261.6	1 812.9
江苏	625.8	803.6	851.7	1 143.3	850.8	1 625.0
浙江	859.0	926.1	946.8	1 799.2	893.1	2 060.5
北京	530.6	921.3	1 706.2	1 557.2	1 323.6	1 967.4
上海	696.4	659.6	1 177.0	1 338.0	1 090.3	2 072.3

资料来源：清科私募通。

第四节　投资绩效比较

一、产业培育

广东、浙江、江苏、北京、上海五省市偏好投资风口行业，产业培育各有侧重。除江苏省外，其余四省市 2020 年创投项目发生量最多的行业均为 IT 领域，其中北京最多，为 401 项，其次广东为 292 项。与 IT 产业息息相关的半导体及电子设备、互联网行业也是五省市的投资重点，其中广东省最为注重半导体及电子设备，项目数高达 191 项。从表 6－11 不同省市的投资重点行业可以看出，各省市对新兴产业的培育各有侧重点，制造业发达的广东省着力发展 IT 产业的同时，注重发挥制造业优势，在半导体及电子设备赛道上继续冲刺；作为传统生物医药基地的江苏及上海则注重投资生物技术/医药健康行业；北京及浙江在近年来的互联网浪潮中引领潮流，2020 年投资重点依旧是 IT 及互联网产业。总体而言，五省市创业投资集中于近年来 IT、互联网、生物技术/医疗健康、半导体及电子设备等风口行业，并且依托各自产业优势重点培育未来发展重点。

表 6－11　五省市 2020 年创投数量前五行业

（单位：项）

广东	IT	半导体及电子设备	生物技术/医疗健康	互联网	机械制造
	292	191	177	168	82
江苏	生物技术/医疗健康	半导体及电子设备	IT	机械制造	化工
	192	153	128	66	57

（续上表）

浙江	IT	互联网	生物技术/医疗健康	半导体及电子设备	机械制造
	172	117	108	57	51
北京	IT	互联网	生物技术/医疗健康	半导体及电子设备	机械制造
	401	245	189	84	54
上海	IT	生物技术/医疗健康	互联网	半导体及电子设备	连锁及零售
	244	179	135	124	50

资料来源：清科私募通。

二、投资阶段

广东省在创业投资项目的起步、成熟阶段均具有一定优势。如图 6－10 所示，广东省在成熟期阶段的投资项目数居于五省市首位；在扩张期阶段的项目投资数上仅次于北京，两地的优势同样在初创期投资上得到了体现，2020 年北京市共有 286 项初创期投资，仅次于北京的广东省则有 237 项。另外在种子期投资数上，广东省处于五省市的第一位，达到 164 项。

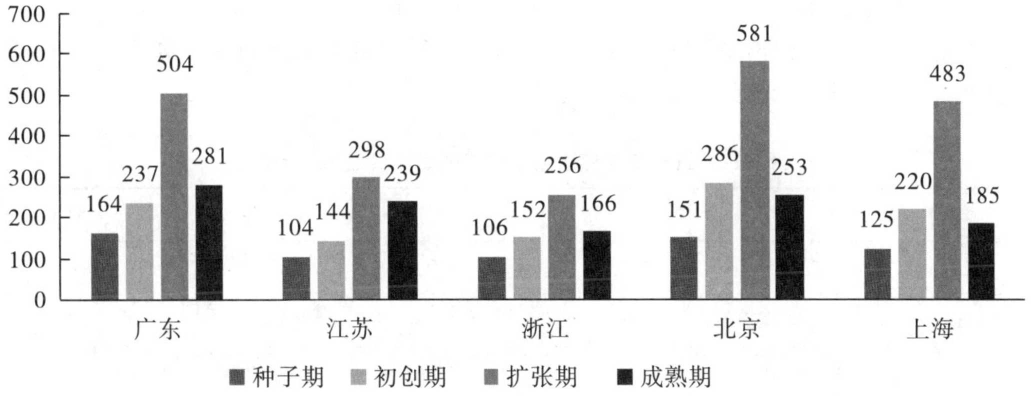

图 6－10 五省市 2020 年创业投资项目不同阶段分布情况（单位：项）

资料来源：清科私募通。

三、投资退出

广东省每年创投项目完成数量较多，成本回收周期较短，但同时存在着发展势头放缓、回报率较低等问题，对未来创投资金吸引力可能造成影响。

（一）项目退出数量

广东省创业投资项目退出数量多，具有较高的完成度。图 6－11 中显示，2015—2020 年，五个省市创业投资项目退出数量均为上升—下降—上升的波浪式发展，但呈现了总体上升发展态势。从绝对数量来看，2015—2017 年，广东省创投项目退出数量位于五省市首位。北京于 2018 年起反超广东，并且在 2020 年继续保持第一位，总数达 586 项，江苏也在 2020 年完成对广东的超越，以 559 项位居第二位，广东省位于第三，总数为 520 项。

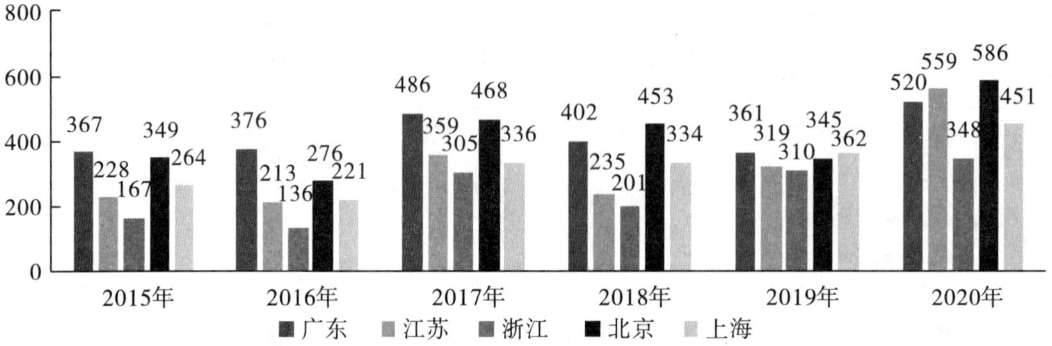

图 6－11　五省市 2020 年创业投资项目退出数量情况（单位：项）

资料来源：清科私募通。

（二）项目退出平均年限

广东省创业投资项目在回报周期上具有一定的竞争优势。如表 6－12 所示，2020 年广东省创业投资项目退出平均年限回升至 3.54 年，2020 年全年受新冠疫情影响，五省市退出年限大多出现回升，其中浙江增加至 4 年以上。

表 6－12　五省市成熟期创业投资项目项目退出平均年限

年份	广东	江苏	浙江	北京	上海
2015	3.58	3.66	3.92	3.52	3.38
2016	4.47	3.85	3.73	3.53	3.34
2017	3.08	3.40	3.66	3.07	3.38
2018	2.77	3.42	3.10	2.97	2.85
2019	3.00	3.00	3.04	3.59	2.48
2020	3.54	3.70	4.32	3.35	3.70

资料来源：清科私募通。

四、投资回报

广东省创投项目平均回报倍数较低，投资回报相对不足。平均回报倍数反映了创投项目的盈利能力与投资价值，从表 6－13 时间上来看，2015—2018 年，五省市的平均回报倍数整体呈现稳步上涨趋势。在 2018 年后，由于国家政策的收紧，经济环境的变化，五省市的项目平均回报倍数均出现了不同程度的波动，其中受疫情影响较为严重的广东省 2020 年平均回报倍数下滑至 4. 23。与此同时，江苏、浙江、上海三地的投资回报倍数却在疫情期间逆势上升，分别达到 4. 72、4. 14、5. 63，其中上海更是位居五省市首位。广东省创业投资项目退出平均回报倍数总体呈现上升趋势，但增长速率相对其他省份较慢，广东省未来应着眼于培植更多优质创投项目，提升创投市场回报率。

表 6－13　五省市 2015—2020 年创业投资项目退出平均回报倍数

年份	广东	江苏	浙江	北京	上海
2015	3. 65	2. 79	2. 54	5. 01	3. 59
2016	3. 05	2. 36	3. 08	68. 74	2. 40
2017	3. 08	2. 36	4. 23	4. 33	6. 84
2018	5. 78	3. 07	6. 32	12. 10	5. 42
2019	4. 63	4. 58	2. 58	5. 81	3. 77
2020	4. 23	4. 72	4. 14	4. 75	5. 63

资料来源：清科私募通。

第五节　示范区比较

经过长期发展，各地结合本地优势出现了风格不同的创业投资方式，本节选取了最具特色的五个示范区进行比较分析。

一、北京中关村科技园

北京中关村科技园作为创业投资的先行者，首创政府引导的发展模式，并针对不同阶段的投资项目采取不同投资方式，给予企业发展自由度，谋求创投企业利润最大化。2001 年开始，中关村在国内率先设立了“中关村创业投资引导资金”，开启了以政府引导为引领的创业投资模式，为园区高新技术企业的创业与成长提供了三种形式的融资支持：

（一）科研机构“孵化＋创投”模式

据统计，中关村科技园附近有以北京大学、清华大学为代表的高等院校 40 多所，以中国科学院、中国工程院所属院所为代表的科研院所 206 所；国家级重点实验室 112 个，国家工程研究中心 38 个，国家工程技术研究中心（含分中心）57 个，大学科技园 26 家。因此北京中关村科技园具有极强的创新优势，存在大量位于各类科技型孵化器中刚处在种子期的企业，由于项目还处于萌芽阶段，风险较大，很难获取外部资金，而作为与其朝夕相处的管理机构，孵化器具备发掘优质项目的有利条件，选择有投资能力的孵化器作为合作伙伴，采用“孵化 + 创投”的模式，对其投资的项目进行配套的跟进投资，可以有效弥补市场风险资金的投资空白。

（二）政府跟进投资模式

成长期企业较种子期企业获得创业投资的机会要更大一些，因此以跟进投资方式，不对具体项目做市场判断，而注重项目的公共政策目标审核，跟随专业的创投机构联合对项目进行股权投资，从而可以有效引导和促进外部风险资金投资园区企业。

（三）政府参股设立创投企业

通过与国内外闻名的创投机构合作，采用纯市场化和专业化的运作手段以及规范合理的制度安排，能够有效地控制投资风险，最大限度地发挥政府资金的引导和杠杆作用，为中关村创投事业的发展以及高科技企业的快速成长助力，这也使中关村成为中国股权投资最活跃的区域。

二、上海张江高科技园区

上海张江高科技园区背靠上海国际金融中心，积极对接国际资本平台，开创投保贷联动机制，为本地创投在政府背景之外招徕外国资本的青睐。张江高科技园区成立于 1992 年 7 月，作为第三个国家自主创新示范区，园内企业数量超过 2 万家。园区建有国家上海生物医药科技产业基地、国家信息产业基地等多个国家级基地，科创资源丰富，也以此为依托发展出具有张江特色的创业投资模式。

（一）投资高度专业化

目前园区构筑了生物医药创新链、集成电路产业链和软件产业链的框架。张江高科技园区的创业投资依托本地产业优势，主要围绕半导体、软件、生物医药和其他拟重点发展的产业和产业链的建设，在投资项目选择上突出专业化的特点。

（二）政府主导打造“投贷保联动”模式

长期以来，国内商业银行很难参与成长性科技企业的融资。一部分原因在于担保难，很多银行受制于不良信贷率的压力，不敢给予小微企业更大支持力度。为解决这一难题，由上海市牵头，打造“张江模式”金融服务品牌。

2011 年以市财政专项资金和自有资金出资设立上海国际集团创业投资有限公司，与多家商业银行及上海市再担保公司保持紧密的业务协同关系，建立主要针对科技型中小企业的“投贷、投保”联动投融资机制，以股权投资夯实企业资本、担保措施提升信用评级、杠杆撬动银行信贷资金，拓宽中小企业融资渠道，促其加快发展乃至实现转制上市。

（三）积极引入国际资本

除政府引导创业投资以外，张江高科技园区选择齐头并进的发展模式，积极引入国际创投资本。自 2006 年 5 月建成了“张江创业投资广场”，吸引了包括软银、美商联讯、红杉基金、凯雷投资、IDG 资本等国际知名投资机构入驻，大大扩展了张江高科技园区创业投资的资金来源与国际性。

三、深圳高新区

深圳高新区利用本地中小微企业众多、创新活力足、金融业发达等优势走出不同于北京、上海等区域的创投发展模式，实现差异化竞争，培育出大量的本土创投企业，最大限度利用我国本土资金来源。深圳作为全国中小微创新创业企业聚集的城市，目前已拥有超过 200 万个市场主体，平均每 10 人就有一个在创业。如此多的投资项目源，使深圳成为全国本土创投最活跃的地区之一，也走出了属于深圳的创业投资发展道路。

（一）本土化程度高

深圳坐拥国内三大交易所之一的深圳证券交易所，本地金融服务业发展迅速，深圳高新区集聚起本土中小型创投公司。与北京中关村、上海张江的政府先行而后大力引进外资巨头模式不同的是，深圳内资创投机构占比高，而上海、北京以外资创投机构为主。充足的创投主体使得深圳高新区投资形态丰富，涵盖 PE、VC、天使基金、母基金、并购基金等模式。

同时，由于出身本地，深圳本土创投机构对深圳产业发展研究颇深，投资领域大多集中于深圳市支柱产业和战略性新兴产业，据清科私募通统计，本土创投的前四大投资行业（IT、互联网、生物技术/医疗健康、半导体及电子设备）正是深圳市科技创新的主力。

（二）创新创投融资模式

一直以来，中小科技型企业以轻资产为主，缺乏重资产，且存在研发投入大、短期财务指标不优等问题，难以获得融资支持。为此，深圳高新区发挥知识产权领域的专业服务优势，搭建政府、担保、银行、企业、专业机构等多方合作平台，推进知识产权证券化、“股权 + 债权”等融资模式。例如，深圳高新投集团有限公司与南山区、龙岗区、福田区、罗湖区、宝安区、坪山区、龙华区及光明区合作开发知识产权 ABS 产品，为创新型企业提供新的融资渠道。

四、苏州工业园区

苏州工业园区基于自身优劣势，选择利用政府力量推动，打造创业投资集聚区，汇聚创投力量，实现量质齐升。苏州拥有强大的产业基础，上下游产业链配套相对完善，高科技企业云集，吸引大量创业投资企业，其创业投资发展始终以政府引导、参与为特色。

（一）强化政府引导

苏州工业园区创业投资始终贯穿着政府的引导：2006 年，苏州工业园和国家开发银行率先采用参股模式进行政府引导基金运作。2010 年，国开金融有限责任公司（国家开发银行合资子公司）和苏州创业投资集团共同发起设立国创母基金。2011 年，政府产业引导基金设立，主要投向涵盖生物医药、新一代信息技术、智能制造等政策重点支持的产业领域。2016 年，设立政府引导基金管理中心，负责建设政府引导基金数据库。2017 年，苏州市创新产业发展引导基金设立。截至 2020 年，苏州市政府性投资基金累计投资项目共 823 个，其中投资子基金项目 271 个，直接投资项目 552 个，预计带动社会资本形成投资总规模 1 828. 59 亿元。全市财政投资基金直接和间接累计投资企业近 1 500 家，被投企业中 53 家成功在国内 IPO 上市，8 家在海外上市。①

（二）重点投资优势领域

近年来，苏州把握产业转型升级的机遇，在生物医药、纳米技术应用、人工智能等重点领域做了超前谋划和布局，2021 年 3 月，国家生物药技术创新中心落户苏州工业园区。2020 年度苏州已披露融资的 184 个项目中有 48 个项目完成亿元及以上融资，从这 48 个项目的行业来看，医药健康大类在苏州的亿元融资项目数量和融资金额中均位居第一，共有 20 家，融资总额达 91. 06 亿元。硬件以 8 家位列融资项目数第二位，其次为企业服务，有 4 家。②

（三）发展创投机构聚集区

为促进本地创业投资的快速发展，苏州东沙湖基金小镇于 2009 年投入运营，截至 2020 年共入驻私募基金管理团队 218 家，设立基金 410 只，集聚资金规模 2 436 亿元。③小镇集聚了种子期、成长期、成熟并购期等各类私募股权投资基金，重点围绕医疗健康、新一代信息技术、智能制造等国家战略性新兴产业。通过专业的基金管理团队根据市场导向进行运作，为企业提供全生命周期的资金支持和全产业链服务。

五、杭州创投聚集区

杭州充分发挥当地民营经济优势，汇聚高质量民营资本，构建源于当地、服务当地、灵活变换的民资创投模式。杭州创业投资优势独特：以浙江大学为核心的大学集群，以阿里巴巴为核心的互联网产业，加之本地民营经济发达，因而杭州创业投资突出了民营民资特色。

（一）民营民资特色鲜明

区别于上海以海外创投为主、北京以国有创投为主、深圳以本土创投为主的特点，浙江民营民资特色鲜明，形成以民营创投为核心的创新生态链，在杭州集聚了一批知名

① 数据来源：证券时报·中国资本市场研究院《2021 中国内地省市创投实力榜》。
② 数据来源：2020 年苏州年度融资报告、企查查数据库。
③ 数据来源：证券时报·中国资本市场研究院《2021 中国内地省市创投实力榜》。

浙商创投品牌，形成了以阿里巴巴、天使湾、凯泰资本等一批本地民营创业投资企业。

（二）投资区域偏向杭州

清科私募通数据库显示了2020年阿里巴巴、天使湾、凯泰资本等170家杭州本土创投公司的投资区域，结果表明，尽管投资区域较为分散，遍布全国各地，但主要投资区域集中在杭州、北京、上海、深圳和广州等地区，杭州地区投资事件及标的公司均稳居第一。比如杭州代表性创投企业浙商创投，投资项目超过150个，其中三分之一以上投资项目分布在杭州，2020年发生资本事件13笔，其中6笔所投企业均位于杭州。①

（三）注重科研院所成果转化

杭州以“创新活力之城”建设为载体，把高校科技成果和金融结合，先后与浙江大学、西湖大学、科研院所等成立了科技成果转化子基金，催生科技成果的产业化与商业化。例如，西湖欧米（杭州）生物科技有限公司，由西湖大学生命科学学院郭天南教授等多位临床合作者共同创立，成立初期，研究人员发现一组蛋白质分子标记物，能大幅提高结节良恶性判断的准确度。在市创投引导基金和西湖大学科学成果转化办公室的协助下，这一科学成果迅速迎来产业转化，项目已获得辰德资本、高瓴创投等种子轮投资5 000万，最新估值达4亿元②。

第六节　政策建议

比对各省及代表性示范区创业投资现状，为广东省未来创投发展路径提供了新的思路：

一、加强研发机构及教育投资

广东省经济基础良好，财政收入充沛，长期以来在教育、科学技术领域投入巨大，未来应更进一步追求高端人才的引进及本地顶尖人才的培养，为创投行业发展提供更多的人才资源。

二、注重科研成果转化

科研机构及高校作为创新创业发展高地，提供大量科技成果，如中关村科学园及杭州创投行业的发展，分别依靠北京丰富的科教资源以及浙江大学、西湖大学等科研机构作为发展基础。广东省应重视省内高校及科研机构的成果转化，以此为依托吸引更多创业投资基金入驻广东。

---

① 数据来源：清科平台・投资界数据中心。
② 数据来源：《中国经济导报》。

三、补充政策短板

从创业投资发展的培育、发展、退出阶段政策方面来看，广东省政策覆盖范围较为全面，但相较浙江等省份政府引导基金的发展状况而言，广东省政府在创投发展中的引导作用相对较弱，未来应着眼于政府引导基金提质提量。借鉴北京中关村科学园等创投产业发展经验，通过政府设立引导基金、出台优惠政策、推动金融业与创业投资企业联动等方式，为创投企业发展踏平坦途，同时简政放权，给予创投企业充足的发展空间。

四、专业化投资

借鉴上海张江高科技园区、苏州工业园区经验，结合本地产业，选择采取政府产业基金或引入外资专业投资机构，选取最具优势的产业进行投资，能够最大限度地获得收益，刺激本地产业继续向上发展。根据本地区产业优势及培育方向，培植更多优秀创投项目，提升创投市场回报率，增强资金回报速率。

五、扩展融资渠道

借鉴上海及杭州发展模式，二者分别吸收外来资本与利用本地民间资金，为创业投资带来前进动力，广东省未来创投发展也应充分利用本省华侨与国际化优势，充分吸收各种外来资本与民间资金，开发国有资金以外的创投资金来源。

六、打造本地创投品牌

深圳及杭州的发展模式反映出本土创投更了解当地产业基础、企业发展态势，培育本地创投品牌不仅有利于创投市场的活跃，更有助于本地经济繁荣。

七、打造创投企业集聚

苏州工业园区以东沙湖基金小镇为发展阵地，给予充分政策支持，由本地国资背景创投带领，短时间内聚集起一大批服务于苏州的创投企业，助推苏州创业投资水平更上一层楼，具有显著的借鉴意义。

八、推进创新

上海创新发展“投贷保联动”模式、深圳高新区推出“股权＋债权”融资模式的例子证实，创业投资与其投资的企业一样，唯有不断创新发展模式才具有源源不断的发展动力。

第七章　广东省代表性区域创业投资发展*

为了更全面地了解广东省的创业投资发展情况，课题组依据经济体量和创业投资市场活跃度选择了广州、深圳作为第一梯队，佛山、东莞和珠海作为第二梯队，珠三角以外的湛江、汕头和揭阳作为第三梯队，分别对三个梯队城市的创业投资发展现状进行研究分析。

第一节　代表性区域的创业投资环境

一个良好的发展环境无疑能够充分支持创业投资市场的成长，激发市场活力，吸引更多创新资源。在本节内容中，投资环境将被分为经济环境、金融环境、创新环境、制度环境以及政策环境五个部分内容。政策环境也将在第二节、第三节两个小节中详细展开分析。

一、经济环境

经济发展水平的高低影响着城市对资本的吸引力，也影响着创业者的创业活跃度。根据图 7－1，从经济发展水平来看，三个梯队代表性城市的综合经济发展水平存在着较大的差距，发展阶段有明显不同，经济总量差距悬殊。

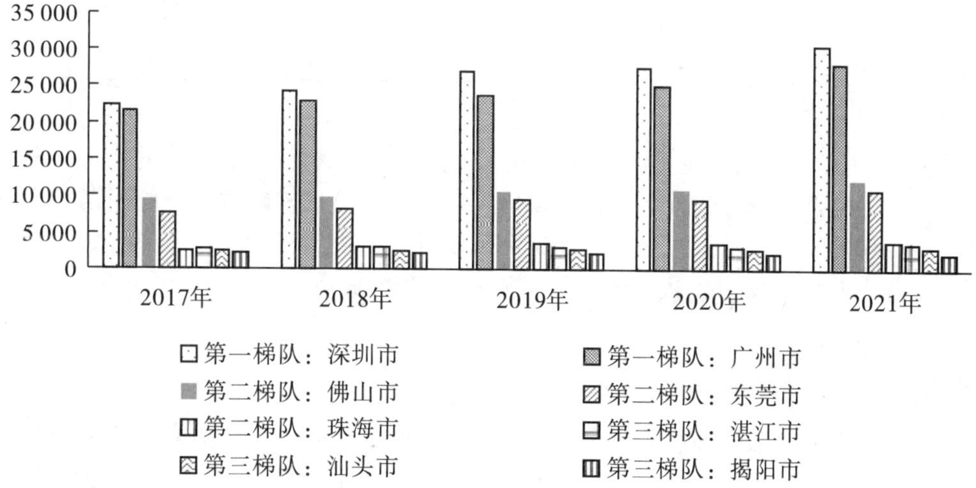

图 7－1　2017—2021 年代表性区域地区生产总值统计（单位：亿元）

资料来源：各区域国民经济和社会发展统计公报。

* 本章第一执笔人为暨南大学产业经济研究院彭伊婧。

珠三角地区在全省发挥着核心与主引擎的作用，广深二市更是珠三角的排头兵，佛山、东莞则紧随其后，但是与广深二市的经济体量仍有不小差距，珠海则在2021年地区生产总值排名全省第6位。作为粤西和粤东的中心城市，湛江与汕头的2021年地区生产总值位列全省第10和第11位，揭阳市则以2 265.43亿元位列第13位。从总体来看，广东省内几个代表性区域的经济水平纵向上逐年提升，横向上呈阶梯式排布。

二、金融环境

和谐、成熟的金融环境是投资市场有序发展的重要保障。三个梯队城市的金融产业规模、金融环境发展程度目前还存在着显著的差异。课题组通过清科私募通数据库整理了广东省代表性区域的投资机构数量以及机构类型，情况如表7－1：

表7－1 广东省代表性区域的投资机构数量以及机构类型统计

	城市	机构类型						总计
		PE	战略投资者	VC	早期投资机构	FOFs	其他	
第一梯队	深圳	3 358	1 304	644	104	14	4 147	9 571
	广州	709	265	247	17	5	980	2 223
第二梯队	珠海	251	47	89	9	9	340	745
	东莞	109	59	55	4	1	154	382
	佛山	97	51	33	4	3	117	305
第三梯队	汕头	15	9	4	1	—	24	53
	揭阳	2	4	—	—	—	5	11
	湛江	1	1	—	—	—	3	5

资料来源：清科私募通。

从表7－1可以看到，在投资机构数量上，深圳在广东省内具有绝对的优势，投资市场发展程度最高。珠海市的投资机构数量位列第三，在第二梯队城市中位列第一，但是仍与广深二市的机构总量差距悬殊。而湛江市仅有5家投资机构，三个梯队城市的投资市场发展存在鸿沟。此外，早期投资机构数量在代表性城市中都只有少量分布。

三、创新环境

创业投资企业主张在高风险中获得高回报，因此具有高成长性的高新技术企业是投资企业的主要投资对象。只有富有活力的创新环境才能不断培育出科技型企业，为创业投资市场提供充足的“养分”。

全省来看，珠三角地区经济发展水平相对较高，科技创新投入经费充足，全省科研经费投入大幅集中在珠三角地区，2020年广东省珠三角地区R&D经费支出占全省比重为95.8%，东翼、西翼、山区合计共占4.2%。珠三角城市科研经费投入占GDP比重也高于省内其余地区，其中最高为深圳市，R&D 投入 1 510.81 亿元，占 GDP 比重为 5.5%，超过全省平均水平 3.14%，三个梯队城市中科研投入最低为位于广东省西翼的湛江，R&D 投入为 15.27 亿元，占 GDP 比重仅为 0.49%。具体见表 7-2、表 7-3。

表 7-2　2017—2021 年代表性区域地区生产总值统计

（单位：亿元）

	城市	GDP 总量		
		2018 年	2019 年	2020 年
第一梯队	深圳	24 221.98	26 927.09	27 670.24
	广州	22 859.35	23 628.00	25 019.11
第二梯队	珠海	9 935.88	10 751.02	10 816.47
	东莞	8 278.59	9 482.50	9 650.19
	佛山	2 914.74	3 435.89	3 481.94
第三梯队	湛江	2 944.48	3 064.72	3 100.22
	汕头	2 503.08	2 694.08	2 730.58
	揭阳	2 152.47	2 101.77	2 102.14

资料来源：根据公开资料整理。

表 7-3　广东省代表性区域 R&D 经费投入

（单位：亿元）

	城市	R&D 经费投入		
		2018 年	2019 年	2020 年
第一梯队	深圳	1 161.93	1 328.28	1 510.81
	广州	600.17	677.74	774.84
第二梯队	珠海	254.77	287.41	288.56
	东莞	236.32	289.96	342.09
	佛山	92.15	108.31	113.52
第三梯队	湛江	12.15	13.56	15.27
	汕头	23.25	28.32	28.40
	揭阳	17.36	19.90	21.54

资料来源：《2020 年广东省科技经费投入公报》。

从科研经费投入水平看，三个梯队差距较大。人力资本、科技创新和技术进步等要素质量提升是推进创业投资的主要动力，但是当前粤东西北地区仍处于要素规模扩张阶段，经济发展的创新因素较微弱，发展方式相对粗放，技术创新能力不强。各区域专利申请及授权情况如表 7-4 所示。

表 7－4　2020 年广东省代表性区域专利申请及授权情况

	城市	专利申请量/万件	专利授权量/万件	累计有效专利数量/万件
第一梯队	深圳	31.02	22.20	83.53
	广州	28.20	15.60	53.78
第二梯队	珠海	9.45	7.39	28.98
	东莞	9.60	7.43	28.92
	佛山	3.20	2.44	10.19
第三梯队	湛江	0.59	0.45	1.65
	汕头	—	2.20	7.12
	揭阳	—	0.91	2.62

资料来源：广东省产业专利数据可视化及应用服务平台。

作为省内双核心城市，广州和深圳在专利的申请与授权量上都远超省内其他城市。但是两市的累计有效专利数量之间还存在着一定差距，广州还需进一步提升发明专利和成果转化率。汕头的创新成果产出具有显著的优势，累计有效专利数量也位居第三梯队三市中的首位，但是与珠三角地区城市相比仍然有很大的提升空间。

四、制度环境

完备的制度环境能够为风投市场有序发展提供必要的保障。课题组整理了三个梯队城市有关风险投资的制度建设文件，具体情况如下：

（一）外商投资股权投资企业

2020 年，国家外汇管理局允许非投资性外商投资企业在不违反现行外商投资准入特别管理措施（负面清单）且境内所投项目真实、合规的前提下，依法以资本金进行境内股权投资。截至 2021 年，广东省内已开展外商投资股权投资企业（QFLP）试点的城市包括深圳、广州、珠海以及东莞，相关制度规定见表 7－5。

表 7－5　广东省代表性区域关于外商投资股权投资企业的相关制度

	城市	文件名称	发布时间	具体内容
第一梯队	广州	《广州市促进外商投资股权投资类企业集聚发展工作指引》	2019 年	对组织形式、注册资本、境外股东/合伙人、境内股东/合伙人、高级管理人员等均无明确规定
	深圳	《深圳市外商投资股权投资企业试点办法》（最新修订）	2021 年	对组织形式、注册资本、境外股东/合伙人、境内股东/合伙人、高级管理人员等都有明确规定

（续上表）

	城市	文件名称	发布时间	具体内容
第二梯队	珠海	《珠海市外商投资股权投资类企业试点办法》	2021 年	对组织形式、注册资本、境外股东/合伙人、境内股东/合伙人、高级管理人员等都有明确规定
	东莞	《东莞市外商投资股权投资类企业试点管理暂行办法》	2021 年	对组织形式有明确规定。不额外设定注册资本、首次出资比例、出资期限

资料来源：根据公开资料整理。

相比之下，广州对外商投资股权投资类企业的限制更少，此类企业进入门槛更低、投资范围更广、组织结构灵活。东莞仅对此类企业的组织形式做出规定，而深圳和珠海还对注册资本、合伙人、管理人员等都有所限制。

（二）政府引导基金

关于政府引导基金，代表性区域中广州市和珠海市出台了相关的管理办法，广州市规定基金组织形式可以为公司制、有限合伙制和契约制等市场化基金实体，珠海市则规定基金组织形式为有限合伙制。具体内容见表 7－6。

表 7－6 广东省代表性区域关于政府引导基金的相关制度

	城市	文件名称	发布时间	具体内容
第一梯队	广州	《广州市政府投资基金管理办法》	2020 年	对设立的基金制度、形式有明确规定；坚持所有权、管理权、托管权分立
第二梯队	珠海	《珠海市科技创业天使风险投资基金管理办法（暂行）》	2019 年	对基金组织形式、认缴出资金额有明确规定；由珠海科技创业投资有限公司负责基金发起并运营

资料来源：根据公开资料整理。

（三）股权投资基金及股权投资类企业

广州、深圳以及东莞在文件中均规定股权投资基金以及股权投资企业和股权投资管理企业应以公司制或合伙制为组织形式，在章程或合伙协议中应明确规定，不得以任何方式公开募集和发行基金。具体内容见表 7－7。

表 7－7　广东省代表性区域关于股权投资基金以及股权投资类企业

	城市	文件名称	发布时间	具体内容
第一梯队	广州	《关于促进广州股权投资市场规范发展的暂行办法》	2012 年	公司制、合伙制的股权投资企业、股权投资管理企业，不得以任何方式公开募集和发行基金，并在章程或合伙协议中明确
	深圳	《关于促进股权投资基金业发展的若干规定》	2010 年	1. 股权投资基金可以依法采取公司制、合伙制等企业组织形式； 2. 公司制、合伙制股权投资基金、股权投资基金管理企业，在章程或合伙协议中应明确规定，不得以任何方式公开募集和发行基金
第二梯队	东莞	《东莞市促进股权投资基金业发展实施暂行办法》	2018 年	公司制、合伙制股权投资基金、股权投资基金管理人，在章程或合伙协议中应明确规定不得以任何方式公开募集和发行基金

资料来源：根据公开资料整理。

可以看到，出台了具体制度文件的城市集中在第一、第二梯队城市，均为整体发展水平较高的珠三角城市，而发展较慢的第三梯队城市的创业投资行业的制度建设十分薄弱，市场规范化程度需要提升。

第二节　代表性区域的政策工具选择

一、政府扶持资金

（一）用于奖励、补贴

为了引导社会资本进入创新创业领域，政府多采用提供资金的手段对企业进行扶持，课题组整理了三个梯队城市对政府扶持资金的不同使用途径以及其他相关规定。

针对风险投资类企业，包括股权投资企业、股权投资管理企业、创业投资企业、创业投资管理企业、私募证券投资管理企业，三个梯队城市均出台相关政策对新落户于本地的股权投资机构给予奖励和扶持，并根据管理规模、对本地的贡献等不同标准予以额外的奖励，政策文件中均明确规定奖励的标准以及奖金上限，具体政策如表 7－8 所示：

表7－8　广东省代表性区域针对风险投资类企业政策

	城市	文件名	支持方式	具体政策
第一梯队	广州	《创业投资补助申报指南》	事后补助	对符合条件的创业投资类管理企业和科技创新企业予以资金补助
		《广州市风险投资市场规范发展管理办法》	资金奖励	根据风险投资类企业管理规模，给予管理能力奖励
		《关于促进广州股权投资市场规范发展的暂行办法》	资金奖励	根据股权投资企业注册资本的规模，给予一次性落户奖励
	深圳	《关于促进深圳股权投资持续高质量发展的若干措施（征求意见稿）》	资金奖励、补贴	对符合条件的私募投资机构和天使投资平台、行业协会予以奖励或补贴
		《关于促进股权投资基金业发展的若干规定》	资金奖励	以公司制形式设立的股权投资基金根据其注册资本的规模，给予一次性落户奖励
第二梯队	佛山	《佛山市金融促进民营经济高质量发展若干政策措施》	资金奖励、补贴	对符合条件的股权投资基金或股权投资管理企业给予奖励和补贴
		《加快股权投资行业集聚发展实施办法》	资金奖励、补助	对新设股权投资企业依据不同标准予以奖励；依据股权投资企业对市、区贡献程度给予奖励；对满足条件的股权投资企业给予办公用房补助
	东莞	《东莞市促进股权投资基金业发展的若干意见》	资金奖励、补贴	对股权投资基金给予落户奖励；依据对地区的贡献给予奖励；对购置或租赁办公用房给予补贴
		《东莞市深入推动科技金融发展的实施意见》	资金奖励	奖励落户东莞的各类股权投资基金，依据组织形式划分奖励标准
	珠海	《横琴新区促进股权投资基金业发展的实施意见》	所得税补贴及奖励、房租补贴	对股权投资基金管理企业缴纳的营业税及企业所得税给予补贴；对高级管理人员个人所得税按比例奖励；对符合条件的股权投资基金企业连续3年给予房租补贴
		《广东自贸试验区横琴片区产业培育和扶持暂行办法》	一次性专项扶持	对满足条件的私募股权投资基金、私募证券投资基金按不同标准给予一次性专项扶持
第三梯队	湛江	《关于加快科技创新的若干政策意见》	补贴	对面向创新创业的科技风险投资基金和科技金融服务机构，通过竞争性分配方式给予不超过200万元的运营补贴
	汕头	《关于进一步促进科技创新的若干政策措施》	补贴	对符合条件的创投机构按投资额比例进行补贴；对创投机构投资的科技型中小企业迁入汕头市1年以上的给予补贴

资料来源：根据公开资料整理。

（二）用于风险补偿

在企业创业领域，风险补偿金主要补偿于两方面内容：一是企业信贷补偿金，对银行业金融机构向中小微企业发放贷款、信用贷款产生的坏账进行风险补偿；二是补偿于创业投资项目失败的创投机构，按投资额或损失额的一定比例对投资机构进行补偿，减少创投机构的投资损失。

1．信贷风险补偿

不同城市的风险补偿资金池规模不同，其与城市经济发展水平以及金融活跃度相关。具体政策如表7－9：

表7－9　广东省代表性区域信贷风险补偿政策

	城市	政策名称	具体政策
第一梯队	广州	《广州市鼓励创业投资促进创新创业发展若干政策规定》	资金池规模逐步扩大为10亿元，引导合作银行增加科技信贷资金100亿元以上；鼓励合作银行优先向创业投资类企业推荐上述入池企业，鼓励创业投资类企业与银行进行信息共享
	深圳	《深圳市中小微企业银行贷款风险补偿资金池管理实施细则》	资金池规模为50亿元人民币；资金池资金专项用于对符合本细则规定的加盟银行中小微企业贷款项目发生的不良贷款进行风险补偿；明确规定不良贷款项目的不同补偿标准
第二梯队	佛山	《佛山市科技型中小企业信贷风险补偿基金设立方案》	风险补偿基金总额不低于2亿元，基金主要用于为科技型中小企业提供贷款担保、补偿部分风险损失和补贴部分贷款利息。如出现贷款损失时，风险分担模式根据不同情况分别实施
第三梯队	汕头	《汕头市关于促进民营经济高质量发展的若干措施（2019—2020年）》	1．将全市中小微企业信贷风险补偿资金池规模扩大至1.4亿元； 2．设立市中小微科技企业信贷风险补偿资金1 000万元支持汕头科技企业； 3．设立市级融资担保风险补偿专项资金对融资性担保公司进行费用补贴和担保代偿损失适当风险补偿
	揭阳	《揭阳市设立中小微企业贷款风险补偿资金工作方案（修订）》	风险补偿资金启动资金8 000万元；当资金代偿贷款发生损失时，风险补偿资金对贷款损失的50%进行风险补偿，其余损失由合作金融机构承担

资料来源：根据公开资料整理。

2．创投风险补偿

代表性区域中出台了相关政策文件的城市集中于第二梯队。其中，东莞市对于孵化器内创投失败项目的市级补助水平最高。具体政策如表7－10。

表 7-10　广东省代表性区域创投风险补偿政策

	城市	政策名称	具体政策
第二梯队	佛山	《佛山市科技企业孵化器创业投资风险补偿资金实施细则》	1. 对科技企业孵化器内创业投资失败项目按损失额的 20% 给予创业投资机构补偿；向省级风险补偿资金申请按损失额的 30% 给予创业投资机构补偿； 2. 省、市两级财政共同对单个项目的风险补偿或本金损失补偿金额不超过 300 万元
	东莞	《东莞市促进科技金融发展实施办法》	1. 对符合条件、发生投资亏损的创投机构予以最高不超过项目实际投资额的 10% 进行补助，金额上限为 50 万元，一年内对单个创业投资机构的风险补助金额最高不超过 100 万元； 2. 对经政府认定的科技企业孵化器内的创投失败项目，按项目投资损失额的 20% 给予创业投资机构补偿，单个项目的补偿金额最高不超过 150 万元
	珠海	《珠海市科技信贷和科技企业孵化器创业投资风险补偿金资金管理办法（试行）》	对孵化器内创业投资失败项目，创业投资风险补偿金按不超过单个项目投资损失额的 50% 和最高补偿金额不超过 50 万元的标准给予补偿
第三梯队	湛江	《湛江市科技局　湛江市财政局关于湛江市科技企业孵化器后补助试行办法》	1. 符合广东省规定条件的孵化器内创业投资失败项目，按项目投资损失额的 20% 给予创投机构补偿； 2. 单个项目的风险补偿或本金损失补偿最高不超过 100 万元。已享受政府政策性补助优惠的不再重复补偿

资料来源：根据公开资料整理。

二、税收优惠

为了鼓励私募股权机构进行投资，激发投资机构活力，国家和各地区地区均出台了多个创投行业的税收优惠政策。国务院于 2014 年明确提出“统一税收政策制定权限”，以防止部分地区的税收优惠政策扰乱市场秩序，影响国家宏观调控政策效果。此后各地对创业投资企业和天使投资个人给予的税收优惠需要遵循国家政策进行落实。课题组依据不同政策文件整理了具体税收优惠政策，内容如表 7-11 所示：

表 7－11　创投行业税收优惠政策

<table>
<tr><th>文件名称</th><th>发布时间</th><th>扶持对象</th><th>具体政策</th></tr>
<tr><td>《关于实施创业投资企业所得税优惠问题的通知》</td><td>2009 年</td><td>公司制创业投资企业</td><td rowspan="3">采取股权投资方式直接投资于初创科技型企业满 2 年的，可以按照投资额的 70% 在股权持有满 2 年的当年抵扣其从被投资公司所获得的应纳税所得额</td></tr>
<tr><td>《国家税务总局关于有限合伙制创业投资企业法人合伙人合伙企业所得税有关问题的公告》</td><td>2015 年</td><td>有限合伙制创业投资企业法人合伙人</td></tr>
<tr><td>《关于创业投资企业和天使投资个人有关税收政策的通知》</td><td>2018 年</td><td>公司制、有限合伙制创业投资企业法人合伙人、个人合伙人及天使投资个人</td></tr>
</table>

资料来源：根据公开资料整理。

此外，课题组也整理了三个梯队城市出台过的具有代表性的涉及税收优惠政策的文件，整理如表 7－12 所示：

表 7－12　广东省代表性区域税收优惠政策

<table>
<tr><th></th><th>城市</th><th>文件名称</th><th>具体政策</th><th>发布时间</th></tr>
<tr><td rowspan="2">第一梯队</td><td>深圳</td><td>《关于促进股权投资基金业发展的若干规定》</td><td>1. “先分后税制”；
2. 投资性收益属于已缴纳企业所得税的税后收益；
3. 对执行/不执行有限合伙企业合伙事务的自然人普通合伙人，以无形资产、不动产投资入股的普通合伙人规定了不同税收标准</td><td>2010 年</td></tr>
<tr><td>广州</td><td>《关于促进广州股权投资市场规范发展的暂行办法（修订）》</td><td>1. “先分后税制”；
2. 投资性收益，属于已缴纳企业所得税的税后收益</td><td>2015 年（有效期 3 年）</td></tr>
<tr><td>第二梯队</td><td>珠海横琴</td><td>《横琴新区促进股权投资基金业发展的实施意见》</td><td>1. 对于新设立的股权投资基金管理企业的营业税、所得税按成立及获利年限进行不同标准补贴；
2. 对股权投资基金企业及股权投资基金管理企业的高级管理人员的个人所得税按比例进行奖励</td><td>2012 年</td></tr>
</table>

资料来源：根据公开资料整理。

《关于促进广州股权投资市场规范发展的暂行办法（修订）》目前已废止，2020 年出台的《广州市风险投资市场规范发展管理办法》不再特别提及对股权投资机构的税收优惠政策。佛山市在相关文件中规定创投机构及投资个人所享受的税收优惠依国家政策而定，东莞市规定的税收优惠政策与深圳市无异，因此不再赘述。第三梯队的湛江、汕头、揭阳三市则没有出台相关政策文件。

对比其他地市的税收优惠政策，深圳市的政策规定更为详细，对创投机构合伙人划分了不同的税收标准，与深圳市的创投市场发展程度更高度相关。而珠海横琴作为国家级新区、广东三大自贸区之一，发展势头强劲，政府有迫切的吸收人才、增强创投市场发展活力的需求，因此额外设定了税收返还和奖励的优惠政策。

三、政府引导基金

政府引导基金是由政府设立并按市场化方式运作的政策性基金，基金主要以入股等形式进入企业，投资创业企业发展。课题组整理了广东省代表性区域设立的政府引导基金，并依据基金投资形式进行了分类，具体见表 7－13。

以股权投资形式对初创企业进行扶持的引导基金有广州市创业投资引导基金、东莞市产业升级转型及创业投资引导基金以及珠海市科技创业天使风险投资基金，广州和东莞两市都对基金参股比例进行了规定。此外，东莞市规定的股权投资形式为阶段参股和跟进投资，因此对阶段参股退出时间也做出了明确规定，广州和珠海则没有相关规定。

表 7－13　广东省代表性区域政府引导基金政策

城市	名称	设立时间	投资形式	出资比例	退出时间	资料来源
广州	广州市创业投资引导基金	2010 年	参股或合作设立创业投资企业	参股或合作设立的创业投资企业可采用公司制或有限合伙等合法的组织形式；引导基金参股比例不超过 20%	—	《广州市创业投资引导基金实施方案》
东莞	东莞市产业升级转型及创业投资引导基金	2013 年	阶段参股、跟进投资	阶段参股：参股不超过 20%； 跟进投资：按照产业创业投资企业实际投资额 30% 以下的比例跟进，每个项目原则上不超过 500 万元人民币	阶段参股：参股期限一般为 5 年，最长不超过 7 年	《东莞市产业升级转型及创业投资引导基金管理暂行办法》

（续上表）

城市	名称	设立时间	投资形式	出资比例	退出时间	资料来源
珠海	珠海市科技创业天使风险投资基金	2019 年	直接投资、参股	直投类项目：外地引进企业投资金额原则上不超过 2 000 万元/个，珠海本地企业投资金额原则上不超过 1 000万元/个，投资对象应为从事珠海市优先发展的未来产业领域	—	《珠海市科技创业天使风险投资基金管理办法（暂行）》

资料来源：根据公开资料整理。

深圳和佛山的政府引导基金则采用设立“母—子基金”投资方式运作的形式。出资设立子基金是指由政府出资设立母基金，然后母基金与创业投资机构、社会资本合作共同成立子基金。深圳市引导基金作为有限合伙人（LP）与社会资本共同成立子基金，并由专业的基金管理机构作为子基金的普通合伙人（GP）负责子基金的具体运作、管理及投资事宜。佛山市双创基金则是以有限合伙人（LP）或股东的身份出资。具体政策如表 7－14：

表 7－14　广东省代表性区域政府引导基金政策

城市	名称	设立时间	投资形式	出资比例	资料来源
深圳	深圳市政府投资引导基金	2015 年	设立母基金	新兴产业发展类子基金投资于专业投资领域的资金额不低于子基金可投资金总额的 60%；申请市引导基金出资占比不超过子基金认缴出资总额的 25%；子基金对单个项目的投资金额不得超过子基金总规模的 20%	《深圳市政府投资引导基金 2021 年度拟参股子基金申报指南及管理机构遴选办法》
	深圳市天使投资引导基金	2018 年	设立母基金	引导基金出资比例不超过子基金认缴出资总金额 40%；对单个项目的投资额原则上不超过子基金总规模的 10%	《深圳市天使投资引导基金申报指南及遴选办法》

（续上表）

城市	名称	设立时间	投资形式	出资比例	资料来源
佛山	佛山市创新创业引导基金	2016 年	设立母基金	1. 母基金出资至合作子基金或直投项目，出资不超过子基金规模的 30% 或直投项目股权占比的 30%； 2. 合作子基金出资单个项目，投资总额原则上不超过该子基金规模的 20%	《佛山市创新创业引导基金管理办法（征求意见稿）》

资料来源：根据公开资料整理。

从政策中可以看出，深圳市和佛山市的政府引导基金都对引导基金出资比例以及子基金的出资规模提出了明确规定。深圳市天使投资引导基金规定的引导基金出资比例相对较高。

第三梯队城市创业投资行业发展水平较低，政府引导基金成立时间短，政府尚未出台规范性的管理办法。根据清科私募通数据，湛江目前已于 2016 年设立湛江中广创业投资有限公司一支地级市公司制创业投资引导基金，目标规模 3.1941 亿元，由广东中广投资管理有限公司负责管理，是广东省粤西地区首支省、市财政引导的战略性新兴产业投资基金。汕头市于 2017 年设立了一支地级市有限合伙制创业投资引导基金——广东粤科汕华创业投资基金有限公司，目标规模 2.60 亿元，目前委托广东粤科创业投资管理有限公司管理。此外，汕头市还设有汕头市华侨产业投资母基金合伙企业（有限合伙）一支区县级产业基金，成立于 2018 年。揭阳市则是于 2021 年成立了首支引导基金——揭阳市重点产业投资发展基金，为地市级产业基金。

第三节　代表性区域的创业投资绩效

一、扶持资金及税收优惠政策绩效

由于本章涉及的扶持资金及税收优惠政策都针对创业投资机构主体，两种政策工具的目的都是吸引更多股权投资机构集聚，鼓励开展创业投资和天使投资活动，促进地区股权投资市场规范、持续发展，故本小节将两种政策的绩效放在一起进行分析。

课题组通过清科私募通数据库整理了广东省代表性区域的三个梯队城市从 1990 年至 2021 年投资机构数量，并按年份进行了统计，具体如表 7－15 所示。

表 7－15 广东省代表性区域新注册投资机构数量

（单位：家）

时间	第一梯队		第二梯队			第三梯队		
	深圳	广州	珠海	佛山	东莞	湛江	汕头	揭阳
1990—2008 年	742	232	38	41	29	1	15	5
2009 年	109	36	7	6	6	—	1	—
2010 年	218	76	19	12	8	—	1	—
2011 年	364	93	22	21	11	—	1	1
2012 年	290	66	9	10	18	—	2	1
2013 年	821	93	12	19	44	—	2	—
2014 年	1 714	222	27	41	86	—	6	1
2015 年	3 585	348	41	58	186	2	7	1
2016 年	1 409	193	19	33	224	2	6	1
2017 年	249	322	31	45	298	—	4	—
2018 年	149	128	24	25	105	—	1	—
2019 年	136	45	20	12	46	—	—	—
2020 年	139	49	24	5	134	—	1	—
2021 年	118	36	10	3	37	—	1	1

资料来源：清科私募通。

三个梯队城市中，深圳的投资机构数量最多，且自 2010 年起开始有大幅提高，2009 年深圳注册成立的投资机构数量为 109 家，2010 年注册成立的机构数量为 218 家，涨幅为 100%，深圳市于 2010 年发布了《关于促进股权投资基金业发展的若干规定》，规定了对新注册的股权投资基金加大奖励力度，根据基金注册规模或实际募得规模，给予一次性落户奖励，文件也对股权投资基金享有的税收优惠政策做出了详细的规定。2010 年起，深圳市新注册的投资机构数量就一路水涨船高，直到 2015 年达到峰值。广州市 2012 年发布了《关于促进广州股权投资市场规范发展的暂行办法》，该文件同样提到自发布日期起，对新注册的股权投资机构给予一次性落户奖励，自此，广州市投资机构数量逐年上升，2014 年新注册机构数量增幅达到了 139%。2015 年，广州市发布的《关于促进广州股权投资市场规范发展的暂行办法（修订）》规定了对股权投资机构实行的税收优惠政策，广州市的投资机构注册数量也在 2015 年达到最高值。

此外，第二梯队城市的佛山市于 2017 年发布了《加快股权投资行业集聚发展实施办法》，该办法规定了佛山市对符合条件的股权投资企业给予落户奖励、孵化奖励、投资奖励和发起奖励，也提及对于风投机构的税收政策将根据国家的税收政策而定，佛山市的新注册投资机构数量于2017年有所回升，增幅为36%。东莞市2012年发布了《东莞市促进股权投资基金业发展的若干意见》，该文件提及对股权投资基金和股权投资基金管理企业的税收优惠政策以及落户奖励，东莞市新成立投资机构数量自2012年起逐年递增。

由此可见，政府对创投机构出台资金扶持政策以及税收优惠政策在一定程度上增加了创投机构的注册量，扩大了创投市场规模，提升了市场发展活力。

政府的资金扶持同样鼓励创投机构展开创业投资或天使投资活动，并且明确规定投资机构必须投资于本市的初创型企业才可获得奖励，因此课题组整理了三个梯队城市获得创业投资或天使投资的企业数量，具体如表7-16所示。

表7-16 广东省代表性区域获得创业投资或天使投资的企业数量

（单位：家）

时间	第一梯队		第二梯队			第三梯队	
	深圳	广州	东莞	珠海	佛山	汕头	揭阳
1990—2008年	25	2	2	—	2	—	—
2009年	1	3	—	2	—	—	—
2010年	4	1	1	2	4	—	—
2011年	7	1	—	—	—	—	—
2012年	6	2	3	1	—	—	—
2013年	6	3	—	2	—	1	—
2014年	20	3	—	1	—	1	—
2015年	49	12	1	—	1	—	—
2016年	87	15	2	6	1	—	—
2017年	95	24	5	3	3	—	—
2018年	192	55	13	16	4	1	—
2019年	590	205	38	25	12	1	—
2020年	449	137	21	22	13	—	—
2021年	454	136	27	32	16	—	1
总计	1985	599	113	112	56	4	1

资料来源：清科私募通。

根据表7-16可以看出，代表性区域获得创业投资或天使投资的企业数量总体上呈现上升趋势，第一梯队城市的上市态势尤为显著，深圳市获得创业投资或天使投资的企业数量由2009年的1家上涨至2019年的590家，创投市场蓬勃发展。广州市获得创业投资或天使投资的企业数量同样在2012年后逐年上升，由2012年的2家发展到2019年的205家，总体涨幅较大。但是第二梯队和第三梯队城市获得创业投资或天使投资的企业数量整体上并未呈现出大幅上涨的态势，几个城市中获得创业投资或天使投资的企业数量最高的仅仅为东莞市 2019 年的 38 家，第三梯队的汕头市和揭阳市在二十年间获得过创业投资或天使投资的企业数量仅为 4 家和 1 家，而湛江市则没有企业获得过此类投资。第二、第三梯队城市与第一梯队两个城市之间获投资的企业数量差距悬殊。可见资金扶持及税收政策对于创投机构的增设有促进作用，但对于创业投资或天使投资事件的促进作用并不明显，尤其是对于发展程度较低的二、三线城市，这与城市本身的科技型创业企业数量较少、创业活跃度不高也有关系。

二、政府引导基金绩效

政府设立创业投资引导基金的目的是对初创期企业给予扶持，还能对创业企业进行先一步的筛选，培养出具有发展前景的初创期企业，同时引导社会资本对初创期企业进行投资，缓解市场失灵的问题。因此，政府引导基金的绩效应该体现在有更多处于种子期、初创期的企业实现融资。课题组通过清科私募通数据库对广东省代表性区域的企业融资事件按企业发展阶段进行了统计。

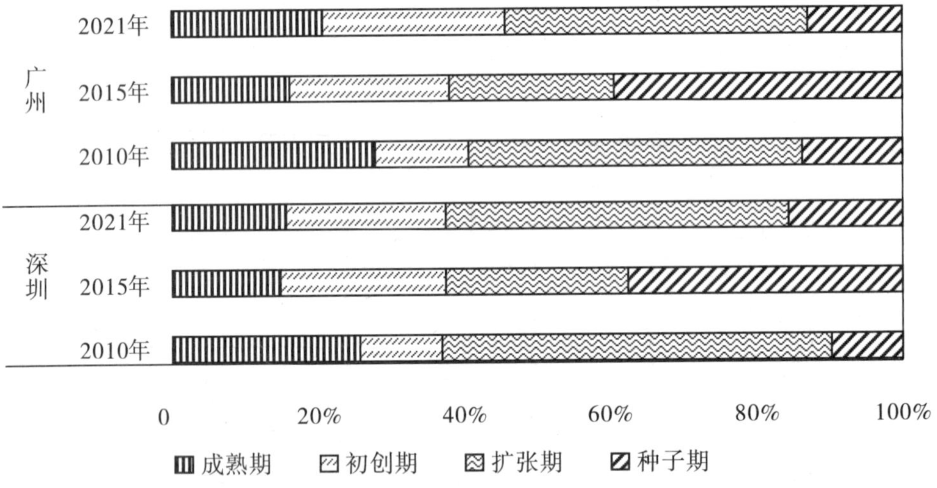

图 7－2　第一梯队城市获得融资企业（按发展阶段）

资料来源：清科私募通。

课题组首先对第一梯队的广深二市进行了统计。根据图 7－2 对两市融资企业发展阶段的统计可知，两市发生的融资事件中处于初创期和种子期的企业数量总体上呈现上升态势，广州市于 2010 年设立了创业投资引导基金，从数据来看，获得投资的初创期和种子期企业数量在 2010 年后整体上实现增长，2015 年获得投资的种子期企业在所有融资企业中占比接近 40%，至 2021 年比重又有回落。深圳于 2008 年设立了创业投资引导基金，2015 年设立了政府投资引导基金，2018 年设立了天使投资引导基金，深圳获得融资的初创期企业数量自 2010 年至 2021 年整体呈现上升，种子期企业 2015 年达到峰值，比重同样接近 40%，但是到 2021 年种子期企业占比量下降。广深二市的所有融资事件中扩张期企业数量依然占据最大部分。

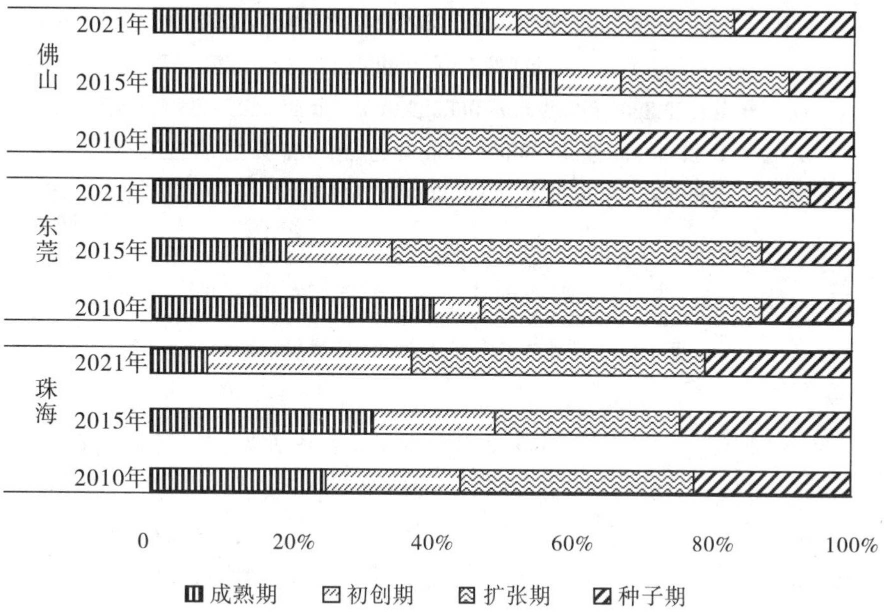

图 7－3　第二梯队城市获得融资企业（按发展阶段）

资料来源：清科私募通。

从图 7－3 第二梯队城市融资企业的发展阶段来看，佛山市创新创业引导基金成立于 2016 年，而获得融资的初创期企业数量从 2015 年至 2021 年呈现下降趋势，这与宏观经济环境下行也有关系，2015 年后市场就开始了资本“寒冬”。种子期企业占比从 2015 年至 2021 年有所提高。东莞市产业升级转型及创业投资引导基金 2013 年开始正式运作，从数据上看，获得融资的初创期企业占比在 10 余年间总体上升，种子期企业数量则先上升后下降，占比也由 13% 下降至 2021 年的 6%。珠海市科技创业天使风险投资基金成立于 2019 年，截至 2021 年，初创期企业融资事件由 2019 年的 11 起上升至 18 起，种子期企业也从 11 起升至 13 起，均有所增加。

从三个城市的初创期和种子期企业风险投资事件来看，政府引导基金的作用的正负向并不明晰。但是整体上，第二梯队城市融资企业中成熟期与扩张期企业占了更大比重。因此，政府引导基金执行效果仍然有限，引导基金将社会资本引向种子期、初创期企业的作用还需要被进一步放大。

据统计，湛江市创业投资引导基金成立于 2016 年，迄今为止仅于 2016 和 2017 年各发生过一起初创期企业投资事件，没有发生过种子期企业投资事件。揭阳市于 2021 年才成立了首支重点产业投资发展基金，2014—2021 年曾发生三起初创期企业投资事件，同样没有发生过种子期企业投资事件。汕头市于 2015 年成立了广东粤科汕华创业投资基金有限公司，这是汕头市唯一一支创业投资引导基金，汕头市获投资企业所处发展阶段统计如图 7－4 所示：

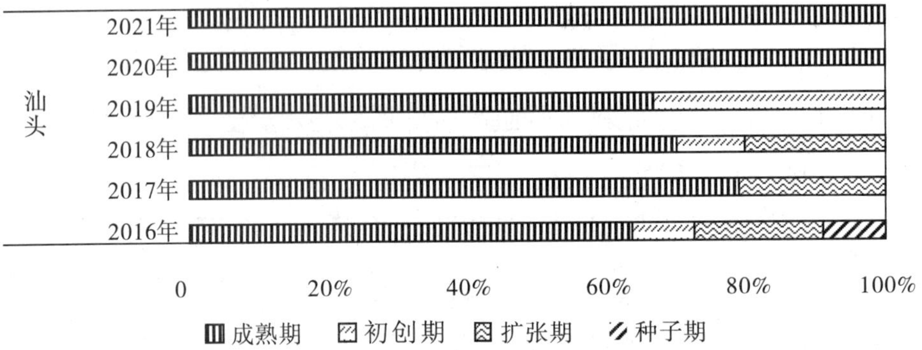

图7-4 汕头市获得融资企业（按发展阶段）

资料来源：清科私募通。

从图7-4数据中可以看到，汕头市初创期和种子期企业融资事件并没有显著且持续的提升，分别于2016、2018、2019年发生过一起初创期企业融资事件，2016年发生过一起种子期企业融资事件。整体上看，汕头市的企业融资事件主要是成熟期企业为主。第三梯队政府还需要采取更多行之有效的引导手段将资本引入创业投资行业。

第四节 代表性区域创业投资发展的问题及建议

一、创业投资发展存在的问题

（一）区域发展不平衡

根据前文对相关数据的整理分析可以发现，不论是创投市场发展环境还是创投市场发展阶段，广东省内不同区域差距悬殊。珠三角地区与粤东西北地区的绝对差值不断拉大，珠三角内部又以广深二市为核心，发展水平与第二梯队的珠海、佛山、东莞等市存在倍差。整体上，广东省的创投市场呈现出“两大多小，集中程度高”的格局。广州、深圳作为广东省的两座超大城市，发展水平在全国都位于前列，创业投资行业起步时间早，在发展环境方面，不仅有相对完善的政策体系扶持、制度体系规范市场发展，更有雄厚的资金储备作为根基，在人力资源、市场化程度、创新创业活跃度等方面也都具备省内其余城市短时间内无法企及的优势。深圳作为全国创业投资市场的三大核心区域之一，更是在创业投资机构、案例、涉及金额、质量效益等方面都处于全国领先水平。

作为第二梯队城市的佛山、东莞、珠海等市，是当前珠三角地区发展速度较快的新兴城市，尽管创投行业起步时间较晚，尚未形成成熟的发展市场，但是政府扶持力度不断加大，人力资源不断涌入，经济发展水平不断提升，第二梯队城市的创投市场也具备着充分的后发优势。

而分布于粤东西北地区的第三梯队城市，当前经济整体实力尚且薄弱，配套制度、扶持政策不够健全，对人才、资金、技术等要素资源吸引力度不够，对高技术制造业、先进制造业、现代服务业的集聚能力不强，对基础设施、社会保障等支出能力有限。种种劣势使得创投市场发展基础薄弱，许多城市还未形成规模化的创投市场。

（二）创新能力有待提高

以创新能力在全国位居前列的深圳市为参照，省内同属于第一梯队城市的广州，以及其余城市的创新能力水平都仍有提升空间。以对科技创新要求更高的 PCT 专利为例，深圳市 PCT 专利申请量为 110 585 件，广州市为 8 726 件，佛山市 2 669 件，东莞市 8 078 件，珠海市 3 016 件，汕头市 410 件，而湛江和揭阳则分别只有 56 件和 63 件。具体到累计有效专利数量，深圳市为 83.53 万件，广州市为 53.78 万件，有着将近 30 万件的差值。第二梯队三个城市则为 10 余万件至 20 余万件不等，第三梯队城市，汕头有 7.12 万件，湛江和揭阳则分别只有 1.65 和 2.62 万件。地区创新不足，缺少具有投资价值的项目选择，创投活动不论从数量或质量上都不尽人意，这一点对于第三梯队城市而言尤为突出。

（三）制度体系仍需完善

建立健全制度体系是规范市场发展的重要前提。创业投资行业发展不佳有多方面的原因，政策引导不足是主要原因。只有在科技金融政策的正确指引下，各种科技金融形式协同发展，才能充分激活创投市场发展活力。目前，广东省代表性区域的制度体系仍需进一步完善，科技金融政策也需要继续扩大覆盖面。

根据对创投市场制度的整理，第一、第二梯队城市制度体系相对健全，第三梯队城市则少有出台创投行业相关的规章制度，扶持政策也相对欠缺，没有发挥出政府促进市场公平、维护市场秩序的作用。第三梯队城市由于发展水平欠佳，创投行业发展水平十分薄弱，对人才、资本不具备强烈的吸引力，因此，政府出台资助和激励政策在发展初期显得尤为重要，进而引导社会资本投入创投市场。

对于第二梯队而言，政策覆盖面还需进一步扩大，形成综合的政策体系，满足不同企业的不同资金需求，加快完善创投行业多层次扶持机制。

尽管第一梯队城市的政策制度体系相比其余代表性城市而言相对完善，但依然缺少一个完整的法律保障体系和具体细则，需要建立相关的创投产业的基本法，包含对企业、个人的各种税收、各种保证体系在法律上的确认。

（四）政府引导基金效果不佳

通过对政府引导基金的绩效分析可以看到，三个梯队城市的政府引导基金实施效果并不显著，也缺乏持续性的作用。原因之一是部分地区的引导基金仍然存在以直接投资为运作模式的现象，单一的运作模式极大限制了引导基金的引导作用。引导基金若想充分发挥出资本供给和投资引导的双重作用，需要在投资担保和参股模式下实现。因此，引导基金模式选择应以参股模式为主，多种其他模式为辅。

从 2019 年至 2021 年，深圳就着手清理了三次不符合要求的子基金，同时回收深圳市引导基金无效认缴出资额，清理的子基金包括首期资金不到位以及首期资金到位但是一年内没有开展投资业务的子基金。未完成首期实际出资反映的是社会募资困难的问题。由于政府引导基金不以营利为目的，更关注市场失灵、欠发展领域，与社会资本要求高回报的目标有差异，因此一些政府基金项目对社会资本的吸引力不足。

而没有开展投资表现出的政府引导基金闲置问题一方面是出于地区创新创业能力不足，缺乏有良好投资前景的项目，正如“巧妇难为无米之炊”，缺少项目，政府引导基金也无法发挥出应有的作用。并且，地方政府需要按年度对政府引导基金的运行绩效进行考核，但是目前多数地区还没有形成一套合理有效的考评体系，若项目投资失败，产生的损失该由谁负责，按多大的比例担责？这是许多政府引导基金管理人“不敢投”的原因所在。

二、对策建议

（一）深入实施“一核一带一区”战略，推动区域协调发展

针对省内区域之间经济发展水平不平衡的问题，要深入实施“一核一带一区”战略，“一核”是珠三角核心开发区、“一带”是以粤东西为主的沿海经济带，“一区”则是以粤北为核心的生态发展区。因此，要充分发挥珠三角辐射带动作用，着力建设好汕头、湛江两个省域副中心城市，培育壮大潮汕揭城市群和湛茂阳都市区。完善基础设施建设和临港产业布局，实现沿海地区连片开发，成为新的增长极。建设北部生态区，推动与生态功能相适应的生态型产业发展。要形成定位清晰、各具特色、协同协调的区域发展格局，缩小粤东西北地区与珠三角地区差距。

各地区要着力于将创投市场与当地优势产业进行结合，鼓励创投机构将投资决策与当地实体经济特点、产业结构特征进行匹配，如佛山的光电、新材料、智能制造产业，东莞的新一代信息技术、机器人产业等，以培育战略性新兴产业带动区域经济转型升级。

“十四五”期间，广东省要加强金融强省的建设，构建区域金融新格局。对于第一梯队城市，要显著提升广州、深圳作为中心城市的金融发展能级，也要规范发展地方金融组织，打通经济金融循环“毛细血管”。此外，还要进一步优化金融空间布局，在珠三角建设若干特色金融功能区，以及引导金融资源助力粤东西北地区金融补短板；支持汕头依托华侨经济文化合作试验区强化金融资源聚集；支持湛江建设蓝色（海洋）金融改革创新试验区，打造省域副中心金融发展极，促进区域金融协调发展。

（二）提高创新能力，催生优质投资项目

科技作为第一生产力，科技创新已经成为提高综合国力的关键支撑，成为社会生产方式和生活方式变革进步的强大引领。社会的科技创新能力是创业投资市场活力发展的重要前提。提高科技创新能力，要完善高技术人才引入政策。创新的主体是人，人才的聚集能够实现社会创造力迸发、活力涌流。落后地区由于经济发展水平相对较低，对人才吸引力不足，人力资本外流严重。因此，对于人才引进的优惠政策是必不可少的。

开展产学研合作。科研院所和高校人才资源丰富，创新活动频繁，因此，建立产学研合作交流平台，推动产学研的合作，将科研与市场紧密结合，催生更多优秀的创业项目。加大对科研院所科技金融扶持力度，综合采取创业投资、科技信贷风险补偿、贷款贴息等方式，支持高校院所创新创业和成果转化。

将引导基金与科技企业孵化器进行对接，建立资本与项目的桥梁。有大量早期初创

企业集聚于孵化器内，孵化器有大量的项目源和信息优势，作为营利机构，孵化器也能对内部企业进行投资。但目前，许多企业孵化器运营模式单一，仅靠收取租金维系运营，要开展对内投资，往往面临资金不足的问题。引导基金与孵化器通过共同设立创业投资企业或开展联合投资，实现信息共享，有助于引导基金实现资本的引导作用，也有利于孵化器形成多元化的盈利渠道。

（三）建立健全政策体系，构建一站式科技金融服务平台

第一梯队、第二梯队城市扶持政策有待细化，进一步扩大覆盖面，第三梯队城市亟须出台完善的配套制度与扶持政策，完善相关的科技金融法律保障机制，填补法律法规空白的地方，同时加大政府扶持力度。

在构建政策体系的过程中，要着力构建一站式科技金融服务平台，开展科技融资、投资服务，解决企业融资、政策资源利用、公共服务对接等信息不对称难题。政府应该建立覆盖科技企业全生命周期的种子、天使、创投、产业引导和并购基金，全链条为科技型企业进行资源对接，全面支持科技企业创新和科技产业发展。同时，这一平台需要充分发挥财政资金引导优势，联合政府、银行、保险机构、基金机构、证券机构、担保机构、信托机构等组织搭建桥梁和纽带，创新“政银保担投”多种合作形式，积极推动投贷联动、投保联动等新模式，提升金融机构服务科技企业创新的能力。

对于中小微企业贷款困难问题，不仅可以设置信贷风险补偿资金池，提高银行对中小微企业不良贷款的容忍度，更要降低中小微企业贷款门槛，从根本上缓解融资难题。推广知识产权质押、产业链融资、投贷联动、股权质押融资、融资租赁等新型融资产品，发展普惠金融，加大小微企业、大学生创业就业等金融支持。

（四）完善基金配套政策，建立合理评价体系

引导基金首先要平衡好引导职能和高度市场化的投资决策之间的关系，提高基金市场化运作程度，改革对基金的“行政化”管理模式。

针对政府资金投向的产业由于盈利性欠佳对社会资本吸引力不足的问题，可通过税收减免、促进产业集群发展等配套政策协调配合，通过适当降低基金准入门槛、适度放宽对基金投资地域的限制、适当让利等方式，调动社会资本和基金管理机构参与的积极性。特别是体现政府对科技型小微企业扶持的天使基金，要突出其低杠杆、高让利的特点，投资收益尽可能多地给企业留利和向参与天使基金的社会资本让利。

由于缺乏合理完善的评价体系，引导基金管理人“不敢投”，进而导致了引导基金未能充分发挥出应有的“引导”作用，故各地区应尽快建立起一套健全的、行之有效的指标体系。政府引导基金的作用是带动社会资本和引导投向，且不以营利为目的，因此应当提高对基金盈利能力的包容度、容错度，就如 2018 年 6 月，北京科创母基金明确提出的：“建立容错机制，支持科创基金开展探索性创新，明确对投资未达到预期效果或产生亏损的，属于严格遵循投资决策流程，由不可抗力导致或无失职行为的，免予追责。”建立“尽职免责”机制，前提是要把尽职的条件设定好，因此引导基金对地区产业发展的引导作用才是绩效考核的重点所在。

CHANYEPIAN

产业篇

第八章　超高清视频产业创业投资*

第一节　超高清视频产业发展现状

一、产业界定

超高清视频产业是以超高清视频采集、制作、传输、呈现、应用为主的相关经济活动。发展超高清视频产业将有效带动终端产品替代升级以及制作播出设备的更新，带动上游芯片、面板等产业发展，促进宽带网络投资建设、5G 网络商用和业务发展。超高清视频的定义源自视频画面分辨率在 4K 及以上，但仅提高分辨率并不能很好地表现对视觉效果的提升，需同步突破高分辨率、高帧率、高色深、宽色域、高动态范围和三维声六个维度的技术，才能给观众带来颠覆式、更具感染力和沉浸感的临场体验。加快发展超高清视频产业，对满足人民日益增长的美好生活需要、驱动以视频为核心的行业智能化转型、促进我国信息产业和文化产业整体实力提升具有重大意义。

二、投资环境

一方面，随着教育、医疗、交通、文娱在超高清视频方面的需求激增；另一方面，从中央到地方政府相继发布培育超高清视频产业相关规划，高清视频产业迎来了发展契机。

如图 8－1 所示，从企业的融资需求方面来看，从 2015 年开始企业的融资需求陡增，在 2016 年融资需求突破 25 亿元，随后连年下降，最近三年融资需求规模维持在 10 亿元以下。从有融资需求企业数量来看，在 2016 年以前呈递增态势，之后开始递减，近年来稳定在 30 家左右。经过五年左右的沉淀，具有潜在优势的企业已经被发掘，目前市场处于走向集中的趋势。

---

* 本章第一执笔人为暨南大学产业经济研究院张伟。

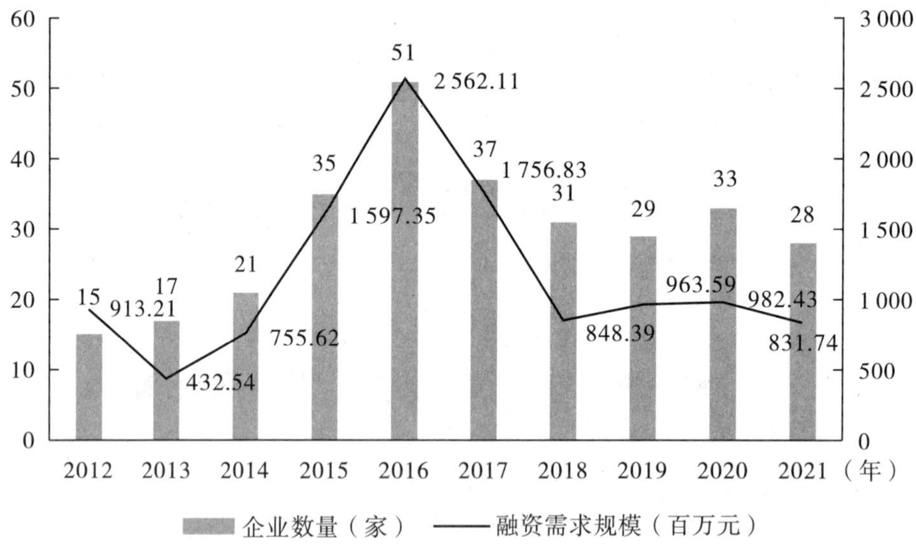

图 8－1　2012—2021 年广东省超高清视频产业融资需求

资料来源：清科私募通。

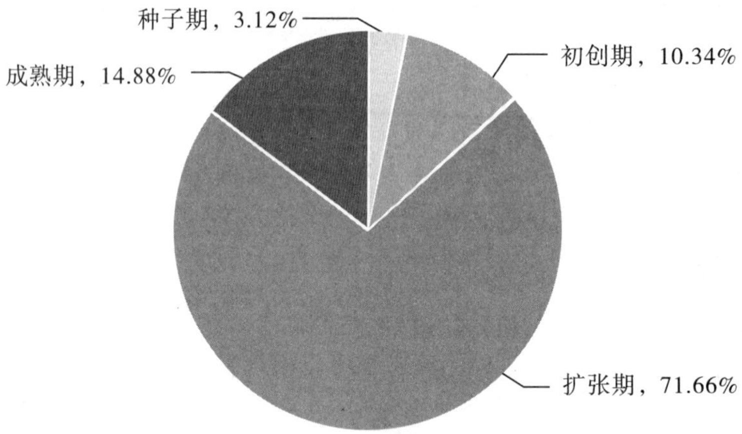

图 8－2　2012—2021 年广东省超高清视频产业分阶段融资需求

资料来源：清科私募通。

从企业融资阶段来看，处在扩张期的企业融资需求较大，占全部融资需求的 71.66%。在需求刺激和政策引导下，超高清视频产业的发展前景已经十分明朗，企业想通过快速扩张占领市场份额，因此催生了在此阶段的大量融资需求。市场更应关注处在种子期和初创期的企业，此时的企业融资需求较为强烈，且融资难度相对较大。

三、产业政策

2019 年 2 月 28 日，工信部、国家广电总局和中央广电总台联合印发《超高清视频产业发展行动计划（2019—2022 年）》，提出“4K 先行、兼顾 8K”的总体技术路线，要大力推进超高清视频产业链各环节共同发展。还提出到 2022 年，超高清视频产业总体规模要达到 4 万亿元，4K 频道超高清节目制作能力超过 3 万小时/年，同时超高清视频用户达 2 亿人。后来工信部、广电总局、发改委等部门又相继出台了多个支持超高清产业发展的政策，加快超高清视频标准体系建设，推动全国有线电视网络融合发展，探索下游应用场景，推进 5G、VR/AR 和与超高清视频结合发展。

国家定调超高清视频产业发展目标后，地方政策也加速跟进。北京、上海、广东、湖南、四川等多个省市在 2019 年陆续发布了地方超高清视频产业发展行动计划，明确了超高清视频产业和应用发展的主要任务及推进措施，“央地联动、多点开花”的产业格局逐渐成形，如北京支持建设超高清视频（北京）制作技术协同中心，加快了“5G + 8K”前沿技术研究与推广的核心布局。湖南长沙打造具有国际竞争力的“中国 V 谷”，加大创意生产的奖励力度，将不断丰富原创性超高清视频内容。

表 8 – 1　国家层面超高清视频产业政策梳理

时间	发布单位	政策名称
2016 年	国务院	《关于印发“十三五”国家战略性新兴产业发展规划的通知》
2019 年	工业和信息化部	《公开征求对〈超高清视频标准体系建设指南（2019 版）〉的意见》
2019 年	工业和信息化部、国家广播电视总局、中央广播电视总局	《超高清视频产业发展行动计划（2019—2022 年）》
2020 年	工业和信息化部、国家广播电视总局	《关于印发超高清视频标准体系建设指南（2020 版）的通知》
2021 年	工业和信息化部、中央宣传部、交通运输部、文化和旅游部、国家广播电视总局、中央广播电视总台	《关于开展“百城千屏”超高清视频落地推广活动的通知》
2021 年	工业和信息化部	《“双千兆”网络协同发展行动计划（2021—2023 年）》
	工业和信息化部等十部门	《5G 应用“扬帆”行动计划（2021—2023 年）》

资料来源：根据公开资料整理。

除了表 8 – 1 国家层面的政策，各省市也相继制定出台差异化的地方超高清视频产业发展行动计划。其中，《广东省超高清视频产业发展行动计划（2019—2022 年）》指出，到 2022 年全省超高清视频产业总体规模超 8 000 亿元，建成 3 个世界级超高清视频产业集群，开办 4 个以上 4K 超高清电视频道、8 套以上 4K 超高清电视频道传输服务，4K 用户数达 2 300 万户。

政府对超高清视频产业予以财政支持和补贴，补贴方向集中在超高清节目制作和超高清电视终端上。具体见表 8 – 2。

表 8-2 国家层面的超高清视频产业补贴政策

时间	政策	发布机构	补贴方向
2019 年 1 月	《进一步优化供给推动消费平稳增长促进形成强大国内市场的实施方案(2019 年)》	国家发展和改革委员会	支持绿色、智能家电的销售，给予消费者适当的交售旧家电并购买新家电补贴；加大对中央和地方电视台 4K 超高清电视频道开播支持力度，支持广电网络和电信网络升级改造，有条件的地方可对超高清电视、机顶盒、虚拟现实/增强现实设备等产品推广应用予以补贴
2019 年 2 月	《超高清视频产业发展行动计划（2019—2022 年)》	工业和信息化部、国家广播电视总局、中央广播电视总台	通过设立超高清视频产业投资基金等方式扶持超高清视频产业链中内容制作与播出、网络传输及监管、终端普及和关键设备制造等重点薄弱环节

资料来源：根据公开资料整理。

随着《超高清视频产业发展行动计划（2019—2022 年)》的出台，各省市根据自身情况也出台了相应的政策，鼓励超高清视频产业的发展。其中北京和上海主要是为超高清视频产业提供融资方面的便利，而广东省则是综合利用财政、税收、供电土地等政策，加强对超高清视频产业和信息基础设施网络建设的扶持培育。深圳市突出强调了实施 8K 专项扶持计划，探索精准性扶贫方式，将超高清视频产业发展和精准扶贫相结合。具体见表 8-3。

表 8-3 地方层面的超高清视频产业补贴政策

时间	政策	发布机构	补贴方向
2019 年 5 月	《上海市超高清视频产业发展行动计划(2019—2022 年)》	上海市经济和信息化委员会、上海市文化和旅游局、上海广播电视台	充分发挥财政资金的引导和扶持作用，统筹利用产业转型升级、信息化建设、战略性新兴产业发展、文创、重点科研计划等专项资金，聚焦支持超高清视频产业内容制播、终端普及、前端芯片研制、融合应用试点示范等优势项目。开展超高清视频产业强链补链工程，支持标准制定和核心芯片、基础元器件、关键材料、制造设备、新型显示等技术研发，支持关键领域应用能力建设。支持符合条件的首台套装备、首批次材料、首版次软件产业化。拓宽融资渠道，引导社会资本参与超高清视频产业，支持上市融资

（续上表）

时间	政策	发布机构	补贴方向
2019年5月	《北京市超高清视频产业发展行动计划（2019—2022年）》	北京市经济和信息化局、北京市广播电视局	统筹利用现有资金渠道，支持超高清视频技术研发、创新平台和产业化项目建设。采取政府购买服务方式，加大对超高清视频设备首台套采购、内容制作、试点示范、推广应用的支持力度。充分发挥市区财政资金和政府投资基金作用，积极引导社会资本参与，研究设立超高清视频产业发展基金，重点围绕超高清视频关键核心技术、超高清视频内容制作、做大做强产业规模、知识产权保护等方面开展投资合作
2019年5月	《广东省超高清视频产业发展行动计划（2019—2022年）》	广东省人民政府办公厅	综合利用财政、税收、供电、土地等政策，加强对超高清视频产业和信息基础设施网络建设的扶持培育
2019年9月	《深圳市8K超高清视频产业发展行动计划（2019—2022年）》	深圳市发展和改革委员会	强化专项资金导向作用，实施8K专项扶持计划，探索精准性扶贫方式；充分发挥市、区政府引导基金作用，支持引导社会资本投资8K领域

资料来源：根据公开资料整理。

四、产业发展概况

我国超高清视频产业发展经历了标清和高清视频两个阶段。标清、高清和超高清视频的区别主要在于终端设备呈现的画质，即物理分辨率。其中，超高清视频是信息显示“4K（3 840×2 160）分辨率”和“8K（7 680×4 320）分辨率”的正式名称。我国从1992年开始步入标清阶段。2006年至2009年，我国先后公布了国内高清标准、开通高清频道、全程高清直播2008年北京奥运会、部分地区免费向市民发放高清机顶盒，这些都使国内城市在较短时间内完成了向数字化、高清化的转换。从2013年开始，在巨头布局、应用铺开的推动下，产业进入了超高清视频时期。图8－3展示的是超高清视频的六维技术。

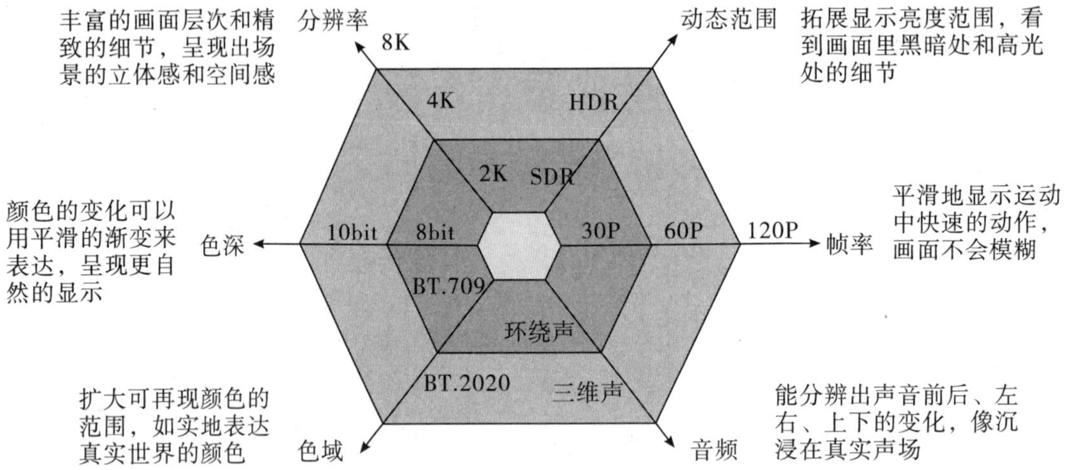

图 8－3　超高清视频的六维技术

超高清视频产业涉及数十个相关行业，包括核心元器件、视频生产设备、网络传输设备、终端呈现设备、应用与服务等。其中，除了终端呈现设备、核心元器件、视频生产设备和网络传输设备是一次性收费外，以超高清视频服务为核心的盈利模式是超高清视频产业重点发展方向。超高清视频服务包括集成服务、内容服务、分发服务、增值服务和安全服务，可分为线上、线下两种模式。线上服务包括视频点播、网购、视频会员费、广告等形式，线下服务包括医疗影像升级、互动教学、安保监控等形式。超高清视频产业结构如图 8－4 所示。

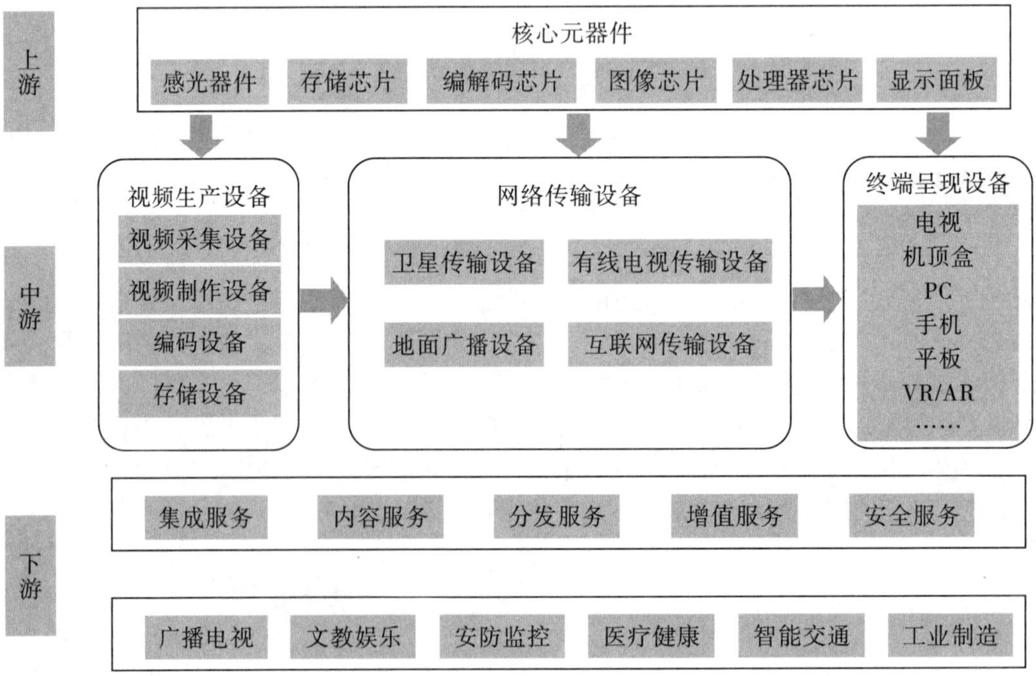

图 8－4　超高清视频产业结构

资料来源：《中国超高清视频产业发展白皮书（2018 版）》。

由于国内芯片产业起步晚，加上底层算法缺失，导致我国在存储、感光、编解码、处理器芯片等核心元器件领域长期高度依赖进口。在网络方面，我国在移动网络、固网接入领域均处于领先地位，但由于发展超高清视频产业对网络承载力要求很高，网络架构和家庭接入能力还需要升级。同时，目前国内还没有建立覆盖产业链各个环节的标准规范，企业各自为战，不仅给消费者带来了困惑，也导致了产业链各个环节发展节奏不一致，“快的”要等“慢的”。例如，受新增高世代线产能影响，国内面板自给率大幅提升，但由于内容、应用不丰富和网络承载力不足，很多面板厂家由于担心产能过剩，不得不放慢投产速度。

从超高清视频下游应用情况来看，文教娱乐是最大的应用领域。根据赛迪数据，2021年超高清视频在文教娱乐行业应用规模达 5 600 亿元，占整体应用市场的 57%。其次为安防监控和工业制造领域，应用规模分别达到 1 820 和 1 115 亿元，占比分别为 19% 和 11%。

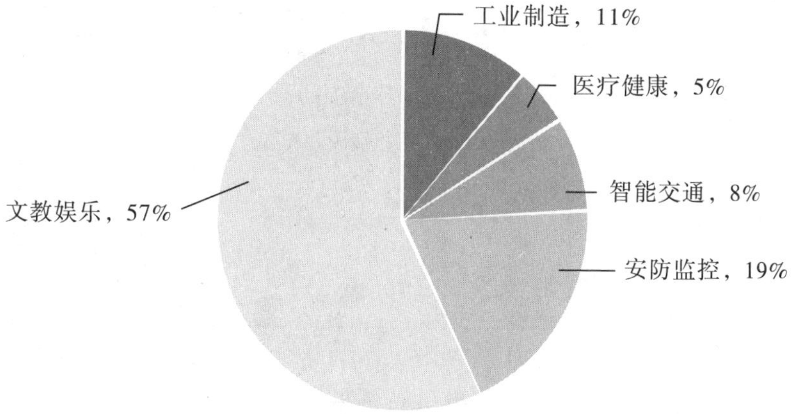

图 8-5　2021 年中国超高清视频市场下游应用环节占比

资料来源：中商产业研究院。

按照企业分布情况来看，我国超高清视频行业公司集中于广东省；按照 TOP50 企业分布情况来看，我国超高清视频行业头部企业集中于广东和北京，50 家企业中分别有 17 家和 14 家位于广东和北京，合计占比超过 60%。

第二节　超高清视频产业创业投资概况

一、投资规模

根据清科私募通数据，截至 2021 年底，我国超高清视频产业总创业投资规模已经突破 20 亿元，且不同年份之间创业投资规模差异较大，主要是受到超高清技术的发展和政策的影响。2014 年韩国率先开通了 4K 超高清频道，之后欧洲、北美、韩国、日本等国家和地区的广播电视播出机构和网络运营商，基于有线、卫星以及 IPTV 平台陆续开播 4K 超高清频道 70 多个。此时，国内超高清视频技术在家用领域还未开始普及，国外 4K

电视节目成功落地给国内投资机构带来了绝佳的投资机会，2015 年超高清视频产业创业投资规模是前一年的 4.5 倍。2016 年国家新闻出版广电总局向各省新闻出版广电局及总局各直属单位正式发布了《新闻出版广播影视“十三五”科技发展规划》，规划明确提出发展 4K 超高清电视，要求各相关单位积极贯彻落实，带动了一波投资高潮，当年创业投资规模达到峰值 45.38 亿元。随后两年投资规模呈断崖式下跌，这是由于美国主动发起贸易战导致国内资本市场经历寒冬，投资规模骤降。近几年，投资市场逐渐回暖，2019、2021 年投资规模分别达到了 18.4 亿元、21.39 亿元。

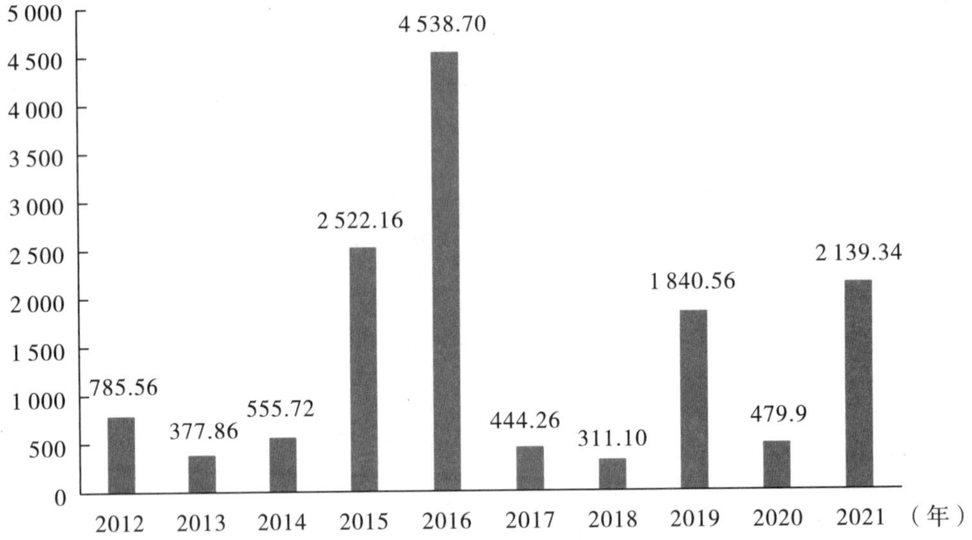

图 8-6 超高清视频产业创业投资规模（单位：百万元）

资料来源：清科私募通。

二、投资轮次

创业投资的轮次集中在企业初创期，即 A 轮和 B 轮。2011—2021 年广东省超高清视频产业 A 轮和 B 轮融资分别为 28.28 亿元和 9.88 亿元，是规模最高的两个轮次，具体见图 8-7。一方面，企业处在成长扩张阶段，规模和市场势力有限，产业链亟待向高端布局。另一方面，投资机构重视企业的创新潜力和市场前景，期望通过中小型企业的孵化与核心竞争力培育获取高额的投资回报。

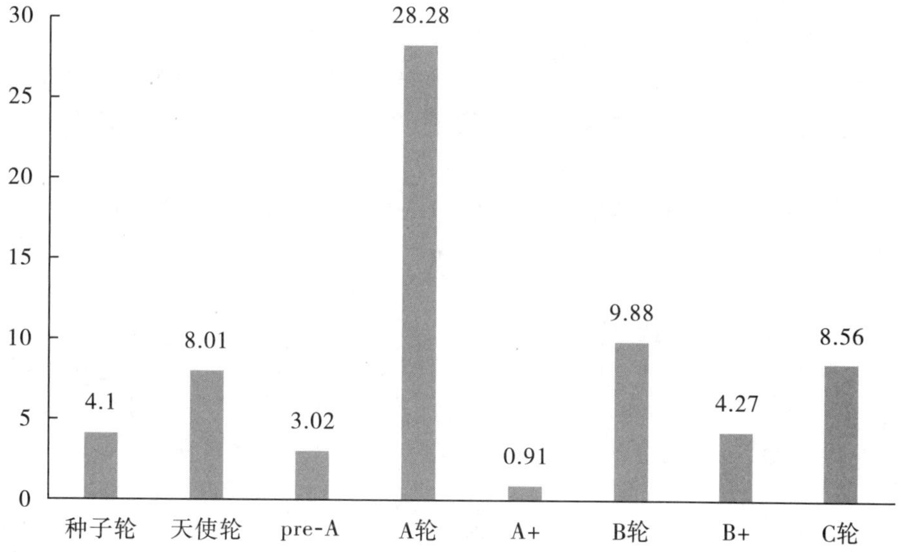

图 8-7　2011—2021 年广东省超高清视频产业各轮次融资规模（单位：亿元）

资料来源：清科私募通。

三、投资区域

随着各地方超高视频产业发展行动计划的陆续发布，我国超高清视频产业版图逐步呈现。据规划，广州市、青岛市、湖南省等地率先布局建设超高清视频产业示范区。

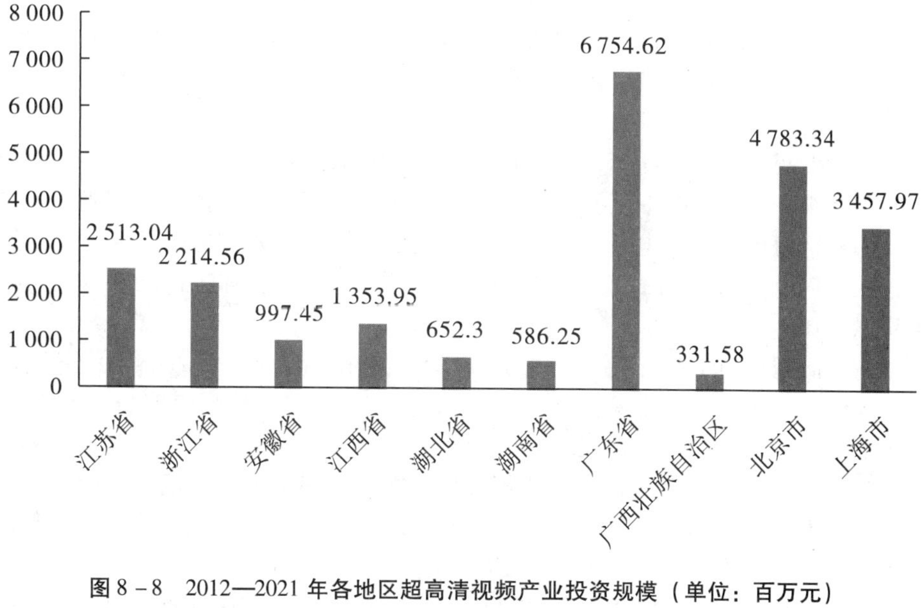

图 8-8　2012—2021 年各地区超高清视频产业投资规模（单位：百万元）

资料来源：清科私募通。

具体来看，其中广东省超高清视频产业布局领先。广东省积极发展 4K 超高清视频产业示范区和 4K 电视全国广播影视产业示范区，并开通全国第一个省级 4K 频道。据悉，目前广东省已吸引超200家上下游企业投资落地，集聚形成广州、深圳、惠州等3个产值超千亿元的超高清视频产业集群。此外，广东还有多个4K超高清项目即将落地，包括粤港澳大湾区4K产业基地、中国移动超高清视频实验室、中国联通超高清视频技术研发中心等。

据图8-8清科私募通数据统计，过去十年（2012—2021年）各省市之间在超高清视频产业的创业投资规模差异较大。但是超高清视频产业在各省市的创业投资规模和超高清视频产业在各省市的布局基本一致。

创业投资规模最大的地区是广东省规模为67.55亿元。广东省高度重视超高清视频产业发展，明确提出培育万亿级的超高清视频产业集群，获得工业和信息化部和国家广播电视总局联合授予的全国首个“超高清视频产业发展试验区”称号。广东省出台的《广东省发展超高清视频显示战略性支柱产业集群加快建设超高清视频产业发展试验区行动计划（2021—2025年）》（简称“《行动计划》”）显示，到2025年，广东省超高清视频产业上下游营业收入将超过1万亿元，建成3个以上超高清视频产业集群。广州市全力推进超高清视频产业发展，致力于打造“世界显示之都”。专门成立了花果山超高清视频产业特色小镇专项建设领导小组，2020年上半年已完成“4K/8K+5G”展示体验中心、花果山600平方米超高清演播厅的改造建设。乐金显示8.5代OLED面板项目于2020年7月23日量产出货，维信诺全柔AMOLED模组、华星光电T7、乐金化学偏光片、惠州TCL模组整机一体化等项目正在稳步推进。

其次是北京，规模达到47.83亿元。根据清科私募通数据，超高清视频产业的创业投资在北京呈现先出“两头重，中间轻”格局。投资集中在产业链的上游和下游部分。

上海市超高清视频产业创业投资规模达到了34.58亿元。上海市北高新园区发展“8K+5G+AI”超高清视频产业具有得天独厚的资源优势，园区已经集聚了超高清视频企业近30家，涉及设施设备、数据分析、视频传输、视频解码、内容播放、展示服务、显示技术等，代表性企业有极清慧视、高重科技、东方有线等，在安防监控、影音视听、医疗健康、智能制造等领域可以为超高清视频产业提供丰富的应用场景。

江苏省创业投资规模达到25.13亿元。江苏省的制造业规模已连续8年保持全国第一，在超高清视频产业链的中上游产品种类布局较为完善，代表性企业有中兴九城、智诚光学、中科亿海微、东星电子、多维科技、威望科技、苏大维格等。视频生产设备和视频传输设备以及视频存储的各类元器件，例如感光器件、存储器件、编解码设备等，全国出货量占比达到30%。

浙江省超高清视频产业创业投资规模22.15亿元排名第五。浙江省围绕超高清视频上下游产业链发展现状，依托现有产业发展布局，着力打造以杭州为核心，宁波、嘉兴、金华等重点城市为支撑的“一核三区”的产业发展格局。

江西省超高清视频创业投资规模排名第六，规模达到了13.54亿元。清科私募通数据披露，硅谷天堂资产管理集团股份有限公司2016年在南昌单笔投资了13.24亿元，但是未披露标的企业，抬高了江西省总体投资规模。

安徽、湖南、湖北、广西在超高清视频产业的创业投资初具规模。其中，安徽省在超高清视频的终端显示领域的优势已经凸显；湖南省依托湖南卫视优势资源，在超高清视频产业的内容端发力；湖北、广西作为超高清视频产业链的重要补充，在存储、显示和信号传输领域齐头并进。

四、投资机构

（一）机构股权结构

从所有权性质来看，如图 8 -9 所示，创业投资机构中国有机构占比 45. 43%，非国有机构占比 54. 57%。从投资规模来看，国有机构投资规模为 21. 15 亿元，非国有机构投资规模为 44. 35 亿元。无论是从数量还是投资规模来看，非国有机构占比都较高。工业和信息化部、广电总局、中央广电总台在 2019 年印发《超高清视频产业发展行动计划（2019—2022 年）》的通知，提出通过设立超高清视频产业投资基金等方式，通过市场机制引导多方资本参与，支持超高清视频企业与金融机构加强对接合作，加快超高清视频产业化进程。此后，国有机构投资开始有序进入超高清视频产业链各环节。而非国有机构早在 2019 年之前就已经有相当规模投资布局超高清视频产业链各环节，形成了目前非国有机构投资布局占优的局面。

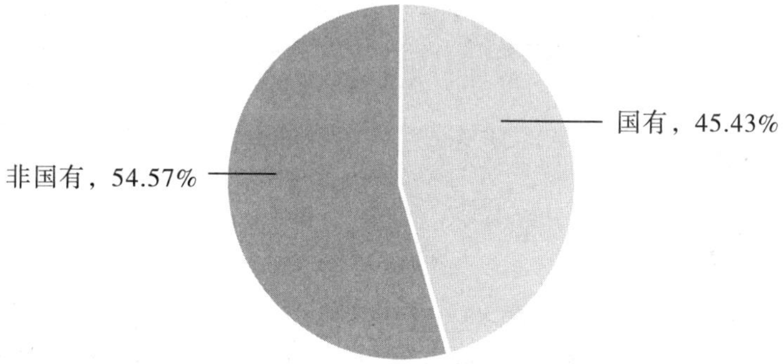

图 8 -9　2012—2021 年参与广东省超高清视频产业创业投资的机构所有权结构

资料来源：清科私募通。

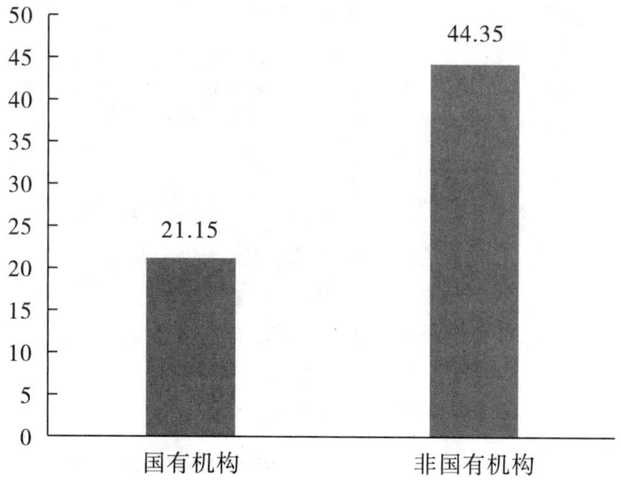

图 8 -10　2012—2021 年广东省国有机构和非国有机构投资规模（单位：亿元）

资料来源：清科私募通。

根据图 8－11 清科私募通统计数据，参与超高清视频产业布局的本土机构占比达到了 91.69%，合资机构和外资机构占比较少，分别为 1.97% 和 5.07%。形成这种局面的原因是外资进入国内市场布局的门槛较高，国内在推进制造业转型升级的进程中，积极鼓励创业资本布局重要战略产业。其中在本土机构中来自广东省的机构占比达到了 33.17%，这和广东省本身在布局超高清视频全产业链密切相关，带动了本省投资机构投资布局。

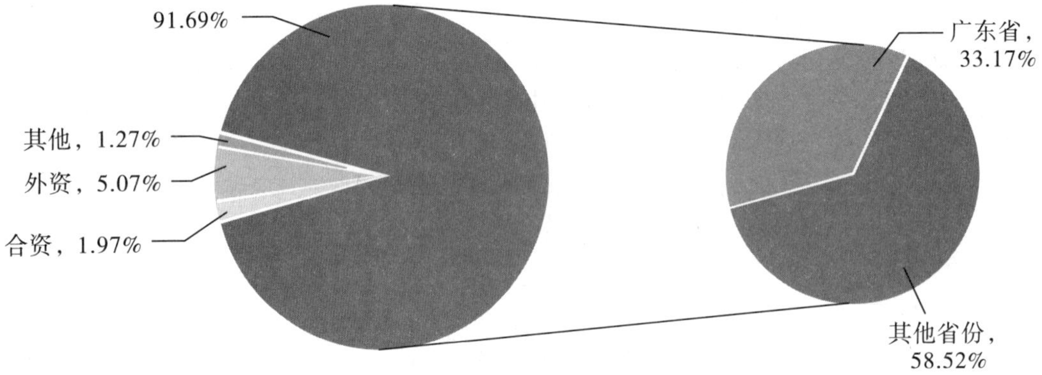

图 8－11　2012—2021 年参与广东省超高清视频产业创业投资的机构资本属性

资料来源：清科私募通。

（二）机构类型比例

根据图 8－12 清科私募通统计数据，在所有机构类型中，VC 代表的私募股权投资参与的数量最多，占比达到 42%；其次是 PE，占比为 31%；而 FOFs 参与最少，仅为 2%。从图 8－13 投资规模来看，PE 要领先于其他类型机构，投资规模达到了 34.58 亿元；其次是 VC，投资规模为 20.15 亿元。而专注于早期投资的机构数量和投资总金额也明显较少。

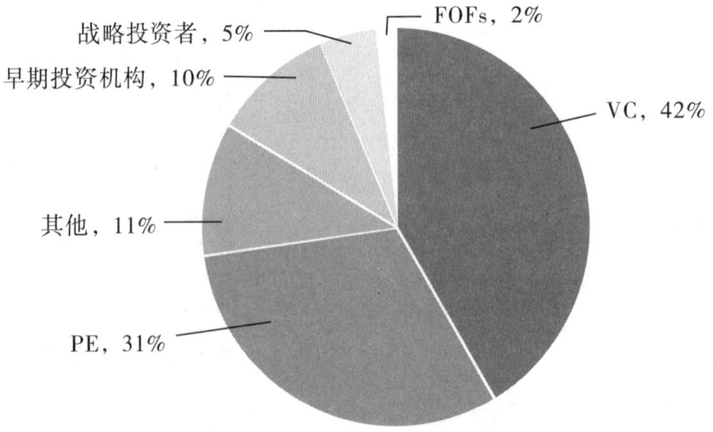

图 8－12　2012—2021 年参与广东省超高清视频产业创业投资的机构类型

资料来源：清科私募通。

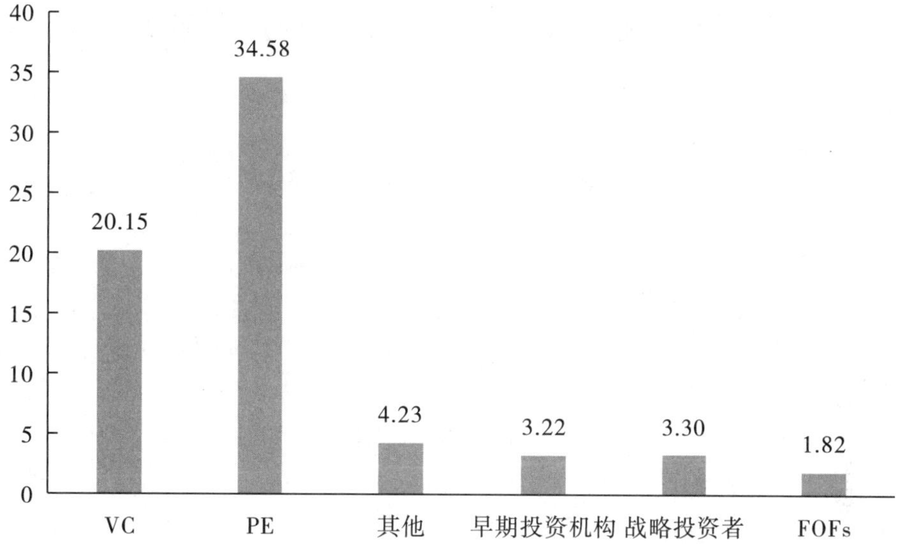

图 8-13 2012—2021 年广东省超高清视频产业创业投资规模（单位：亿元）

资料来源：清科私募通。

（三）机构组织形式

从组织形式上看，公司制的机构占绝大多数，达 85%；有限合伙制机构数量占比为 14%，如图 8-14 所示。这与全国的创投机构组织形式占比大体一致。尽管有限合伙制具有分离企业管理权和出资权、信息披露要求更宽松的优点，但当前我国的创投机构仍将以公司制为主。这与我国当下的法律制度背景有关，也与国有背景的创投机构基本以公司制成立的导向有关。

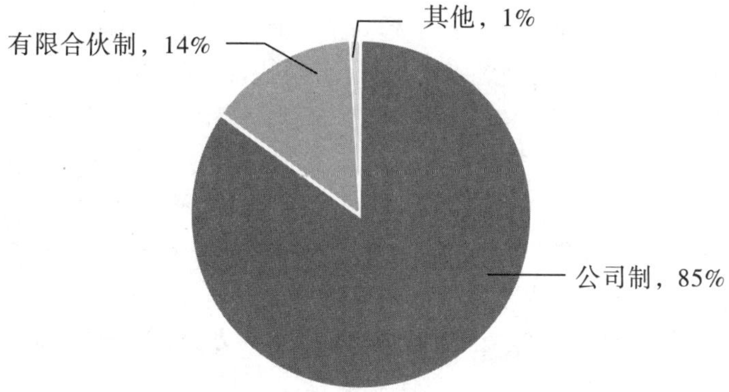

图 8-14 2012—2021 年参与广东省超高清视频产业创业投资的机构组织形式

资料来源：清科私募通。

第三节　超高清视频产业链创业投资分析

从超高清视频的产业链上看，总体可分为上游的核心元器件层、中游的核心设备层以及下游的服务和应用层。其中，上游的核心元器件层包含感光器件、储存芯片、编解码芯片、图像芯片、处理器芯片和显示面板。中游的核心设备层提供硬件设备的生产制造，包括视频生产设备、网络传输设备、终端呈现设备。视频生产设备则主要涵盖视频采集、视频制作、编码和储存四类设备。网络传输设备按照不同传输方式，又分为卫星传输、有线电视传输、地面广播和互联网传输。终端呈现设备是生活中最常接触到的，像电视、机顶盒、PC、手机、平板、VR/AR 等。下游的服务层提供面向超高清视频的平台服务，应用层为超高清视频与各行业融合应用形成的新模式新业态。

具体到产业链各环节，各国发展状况不同，整体上发达国家处于行业领先地位。国外在视频采集设备、视频制作设备、有线电视传输设备、电视、超高清视频内容环节有较高竞争优势，而我国在编码设备、互联网传输设备、机顶盒、PC、VR/AR、集成服务、编解码芯片等环节和国外水平旗鼓相当。

其中，在编码设备方面，国外企业推出了 HEVC 实时编码器产品。国内在应用了 AVS2 编码标准后，仍在不断研发 AVS3 标准，继续提升自主研发编码标准的国产化应用，2019 年底和 2020 年初分别发布了自主研发的 AVS3 开源编码器“天璇”和“天枢”。编码设备的国产化将有力提升国内超高清视频产业的竞争力水平，减少对进口技术和进口产品的依赖，结合自主研发的普惠性 AVS 编码标准，能降低视频制作、传输、呈现等环节的成本，提高应用效率。据赛迪智库，编码设备环节在 2022 年规模将达 119 亿元。

一、产业链环节投资分布

通过筛选剔除清科私募通数据库关于超高清视频产业链未披露具体投资规模的数据，可得近五年广东省内超高清视频产业链的投资规模统计。从图 8－15 明显看出，投资于上游元器件的规模是最大的，总体投资规模占整个产业链投资比例的五成以上，其次是在显示器上的投资，在 2016 年成为整个产业链获得投资最多的环节，规模达到 20 亿元以上。虽然统计数据有所缺漏，但也能看出广东省超高清视频产业发展状况是以上游元器件的研发生产作为首要突破口以及创新点，辅以终端呈现和内容服务全产业链发展。近年来，广东把超高清视频产业作为重点培育发展的战略性产业集群之一。

目前出台的《广东省超高清视频产业发展行动计划（2019—2022 年）》明确提出，到 2025 年广东的超高清视频显示产业总体规模超过 1 万亿元，建成 3 个以上超高清视频产业集群，4K/8K 电视机年产量达 5 000 万台，形成完善的超高清视频产业链体系。从内容生产到终端产品，一个涵盖上下游的超高清产业链和创新生态，正在广东快速形成，成为推动数字经济发展的重要力量。

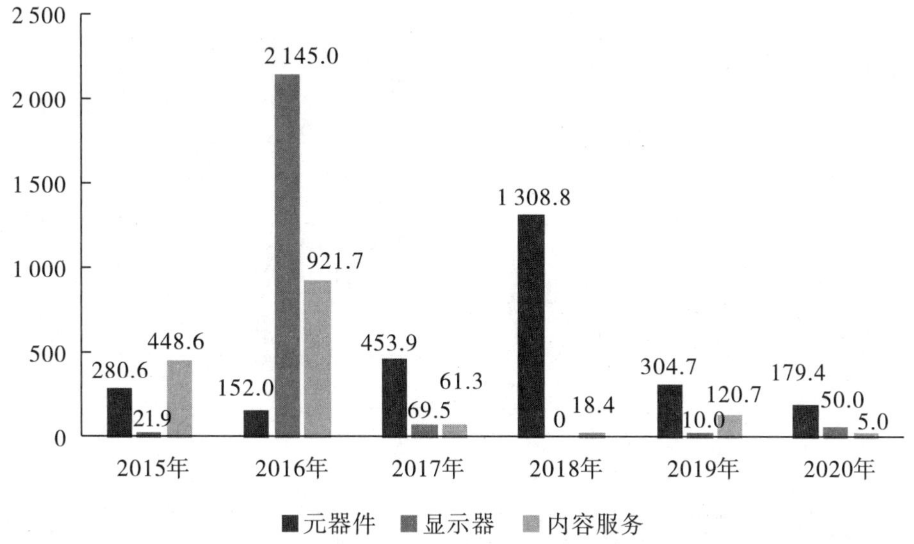

图 8-15　2012—2020 年广东省超高清视频产业链投资情况（单位：百万元）

资料来源：清科私募通。

广东省超高清视频的创业投资布局地区主要集中在深圳、广州、东莞、珠海等粤港澳大湾区的核心地区，其中深圳市的投资规模和投资次数当居首位。根据表 8-4 清科私募通数据，2012—2020 年深圳市超高清视频产业链创业投资约 145 次，占总投资比例的 52.44%，投资规模超过 30 亿元；其次是广州市，创业投资次数为 96 次，投资规模约为 21.96 亿元；珠海市创业投资次数为 8 次，投资规模超 2 亿元；东莞市创业投资次数为 20 次，投资规模超 3 亿元；梅州市、惠州市和中山市，投资规模都超过 1 亿元；佛山、清远、江门、潮州创业投资规模均超过 5 000 万，投资规模最小的肇庆也有 800 万的规模。具体见表 8-4。

表 8-4　2012—2020 年广东省各地区超高清视频产业链创业投资情况

地区	产业链	投资次数	投资规模/百万元
广州	元器件	27	559.54
	显示器	28	554.32
	内容服务	41	1 082.09
深圳	元器件	85	1 072.00
	显示器	20	1 354.30
	内容服务	40	780.05
东莞	元器件	16	279.92
	显示器	0	0
	内容服务	4	40.00

（续上表）

地区	产业链	投资次数	投资规模/百万元
珠海	元器件	4	106.27
	显示器	2	20.47
	内容服务	2	101.20
梅州	元器件	21	273.48
	显示器	0	0
	内容服务	0	0
惠州	元器件	9	356.45
	显示器	0	0
	内容服务	0	0
佛山	元器件	5	56.83
	显示器	0	0
	内容服务	0	0
中山	元器件	9	127.13
	显示器	2	36.00
	内容服务	0	0
肇庆	元器件	1	8.00
	显示器	0	0
	内容服务	0	0
清远	元器件	1	50.00
	显示器	0	0
	内容服务	0	0
江门	元器件	3	81.09
	显示器	0	0
	内容服务	0	0
潮州	元器件	1	60.00
	显示器	0	0
	内容服务	0	0

资料来源：清科私募通。

总的来看，深圳、广州、珠海、东莞四地的超高清视频产业创业投资规模占到了整个广东地区 90.38%，产业聚集效应十分明显。广州市在超高清视频产业链中上游的投资规模较为接近，分别为 5.60 亿元和 5.54 亿元，在下游的内容服务投资规模为广东省各地区之首，达到 10.82 亿元。为找到超高清视频产业集聚发展的突破口，广州市越秀区在省、市的大力支持下，集中全区优势资源，全力打造花果山超高清视频产业特色小镇，重点发展超高清视频产业，不断构建以超高清视频内容制作为核心、以产业服务和展示体验及人才配套为支撑的产业链，为经济高质量发展培育新动能，为老城区再发展注入新活力。小镇规划面积 190 公顷，以环市中路作为超高清智力创新带，两边分别布局超高清产业聚集区、超高清品牌服务区、超高清生态示范区，形成“一带三区”的创新布局，实现一带促融，三区聚合，以超高清视频内容制作为主要发展方向，打通“内容端—服务端—体验端”的全产业链发展体系，打造全球新型“显示之都”新亮点。

深圳市在超高清视频产业链上、中游的创业投资规模十分亮眼，分别达到了 10.72 亿元、13.54 亿元，在产业链的下游投资规模也达到了 7.8 亿元。可见，深圳市对超高清视频产业全产业链布局十分重视，尤其是对产业链上游和中游的布局更具有战略意义。在深入实施“5G + 8K + AI + 云”新引擎战略和抢抓 8K 超高清视频产业发展战略机遇的进程中，深圳市将充分发挥产业政策的强大推力，加速构建“采、编、传、解、显”全产业链协同发展体系，着力打造超高清视频产业发展高地。深圳在产业链上游的编解码芯片等核心元器件的技术已成熟。华为海思与美国安霸、日本索喜在视频编解码领域形成了三国鼎立局面。在 2020 年编解码芯片国内的出货占比中，中国市场国产芯片的占比提升到 60% 左右，海思占领了国内一半以上市场。目前，华为海思、晨星等芯片厂商均研发并推出了 AVS2 的编解码芯片。深圳在产业链中游的超高清显示器出货量居全球前列，仅 TCL 华星去年出货量就位居全球第三，仅次于京东方和群创光电。

珠海市虽然在超高清视频产业全产业链进行了布局，但是总体的创业投资规模不大。东莞市、梅州市、中山市、惠州市、佛山市、江门市、潮州市都在产业链上游进行了不同规模的创业投资布局，作为对深圳和广州超高清视频产业链的补充，增强了中游超高清显示器的出货能力。

表 8 – 5 广东省超高清视频产业园区

城市	产业布局	辖区部分代表企业
广州市	示范区主要包括花果山超高清视频产业特色小镇和广州国际媒体港（简称“一山一港”），以广播电视和网络视听超高清内容制作、分发传播、用户服务、技术支撑、生态建设以及版权交易为核心，同时集聚了科技创新、高新视听、融合发展、平台云化等方面研发、实践、应用优势资源	扳手科技、博冠科技、珠江数码、4K 花园、草莓 V 视、莱可传媒、当虹科技、洲明科技、雷曼科技、广宽、中国电信、中国联通、中国移动
深圳市	协同推进超高清视频全系列、全链路重点技术突破，标准研制和产业应用，积极争建国家超高清制造业创新中心	华为、中兴、腾讯、创维、TCL 华星、海思、富士康、康佳、赛西、深圳广电、天威视讯、中科院深圳先进院、深圳数字电视国家工程实验室

（续上表）

城市	产业布局	辖区部分代表企业
惠州市	形成从基础配件、玻璃基板、面板、模组到整机的液晶电视制造产业集群。到 2025 年，惠州市将建设成国内领先的超高清视频显示产业基地，终端整机制造、超高清视频显示模组和核心部件生产能力进一步夯实，形成完善的产业体系，产业规模超过 2 000 亿元	TCL、旭硝子、康冠、雷曼科技、聚飞、洲明科技、九联、伟乐、高盛达、江丰电子、胜宏

资料来源：根据公开资料整理。

二、主要投资案例

目前在超高清视频产业进行创业投资的机构较为分散。在产业链上游投资规模较大的机构有正心谷创新资本、中科科创、南昌光谷、金沙江联合资本、腾讯投资、金珏资产、中电鑫泽（北京）投资管理等机构。其中，正心谷创新资本在鹏鼎控股的 A 轮融资中投资了 10.52 亿元，是产业链上游最大的单笔投资。产业链中游的投资规模较大的机构有中科招商、深圳正中、金石投资等机构。其中深圳正中给 TCL 华星单笔投资金额达到 21 亿元，中科招商为广东有线投资了 8 亿元。在超高清视频产业链中游的传输和显示领域的企业规模效应较为明显，所以会出现融资次数较少，融资规模较大的局面。在产业链下游投资规模较大的机构有汇垠澳丰、粤科金融、浙商创投、海通开元、合一资本、前海母基金等。其中汇垠澳丰为四开花园 B + 轮融资了 20 亿元。四开花园作为广东省重点高科技企业，是国内领先的 5G + 超高清应用技术平台，公司秉承“超高清改变世界”的愿景和使命，立足广东、辐射全国，致力于推动中国超高清产业的飞速发展。公司集超高清内容生产与分发、超高清技术研发与应用于一体，为市场提供可持续更新的 4K 内容，整体占有率达到 80% 以上，同时为客户提供定制化、全方位、全流程 4K 技术解决方案；基于 5G 网络的全面普及，公司积极探索 5G + 超高清技术研发和商业化应用，在超高清视频彩铃、5G + 8K 户外展示等领域服务亿万蓝海用户，时刻保持 5G + 超高清技术研发和实践的国内最高水准。

表 8 - 6 代表性投资机构和融资企业

产业链环节	投资机构	融资企业	融资规模/百万元	轮次
上游	中国国新基金（深圳国相鑫光投资）	创鑫激光	220.00	C
	赛富投资基金（SAIF HK）	光峰科技	81.87	C
	中信资本		54.31	C
	恩典汇智	深圳市晶心石英技术	94.51	A
	华融渝富资本（华融渝富基业基金）	中导光电	53.85	B
	中科科创（中山中科基金）、中科科创（珠海横琴中科白云基金）	华阳集团	968.61	A
	南昌光谷、金沙江联合资本（鑫旺资本）	长方集团	716.23	A

（续上表）

产业链环节	投资机构	融资企业	融资规模/百万元	轮次
上游	粤科金融	奥伦德	45.00	A
	腾讯投资	雷鸟科技	450.00	A
	昆桥资本（领投）	长芯盛智连	210.00	A
	江门蓬江江粉金服资产（江粉磁材产业基金）	江粉科技	121.55	A
	达晨财智（达晨创投）	镭神智能	100.00	A+
	徐州产业发展基金（徐州产业发展基金）		105.00	C
	招商致远资本、青云创投	广景科技	100.00	B
	远致富海（领投）		148.11	C
	逸信基金（广发信德厚源）	三雄极光	90.00	A
	汉虎资本（珠海汉虎纳兰德基金）	宏晟光电	73.42	A
	深圳慧和资产（领投）	科视光学	52.50	A
	深圳慧和资产		75.00	B
	Anker Innovations	华源半导体	45.53	A
	达晨财智（达晨创投）	华润通光电	43.11	C
	正心谷创新资本	鹏鼎控股	1 052.00	A
	春华资本（秋实兴本）		200.00	
	武汉成业联		121.55	
	东方富海（东方富海芜湖股权基金）	胜宏科技	85.62	A
	金珏资产（萍乡市星发工业）	深越光电	602.00	C
	中电鑫泽（北京）投资管理（中电坤润基金）	中电港	300.00	B
	中国国新基金（中国国有资本风险投资基金）			
	琮碧秋实（琮碧睿信）	电连技术	100.48	A
	平安资本（平安创新资本）	领益智造	100.00	A
中游	中科招商	广东有线	800.00	A
	深圳正中［湖北省长江合志汉翼股权投资基金合伙企业（有限合伙）］	TCL 华星	2 100.00	A
	金石投资（中信并购基金）	南玻显示器件	424.98	A
	君盛投资	帝晶光电	25.00	A
	中科招商	中京电子	41.20	A

（续上表）

产业链环节	投资机构	融资企业	融资规模/百万元	轮次
下游	海通开元、合一资本、前海母基金、湖畔山南资本、山东广电网络	四开花园	60.00	A
	粤科金融、浙商创投		70.00	A +
	汇垠澳丰		2 000.00	B +

资料来源：清科私募通。

三、投资事件统计及分析

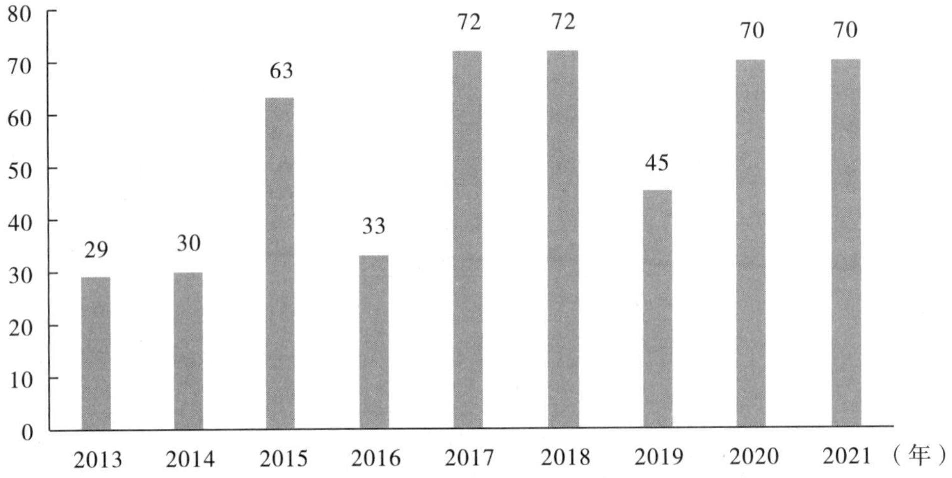

图 8－16 广东省超高清视频产业创业投资事件

资料来源：清科私募通。

根据图 8－16 清科私募通数据，从 2013 年到 2021 年广东省超高清视频产业共发生创业投资事件 484 起。2013 年、2014 年的整体投资事件较少，分别为 29 起和 30 起。2014 年韩国率先开通 4K 超高清频道服务，超高清视频应用成功落地让国内投资者开始重点布局超高清视频产业。在 2015 年超高清视频产业创业投资事件相对于前两年翻了一倍。2016 年虽然创业投资事件降到了 33 起，但是投资规模却达到了历史峰值。深圳正中给 TCL 华星的投资达到了 21 亿元，是超高清视频产业最大规模的单次投资。2017 年和 2018 年超高清视频产业投资事件达到了 72 起，这两年在超高清视频行业进行创业投资布局的机构数量陡增。缘于超高清视频下游应用纷纷落地，让各类中小投资机构看到了光明的前景，都开始着手布局。而后，2019 年超高清视频产业创业投资事件次数回落，但是在 2020 年和 2021 年又上升到 70 起。

从图 8－17 超高清视频产业链环节投资事件来看，上游的元器件投资次数是远远领先中游的显示器和下游的内容服务，这样的投资事件分布和超高清视频产业链的特点是分不开的。超高清视频产业链上游产品种类复杂，例如感光器件、存储芯片、编解码芯片、图像芯片、处理器芯片等。中游的显示器生产企业具有规模大、生产技术高等特点，如代表性企业 TCL 华星等。产业链下游的应用服务目前还未铺开，仅有几家企业较为活跃，例如四开花园等。正是这种产业链分布，使得上游投资事件发生次数较多，中下游较少。但是随着下游的应用服务慢慢铺开，下游的创业投资事件增长态势已初现。

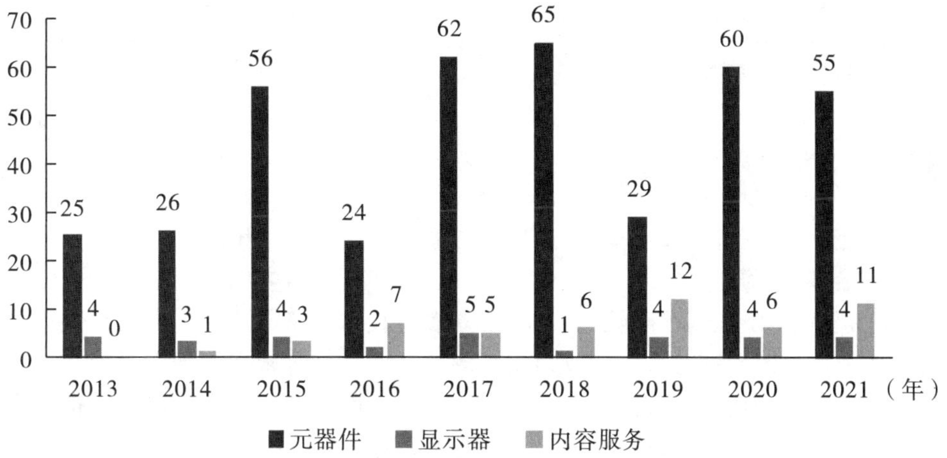

图 8－17　广东省超高清视频产业链环节创业投资事件

资料来源：清科私募通。

第四节　超高清视频产业链创业投资绩效分析

一、退出分析

根据表 8－7 清科私募通数据，广东省超高清视频产业在 2013—2021 年的创业投资退出方式主要有回购、股权转让、并购、IPO 四种。其中创业投资通过 IPO 退出的事件最多，达到了 143 起，通过并购退出有 58 起，通过股权转让退出有 48 起，通过回购退出的事件最少，也有 11 起。在回购、股权转让、并购、IPO 这四种主要退出方式中，并购的平均账面回报倍数和平均内部收益率最高，分别达到了 5. 89 和 42. 89%。IPO 其次，平均账面回报倍数和平均内部收益率分别为 3. 59 和 38. 93%。然后是股权转让，平均账面回报倍数和平均内部收益率分别为 2. 49% 和 29. 32%。最后是回购，平均账面回报倍数和平均内部收益率分别为 1. 09 和 5. 03%。在一般情况下，创业投资通过 IPO 的方式退出所获得回报倍数和内部收益率是最高的。但是在超高清视频产业链通过并购的方式退出，其平均账面回报率和平均内部收益率比通过 IPO 的方式退出要高。

表8－7　2013—2021年广东省超高清视频产业创业投资绩效

主要退出方式	退出事件/起	平均账面回报倍数	平均内部收益率/%	平均回报金额/百万元
回购	11	1.09	5.03	13.19
股权转让	48	2.49	29.32	60.80
并购	58	5.89	42.89	159.68
IPO	143	3.59	38.93	110.80

资料来源：清科私募通。

二、投资回报

从产业链位置来看，2013—2021年广东省超高清视频产业链上游发生的创业投资退出事件次数最多，下游次之，中游最少。这种分布和超高清视频产业链环节企业布局紧密联系。在超高清视频产业链上游初创企业众多且技术也日趋成熟，大量企业凭借自身某项技术优势成为市场里的重要一员，相当多的企业正在谋求上市或者已经上市。上游企业通过IPO的方式退出的事件最多，达到115起。而通过并购方式退出获得的平均账面回报倍数、平均内部收益率是最高的，分别为7.74、52.41%。

表8－8　2013—2021年超高清视频产业链创业投资绩效

产业链环节	主要退出方式	退出事件/起	平均账面回报倍数	平均内部收益率/%	平均回报金额/百万元
上游	回购	7	0.98	2.57	4.92
	股权转让	28	3.10	26.43	28.73
	并购	43	7.74	52.41	183.69
	IPO	115	3.51	37.92	119.38
中游	回购	0	0	0	0
	股权转让	8	1.63	24.95	147.70
	并购	5	3.36	36.77	188.94
	IPO	15	5.32	62.73	99.64
下游	回购	4	1.29	9.95	27.65
	股权转让	12	1.82	42.17	74.66
	并购	10	1.59	18.61	17.95
	IPO	13	2.83	10.31	22.15

资料来源：清科私募通。

而处在产业链中游的企业具有规模大且生产技术先进的特点，所以企业数量本身不多。产业链中游企业主要通过 IPO 的方式退出，其平均账面回报倍数和平均内部收益率最高，分别为 5.32 和 62.73%。

产业链下游的内容服务近几年才开始兴起，是我国超高清视频产业链环节上的一块短板。尽管中上游的技术和产能已经达到世界先进水平，但由于下游的超高清视频内容服务跟不上，满足不了消费者对超高清视频内容服务的消费需求。产业链下游企业主要通过 IPO 和股权转让的方式退出，通过股权转让的方式退出的平均内部收益率最高，达到 42.17%，而通过 IPO 方式退出的平均账面回报倍数最高，达到 2.83。

三、创新绩效

从图 8－18 总体创新规模上看，广东省是超高清视频产业专利授权数量最多的省份，全国占比达到 30.69%，相较于其他省份遥遥领先。截至 2021 年，广东省超高清视频产业专利授权数量达到 14 557 项，除广东省外其他地区专利授权数量均未过万。其次是北京市和上海市，分别为 9 738 项和 7 769 项。江苏省和浙江省专利授权数量均超过 3 000 项，安徽省和湖南省专利授权数量均超过 1 000 项，而湖北省、江西省和广西壮族自治区专利授权数量均未超过 1 000 项。综合看来，超高清视频产业创新绩效总体上和地区投资规模一致。

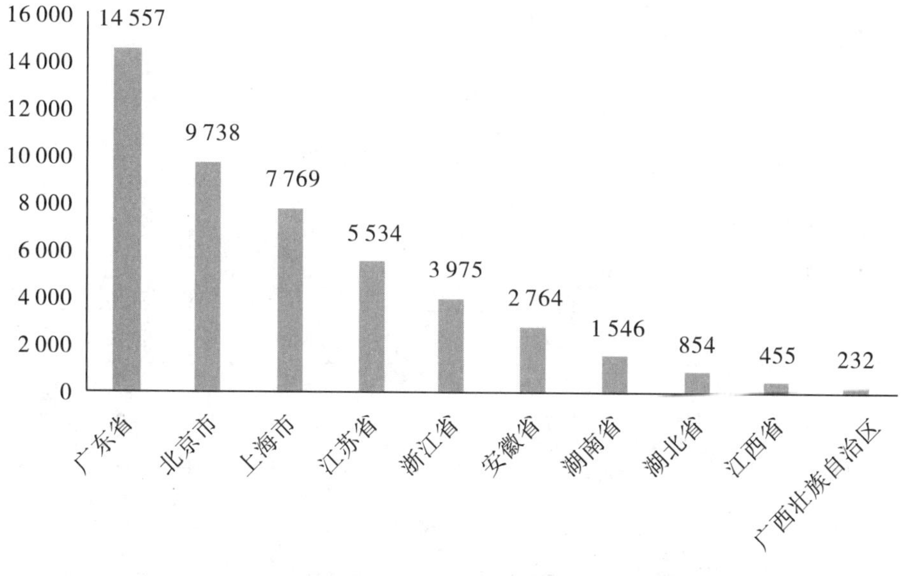

图 8－18　各地区超高清视频产业专利授权数量（单位：项）

资料来源：根据智慧芽、前瞻产业研究院整理。

从表 8－9 产业链专利授权数量来看，位于产业链中游企业的专利授权数量最多，达到了 11 050 项；位于产业链上游企业的专利授权数量其次，为 637 项；位于产业链下游企业的专利数量相对最少，为 169 项。这说明广东省在超高清视频产业的中游创新能力最强，而上游和下游创新能力相对较弱。从企业方面来看，视源电子的专利授权数量最多，达到了6 463 项，慧科和华星 TCL 分别为第二、第三，分别达到了 2 044 项和 1 857 项。

表 8－9　广东省代表性企业专利授权数量

（单位：项）

产业链环节	企业	专利总量	发明专利	实用新型
上游	艾派克	357	160	145
	欧比特	127	6	121
	晨星	67	66	1
	华为海思	48	48	0
	索广电子	15	1	14
	扳手科技	13	4	5
	尊正	6	6	0
	柯维新	4	4	0
中游	视源电子	6 463	1 482	3 314
	惠科	2 044	1 045	941
	华星 TCL	1 857	1 706	162
	康佳集团	643	396	177
	创维集团	22	20	1
	广联电子	15	0	15
	中广电	4	4	0
	富士康	2	2	0
下游	迅雷	81	64	1
	南方新媒体	53	4	27
	奥威亚	28	17	9
	4K 花园	4	4	0
	中广电传媒	2	2	0
	广东广播电视台	1	1	0

资料来源：企查查。

综上所述，广东省在超高清视频产业的创新能力相较于全国其他地区较为突出。但是从产业链来看，“中间强，两头弱”的问题依然严峻，要在继续保持中游企业创新产出的同时，向产业链两端延伸，培育和提升超高清视频全产业链的创新能力。

第五节 发展趋势研判

广东省在全国率先发力4K产业取得显著成效，成功举办中国超高清视频（4K）产业发展大会、世界超高清视频（4K/8K）产业发展大会，成功开播全国首个省级4K频道，获得工业和信息化部和国家广播电视总局联合授予全国首个“超高清视频产业发展试验区”，4K电视机产量、机顶盒产量、电视面板产能均位居全国前列。但是，广东省超高清视频显示产业发展仍存在产业链不够完整、4K前端摄录等关键设备主要依赖进口、4K节目内容匮乏、市场化应用模式尚未完善等不足之处，制约了超高清视频显示产业发展。

发展超高清视频显示产业，将有力带动设备生产、内容制作、通信传输、终端制造、行业应用等产业链各环节的发展，实现多方互惠共赢。广东省利用信息基础设施较完善、电子信息制造业发达等良好条件，积极争取国家有关部委支持政策在广东先行先试，着力在补齐产业短板、打造特色产业标准体系、提升终端制造、丰富节目内容、网络升级等各环节综合施策，打造世界级超高清视频显示产业发展高地。

政府部门应梳理超高清全产业链各环节的关键技术并组织攻关。重点支持超高清视频采集设备、制作设备、编解设备、网络传输设备、终端呈现设备等的研发和产业化；鼓励拥有4K超高清技术的企业发挥产业协同作用，带动更多企业进行8K技术研发；重点鼓励芯片企业进行编解码芯片的研制和产业化；借鉴国内各地超高清视频领域的协同模式，引导发挥地方区位优势，率先打造超高清产业应用创新协同中心；协调产业链上下游企业聚焦关键标准研制和评测认证，形成与国家、行业标准协同发展的格局。

企业应大力开展产学研协作，面向色度学、HDR转换函数、音频处理、编码算法等基础技术研究，加速研发突破超高清视频产业在重点领域的关键核心技术，如高性能存储芯片、超高清图像传感器等，促进产业创新成果积累，推动创新成果产业化。针对芯片，编解码，光学器件，图像处理，光电显示，视频编辑、剪辑、制作等重点领域，着力引进和培育超高清视频领域高端技术人才，加大高水平创新人才梯队建设力度，构建开放合作交流的产业生态。强化自身技术创新能力，打破低价竞争局面，扩展市场利润空间。

随着5G逐渐商用落地，超高清领域的演进将为多个领域带来新机遇，而高质量编转码技术是贯穿超高清产业的关键技术，建议着重关注编转码技术领域。此外，工业和信息化部等发布的《超高清视频产业发展行动计划（2019—2022年）》更是把内容制作作为重点，提出到2022年超高清视频年制作能力达到3万小时。因此，超高清视频产业的重心，正逐渐从终端设备普及过渡到内容生产和应用，大屏端的新媒体发展趋势亦应予以关注。

第九章　新能源汽车产业创业投资*

新能源汽车无疑是最近十年被讨论最多的产业热词。从一开始被质疑其普适性，到最后逐渐被公众认可为未来汽车产业升级再造的必经之路，新能源汽车产业经历了重要的十年（2009—2019 年）。彼时随着经济建设进程的快速推进，中国汽车工业得到了迅猛发展，2009 年以来，中国持续稳居全球汽车产销第二把交椅，当年汽车产销量分别为 1 380 万辆和 1 360 万辆，保有量也达到了 7 690 万辆。然而，传统汽车产业的成熟发展让能源安全和环境污染的问题逐渐显现，加之传统燃油车的核心发动机技术也一直落后于国外发达国家，寻找另一条产业发展之路势在必行。显然，新能源汽车的出现为我国汽车产业的发展提供了一个弯道超车的机会，绕开了传统燃油车发动机的技术难题，打破了汽车能源由石油占据绝对优势的局面。故而在过往十几年，国家倾注大量人力、物力促进新能源汽车产业的发展，鼓励产业内企业积极开拓创新，产业内的创业投资也十分活跃。我国新能源汽车产业链主要分布在山东、广东、江苏等沿海地区，故而分析广东新能源汽车产业的创业投资具有重要意义，能帮助我们厘清当前新能源汽车产业创业投资氛围和趋势。本章主要围绕注册地在广东本土的新能源汽车产业链的企业进行分析，涵盖产业发展现状、创业投资概况、产业链创业投资、投资绩效和发展趋势五个方面。

第一节　新能源汽车产业发展现状

一、产业界定

从经济学描述，新能源汽车产业是从事与新能源汽车生产与应用相关的产业。新能源汽车是指采用非常规的车用燃料作为动力来源（或使用常规的车用燃料、采用新型车载动力装置），综合车辆的动力控制和驱动方面的先进技术，形成的技术原理先进、具有新技术、新结构的汽车。新能源汽车包括混合动力汽车（HEV）、纯电动汽车（BEV，包括太阳能汽车）、燃料电池电动汽车（FCEV）、氢发动机汽车、其他新能源（如高效储能器、二甲醚）汽车等各类别产品。目前，我国着力发展的是以电为替代能源的纯电动汽车和混合动力汽车，因此本章新能源汽车主要指电动汽车。

---

* 本章第一执笔人为暨南大学产业经济研究院黄树阳。

二、投资环境

（一）全国产业园区分布

目前，我国规模以上的新能源汽车产业园区共有59个，从全国区域分布来看，主要集中在山东，其次是江西、广东和湖北，如图9-1所示。居首的山东省建成新能源汽车企业6家，产能39.2万辆；新能源汽车零部件及配套企业100余家，年产动力电池单体67亿瓦时、电池系统1.8万余套，产业体系初步成型，其2020年电动汽车保有量达到40.5万辆，位居全国第三。广东主要有比亚迪和广汽集团两大汽车制造企业，产能加总近90万辆。广东汽车产业集群发展优势明显，形成了广州花都、番禺、南沙以及深圳坪山等高度集聚的产业园区，并形成了整车及零部件研发、设计、生产、销售等较为完备的产业链，共有规模以上汽车及零部件企业876家。

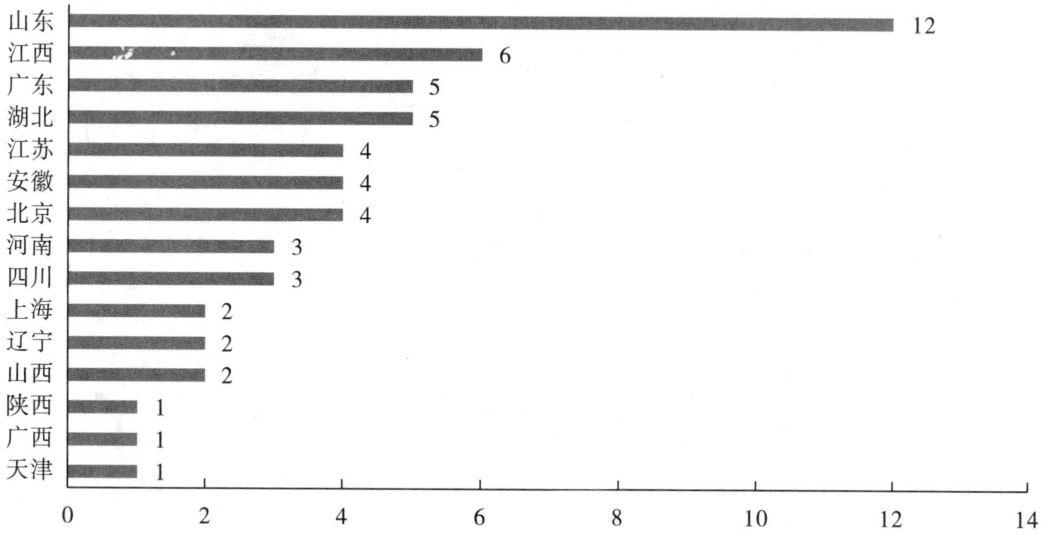

图9-1 2021年中国规模以上新能源汽车产业园区域分布

资料来源：根据公开资料整理。

（二）广东四大产业基地

目前，广东已经形成广州花都、番禺、南沙和深圳坪山四大产业基地。

花都汽车产业基地是广东四大汽车板块的榜首，是广州第一个实现工业总产值超千亿元的制造业基地，也是我国汽车零部件产业集群规模最大（聚集200多家零部件企业）、创新能力和综合竞争能力最强、产业链最完整、人才最集中的产业板块之一。目前东风日产、大运汽车、滴滴自动驾驶、联友智连科技等一批项目已落户花都。

番禺汽车城作为广州市汽车产业发展的重要战略板块之一，2020年实现产值495亿元，同比增长16%。共有3家汽车生产制造企业（广汽乘用车公司、广汽菲克公司、广汽埃安新能源公司），1家汽车研发创新中心（广汽研究院），34个关联项目，辐射带动北部、中部两大零部件集聚区发展，加速成型传统能源汽车、新能源汽车两大产业带，是广州市汽车产业发展的重要战略板块之一。

广州南沙在智能化、新能源汽车产业上频频布局。2020 年，南沙区汽车制造业产值已经实现连续三年超千亿元。南沙区在聚焦产业引领、加快汽车产业转型升级上频频发力。南沙推出的 11 宗产业用地中有 6 宗用地业态为汽车零部件制造及汽车制造高端装备，分别位于黄阁镇汽配产业园和万顷沙镇智能网联汽车产业园，总供地面积约 19 公顷。目前恒大投资 1 600 亿元建设的三大基地、广汽蔚来新能源汽车总部、广汽丰田新生产线，以及小马智行、小鹏汽车等企业都相继落户南沙。

深圳坪山汽车产业基地围绕坪山区新能源汽车产业园而建立。园区拥有以比亚迪、新宙邦、巴斯巴、开沃等为代表的一批新能源企业，拥有“北京理工大学汽车研究院（电动车辆国家工程实验室深圳研究院）”和国家级“金字招牌”——国家新能源汽车产业基地。截至 2019 年，园区新能源企业重点企业参与各类标准制修订 130 余项，较 2017 年增长 85%。已拥有中国合格评定国家认可委员会（CNAS）认证实验室 3 家、国家级技术中心研究院所实验室 4 家、地方级技术中心研究院所实验室 12 家；企业获得中国驰名商标 2 个、广东省名牌称号 4 个、广东省著名商标 3 个。坪山区新能源汽车产业已经形成了从正负极材料、电解液、隔膜到动力电池成品制造，从新能源汽车的电机、电控、电动总成、配套充电设施到整车制造，集研发、生产及销售为一体的完整产业链条。

（三）广东投资政策环境

在创业投资的政策支持方面，前有广东省人民政府办公厅 2016 年出台的《广东省人民政府办公厅关于加快新能源汽车推广应用的实施意见》（简称《意见》），指出完善新能源汽车产业金融服务体系和鼓励国有企业以股权投资、融资租赁等多种形式参与新能源汽车推广应用；后有 2020 年发布的《广东省人民政府办公厅关于印发广东省进一步做好稳外资工作若干措施的通知》（简称《通知》），《通知》中第一点便明确说明鼓励外商投资新能源汽车领域，放宽商用车制造外资股比限制，支持中外合资乘用车企业的外方按规定转让平均燃料消耗量与新能源汽车积分。可见，总体来讲，广东新能源汽车产业的投资政策环境日渐放松和包容。

三、产业政策

（一）战略规划

1.《节能与新能源汽车产业发展规划（2012—2020 年）》

在早期产业发展阶段，中国新能源汽车整车和部分核心零部件关键技术尚未突破，产品成本高，社会配套体系不完善，产业化和市场化发展受到制约；汽车节能关键核心技术尚未完全掌握，燃料经济性与国际先进水平相比还有一定差距，节能型小排量汽车市场占有率偏低。针对这些问题，国务院于 2012 年 6 月印发了《节能与新能源汽车产业发展规划（2012—2020 年）》。该规划确立了以纯电驱动为新能源汽车发展和汽车工业转型的主要战略取向，提出了五大目标，即推进产业化、改善燃料经济性、提高技术水平、增强配套能力和完善管理制度。该规划秉持坚持政府引导与市场驱动相结合的原则，在产业培育期，积极发挥规划引导和政策激励作用，聚集科技和产业资源，鼓励节能与新能源汽车的开发生产，引导市场消费。

2.《新能源汽车产业发展规划（2021—2035 年）》

在完成第一个产业规划后，我国新能源汽车产业发展取得了巨大成就，成为世界汽车产业发展转型的重要力量之一。与此同时，我国新能源汽车发展也面临核心技术创新能力不强、质量保障体系有待完善、基础设施建设仍显滞后、产业生态尚不健全、市场竞争日益加剧等问题。为进一步推进产业发展，国务院办公厅于 2020 年 10 月印发《新能源汽车产业发展规划（2021—2035）》。该规划明确市场主导地位，充分发挥市场在资源配置中的决定性作用，强化企业在技术路线选择、生产服务体系建设等方面的主体地位；提出目标到 2025 年动力电池、驱动电机、车用操作系统等关键技术取得重大突破，安全水平全面提升，纯电动乘用车新车平均电耗降至 12.0 千瓦时/百公里，新能源汽车新车销售量达到汽车新车销售总量的 20% 左右，高度自动驾驶汽车实现限定区域和特定场景商业化应用，充换电服务便利性显著提高。

（二）财税补贴

我国新能源汽车产业补贴政策最早可以追溯到 2009 年，按照补贴标准，至今大体可分为三个阶段：政策试点补贴阶段（2009—2012 年）、补贴小幅退坡阶段（2013—2015 年）和补贴大幅退坡阶段（2016—2022 年）。

1．政策试点补贴阶段（2009—2012 年）

先公域，后私域。2009 年，财政部和科技部联合发布《关于开展节能与新能源汽车示范推广试点工作的通知》，决定在北京、上海、重庆、长春、大连、杭州、济南、武汉、深圳、合肥、长沙、昆明、南昌等 13 个城市开展节能与新能源汽车示范推广试点工作，旨在以财政政策鼓励在公交、出租、公务、环卫和邮政等公共服务领域率先推广使用节能与新能源汽车，对推广使用单位购买节能与新能源汽车给予补助。这是中国新能源汽车产业政策的开端，以 13 个一二线城市作为基点推广公域新能源汽车的使用，初步打开了新能源汽车规模化商用的局面。随着公域推广试点的落实，补贴政策也开始转向私域。2010 年，财政部、科技部、工信部和国家发改委联合发布《关于开展私人购买新能源汽车补贴试点的通知》，进一步提高对新能源汽车购买的补贴支持力度。这份文件标志着我国新能源汽车产业政策向私域倾斜。当时按照 3 000 元/千瓦时给予补助；插电式混合动力乘用车最高补助 5 万元/辆；纯电动乘用车最高补助 6 万元/辆。

2．补贴小幅退坡阶段（2013—2015 年）

2013 年，财政部、科技部、工信部和国家发改委联合发布《关于继续开展新能源汽车推广应用工作的通知》（简称《通知》），首次提出 2014 年和 2015 年，纯电动乘用车、插电式混合动力（含增程式）乘用车、纯电动专用车、燃料电池汽车补助标准在 2013 年标准基础上分别下降 10% 和 20%。该《通知》标志着国补小幅退坡阶段的到来。2014 年，由于发展没到预期又对退坡机制进行了调整，将上述车型的补贴标准调整为：2014 年在 2013 年标准基础上下降 5%，2015 年在 2013 年标准基础上下降 10%。

3．补贴大幅退坡阶段（2016—2022 年）

过去两个阶段的补贴虽然很大程度地刺激了新能源汽车产业的发展，但也催生了一些虚假的繁荣，比如被爆出的大量企业骗补情况。这说明不制定细则的补贴政策并不能有效促进产业创新和技术进步。故而从 2016 年之后，国家对于国补和地补制定了更为严格的标准，补贴也进入大幅退坡阶段。

2016 年，财政部、科技部、工信部、国家发改委四部门进一步发文《关于调整新能源汽车推广应用财政补贴政策的通知》，对新能源客车，以动力电池为补贴核心，以电池的生产成本和技术进步水平为核算依据，设定能耗水平、车辆续驶里程、电池/整车重量比重、电池性能水平等补贴准入门槛，并综合考虑电池容量大小、能量密度水平、充电倍率、节油率等因素确定车辆补贴标准；进一步完善新能源货车和专用车补贴标准，按提供驱动动力的电池电量分档累退方式核定；同时，分别设置中央和地方补贴上限，其中地方财政补贴（地方各级财政补贴总和）不得超过中央财政单车补贴额的 50%。这一年正式预示着地补贴退坡和补贴标准技术细化的到来。

2019 年，财政部、工信部、科技部和国家发改委四部委联合发布了《关于进一步完善新能源汽车推广应用财政补贴政策的通知》，补贴新政提高续航里程要求，取消 250 公里以下的电动乘用车型补贴；再次提高能量密度门槛，其中纯电动乘用车动力电池系统的质量能量密度要求不低于 125Wh/kg；再次设置补贴过渡期，2019 年 3 月 26 日至 2019 年 6 月 25 日为过渡期；取消地补，补贴过渡期后取消车辆购置补贴，转为补贴充电基础设施等。

由于 2019 年底爆发的新冠肺炎疫情影响，以及为了确保我国新能源汽车产业在全球的引领地位，后补贴时代体现出缓慢退坡的特征。2020 年，四部委发布《关于完善新能源汽车推广应用财政补贴政策的通知》，提出将新能源汽车推广应用财政补贴政策实施期限延长至 2022 年底，原则上 2020—2022 年补贴标准分别在上一年基础上退坡 10%、20%、30%。

表 9－1　新能源汽车重要产业政策概览

时间	部门	政策
2009 年	财政部、科技部	《关于开展节能与新能源汽车示范推广试点工作的通知》
2010 年	财政部、科技部、工信部和国家发改委	《关于开展私人购买新能源汽车补贴试点的通知》
2012 年	国务院	《节能与新能源汽车产业发展规划（2012—2020 年）》
2013 年	财政部、科技部、工信部和国家发改委	《关于继续开展新能源汽车推广应用工作的通知》
2015 年	工信部	《汽车动力蓄电池行业规范条件》（已废止）
2016 年	财政部、科技部、工信部和国家发改委	《关于调整新能源汽车推广应用财政补贴政策的通知》
2017 年	财政部、商务部、海关总署、质检总局和工信部	《乘用车企业平均燃料消耗量与新能源汽车积分并行管理办法》
2019 年	工信部	《汽车动力蓄电池行业规范条件》
	财政部、科技部、工信部和国家发改委	《关于进一步完善新能源汽车推广应用财政补贴政策的通知》

（续上表）

时间	部门	政策
2020 年	财政部、科技部、工信部和国家发改委	《关于完善新能源汽车推广应用财政补贴政策的通知》
	国务院	《新能源汽车产业发展规划（2021—2035 年）》

资料来源：根据公开资料整理。

四、产业发展概况

（一）中国发展概况

目前，我国新能源汽车产业政策体系日趋完善，行业企业深耕细作、笃行致远，加大研发投入、强化技术和商业模式创新，不断提升产品品质，共同推动我国新能源汽车产业在市场规模、产业体系、技术水平、品牌建设等方面实现了全面提升。

从市场规模来看，我国已经成为全球最大的新能源汽车市场，产销量连续七年稳居世界首位。与此同时，市场驱动力也逐步从政策驱动向“市场为主，政策为辅”的新型驱动方式转变，私人消费占比已由 2016 年的 32% 跃升至当前的 77%，二、三、四线城市及非限购地区的消费需求开始释放。

从产业体系来看，我国已建立起一套结构较完整、自主掌控力较强的产业链和供应链体系，成功打通了基础材料、关键零部件、制造装备等关键环节。其中，动力电池领域表现尤为亮眼。我国已经成为全球最大的动力电池生产国，全球装机量占比在 47% 以上。宁德时代、精进电动等头部企业生产的动力电池及驱动电机也已进入宝马、大众等国际知名整车企业配套体系，产业支撑力大幅增强。

从技术水平来看，我国新能源汽车产品已实现从“赶超”到“领跑”的跨越。我国主流纯电动乘用车电耗水平由 2016 年的 15.7 千瓦时/百公里降低至 12.5 千瓦时/百公里，能效水平显著提升；续驶里程也由 2016 年的 253 公里提升至 400 公里以上，有效缓解了消费者里程焦虑。随着技术的进步，新能源汽车在平顺性、驾乘舒适性等方面优势更加明显。

从品牌建设来看，自主品牌建设也取得了长足进步。我国传统汽车企业陆续推出全新电动汽车品牌，全力进击新能源市场，如长城欧拉、广汽埃安等，并成功打造数款“网红车型”；蔚来、小鹏、理想等造车新势力也为我国新能源汽车发展注入了新鲜血液，2021 年累计销量均进入全球前二十大名单，超过了一众老牌车企。此外，“中国制造”产品受到国际市场欢迎，上汽、长城、比亚迪、宇通等企业的新能源汽车产品销往全球 40 多个国家，“走出去”取得重大突破。

（二）广东发展概况

经过近十年来的发展，广东省新能源汽车产业从无到有，发展迅速，目前总体技术水平居全国前列，具备了规模化生产和应用的条件。总体来看，广东新能源汽车产业具有 4 个特征：产业链条基本建立、产业发展初具规模、核心技术稳步提升和智能网联化倾向。

1. 产业链条基本建立

目前广东省新能源汽车产业已涵盖了整车生产、三大电（电池、电机、电控）、三小电（电动空调、电动助力转向、电动助力制动）以及电池关键材料等领域，基本形成了完备的新能源汽车产业链。以广汽、比亚迪两大汽车集团为重点企业，形成了整个珠三角新能源汽车产业集群（其中，广州、深圳、肇庆以生产新能源乘用车为主，珠海、佛山、中山、惠州以生产新能源客车为主，佛山、云浮等先行示范区率先推广氢燃料电池）。广东省拥有广汽传祺、比亚迪、东风日产启辰、北汽绅宝、小鹏汽车等新能源汽车自主品牌。全省新能源汽车年生产能力超 100 万辆（含合资企业），实现了纯电动汽车、插电式混合动力汽车的产业化，基本形成以广州和深圳为核心，珠三角及粤东西北相关地市配套发展的新能源汽车产业发展格局。

2. 产业发展初具规模

据广东统计局数据，2020 年广东省汽车制造业增加值增长 6.6%，增幅比前三季度提高 7.9 个百分点，体现了汽车制造业虽受疫情影响，但复苏态势明朗。在最受外界关注的新能源汽车产量方面，则同比增长达到了 27.6%，增速为全国整体的 3.68 倍。《2020 年广东乘用车市场零售量分析报告》显示广东以显著优势成为新能源汽车最热区域市场。2020 年，广东新能源汽车整体上险量为 166 316 台，名列全国第一，继续跑赢全国市场。

3. 技术水平稳步提升

广东省是国内最早开展电动汽车技术研发、参与国家电动汽车重大科技项目的省份之一，目前在电动汽车整车、动力系统总成以及动力电池及其管理系统、驱动电机等关键零部件方面的技术居全国领先地位。拥有国家电动汽车试验示范区、国家汽车质量监督检验中心（广东）、电动车辆国家工程实验室（电驱动实验室）以及一批省级工程实验室、工程中心、重点实验室等创新平台和公共测试平台，初步形成了一个多层次、多领域的技术创新体系。省内龙头企业（广汽集团和比亚迪）目前已掌握电池、电机、电控、机电耦合和系统集成五大关键核心技术，具备完整的新能源汽车开发能力。

4. 迈入智能网联汽车测试新阶段

2019 年 6 月 20 日，广州市颁发 24 张自动驾驶路测牌照（数量居全国第二，仅次于北京），获得牌照的企业包括广汽集团、小马智行、文远知行、景骐科技、裹动智驾（AutoX）、深兰科技等 6 家企业，其中获得牌照数量最多的文远知行旗下 RoboTaxi 车队于 2019 年 11 月开始在广州黄埔区、广州开发区 144.65 平方公里范围内运营，截至 2020 年 4 月，已提供全开放式运营服务超过 100 天。

总体来看，广东在新能源汽车产业链完整、基础设施良好等先天优势下，消费市场对新能源汽车保持着较高包容度，消费信心不断增强，在一定程度上也刺激产业高质量发展。可以预见的是，广东新能源汽车市场的未来潜力巨大。

第二节　新能源汽车产业创业投资概况

一、投资规模

在2009—2021年这段时间，参与广东省新能源汽车产业创业投资的机构共有168家，其中2016年的机构数量猛增近4倍达到34家，随后在2017机构数量达到最高值35家，此后2018年和2019年机构参与活跃度逐年下降，这与当时的资本市场环境有密切关系，彼时2017年下半年美国总统特朗普启动了对中国的贸易战，中国资本市场进入了寒冬，在这段时间投资金额也出现断崖式下跌。而后从2020年，投资机构数量和投资金额快速回升，资本市场也逐渐从贸易战初始的阴霾中走出，接受了贸易争端常态化，新能源汽车产业发展的高确定性加上补贴政策时限的延长重新让机构加速布局新能源汽车产业企业。

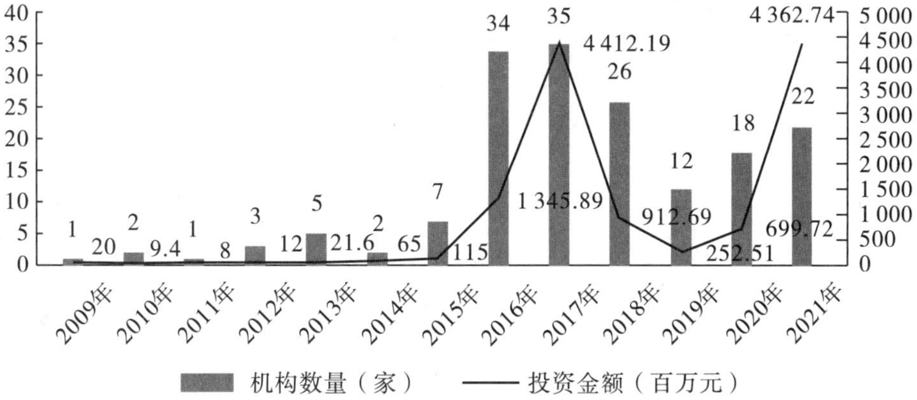

图9-2　2009—2021年参与广东省新能源汽车产业创业投资的机构统计

资料来源：清科私募通。

二、投资轮次

从表9-2，我们可以看到机构参与数量最多的轮次是A轮，投资金额近29亿元，其次是B轮，投资金额近6亿元，投资种子轮的机构只有一家。这也符合客观规律，因为一般种子轮的企业尚处开端，机构很难涉及。A轮企业的大体商业模式已经得到市场验证，能做出产品，融资金额20亿~30亿元人民币居多，也是其他产业大多数机构会重点关注的轮次。在A轮融资的企业中受市场关注较多的企业有蔚来科技、恒翼能和矩威动力。B轮的企业属于商业模式相对成熟，有数据，一般也有持续收入，是细分领域且同类模式里面的龙头企业，融资金额从5 000万元到上亿元人民币都有。一般上述投A轮的VC也会投B轮。而需要持续烧钱的D轮、E轮企业，相对来说投资的机构就比较少。从交易平均估值我们可以看出B轮投资的企业估值要较高，达55亿元，而A轮的交易平均估值只有 14 亿元。

表 9－2　2009—2021 年参与广东省新能源汽车产业创业投资的机构投资轮次分析

类别/维度	种子轮	天使轮	Pre-A	A	B	C	D	E
案例数量	1	13	9	41	15	12	7	7
机构数量	1	13	8	34	15	11	5	7
投资金额/百万元	112. 5	319. 6	80. 0	2 858. 1	582. 9	494. 6	50. 0	300. 0
交易平均估值/百万元	500. 0	602. 8	60. 0	1 447. 0	5 500. 0	225. 0	860. 0	1 500. 0

资料来源：清科私募通。

三、投资区域

如图 9－3 所示，广东省新能源汽车产业创业投资案例和企业主要分布在深圳市，有 83 个案例和 33 家企业，其次是广州，有 8 个案例和 2 家企业，其他城市比较零散，差距不大。

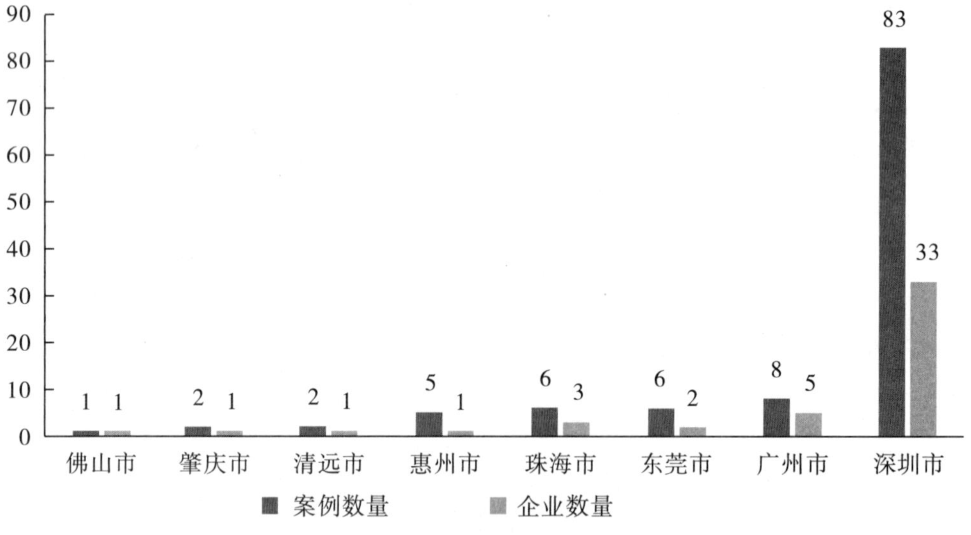

图 9－3　2009—2021 年广东省新能源汽车产业创业投资区域分布

资料来源：清科私募通。

可以说，深圳引领着广东省新能源汽车产业创业投资市场的发展，这与深圳独特的地缘位置和宽松的制度环境不无关系。深圳市地处我国的东南沿海，毗邻港澳，是“粤港澳大湾区”发展的中心城市，也是我国对外开放的门户城市。早在 2009 年，深圳市就被选定为全国首批 13 个开展节能与新能源汽车示范推广试点城市之一；2010 年又被交通运输部确定为首个“国家公交都市建设示范城市”、建设低碳交通体系首批 10 个试点城市之一，在中央政府的领导下，深圳的公交车、专用车、出租车基本更换为新能源，随着新能源汽车的普及，私家车也在逐渐从传统燃油车向新能源汽车转换。其次，深圳市是我国著名的“科技城市”，科技发展有利于对新能源电池、电机、电控等系统的研发，比亚迪、五洲龙、沃特玛等新能源汽车领域知名企业均坐落在深圳。同时著名科技企业华为、腾讯等也坐落在深圳，有助于技术密集的新能源汽车的系统研发和更新。相较于全国其他地区，深圳的政策制度环境也更宽松。2021 年 1 月，深圳市为进一步推动新能源汽车的发展，将《深圳市应对新冠肺炎疫情影响促进新能源汽车推广应用若干措施》（简称《措施》）期限延长到 2021 年 6 月 30 日，《措施》放宽了非深户人员购买新能源汽车申请补贴的限制，同时，针对不同类型的新能源汽车进行不同额度的补贴，加上比亚迪公司给予消费者 3 000 元的补贴，车主最多可拿到 6.3 万元的购车补贴。这一举措，促进了深圳市新能源汽车的市场需求。

广州作为全国三大汽车生产基地之一，是国家汽车及零部件出口基地，节能与新能源汽车的示范推广试点城市，国家基于宽带移动互联网智能网联汽车与智慧交通应用示范区。2020 年广州全市汽车产量 295 万辆，在全国城市里排在第一位，其中新能源汽车 7.98 万辆，同比增长 17.3%，目前广州已经实现新能源汽车量产的整车企业有广汽新能源、东风启辰、广汽比亚迪、北汽乘用车及小鹏汽车，此外还集聚了宝能汽车、文远知行、小马智行、广汽蔚来、恒大国能等新造车势力。未来广州将大力推动智能与新能源汽车产业的发展，力争到 2025 年产能将突破 500 万辆，规模以上汽车制造业的产值力争达到 1 万亿元，新能源汽车能进入全国前三，形成比较完备的世界级汽车零部件的产业供应体系。

四、投资机构

（一）所有权结构

从图 9－4 我们可以看到参与广东省新能源汽车产业创业投资的机构中大多不具有国有背景，国有背景的机构只占 32%，然而其投资总金额远远高于非国有背景的企业。这说明在广东新能源汽车产业的投资环境中，国有背景的机构起到举足轻重的作用。这与

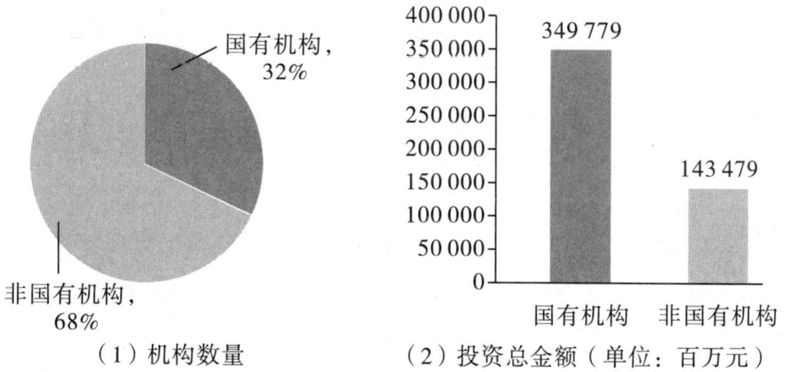

图 9－4　2009—2021 年参与广东省新能源汽车产业创业投资的机构所有权结构

资料来源：清科私募通。

广东省国资委的倡导不无关系，2016 年的《意见》就指出对国有企业投向新能源汽车产业发展和充换电基础设施建设领域的投资，允许按公益性和保本原则进行专项考核，不纳入国有企业一般业绩考核范围。鼓励国有企业参与设立新能源汽车领域相关产业基金，引导社会资本投向新能源汽车领域。

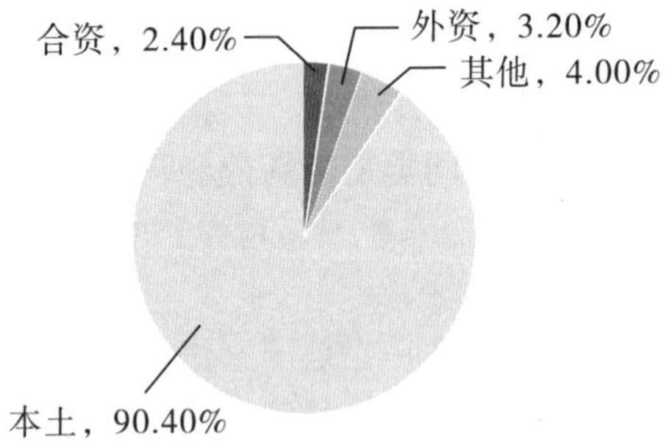

图 9-5　2009—2021 年参与广东省新能源汽车产业创业投资的机构资本属性

资料来源：清科私募通。

从图 9-5 可以看到，参与广东省新能源汽车产业创业投资的机构 90% 以上属于本土机构，其次是外资和合资机构，分别占比 3.2% 和 2.4%。这种现象与国内初期对于外资机构创业投资的包容性不高有关，政策层面也更加鼓励本土机构对本土产业进行创业投资，分享产业发展的红利。在本土机构中，广东本省的机构占 42.48%，大体呈现出与其他省份机构平分秋色的局面。这也说明广东省新能源汽车产业的发展确实吸引了全国各省的创投资金加入，侧面印证广东省新能源汽车产业发展的活跃度。

（二）机构类型比例

从图 9-6 可以看到，在所有机构类型中，PE 代表的私募股权投资参与的数量最多，占比 36.8%，其次是与之接近的 VC，而 FOFs 参与最少。从投资总金额来看，PE 要遥遥领先于其他类型机构。而专注于早期投资的机构数量和投资总金额也明显较少。

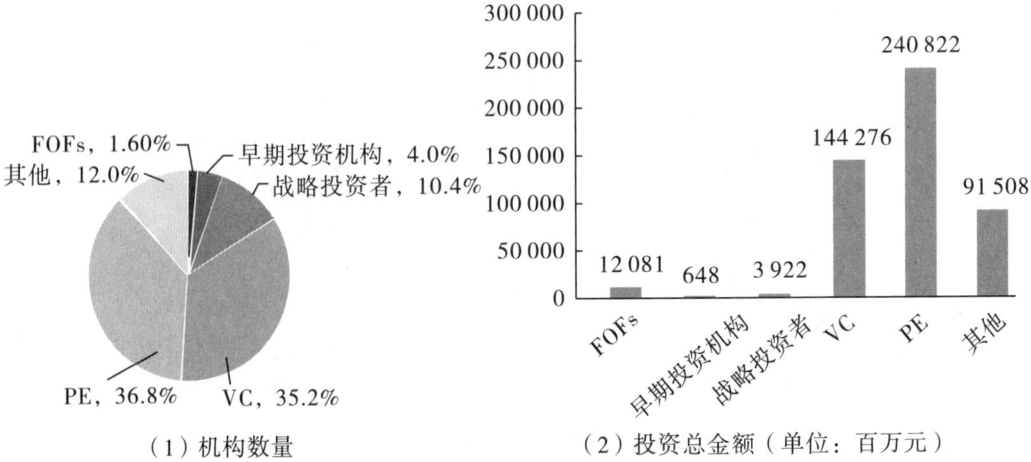

图 9-6　2009—2021 年参与广东省新能源汽车产业创业投资的机构类型

资料来源：清科私募通。

（三）机构组织形式

从组织形式上看，公司制的机构占绝大多数，达83.2%；有限合伙制占比不到13%，如图9－7所示。这与全国的创投机构组织形式占比大体一致。尽管有限合伙制具有分离企业管理权和出资权、信息披露要求更宽松的优点，但当前我国的创投机构仍将以公司制为主。这与我国当下的法律制度背景有关，也与国有背景的创投机构基本以公司制成立的导向有关。

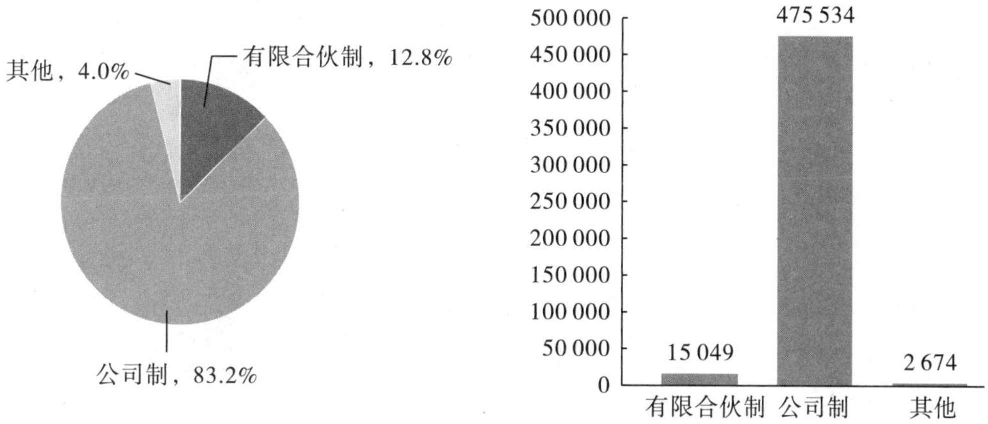

（1）机构数量　　（2）投资总金额（单位：百万元）

图9－7 2009—2021年参与广东省新能源汽车产业创业投资的机构组织形式

资料来源：清科私募通。

第三节 新能源汽车产业链创业投资分析

一、产业链环节投资分布

广东省新能源汽车产业创业融资的企业涉及的产业环节主要有负极材料、动力电池、电控、汽车零配件、整车制造、充换电设备和汽车租赁。如图9－8所示，整车制造所吸引的投资金额最多，超27亿元，其次是充换电设备的18亿元。这两个产业环节都需要大的固定资本投入，市场结构呈多元化竞争格局，前景广阔。其中，整车环节的蔚来科技于2021年就在A轮融得超24亿元，充换电设备环节的奥动新能源于2021年B轮融得15亿元。这反映了随着造车新势力的逐渐优胜劣汰，资金越来越集中向头部的几家真正能量产造车的新势力汽车厂商，试图去争夺未来替代传统燃油车的“蛋糕”。充换电设备环节呈现出来的高景气度与当前产业发展的需要和政策刺激有关，随着新能源汽车数量越来越多，公共充换电设施需要完善和逐步铺开，这势必会激发未来几年高增长的市场需求。2021年1—7月，随车配建充电设施增量持续上升，同比上升214.1%。公共充电基础设施增量同比上涨240.4%。在政策方面，2020年10月发布的《广东省推进新型基础设施建设三年实施方案（2020—2022年）》提出推进电动汽车智慧充电桩建设，到

2022 年全省建成约 18 万个充电桩。补贴方面以广州为例，直流充电桩、交直流一体化充电桩、无线充电设施的补贴标准为 300 元/千瓦，交流充电桩补贴标准为 60 元/千瓦。整体来看，随着充换电设备建设的逐步推进，我国新能源汽车与充换电设备保有量的配比也将逐步趋于合理，当前充换电基础设施正处于快速增长，各路资金加快布局阶段。

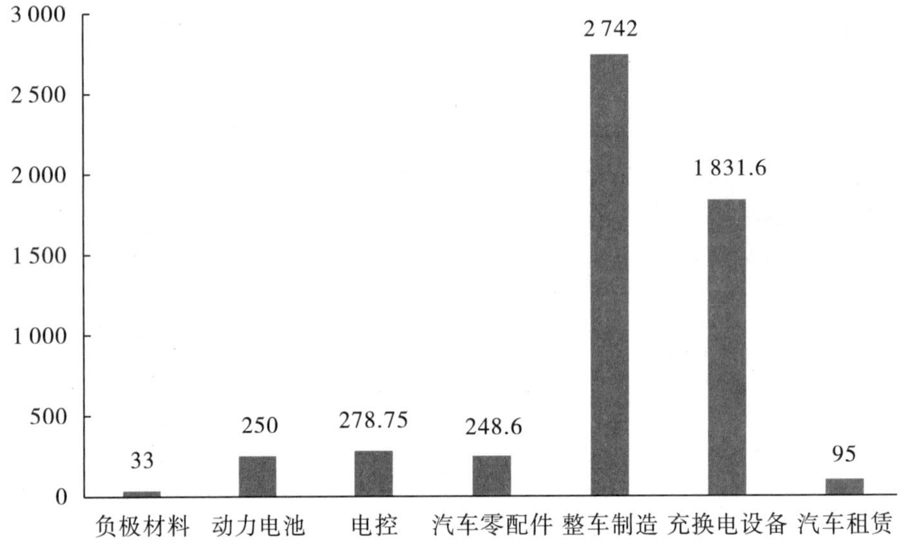

图 9-8 2009—2021 年广东省新能源汽车产业主要环节投资分布（单位：百万元）

资料来源：清科私募通。

接下来融资金额较高的环节是电控、动力电池和汽车零配件。电控涉及的融资企业数量是最多的，有 7 家，很多都是与电控中的核心部件车用半导体有关。现阶段，全球半导体行业缺芯严重，各车企也不时传出因缺芯而导致的停产事件。在此背景下，国家及各车企更重视车规级芯片的储备及国产化。2020—2021 年融资金额较高的企业有英搏尔（1.36 亿元）和芯能半导体（0.96 亿元）。

动力电池环节的企业大多处于 B 轮融资，有金禄电子、钜威动力、恒翼能、清极能源、亿鹏能源和比克电池，只有金禄电子和恒翼能披露了融资金额，分别融资 1 亿元和 1.3 亿元。金禄电子主要为宁德时代提供 PCB（Printed Circuit Board，印制电路板），恒翼能为电池厂商提供测试系统和后处理系统，类似这种不直接参与电池制造但提供相关配件和服务的企业还有深耕于电池管理系统的钜威动力。此外，有部分企业走燃料电池技术路线，如清极能源专注于开发氢燃料电池堆及动力系统。亿鹏能源和比克电池的业务与行业龙头宁德时代很相似，涉及锂离子电池、电池回收和储能等相关业务。

汽车零配件环节的企业主要为新能源汽车的制造提供配套的部件或系统，比如 2018 年获天使轮融资的福瑞电气，其生产新能源汽车车载电源系统和控制系统，2017 年融资的巴斯巴主要生产充电连接器和 EV 继电器。该环节的融资案例主要集中在 2017—2018 年。

二、主要投资案例

如表 9 - 3 所示，在所有的投资案例中，蔚来资本天使轮投资的奥动新能源以 4 亿元居首，近日又完成 B 轮战略融资 15 亿元。政府平台基金——广州金控与广州开发区凯得组建专项基金，与恩泽基金联合战略领投。同时，粤商创投、春阳资本、KIP（中国）等社会化多元资本跟投。B 轮融资后，奥动新能源已累计获得创始人、蔚来资本、北汽新能源、本轮投资机构等 35 亿元人民币投资。奥动新能源掌握的换电技术全球领先，率先实现与多品牌车型共享换电，其换电网络布局在全国落地近 30 个城市，包括北京、上海、广州、长春、武汉、重庆、昆明、海口、三亚等诸多一线及省会城市，实现规模化城市级服务网络布局。机构对于换电企业的热捧在于换电模式能实现新能源利用的闭环，保证电池的安全高效运行，稳定利用电网，既便于储能再利用，又便于回收处理资源再利用，高度契合“国家双碳战略”。未来的市场极有可能形成快充结合换电的综合解决方案。

此外，动力电池环节的恒翼能亦受到多家机构的关注，其中政府引导基金方正和生领投 1 亿元，瑞枫投资、四海投资和升华资本跟投 1 000 万元。该企业已进入科创板上市辅导阶段，中介机构已入场。恒翼能成立于 2006 年，立足于新能源行业，定位于高精度检测设备，是一家集研发、制造、销售及服务于一体的国家级高新技术企业。该公司的自主研发产品主要有：电池化成分容设备、电池组充放电循环设备、大功率电池组充放电设备、动力电池组 EOL 测试系统、电池后处理自动化系统及 PACK 自动化系统等，产品广泛应用于电池厂、大型新能源汽车整车装备厂、高端实验室、高校和科研检测机构等。目前，恒翼能是锂电后段设备第一梯队供应商，也进入宁德时代供应链。如今动力电池的产销主要集中在比亚迪、宁德时代、国轩高科等一线动力电池企业，整个行业逐步呈现高端产能供不应求，低端产能过剩的发展趋势，而锂电设备作为电池生产制造的支撑，一直是电池生产制造成本中投入较大的一部分；同时，锂电设备的智能化、信息化、数字化水平也对电池产品的一致性、良品率、制造成本影响较大。因此，动力电池环节现阶段的创投机会更多地集中在相关锂电设备的制造企业中。

表 9 - 3　2009—2020 广东省新能源汽车产业主要创业投资案例

融资企业	产业环节	投资机构	融资轮次	融资金额/元
恒翼能	动力电池	方正和生（领投）	A	1 亿
		瑞枫投资		1 000 万
		四海投资		1 000 万
		升华资本		1 000 万
巴斯巴	整车制造	星河控股	B	2 亿
		深创投	A	3 000 万

（续上表）

融资企业	产业环节	投资机构	融资轮次	融资金额/元
驾呗	汽车租赁	杉杉控股	天使轮	1 亿
		苏大天宫	Pre-A	5 600 万
		嘉鑫控股	Pre-A	2 400 万
天狼芯	电控	大有资本	A	7 200 万
		创享投资		未披露
芯能半导体	电控	舟山冠亨投资(领投)	B	578 万
		美的资本		未披露
		猎鹰投资		758 万
		高捷资本	A	300 万
		创东方		1 650 万
		达晨财智		1 000 万
硅山技术	整车制造	基石创投	A	500 万
		基石创投		500 万
奥动新能源	换电设备	蔚来资本	天使轮	4 亿
比克电池	动力电池	盛世景投资	—	33 000 万
		昀朴投资	Pre-A	未披露
		天星资本	—	未披露
翔丰华	负极材料	前海方舟	E	1 亿
		万林控股	E	4 000 万
		冠城资产	E	3 000 万
		浙民投	E	5 000 万
		启迪科服启明投资	B	570 万
兆新股份	充电桩	汇通盈富	上市定增	3 亿
欣锐科技	整车制造	达晨财智	B	8 000 万
		鼎晖投资	B	5 000 万
		紫金港资本	C	4 000 万
		财通基金	上市定增	3 970 万

资料来源：清科私募通。

三、投资事件统计及分析

（一）产业投资案例数目

在2009—2021年期间，创业投资机构投资的新能源汽车企业全国约有460家，其中广东占据近20%，约90家。从时间线上，2015年以前尽管新能源汽车产业创业投资的案例和参与的企业数量有稳步抬升的趋势，但整体投资金额仍处于不温不火较低的水平。直到2016年，整个新能源汽车产业的创业投资氛围突然变得火热，投资案例和企业数量急剧上升，全国投资金额翻了近20倍（见图9－9），广东翻了超10倍（见图9－10）。从这个角度上说，2016年可以说是新能源汽车产业创业投资的转折年。从融资金额层面来看，广东的创业投资金额占比并不大，不到全国的10%。相对于全国来说，创业投资的热度是偏低的。

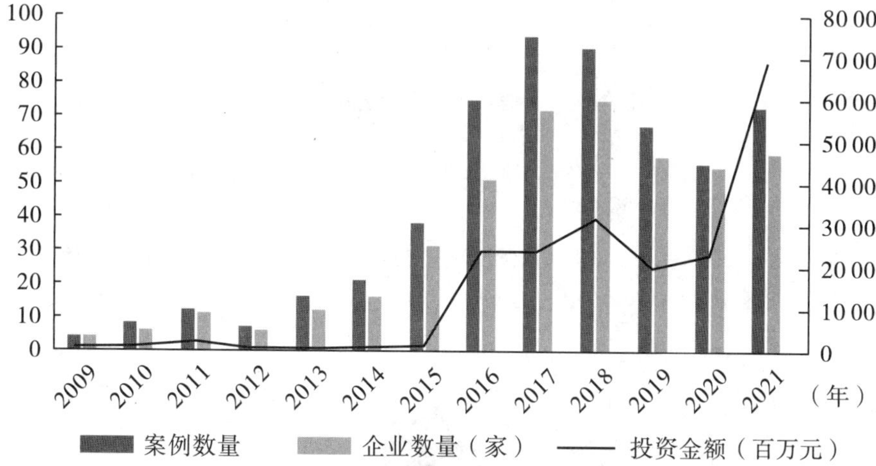

图9－9　2009—2021年中国新能源汽车产业创业投资案例统计

资料来源：清科私募通。

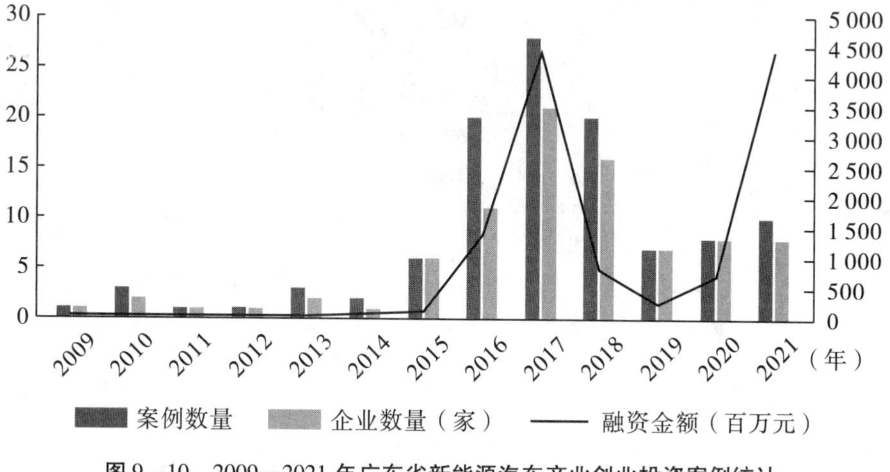

图9－10　2009—2021年广东省新能源汽车产业创业投资案例统计

资料来源：清科私募通。

（二）成长阶段

从图 9－11、图 9－12 融资企业的发展阶段来看，国内处于扩张期的融资企业占比超过一半，扩张期企业一般对应的融资轮次在 A、B 轮；其次是初创期和成熟期，分别占比 25.10% 和 15.49%。广东接受创业投资的企业也是处于扩张期的占大部分，有 40.97%，种子期和成熟期的比例要明显高于全国。总的来讲，广东创业投资金额在不同发展阶段的企业分布大体与全国一致。

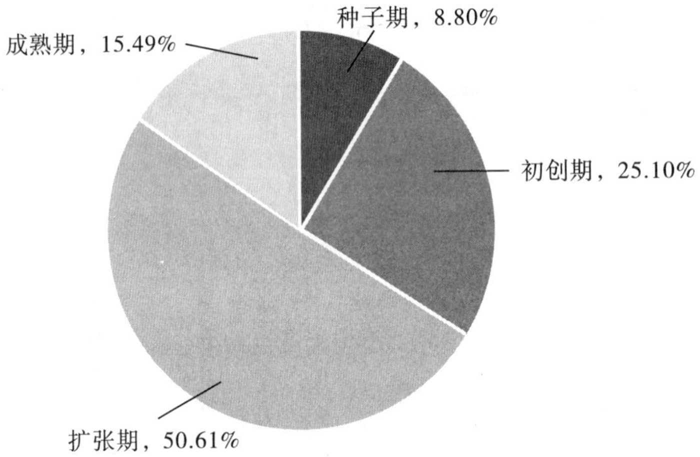

图 9－11　2009—2021 年中国新能源汽车产业不同成长阶段企业融资金额统计

资料来源：清科私募通。

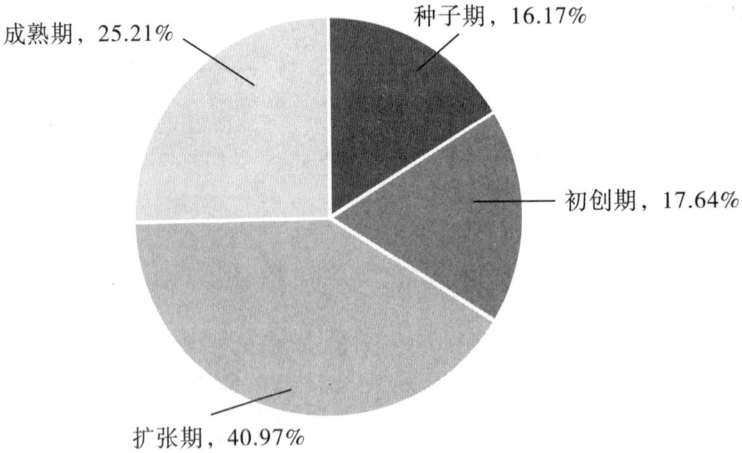

图 9－12　2009—2021 年广东省新能源汽车产业不同成长阶段企业融资金额统计

资料来源：清科私募通。

第四节　新能源汽车产业链创业投资绩效分析

过去十年新能源汽车产业的快速发展给投资机构带来优异的投资绩效。本节将从退出分析、投资回报和创新绩效三个维度展开分析。

一、退出分析

根据图 9－13 清科私募通数据统计，2016 年之后，机构退出次数明显增加且维持在较高水平。2020 年机构退出次数达到最高 20 次。从图 9－14 退出方式来看，IPO 退出的次数占绝大部分，其次是股权转让、并购。可见，IPO 和股权转让是创投机构的主要退出方式。

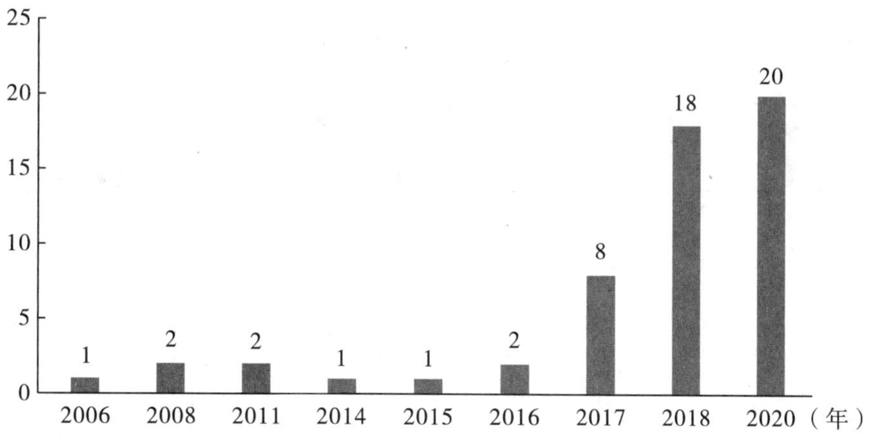

图 9－13　2006—2020 年广东省新能源汽车产业创投机构退出次数统计

资料来源：清科私募通。

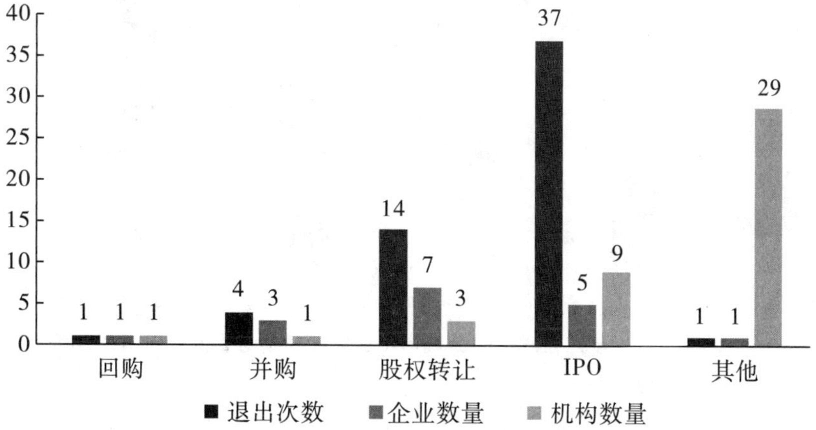

图 9－14　2009—2021 年广东省新能源汽车产业创投机构退出方式统计

资料来源：清科私募通。

二、投资回报

从时间来看，各年份的投资回报差异较大。从图 9－15 可知，2016 年的投资回报倍数达到最高 9.44 倍，而最低的 2011 年只有 0.32 倍。2015 年到 2017 年是产业加速发展期，这期间二级市场给予产业相关标的较高的估值使得创投机构退出时获得较高的回报倍数。从趋势上看，新能源汽车产业创业投资的回报倍数在下降。

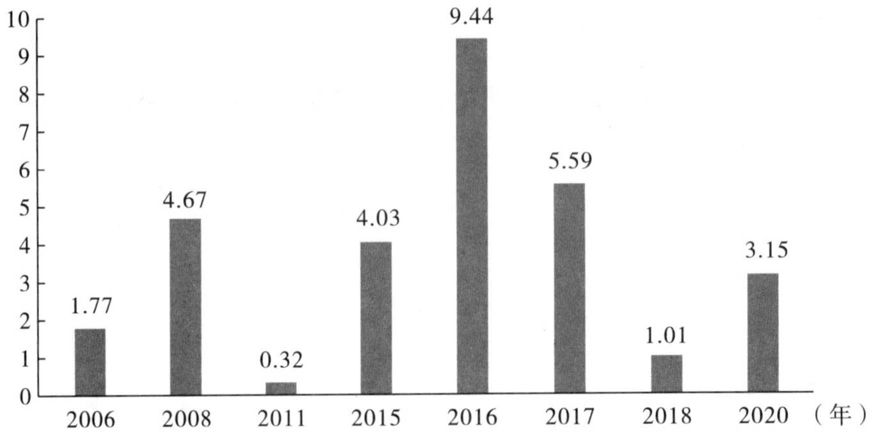

图 9－15　2006—2020 年广东省新能源汽车产业创投机构投资回报倍数统计

资料来源：清科私募通。

如图 9－16 所示，IPO 的回报倍数在所有退出方式中是最高的，达到 3.10 倍，其次是股权转让的 2.37 倍，并购的 1.77 倍和回购的 1.11 倍。从中可以看出，融资企业上市为机构退出提供最佳的路径，机构通过二级市场退出的回报均值大概在 3 倍附近。

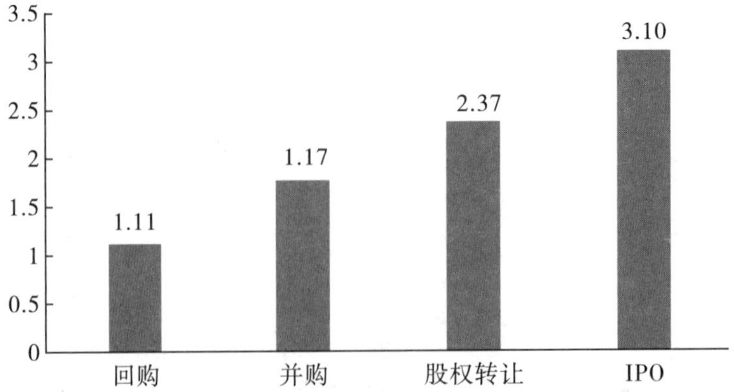

图 9－16　2009—2021 年广东省新能源汽车产业创投机构退出方式投资回报倍数差异

资料来源：清科私募通。

三、创新绩效

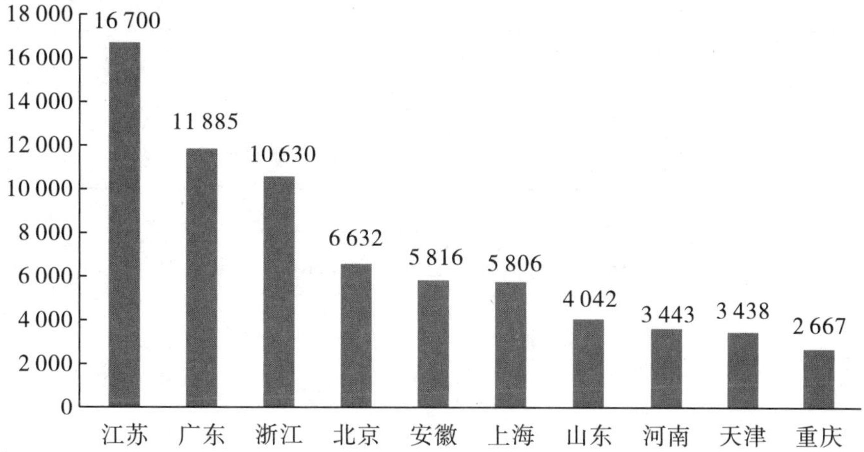

图 9－17　中国新能源汽车专利申请数量前十省市（截至 2021 年 7 月）

资料来源：智慧芽、前瞻产业研究院。

江苏省是中国新能源汽车专利申请数量最多的省份。如图 9－17 所示，截至 2021 年 7 月 29 日，江苏省新能源汽车专利申请量高达 16 700 项。广东省、浙江省新能源汽车专利数量均超过 10 000 项。中国当前新能源汽车专利申请数量排名前十的省市还有北京市、安徽省、上海市、山东省、河南省、天津市、重庆市。

表 9－4　2009—2021 年广东省新能源汽车产业主要创业融资企业专利类型统计

（单位：项）

产业环节		融资企业	实用新型	发明公布	发明授权	外观设计
中游	负极材料	翔丰华	9	46	14	0
	动力电池	比克电池	374	334	98	17
		钜威动力	68	60	39	3
		金禄电子	51	48	10	0
		亿鹏能源	35	12	3	0
		清极能源	12	13	1	0
	电机电控	威迈斯	165	157	32	31
		英搏尔	155	68	24	12
		恒翼能	52	37	19	3
		芯能半导体	22	16	6	2
		硅山技术	10	10	4	2
		电擎科技	10	5	0	1

（续上表）

<table>
<tr><th colspan="2">产业环节</th><th>融资企业</th><th>实用新型</th><th>发明公布</th><th>发明授权</th><th>外观设计</th></tr>
<tr><td rowspan="5">中游</td><td rowspan="2">电机电控</td><td>天狼芯</td><td>8</td><td>20</td><td>0</td><td>0</td></tr>
<tr><td>林一新能源</td><td>0</td><td>0</td><td>0</td><td>0</td></tr>
<tr><td rowspan="3">汽车零配件</td><td>巴斯巴</td><td>391</td><td>136</td><td>24</td><td>72</td></tr>
<tr><td>品川能源</td><td>33</td><td>13</td><td>4</td><td>1</td></tr>
<tr><td>福瑞电气</td><td>17</td><td>16</td><td>3</td><td>8</td></tr>
<tr><td rowspan="11">下游</td><td rowspan="3">整车制造</td><td>陆地方舟</td><td>147</td><td>66</td><td>16</td><td>67</td></tr>
<tr><td>蔚来科技</td><td>15</td><td>14</td><td>1</td><td>0</td></tr>
<tr><td>自由汽车</td><td>0</td><td>0</td><td>0</td><td>0</td></tr>
<tr><td rowspan="5">充换电设备</td><td>奥动新能源</td><td>473</td><td>365</td><td>98</td><td>80</td></tr>
<tr><td>兴国新能源</td><td>20</td><td>5</td><td>1</td><td>1</td></tr>
<tr><td>夸父科技</td><td>0</td><td>0</td><td>0</td><td>0</td></tr>
<tr><td>汇充电</td><td>0</td><td>0</td><td>0</td><td>0</td></tr>
<tr><td>盛弘股份</td><td>0</td><td>0</td><td>0</td><td>0</td></tr>
<tr><td rowspan="3">汽车租赁</td><td>昕动出行</td><td>0</td><td>0</td><td>0</td><td>0</td></tr>
<tr><td>驾呗</td><td>0</td><td>0</td><td>0</td><td>0</td></tr>
<tr><td>马上用车</td><td>0</td><td>0</td><td>0</td><td>0</td></tr>
</table>

资料来源：企查查。

从表 9－4 具体的创业融资企业专利数量来看，主要分布在中游的动力电池和电机电控环节。其中动力电池四项专利类型共 1 178 项，电机电控四项专利类型共 871 项，这说明创业投资的创新绩效在这两个产业环节的效果比较显著，一方面奠定广东省在动力电池制造环节的优势，另一方面弥补电机电控环节与国外技术的差距。

从产业环节的技术垄断程度来看，下游的产业环节如整车制造、充换电设备呈现单个企业掌握绝大多数技术专利的情况。比如整车制造的陆地方舟拥有四项专利共 296 项，占该环节创业融资企业专利数量的 90.80%，充换电设备的奥动新能源拥有四项专利共 1 016项，占该环节创业融资企业专利数量的 97.41%，这说明在下游的创业融资企业中优秀企业的技术垄断力极强，对应到相应的细分市场具有较高的市场份额或市场口碑，如陆地方舟在高端微型电动车领域品质和服务方面位居前三，奥动新能源在换电站领域占 45% 市场份额，居行业首位。

第五节　发展趋势研判

未来随着产业补贴政策的全面退出，产业发展将进入新的阶段。掌握自主可控技术、规模化生产、产品足够差异化的企业更有可能存活下来，从而满足市场需求。从趋势上看，广东省新能源汽车产业发展趋势将体现以下几个特点：

（一）继续围绕广州和深圳这两大城市布局

一方面广州和深圳具有更为完备的产业链体系和更为集中的市场需求，初创企业在此能更好地贴近上下游企业和市场，最大限度地发挥成本、研发与制造的综合优势；另一方面，广州和深圳具有更为宽松的政策环境，有明确的技术突破路线指引，是全省推广新能源汽车的先行示范区，适合初创企业成长。

（二）处于技术薄弱或新兴阶段的产业环节将迎来更多创业投资机会

随着产业链的不断完善，各产业环节也将趋于成熟，目前像电解液、隔膜、动力电池制造等产业环节已经很难有好的创业投资标的，后进入者很难后来居上；而处于技术薄弱阶段的产业环节将有较大的国产替代空间，比如电机电控，拥有核心自主可控技术的企业将会受到创投机构的青睐。而像充换电设备这类处于新兴阶段的产业环节，会受到更多的政策激励，未来的市场规模增长空间也具备较高的确定性。

（三）处于多元化竞争的产业环节仍具备一定的投资价值

受益于新能源汽车替代传统燃油车的大趋势，未来整车市场仍有较大规模增长，而当前整车市场竞争格局仍处于垄断竞争阶段，尽管竞争格局未定，但留存的创投机会已越来越少，未来的龙头企业大概率在现有的第一梯队车企中产生。

（四）围绕成熟产业环节做精细化配套服务的企业或具有更高的投资价值

以动力电池为例，该环节目前已经形成较为成熟稳定的市场结构，早期布局的企业具有明显的先发优势，如宁德时代、比亚迪和国轩高科，后来者已经很难追赶，但是围绕动力电池制造环节的锂电设备制造、后端检测系统服务等细分领域仍未成熟，仍具备较大市场潜力，该类企业需要关注其技术自主性、规模化优势，这两方面将影响其与下游龙头企业的议价能力。

综上，未来广东省新能源汽车产业将趋于成熟，产业链趋于完整，公共配套服务设施趋于完善，各产业环节龙头企业将强者恒强，规模化优势愈发凸显。因此，产业内创业投资机会将更多集中在专精特新的中小企业。

第十章　云计算产业创业投资*

2020 年，新冠肺炎疫情推动线上化进程加速，国家政策强调要加快 5G 网络、数据中心、工业互联网等新型基础设施建设进度，而“数字基建”则成为其中最关键的一环。随着云计算等新兴技术的快速发展，新兴商业模式不断推陈出新，云计算加速与其他行业融合，在线教育、在线办公等在疫情中发挥其优势，未来各行业有望加速“数智化”转型，云计算的应用场景也将越来越丰富。2020 年，我国云计算市场整体规模达到 2 091 亿元，同比大幅增长 56.8%，2016—2020 年复合增速达到 42.0%。本章以2016—2021 年为报告期，介绍了我国和广东省云计算产业的发展现状、创业投资概况、产业链创业投资绩效和产业发展趋势等。

第一节　云计算产业发展现状

一、产业界定

云计算（Cloud Computing）是一种按使用量付费的模式，这种模式提供可用的、便捷的、按需的网络访问，进入可配置的计算资源共享池（资源包括网络、服务器、存储、应用软件、服务），这些资源能够被快速提供，只需投入很少的管理工作，或与服务供应商进行很少的交互。云计算不是一种全新的网络技术，而是一种全新的网络应用概念，其核心概念就是以互联网为中心，在网站上提供快速且安全的云计算服务与数据存储，让每一个使用互联网的人都可以使用网络上的庞大计算资源与数据中心。云计算作为产业数字化转型、智能化升级的技术基础，在我国得到了快速发展。

二、投资环境与产业政策

近年来，国家高度重视云计算产业的发展，出台系列政策推进云计算在各产业的深入渗透，在“十四五”规划中，云计算被列为数字经济重点产业中的第一位，提出要加快推动数字产业化，培育云计算等新兴数字产业，实施上云用数赋智行动，推动数据赋能全产业链协同转型。此外，2020 年，在全球经济下行背景下，工信部、发改委等部门发布一系列政策促进云计算产业发展以支持科学防控、复工复产、新环境下新经济发展

---

* 本章第一执笔人为暨南大学产业经济研究院徐瑞。

等目标，推动了以云计算为基础的增值服务产品开发和云应用服务。

表 10－1 我国云计算产业相关政策

时间	政策	部门	内容
2021 年 3 月	《中华人民共和国国民经济和社会发展第十四个五年规划和 2035 年远景目标纲要》（“十四五”规划）	国务院办公厅	实施“上云用数赋智”行动，推动数据赋能全产业链协同转型；集约建设政务云平台和数据中心体系，推进政务信息系统云迁移；加强通用处理器、云计算系统和软件核心技术一体化研发
2020 年 7 月	《工业互联网专项工作组 2020 年工作计划》	工信部	推动 40 万家企业上云上平台，应用工业互联网平台开展研发设计、生产制造、运营管理等服务
2019 年 7 月	《云计算服务安全评估办法》	网信办、发改委、工信部、财政部	为提高党政机关、关键信息基础设施运营者采购使用云计算服务的安全可控水平，制定云计算服务安全评估办法，坚持事前评估与持续监督相结合，保障安全与促进应用相统一
2018 年 7 月	《推动企业上云实施指南（2018—2020 年）》	工信部	提出企业上云的工作目标，到 2020 年，云计算在企业生产、经营、管理中的应用广泛普及，全国新增上云企业 100 万家，形成典型标杆应用案例 100 个以上，形成一批有影响力、带动力的云平台和企业上云体验中心

资料来源：根据公开资料整理。

三、产业发展概况

（一）云计算正处于快速发展期

云计算的概念起源于 2006 年，由亚马逊、微软等发布云计算早期产品开始迈入起步阶段。2011 年虚拟化和存储技术获得突破，云计算开始进入企业级市场，容器技术获得快速发展。2014 年云计算运营模式创新提速，IaaS（基础设施即服务）、PaaS（平台即服务）获得较大发展，SaaS（软件即服务）趋于活跃，随后有益于云计算健康发展的国家政策陆续出台，行业整体处于快速发展期。

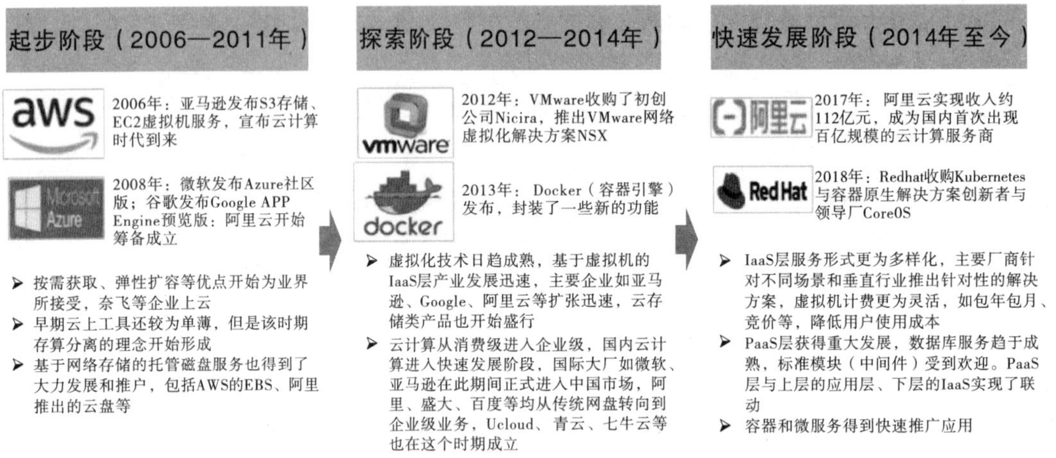

图 10－1　云计算发展历程

资料来源：根据公开资料整理。

（二）云计算产业链布局及特征

按照产业结构来看，云计算产业链可以分为上游核心硬件设施（芯片：CPU、GPU，内存）、中游 IT 基础设备（服务器、存储设备、网络设备等）以及下游云服务（基础平台、云原生应用等）三部分。详细见图 10－2。

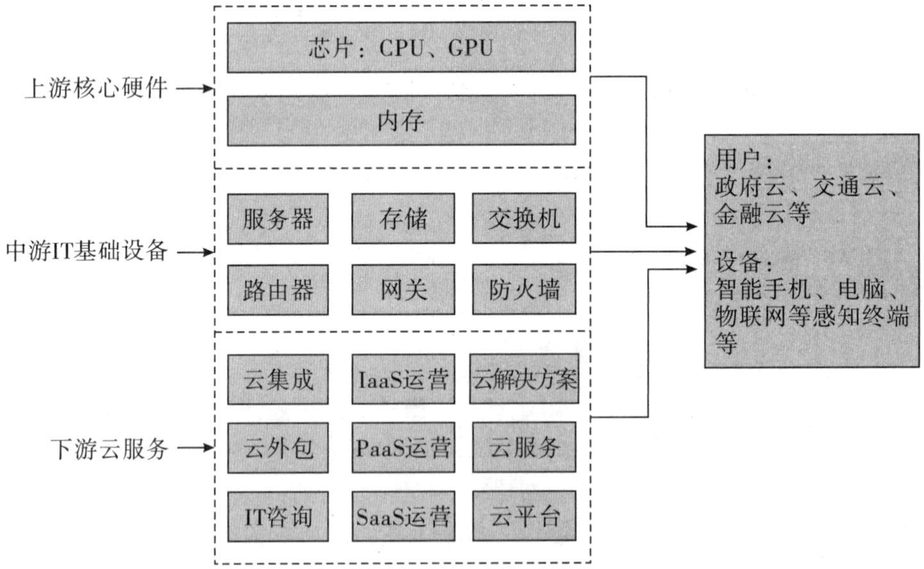

图 10－2　云计算产业链

资料来源：国务院发展研究中心、前瞻产业研究院。

1. 上游：标准化程度高，但高端芯片仍依赖进口

在云计算领域，芯片产业为重中之重，处于云计算产业的上游位置，具体可细分为服务器芯片、储存芯片和交换芯片。以服务器芯片为例，目前市场上主流的芯片架构有

X86 架构服务器芯片和 ARM 服务器芯片两种，每一种架构都有自己的优势和不足。其中，ARM 架构主要是面向移动、低功耗领域，因此在设计上更偏重节能、能效方面；而 X86 架构主要面向家用、商用领域，在性能和兼容性方面做得更好。整体而言，X86 架构占有的市场份额远高于 ARM 架构。

表 10－2 X86 架构服务器芯片与 ARM 架构服务器芯片简介

序号	架构	特点	代表性的厂商	运营机构	发明时间	主要领域
1	X86	性能高、速度快、兼容性好	英特尔、AMD	英特尔	1978 年	家用、商用领域
2	ARM	成本低、低功耗	苹果、谷歌、IBM、华为	英国 ARM 公司	1983 年	移动、低功耗领域

资料来源：根据公开数据整理。

2. 中游：国内服务器已成规模，市场头部效应明显

IT 基础设备——服务器是云计算硬件支持的核心和计算能力来源，下文以服务器为例展开中游 IT 基础设备现状分析。

中国服务器市场规模稳定高速增长。根据 IDC 发布的《2020 年中国服务器市场跟踪报告》，如图 10－3 所示，中国服务器市场规模从 2016 年的 93 亿美元增长至 2020 年的 217 亿美元，CAGR 达 23.5%。2020 年，中国服务器市场规模约为 217 亿美元，同比增长 19.2%，2021 年 Q2 市场规模达 108 亿美元，同比增长 12.1%。随着国家“十四五规划”的推进以及新基建的投资，未来五年中国服务器市场将保持健康稳定增长。IDC 中国预测，中国服务器市场规模将在未来 5 年维持 12% 以上的同比增长率，发展韧性强劲。

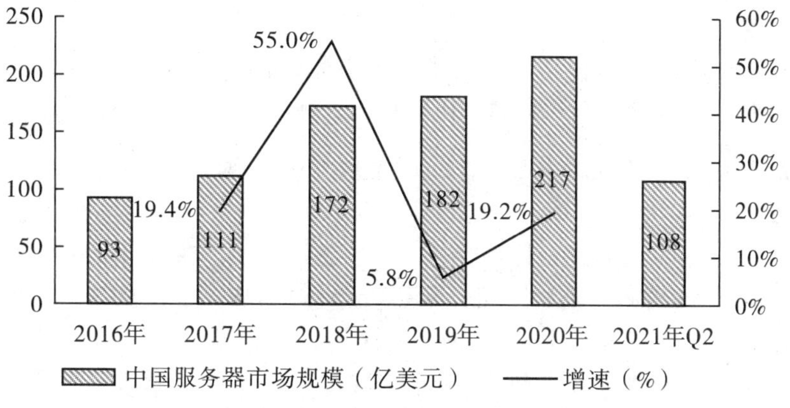

图 10－3 中国服务器市场规模及增速

资料来源：IDC《2020 年中国服务器市场跟踪报告》。

从全球服务器来看，中美厂商共同主导市场。如图 10－4 统计数据所示，2020 年全球 X86 服务器市场出货量 Top5 分别为 ODM Direct、戴尔、HPE、浪潮和新华三，共占 74% 的市场份额，可见全球服务器的市场集中度较高，中美厂商正在主导全球服务器市场。

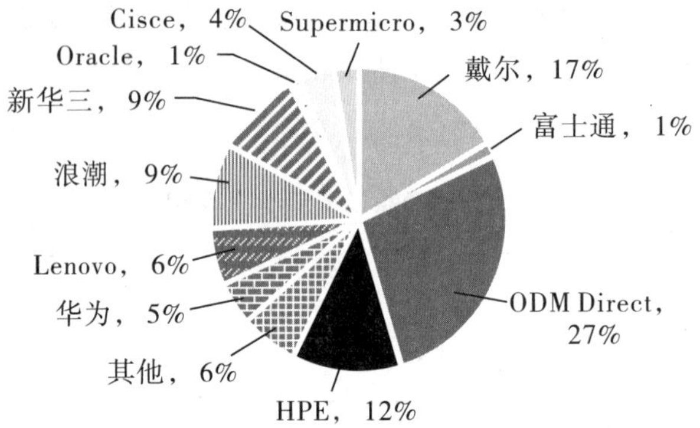

图 10－4　2020 年全球 X86 服务器市场份额

资料来源：IDC 咨询，云头条，国泰君安证券研究。

从国内服务器来看，市场头部效应明显。从图 10－5 销售额来看，2020 年中国服务器市场排名前五的厂商依次为浪潮（35.6%）、华为（16.8%）、新华三（15.2%）、戴尔（6.9%）和联想（6.7%），CR5 达到 81.2%，其他企业的市占率均在 10% 以下。

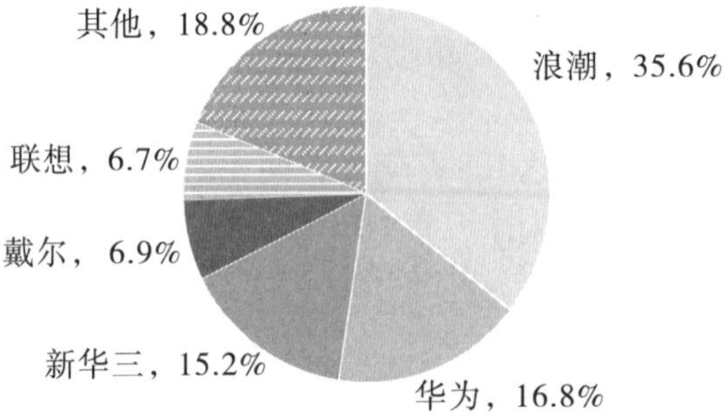

图 10－5　2020 年中国服务器市场份额

资料来源：IDC 咨询，云头条，国泰君安证券研究。

3. 下游云：生态市场格局已定，SaaS 发展势头迅猛

（1）IaaS 市场现状。

互联网巨头、运营商齐聚云计算赛道，市场竞争激烈。在政策和市场驱动下，互联网企业、IT 厂商、运营商等企业齐聚云赛道，云计算市场竞争日益激烈。据中国信息通信研究院调查统计，在 IaaS 运营市场中，阿里云、天翼云、腾讯云分别以 35.6%、13.3%、10.5% 的市场份额占据前三。其中阿里云以其强大的客户、生态和运营能力，持续助力互联网行业业务系统上云，占据行业龙头地位。

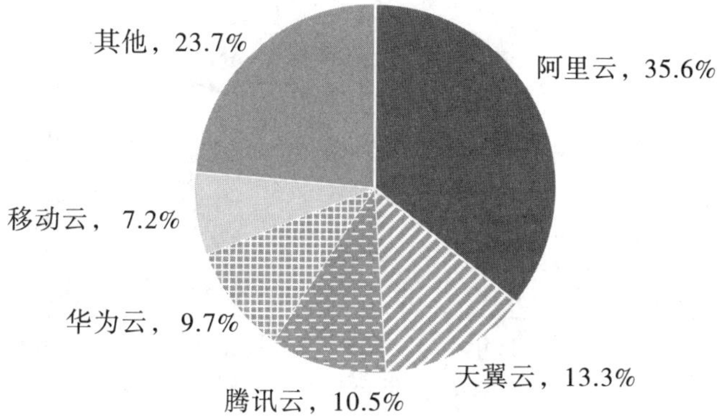

图 10－6　2020 年 IaaS 运营市场份额占比

资料来源：中国信息通信研究院。

（2）SaaS 市场现状。

从图 10－7 国内 SaaS 市场来看，疫情环境下企业对 SaaS 需求增加，国内相关 SaaS 快速发展。根根据 IDC 统计，中国企业级 SaaS 市场份额 Top5 的厂商分别为金蝶（5.8%）、用友（5.3%）、Salesforce（5.3%）、腾讯（2.6%）、SAP（2.6%）。

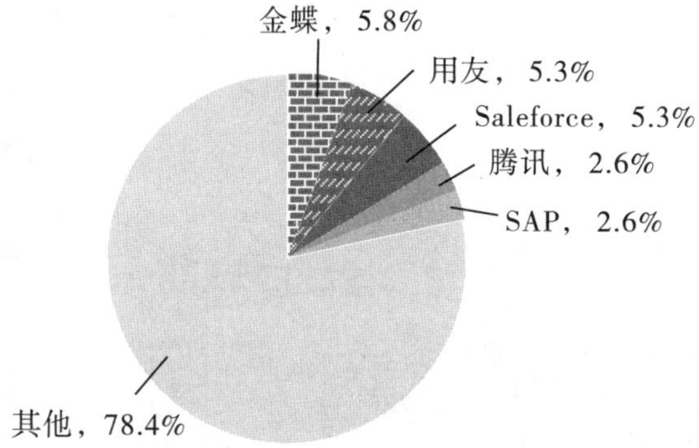

图 10－7　中国企业级 SaaS 市场份额

资料来源：IDC、兴业证券经济与金融研究院。

（三）我国云计算产业发展趋势

国内云计算仍处在高速发展期，近年来公有云市场规模迅速扩张，于 2019 年超过私有云市场规模。近年来，在政府和产业的双重推动下，中国云计算产业迅速发展，越来越多的企业加快上云的步伐。在云计算加速落地的市场需求推动下，我国云计算市场开始进入行业云时代。从图 10－8 可知，2020 年我国云计算市场整体规模达到 2 091 亿元，同比大幅增长 56.7%，2016—2020 年复合增速达到 42.2%。其中，公有云和私有云行业市场规模分别为 1 277 亿元和 814 亿元，同比分别增长 26.2% 和 85.34%，公有云市场规模已连续两年超过私有云，成为市场增长的主力军。

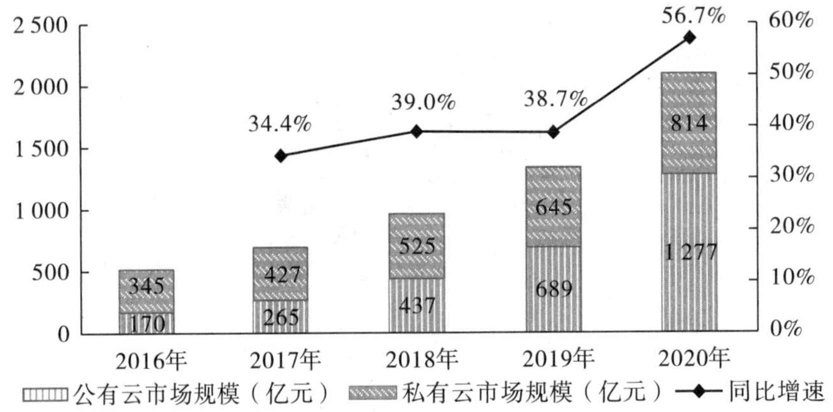

图 10－8　2016—2020 年我国云计算市场规模及增速

资料来源：中国信息通信研究院。

公有云细分领域 IaaS、PaaS 和 SaaS 的市场规模均不断扩大，保持较高增长速度。随着云计算在企业数字化转型过程中扮演越来越重要的角色，预计短期内企业将继续加大基础设施投入，市场需求仍将保持旺盛。如图 10－9 所示，2020 年 PaaS 市场规模为 103 亿元，较 2019 年增长了 145.3%，随着数据库、中间件、微服务等服务的日益成熟，PaaS 市场仍将保持较高增速；SaaS 市场规模为 279 亿元，较 2019 年增长了 43.1%，受疫情影响，线上业务的增加，SaaS 市场有望在未来几年迎来增长高峰。

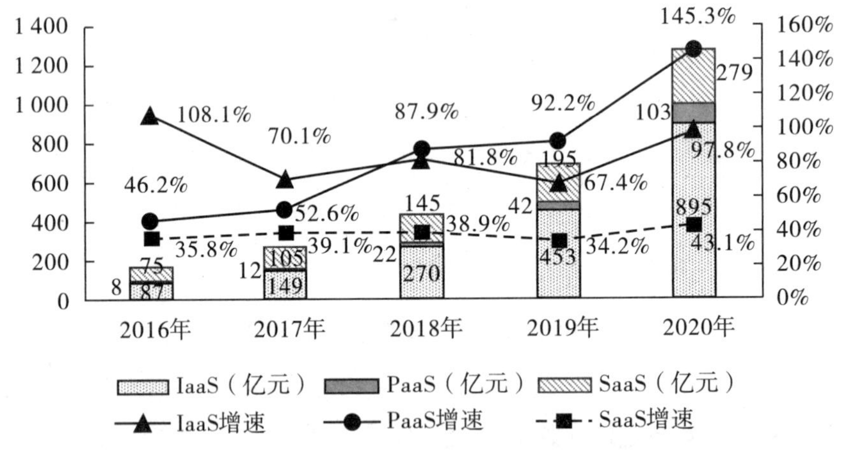

图 10－9　2016—2020 年中国公有云细分领域规模及其增速

资料来源：中国信息通信研究院。

第二节　云计算产业创业投资概况

云计算的发展使 IT 资源利用效率提升，使用云服务能帮助企业节约成本、提高核心竞争力，受欢迎程度和重要性也不言而喻。在阿里、百度及腾讯等互联网巨头带领下，加上政府的高度支持，云计算在我国快速发展，规模也不断扩大。

一、投资环境

（一）政策篇：新基建为云计算发展带来新契机

2020 年 4 月 20 日，国家发改委首次正式对“新基建”概念进行解读，对新一代信息技术引领的新型基础设施建设也正式确定了边界。“新基建”具体包括信息基础设施、融合基础设施、创新基础设施三个方面，其中信息基础设施主要是指基于新一代信息技术演化生成的基础设施，包含算力、新技术与通信网络三部分基础设施。云计算在信息基础设施中承担着“操作系统”的角色，承接了融合基础设施与创新基础设施，一方面，云计算为算力和通信网络基础设施提供了资源管理能力；另一方面，云计算为其他新技术基础设施和应用提供了部署环境。

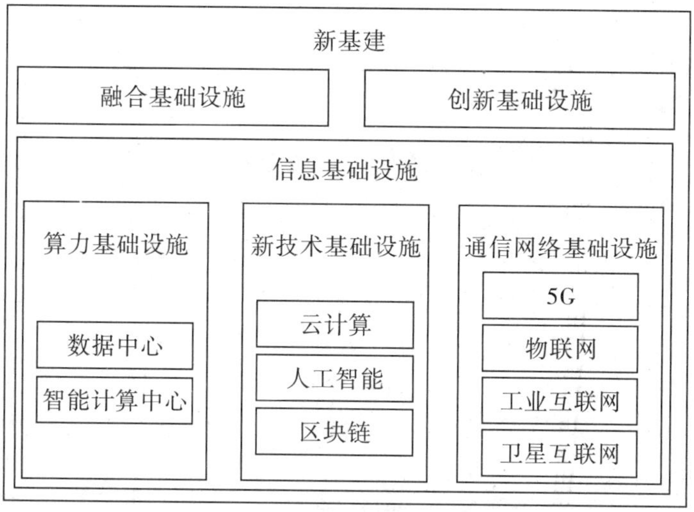

图 10－10 新基建的三个方面

资料来源：中国信息通信研究院。

（二）市场篇：应用场景多样为云计算拓宽市场

云计算用户行业主要分布于互联网、交通物流、金融等行业。据中国信息通信研究院、赛迪顾问等统计，云计算行业客户主要分布在互联网、金融、电信、制造业等行业，并呈现出上云行业从互联网等新兴行业向传统行业渗透的趋势。2020 年初的大型公共卫生事件急剧加速市场教育，远程办公、线下门店数字化转型等市场爆发式增长，上云效率及质量关系企业存亡。企业服务二级市场表现强劲，这也带动了一级市场的投资火热。

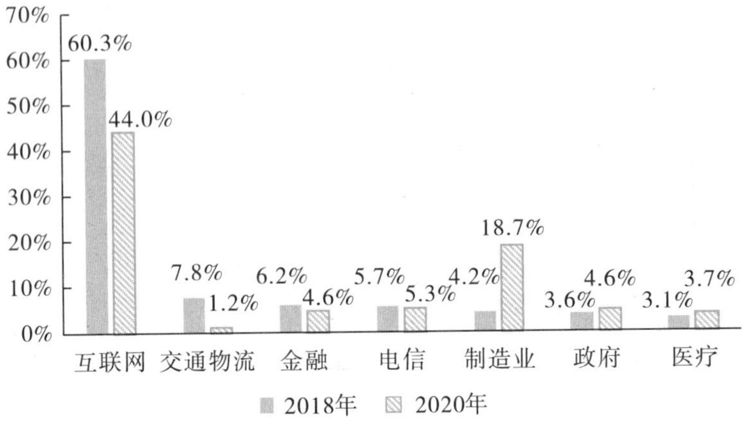

图 10－11　2018—2020 年云计算产业行业结构

资料来源：中国信息通信研究院、赛迪顾问、德邦研究所。

二、投资规模

（一）投资环境优化，云计算投资规模波动上升

随着新基建、数据化转型进程的推进，云服务在企业中的应用越来越广泛和深入，发展前景和应用领域也越来越广，云计算在资本市场也深受青睐，政府引导基金和各大投资机构纷纷布局云计算领域，其投资环境不断优化升级。

从投资总额来看，2011 年至 2021 年，云计算投资总额呈现波动上升的特点。随着我国对经济高质量发展的强调和重视，且受中美贸易摩擦的影响，国家更注重本土企业数字化转型升级，云计算领域投资项目质量和投资金额都有所上升，在 2018 年云计算领域投资总额达到 436. 8 亿元，2019 年云巨头更多为“去库存”阶段，投资规模有所下滑。但在新基建和企业数字化转型进程加速的推动下，云计算行业一直保持高速增长状态，且随着新冠肺炎疫情的出现和蔓延，缩短了市场云服务的应用周期，提高了远程办公、在线教育等领域云计算应用的渗透率，加速云计算行业的发展，优化其投资环境。2019—2021 年，云计算领域投资规模持续上升，从 2019 年的 390. 7 亿元上涨到 2021 年的 403. 5 亿元，投资潜力巨大。

从投资数量来看，2011—2021 年，云计算投资数量先升后降。从 2011 年 94 次到 2017 年达到 1 102 次，随后投资数量波动下降，并有继续下降的趋势。随着投资环境不确定性提高，加之云计算行业技术要求门槛越来越高，资金更偏向于优质企业。

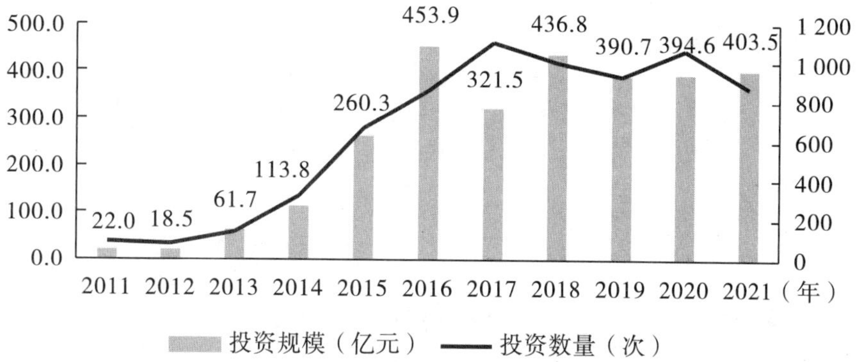

图 10－12　2011－2021 年全国云计算投资规模及数量

资料来源：清科私募通。

（二）疫情下广东省云计算投资不降反升

广东省凭借深厚的经济发展基础和产业数字化背景，大力支持和引导云计算行业的发展。2018 年 3 月，广东省发布全国首个工业互联网地方政策：《广东省深化“互联网＋先进制造业”发展工业互联网的实施方案》和《广东省支持企业“上云上平台”加快发展工业互联网若干扶持政策（2018—2020 年）》，落实“夯实网络基础”“打造平台体系”等六大任务，并出台 11 条奖补红利政策鼓励企业“上云上平台”，实施数字化网络化智能化升级、开展工业互联网标杆示范应用推广、促进工业互联网产业生态创新发展，从而促进工业互联网的落地，促进省内制造业降本提质增效，加快实体经济的转型升级。

据图 10－13 清科私募通统计，2011—2020 年间广东省云计算投资规模总体上升，2020 年高达 105.6 亿元，同比增长 179.4%。2021 年投资规模为 71.0 亿元，相较 2020 年规模有所下降。从投资数量来看，广东省云计算领域投资案例呈现波动上升特点，2020 年投资案例数量为 160 次，占全国云计算投资数量的 15.1%，平均单笔投资 0.66 亿元。

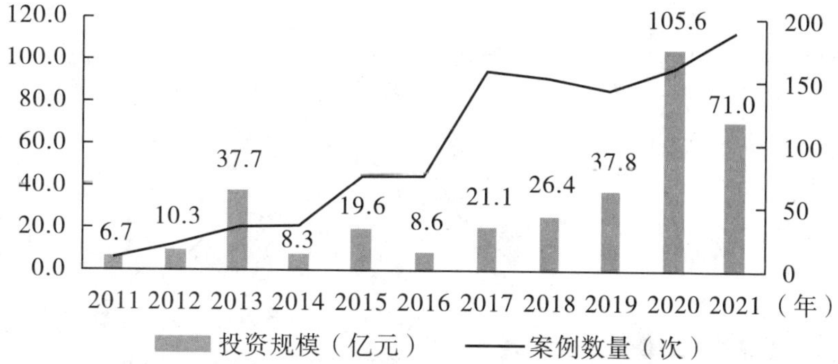

图 10－13　2011－2021 年广东省云计算投资规模及数量

资料来源：清科私募通。

（三）细分领域丰富，SaaS 投资规模仍占大头

各领域投资规模呈波动下降趋势。近年来云计算细分领域投资增速变化幅度大，但大多为负增长状态。SaaS 领域投资规模占据大头。2019 年来，SaaS 投资规模虽逐年下

降，但其投资金额仍居细分领域的高位。

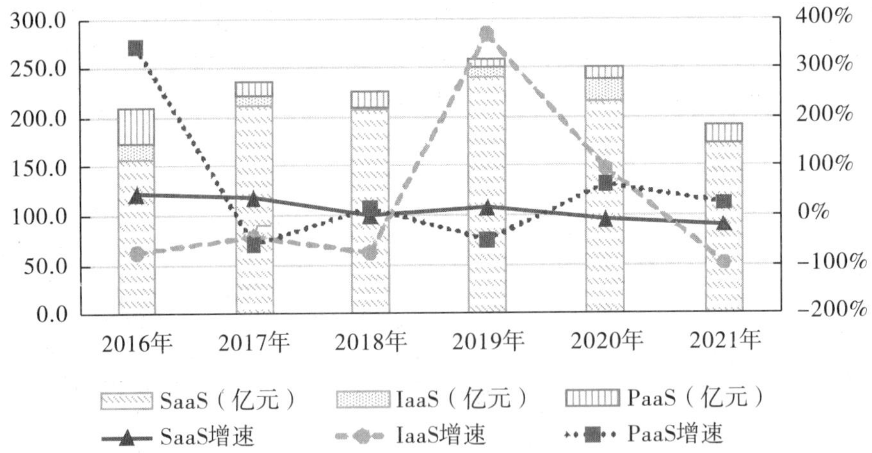

图 10-14 云计算细分领域投资规模及增速

资料来源：清科私募通。

（四）技术门槛提高，创投资本聚集优质企业

随着云计算的热度逐年上升，创投资本额也在逐年增加，在 2019 年达到峰值 61.2 亿元，后来受经济高质量发展和全球疫情影响，创投资本规模呈下降趋势。从占比来看，2016—2019 年，创投占比波动上升，2020 年有所下降，资本逐渐趋于理性，资金向优质企业聚集，初创公司融资难度上升。随着国家对云计算产业的支持力度加大，政府引导基金对云计算的创业投资规模和占比增加。2018 年云计算行业政府引导基金的创业投资额为 0.13 亿元，到 2020 年上升到 3.16 亿元，占云计算创投总额的 10.1%。

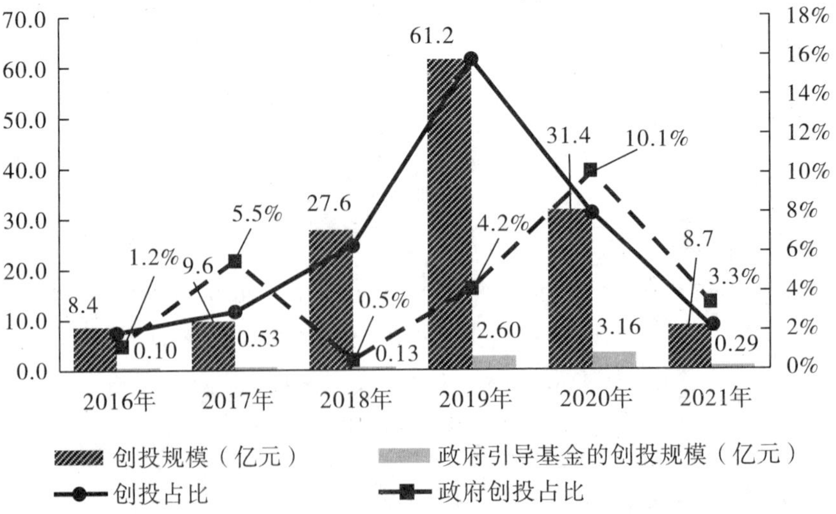

图 10-15 2016—2021 年全国云计算创业投资规模及占比

资料来源：清科私募通。

注：创投占比指云计算行业创业投资规模与总投资规模之比，政府创投占比指云计算行业政府引导基金的创投规模与总投资规模之比（下同）。

广东省云计算创业投资规模呈现先升后降的特点。从图 10－16 可知，2019 年广东省云计算创投规模达到峰值，随着资本市场不确定性的提高，再加上疫情的影响，云计算行业创业投资总额快速下降，2020 年骤降到 3.2 亿元，占比为 3.0%。广东省作为全国经济的领头省份之一，政府大力支持云计算产业发展，政府引导基金的创投占比不断上升，2020 年达 0.8 亿元，占创投规模的 24.4%。

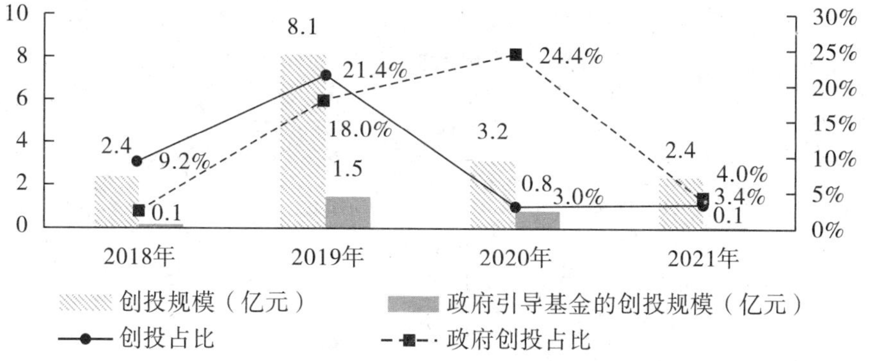

图 10－16　2016—2021 年广东省云计算创业投资规模及占比

资料来源：清科私募通。

三、投资轮次

（一）企业成长性高，创投资本集中在扩张期

资本市场看好云计算企业的高成长性和行业发展潜力。广东省云计算领域创投资本更看好企业发展中期，政府引导基金鼓励云计算初创期企业发展。从投资阶段来看，广东省云计算创业投资集中于企业发展扩张期和初创期。扩张期创业投资 64 次，其中政府引导基金的创投 3 次，占创投的 4.7%；种子期和初创期创投 69 次，政府引导基金的创投 10 次，占比 14.5%。

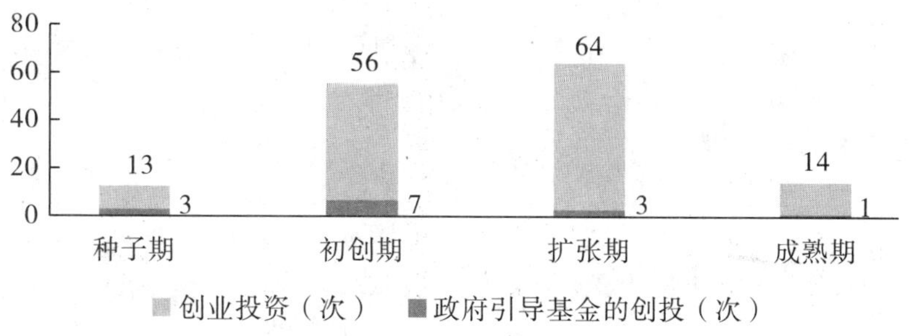

图 10－17　广东省云计算投资阶段案例数量

资料来源：清科私募通。

（二）市场空间广阔，创业投资偏向前期轮次

广东省云计算创业投资轮次主要偏向前期轮次。将天使轮、pre-A 到 pre-IPO 轮视为

前期阶段，pre-B 至 C + 轮作为中期阶段，D 轮之后视为后期阶段。清科私募通数据显示，2016—2021 年广东省云计算投资事件占比最多的是前期阶段，前期轮次投资占比 44%（天使轮 7%，A 轮 37%）；中期轮次投资占比约 39%（B 轮投资占比 17%、C 轮占比 11%，新三板定增和上市定增分别占比 6% 和 5%）。但近五年来，前期轮次投资占比呈现下降趋势，而中期轮次投资占比上升，2020 年中期轮次投资占比为 45.2%。究其原因，一方面，我国云计算企业仍处于成长期，随着技术门槛的提高，产业链需要向更高层次布局；另一方面，资本看好云计算市场空间和产业发展前景，期待投资的中小型企业顺应政策和市场的东风，获得高额投资回报。

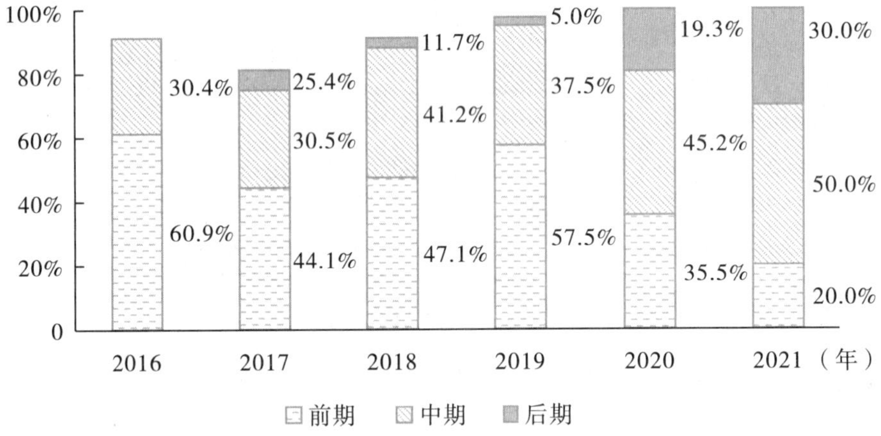

图 10－18　广东省云计算投资轮次变化

资料来源：清科私募通。

四、投资区域

（一）沿海一线城市深受云计算创投青睐

我国云计算产业链地域分布一定程度上决定了云计算企业投融资的地区分布。目前，中国共有超过 20 个城市将云计算作为重点发展产业，中国云计算基础设施集群化分布的特征突显，已初步形成以环渤海、长三角、珠三角为核心，成渝、东北等重点区域快速发展的基本空间格局。

各地区云计算的发展离不开政府的引导和政策的支持。早在 2010 年北京市经信委提出“祥云计划”，意在整合本市云计算产业的高端人才、风险投资、产业基地、创新性企业等产业发展要素，推动云计算产业早起步、快发展、上规模，在新一轮信息技术的国际竞争中抢占先机；深圳 2012 年启动“鲲云计划”，推进云计算创新解决方案试点、促进重大公共技术研发、推动知识产权管理与标准化、加强认证检测与集成互通检测服务、加强专业人才培养等，促进深圳市云计算形成完善产业链，提升云计算产业整体能力，增强深圳乃至全国信息技术产业核心竞争力；2012 年广州发布“天云计划”，提出“三年打基础，五年见成效”的战略目标，并积极完善政策配套和加大资金的投入，重点支持自主可控的云计算技术研发及产业化和标准制定。

云计算的重点发展地区也是资本市场对云计算领域更青睐的区域。据清科私募通数据库统计，2016—2021 年云计算领域创业投资案例数量共 1 027 次，大多聚集在北京、上海、广东、浙江和江苏等地区。北京云计算创投达 298 次，占总投资次数的 28. 8%，广东省 144 次位居第三，投资次数占比 14. 5%。上海市创投案例数量为 230 次，其中 20 次由政府引导基金发起，占其 8. 7%。2016—2021 年政府引导基金的创投案例数量共 82 起，占创业投资案例数量的 7. 9%，政府引导的创投资本主要倾向于北上广深四大城市，其中对上海、北京、广东的创投达 53 次，占 64. 6%。

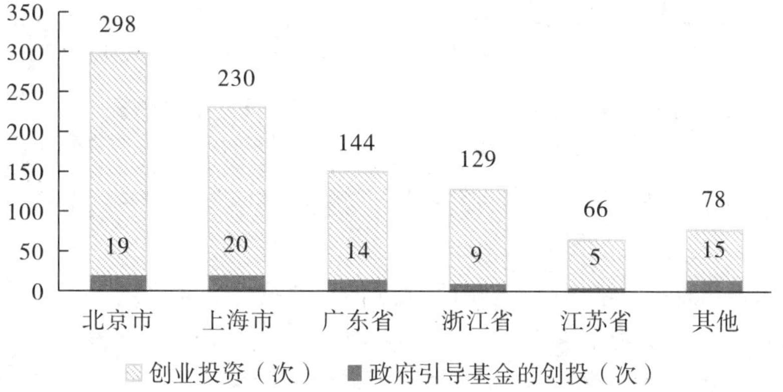

图 10－19　2016—2021 年各省市云计算创业投资案例数量

资料来源：清科私募通。

2016 年至 2021 年，我国各地区云计算创业投资规模排名有所变化。通过筛选每年创投规模排名前五的地区发现，每年“上榜”的地区基本为北京、上海、广东、浙江和江苏五省市，且 2016—2019 年各地区云计算创投规模变化不同：北京市云计算创投规模呈现下降后回升趋势，浙江省则相反，云计算创投规模先上升后下降，上海市和广东省则保持上升状态。广东省创投规模平均位列第三，2021 年广东省创投规模虽相较前几年有所下降，但横向比较位列全国第一。

表 10－3　2016—2021 年各地区云计算创业投资规模变化

排名	2016 年	2017 年	2018 年	2019 年	2020 年	2021 年
1	北京市（5.8）	浙江省（4.1）	浙江省（12.4）	北京市（18.1）	北京市（10.6）	广东省（2.4）
2	江苏省（1.9）	北京市（2.7）	北京市（8.9）	上海市（9.7）	上海市（6.3）	北京市（2.2）
3	浙江省（0.4）	广东省（1.2）	广东省（2.4）	广东省（7.9）	浙江省（4）	上海市（2.1）
4	广东省（0.3）	上海市（0.3）	上海市（2.3）	浙江省（7.4）	广东省（3.2）	浙江省（0.7）
5	山东省（0.1）	贵州省（0.2）	江苏省（1.0）	江苏省（2.5）	江苏省（0.5）	江苏省（0.3）

注：地区括号里代表其创业投资规模（单位：亿元）。

资料来源：清科私募通。

（二）深圳是广东省云计算创投的主战场

深圳是广东省云计算创业投资的主要聚集地。据图 10－20 清科私募通数据统计，2016—2021 年深圳云计算创投共 116 起，占广东省创投的 80. 6%，创业投资规模达 15. 4

亿元，占广东省云计算创业投资规模的 89.0%。其中政府引导基金的创业投资共 13 起，深圳 11 起，占比 84.6%。

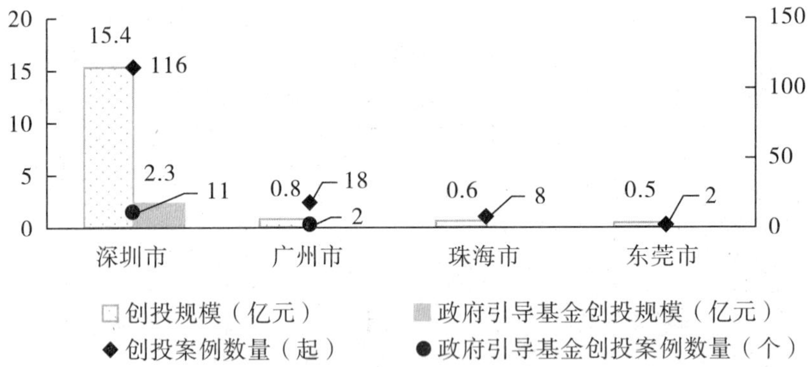

图 10－20　2016—2021 年广东省各区域云计算创投规模及案例数量

资料来源：清科私募通。

深圳作为国家首批云计算服务创新发展试点城市之一，其高度重视云计算、大数据技术的应用和发展。表 10－4 展示了 2018—2021 年广东省各地区部分创业投资明细，从投资区域来看，各机构对深圳云计算企业的创业投资额度较广州、东莞等地区更大，且更偏向于成熟的企业和项目投资。

表 10－4　2018—2021 年广东省创业投资明细（部分）

年份	地区	投资机构	企业名称	轮次	投资金额/百万元
2021	深圳	昆仲资本	企企通	C	40
		考拉基金		C	9.71
		深圳瑞兆资产	铢宝益	A	32.93
	广州	赛意产业基金	盛原成	A	20
2020	深圳	元璟资本	中装速配	B	55
	广州	广州穗开投资	柏颐信息	A +	未披露
		海丰至诚	畅游宝	其他	未披露
		信得宝投资			
2019	深圳	高榕资本	奥哲网络	B	80
	东莞	向日葵投资	开普云	其他	32.86
	广州	中科科创	博依特	Pre-A	7
	珠海	朗玛峰创投	思为科技	B	未披露

（续上表）

年份	地区	投资机构	企业名称	轮次	投资金额（M）
2018	深圳	招商资本	未披露	天使轮	7.5
	珠海	不公开	凡泰极客	A	30
	广州	CPE 源峰	未披露	天使轮	未披露

资料来源：清科和慕通。

五、投资机构

（一）各投资机构和政府引导基金布局云计算

广东省云计算领域创业投资规模排名前五分别为：IDG 资本、经纬创投、红杉中国、元璟资本和信天创投。IDG 资本对广东省云计算创投规模达 2.92 亿元，占总金额的 16.6%，广东省作为其云计算的主战场，对云计算的投资占其对全国云计算总投资的 88.6%。

政府看好云计算产业的高成长性和发展潜力。政府引导基金的创业投资规模排名前五的机构分别为高榕资本、元璟资本、青松基金、经纬创投和考拉基金，广东省云计算创投规模并不大，其中高榕资本以 0.8 亿元占比 33.7%。

表 10－5　广东省云计算创投和政府引导基金创投机构排名

（单位：百万元）

	创业投资规模			政府引导基金规模		
	机构名称	投资金额	占比	机构名称	投资金额	占比
1	IDG 资本	291.55	16.6%	高榕资本	80.00	33.7%
2	经纬创投	160.22	9.1%	元璟资本	55.00	23.1%
3	红杉中国	89.63	5.1%	青松基金	38.33	16.1%
4	元璟资本	55.00	3.1%	经纬创投	17.50	7.4%
5	信天创投	16.66	1.0%	考拉基金	9.71	4.1%

资料来源：清科私募通。

（二）有限合伙制是构成其创投的主要形式

从图 10－21 创业投资基金组织形式来看，云计算产业链各环节有限合伙制基金数量远高于公司制基金数量。芯片的创投有限合伙制基金数量达 794 支，云计算 353 支，大数据产业 602 支，公司制基金数量分别为 34 支、11 支和 14 支。

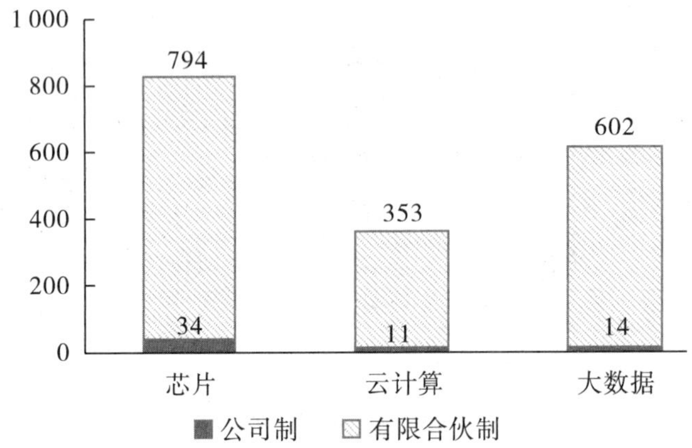

图 10－21 云计算产业链各环节投资基金数量（按组织形式，单位：支）

资料来源：清科私募通。

第三节 云计算产业链创业投资分析

据本章第一节产业链分析，云计算产业链可以分为上游核心硬件、中游 IT 基础设备以及下游云服务三部分。根据其具体内容及清科私募通数据库分类，本节将云计算产业链上游定义为芯片产业，下游定义为大数据产业，将云计算作为中游产业，以此进行数据分析解读。

一、产业环节投资分布

（一）资本主要集中在上游和下游领域

云计算创业投资主要集中在产业链上游芯片领域和下游大数据领域，且上下游创业投资占比呈上升趋势，云计算领域创投在全产业链来看呈现走低趋势。据清科私募通筛选云计算产业链投资数据，2018—2021 年广东省云计算全产业链投资规模先升后降，2019 年达到峰值 29.7 亿元，随后逐年下降，2021 年创投规模为 14.8 亿元，产业链各环节投资规模与全产业链投资规模特征相似。

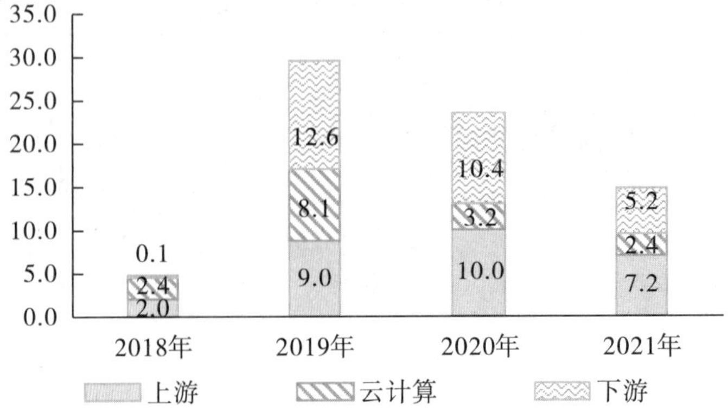

图 10－22 广东省云计算产业链各环节投资规模（单位：亿元）

资料来源：清科私募通。

（二）云计算领域投资占比呈下降趋势

广东省云计算产业链上游芯片产业和下游大数据产业领域创投占比波动提高，而云计算领域创投占比呈下降趋势。2018 年全产业链创投中，云计算创投占比超过半数，而到 2021 年，其占比下降到 16.3%，而上游芯片平稳上升至 48.5%，下游大数据产业创投占比提升至 35.2%。

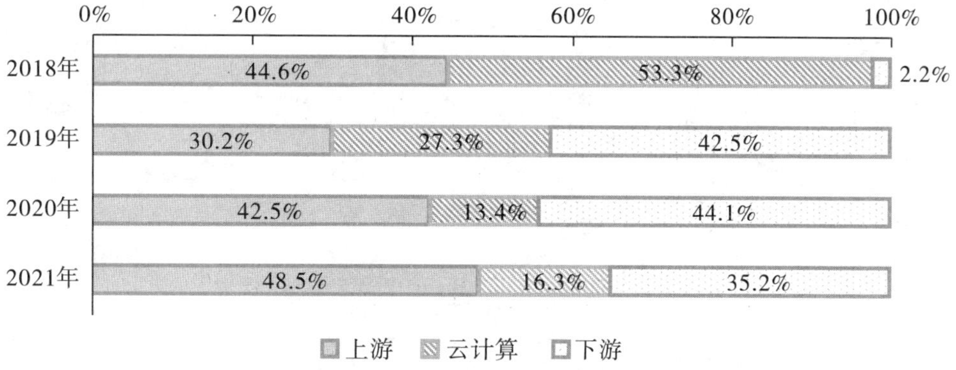

图 10－23　广东省云计算产业链各环节投资规模占比变化

资料来源：清科私募通。

二、主要投资案例

（一）上游芯片市场获投资数量和规模占优势

据清科私募通数据库统计，广东省云计算产业链投资主要集中在上游芯片企业。从投资机构来看，高瓴创投、大有资本等主要投资机构起到领投作用，其中华芯投资对兴科半导体种子轮投资高达 2.4 亿元，各大投资机构对上游芯片企业不同轮次的投资规模不一，前期投资（种子轮、天使轮和 A 轮）投资金额更大，中后期投资规模减小。笔者筛选了云计算上游芯片市场部分投资案例，具体如表 10－6 所示。

表 10－6　广东省云计算产业链上游芯片企业投资机构及规模

企业	投机机构	投资规模/百万元	轮次
兴科半导体	华芯投资	240.00	种子轮
星云智联	高瓴创投（领投）	70.00	天使轮
	鼎晖投资等	30.00	
	BAI 资本等	未披露	Pre-A
迈塔兰斯	汇芯投资	15.00	Pre-A
	不公开的投资者	23.00	
印芯半导体	深创投	未披露	Pre-A

（续上表）

企业	投机机构	投资规模/百万元	轮次
芯耀辉	北京大数长青资产	89.92	天使轮
	珠海鹏恒科技	89.92	
	高榕资本等	46.50	A
	其他	81.00	
	小米	未披露	
天狼芯	大有资本（领投）	7.19	A
	创享投资	未披露	
微度芯创科技	飞图创投（领投）	7.00	A
	保腾创投等	2.25	
	百度风投	未披露	
灵明光子	昆仲资本	7.37	B
	欧菲控股等	15.0	
	真格基金等	未披露	

资料来源：清科私募通。

（二）中游云计算领域投资规模小且轮次靠后

云计算领域投资机构主要有信天创投、朗玛峰创投、青松基金和万融资本，融资企业主要有司库立方、中速装配和企企通等。笔者筛选了云计算领域部分投资案例（见表10－7），其中青松基金对中速装配A＋轮投资0.38亿元。总体来说云计算领域创业投资单个规模不高，但数量在不断增长。

表10－7　广东省云计算企业投资机构及规模

企业	投资机构	投资规模/百万元	轮次
司库立方	信天创投（领投）	16.66	Pre-A
	海贝天弘	3.34	
思为科技	朗玛峰创投（领投）	17.5	A
	芯邦科技	7.5	
星云	华泰创新（领投）	未披露	A＋
	HKSTP等（领投）	13.5	
	红树成长等	21.3	

（续上表）

企业	投资机构	投资规模/百万元	轮次
中速装配	青松基金	38.33	A +
	万融资本等	41.67	
	元璟资本	55	B
	万融资本等	60	
海鹦网络	深创投	未披露	C
	百度中国	未披露	

资料来源：清科私募通。

（三）下游大数据企业投资规模激增且差异大

云计算产业链下游大数据产业投资机构主要有德联资本、纪源资本、红杉中国等知名投资机构，由于大数据产业近年来发展势头迅猛，大数据领域企业数量激增，各大资本对其投资规模也有所增长。笔者筛选了大数据产业部分投资案例（见表 10－8），其中，钟鼎资本对三头六臂的 A 轮创投超过 1 亿元，其他机构的创投规模也随具体情况不同而有所差异。

表 10－8　广东省云计算产业链下游大数据企业投资机构及规模

企业	投资机构	投资规模/百万元	轮次
博依特	中科科创	7.00	Pre-A
	零壹资本	15.00	
奥素博新	弘励创投等	3.00	Pre-A
	盈睿资本等（领投）	7.0	
Tapdata	德联资本等（领投）	22.62	Pre－A
	不公开的投资者	19.4	
	五源资本（领投）	未披露	
惟客数据	IDG 资本等	4.00	A
	红杉中国	67.33	
三头六臂	君联资本	69.00	A
	钟鼎资本	105.35	
图匠数据	火山石投资	10.00	A +
	星界资本	24.50	
蘑菇物联	银杏谷资本	2.50	B
	元禾控股	2.40	
	纪源资本	37.50	

资料来源：清科私募通。

三、投资事件统计及分析

（一）云计算上下游投资案例数量平稳增长

2016—2021 年广东省云计算全产业链创投案例数量逐年上升，2021 年创投案例达 237 起。其中，云计算领域创投数量先升后降；下游大数据产业环节创投数量波动上升，2019 年明显上升；上游芯片领域投资案例数量不降反升，增长势头明显。2016 年云计算全产业链投资数量共 13 起，其中上游芯片环节 7 起，占比 53.8%，2021 年，上游芯片环节投资数量高达 136 起，占全产业链投资的 57.4%。

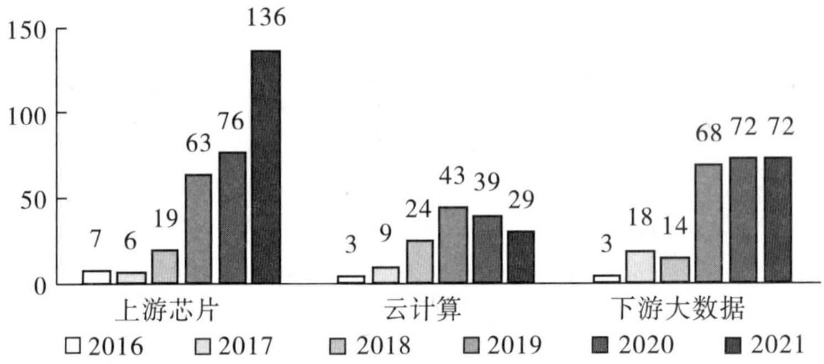

图 10-24　2016—2021 年广东省云计算各产业链环节投资案例数量

资料来源：清科私募通。

（二）云计算全产业链投资轮次聚焦前期投资

从投资轮次来看，全产业链投资轮次主要集中在 A 轮，A 轮创业投资达到 240 起，种子轮和天使轮次创投数量偏少。且上游芯片产业和下游大数据产业各轮次投资都比云计算创投数量高。经整理汇总发现，如图 10-25 所示，云计算产业链创业投资聚集在前期轮次，全产业链前期轮次投资 520 起，占总投资轮次的 72.3%，中期轮次投资 176 起，占比 24.5%。

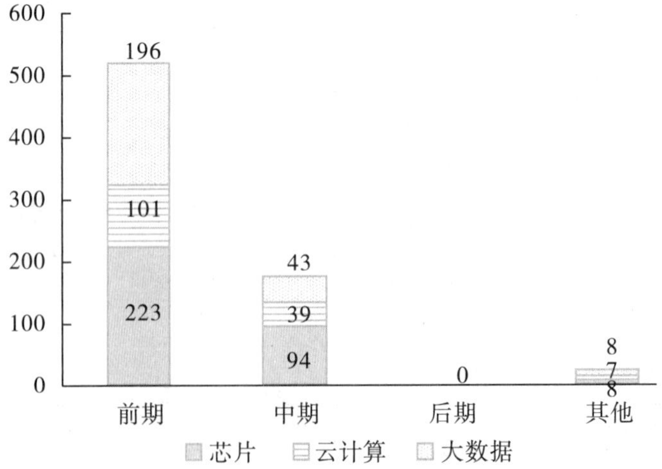

图 10-25　云计算产业链投资轮次分布

资料来源：清科私募通。

第四节　云计算产业链创业投资绩效分析

云计算是全球科技产业变革的核心领域，随着技术创新不断推进，各大机构资本持续涌入，同时驱动相关公司快速成长。行业形成的规模效应及高准入壁垒导致竞争格局头部化和成本优化，让云计算产业个体公司从中受益，营业收入、利润及股价表现良好，反过来也给资本市场带来良好的投资机会。

一、退出分析

据清科私募通不完全统计，2016—2021 年全国云计算领域创投退出次数共 432 次，其中上海、北京退出次数分别为 152 次和 121 次，共占全国总退出次数的 63.2%。广东省退出次数 49 次，占比 11.3%。浙江省云计算退出事件平均回报倍数最高，达到 24.36 倍，北京、上海和广东平均回报倍数约在 4 倍左右。上海市平均内部收益率最高，达到 138.23%，而广东省 50.44%，处于全国中等偏上水平。

表 10－9　2016—2021 年全国云计算产业链创投退出事件统计

地区	退出次数	平均回报倍数	平均内部收益率/%
上海	152	4.91	138.23
北京	121	3.71	28.07
广东	49	4.40	50.44
江苏	33	3.16	21.03
浙江	31	24.36	39.51
吉林	12	5.95	12.07
天津	11	10.34	33.29
安徽	5	1.08	5.36
新疆	3	0.87	－3.11
重庆	3	0.88	－3.57
湖北	2	1.36	24.95
陕西	1	14.56	109.72
宁夏	1	4.66	134.53
福建	1	0.64	－46.68

注：其他地区退出次数共 7 次，因其他地区平均回报倍数和平均内部收益率无法统计，未纳入此表。

资料来源：清科私募通。

广东省云计算全产业链各环节退出次数中，上游芯片环节退出次数最多，达 104 次，占全产业链退出次数的 43.0%；其次是下游大数据环节，退出次数 89 次，占比 36.8%；云计算环节退出次数 49 次，占比 20.2%。

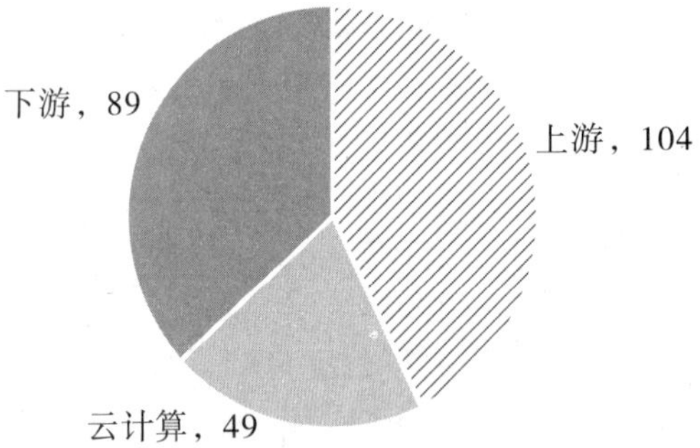

图 10－26 云计算产业链各环节退出次数

资料来源：清科私募通。

二、投资回报

（一）退出方式

首次公开上市（IPO）是目前各大投资机构基金最偏爱的退出方式。上游芯片 IPO 退出 68 次，云计算领域 IPO 退出 21 次，下游大数据领域 IPO 退出 53 次，其次是股权转让、并购和回购等退出方式。在所有退出方式中，IPO 退出既能为投资者和企业赢得荣誉、提高知名度，又能帮助企业拓宽融资渠道以获得更多的资金支持。在投资者的角度来看，虽然 IPO 退出成本高，但高成本高风险背后是较高的收益，这也成为创投资本偏爱 IPO 退出的原因之一。

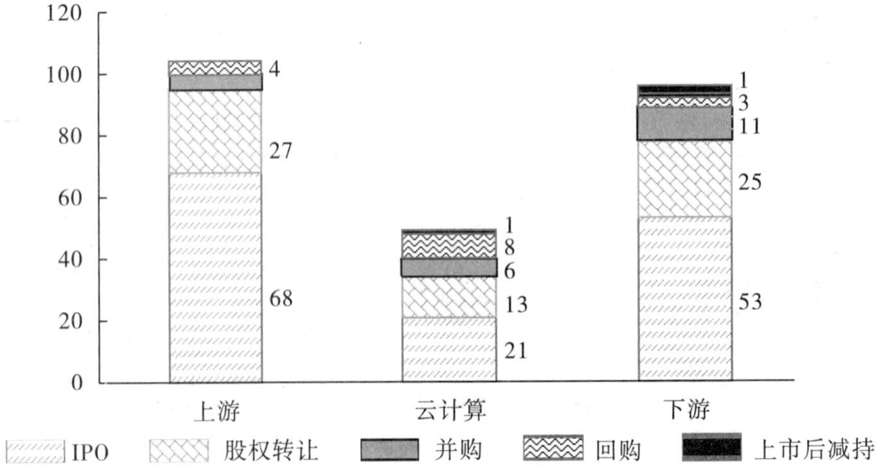

图 10－27 云计算产业链各环节退出方式

资料来源：清科私募通。

（二）退出绩效

从各大投资机构和基金的退出绩效来看，通过 IPO 退出方式获得的平均回报倍数达 3.94，内部收益率高达 59.64%，是收益最高的退出方式，其回报金额也高达 76.17 亿元。通过并购获得平均内部收益率仅次于 IPO，高达 44.38%，并购的平均回报倍数达 5.07，也处于较高水平，但并购需要的资金数额较大，且前期的筛选审核和并购后期的经营管理成本较高。上市后减持的回报倍数和内部收益率都非常可观，但此方式退出次数仅 2 次，这说明各大基金非常看好云计算领域的发展前景和潜力，相关公司上市后不会降低股份持有比例。

表 10 - 10　广东省全产业链退出方式和绩效

退出方式	退出次数	平均回报倍数	平均内部收益率/%	回报金额/亿元
IPO	128	3.94	59.64	76.17
股权转让	51	2.40	21.50	13.06
并购	21	5.07	44.38	44.71
回购	14	1.74	-5.53	4.55
其他	3	0.56	-56.26	1.18
上市后减持	2	20.59	16.82	9.10
分红	1	—	-100.00	0.00

资料来源：清科私募通。

三、创新绩效

企业在获得创业投资后会有更多资金资本投入生产和进行相关研发活动以保持市场竞争力。从私募通数据库筛选出代表性企业后，经查找各公司年报获得其营业收入和研发投入及其研发投入占营业收入比值。从营业收入来看，以深信服为代表的云计算企业营收较高，2020 年深信服营业收入达 54.6 亿元，在疫情的影响下营收不降反升，同比增长 8.9%，2021 年前三季度营收 27.7 亿元，同比增长 2.8%。上游芯片产业和下游大数据产业代表性企业的营业收入保持在 3 亿～5 亿元，且在疫情期间也保持着可观的增速。

云计算产业链各环节的代表性公司对研发投入十分注重。据公司年报披露，各公司研发投入基本上逐年增加，研发投入占营业收入比值稳定。2020 年，深圳法本信息和东莞开普云研发投入同比增长均超过 60%；2021 年前三季度，芯海科技研发投入 1.0 亿元，同比增长 111.2%，大量的研发投入也为其带来更高营收，2021 年前三季度芯海科技营收达 4.6 亿元，同比增长 82.4%。

表 10－11　广东省云计算各产业链企业营收及研发投入

产业链	企业	地区	行业	营业收入/亿元		研发投入/亿元		研发投入占比/%	
				2020 年	2021 年 Q1～Q3	2020 年	2021 年 Q1～Q3	2020 年	2021 年 Q1～Q3
上游	芯海科技	深圳	半导体	3.6 (40.4)	4.6 (82.4)	0.7 (45.6)	1.0 (111.2)	20.5	22.4
	炬芯科技	珠海	半导体	4.1 (13.6)	4.1 (56.2)	1.2 (5.3)	1.0 (7.6)	28.5	23.5
云计算	开普云	东莞	IT 服务	3.0 (1.1)	1.7 (4.3)	0.5 (63.1)	0.4 (13.2)	18.1	25.2
	法本信息	深圳	IT 服务	19.5 (49.1)	22.0 (66.8)	1.1 (67.7)	1.3 (89.5)	5.8	6.0
	深信服	深圳	IT 服务	54.6 (8.9)	27.7 (2.8)	15.1 (32.3)	15.5 (49.7)	27.7	35.4
下游	天亿马	汕头	IT 软件	3.7 (33)	2.4 (67.5)	0.2 (－12.4)	0.1 (－14.2)	4.4	5.7
	德生科技	广州	金融 IT 服务	5.6 (15.2)	4.1 (23.6)	0.7 (9.7)	0.5 (10.4)	12.6	12.1

资料来源：东方财富网、各公司年报。

注：2021 年 Q1～Q3 表示 2021 年前三季度；括号里表示比上年报告期同比增减情况（单位:%）；研发投入占比指报告期内研发投入与营业收入的比值。

第五节　发展趋势研判

一、趋势研判

云计算发展前景广阔，并将大面积推动并加速产业深度融合。随着全球数据化发展、中国新基建的推进，在政府政策支持和产业转型升级需求的双重推动下，未来十年，云计算将进入普惠发展阶段。在政策红利和数字经济的背景下，各行业正在大力探索云计算与各产业之间的深度融合，构建新的数字生产力，发挥协同效应，为企业和社会的发展提供新的动力。

混合云既具私有云的安全性，又不失公有云的便捷性，将是云计算产业未来的一个主流趋势。传统型企业、互联网企业的业务边界被打破的同时，传统型企业和私有云、互联网企业与公有云之间的紧密关系也随之被打破，混合云通过结合外部公有云和内部私有云的方式，使企业能够应用更广泛的 IT 服务组合。在强劲需求助推下，处于初步发展阶段的国内混合云未来发展前景广阔，混合云市场价值被逐步释放。

云计算产业链各环节都蕴藏着机会，是投融资的优质赛道。云计算产业链上下游领域更受资本市场的青睐，且投资回报更高。上游芯片标准化程度高，但高端芯片仍依赖进口，不过芯片领域创业投资次数和投资回报率处于产业链的最高水平；中游云计算产业国内服务器已成规模，市场头部效应明显，投资次数和投资回报率较低，但上升空间明显；下游大数据产业生态市场格局已定，SaaS 发展势头迅猛，由于下游应用场景更丰富，其创业投资项目次数和回报金额都非常可观。在市场需求的驱动和政府政策的大力支持下，无论从长、短期看，云计算都是计算机行业的优质赛道，产业各环节都蕴藏着机会。

云计算创投项目聚集在北上广深等一线沿海城市，有向其他地区扩散布局的趋势。据前文分析，我国云计算产业投融资项目布局在北京、广东、上海、浙江和江苏等一线城市和沿海省份，广东省云计算产业投融资集中在深圳和广州，其他省份和城市也正积极营造良好的政策和经济发展环境，为云计算产业落地和发展提供更便捷的环境，云计算产业有向其他地区扩散发展的趋势，产业布局将更均匀普遍。

二、风险评估

首先是数据安全风险。随着企业上云的提速，针对云端的攻击明显增加，其中上云应用成了最主要的攻击对象，云上的安全防护能力持续受到考验。此外，云上数据的遗失和泄漏事件也时有发生。《2020 年中国互联网网络安全报告》显示，2020 年我国 CNCERT/CC 协调处置各类网络安全事件约 10.3 万起，新增收录通用软硬件漏洞数量 20 704个，捕获恶意程序样本数量超过 4 200 万个，境外来源主要是美国和印度，境内主要来源河南省、广东省和浙江省。发生在我国云平台上的各类网络安全事件数量仍有较高占比，区块链领域和工业控制系统安全事件也时常发生。加强网络安全维护是云计算健康发展的前提和保障。

其次是市场风险。传统架构云上迁移存在难度，向云端改造需要新增投入，迁移过程本身也存在风险，潜在客户上云进度可能慢于预期。尤其是一些创新技术，市场接受度可能不高，推广不及预期。

最后是技术差距。我国云计算产业起步较晚，不管是在硬件的基础设施方面，还是云计算核心关键技术，与国外仍有较大差距。目前，国内主流的云基础设施还是基于 X86 架构搭建，信息安全风险和产业链风险均较高，尤其是在中美科技领域博弈加剧的大背景下，关键产品如计算、存储、虚拟化等领域都可能受到断供的威胁，云计算企业的运营也可能受到冲击。

第十一章　半导体与集成电路产业创业投资*

第一节　半导体与集成电路产业发展现状

一、产业界定

集成电路是信息产业的基础，一直以来占据全球半导体产品超过80%的市场份额，被誉为“工业粮食”，涉及计算机、家用电器、数码电子、自动化、电气、通信、交通、医疗、航空航天等领域，在几乎所有的电子设备中都被使用。对于未来社会的发展方向，包括5G、人工智能、物联网、自动驾驶等，集成电路都是必不可少的基础产品。所以，半导体和集成电路产业是国民经济中基础性、关键性和战略性的产业，集成电路产业的强弱是国家综合实力强大与否的重要标志之一。

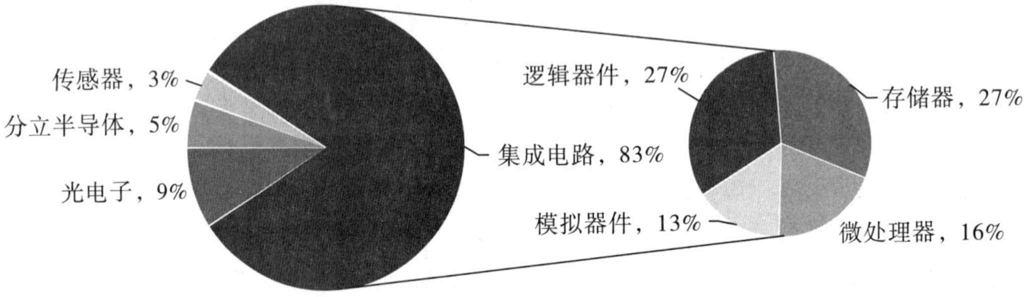

图11－1　2020年半导体各类器件全球市场规模占比

资料来源：WSTS。

二、投资环境与产业政策

半导体行业是资本密集和技术密集型行业，政府政策可以为行业带来持续支持，红利效应显著。半导体产业的特征体现在高技术、高投资、高风险、外部效应强，这些决定了该行业需要政府运用合理的政策工具进行有效干预。历史上政策支持可大致分为三个阶段：

---

* 本章第一执笔人为暨南大学产业经济研究院匡鹏。

1980—2000 年，主要是通过成立国务院“电子计算机和大规模集成电路领导小组”以及 908 工程①、909 工程②等政策，这期间主要是开始建立国内的晶圆产线。

2000—2014 年，《鼓励软件产业和集成电路产业发展若干政策》、01 专项③、02 专项④和各项税收优惠政策颁布，这期间主要是发展产业链配套环节，鼓励研发创新，并给予税收优惠。

2014 年至今，包括《“十三五”国家战略性新兴产业发展规划》，集成电路和软件所得税优惠政策，国家大基金（国家集成电路产业基金）一、二期等，主要是以“市场 + 基金”方式全面鼓励和支持半导体产业的自主可控。

（一）政府政策

政策密集颁布，集成电路位列首位凸显重视。近年来，集成电路相关扶持政策密集颁布，从纲领性文件来看，《国家中长期科学和技术发展规划纲要（2006—2020 年）》将集成电路相关的 01、02 专项作为 16 个重大专项前两位，《中国制造 2025》将“集成电路及专用装备”置于首个重点领域“新一代信息技术产业”中的首位，《2018 年政府工作报告》指出“加快制造强国建设，推动集成电路、第五代移动通信、飞机发动机、新能源汽车、新材料等产业发展”，将集成电路放至首位，足见政策重视程度。同时政策以十年维度设立了远大目标，《国家集成电路产业发展推进纲要》定调“设计为龙头、制造为基础、装备和材料为支撑”，目标到 2020 年，集成电路产业销售收入年均增速超过 20%；到 2030 年，集成电路产业链主要环节达到国际先进水平，一批企业进入国际第一梯队，实现跨越发展。

另外，产业基金、金融支持、税收支持等多维度创造黄金市场环境。从具体政策措施来看，设立国家产业投资基金、加大金融支持力度、落实税收支持政策、加强推广应用等是主要政策手段，政策范围已经涵盖了集成电路从设计到制造、封装测试、装备材料的全产业链环节。2020 年 8 月 4 日，国务院发布《新时期促进集成电路产业和软件产业高质量发展的若干政策》，制定出台财税、投融资、研究开发、人才、知识产权、市场应用、国际合作等八个方面政策措施。

---

① 1990 年 8 月，国务院决定在“八五”期间推动半导体产业升级，促成中国半导体产业进入 1 微米下工艺制造时代。“908 工程”总投资约 20 亿元，主要分为两个主要部分：其中 15 亿元用于投资建设华晶电子的六英寸晶圆厂 12 000 片产能，其余投资用于成立数家集成电路产品设计中心。

② 以 1995 年 12 月 13 日的总理办公会议为标志，“909 工程”正式启动，确定了中国电子工业有史以来投资规模最大、技术最先进的一个国家项目——“909 工程”：投资 100 亿元，建设一条 8 英寸晶圆、从 0.5 微米工艺技术起步的集成电路生产线。

③ 《国家中长期科学和技术发展规划纲要（2006—2020 年）》中的“核心电子器件、高端通用芯片及基础软件产品”。

④ 《极大规模集成电路制造装备及成套工艺》项目。

表 11－1　21 世纪国家级集成电路产业相关政策梳理

时间	发布单位	政策名称
2000 年	国务院	《鼓励软件产业和集成电路产业发展若干政策》
2011 年	国务院	《进一步鼓励软件产业和集成电路产业发展若干政策》
	财政部、国税总局	《关于退还集成电路企业采购设备增值税期末留抵税额的通知》
2012 年	工信部	《集成电路产业“十二五”发展规划》
	财政部、国税总局	《关于进一步鼓励软件产业和集成电路产业发展企业所得税政策的通知》
2013 年	国家发改委	《战略性新兴产业重点产品和服务指导目录》
2014 年	国务院	《国家集成电路产业发展推进纲要》
2015 年	国务院	《中国制造 2025》
	工信部	《2015 年工业强基专项行动实施方案》
	财政部、国税总局、国家发改委、工信部	《关于进一步鼓励集成电路产业发展企业所得税政策的通知》
	工信部	《工业和信息化部贯彻落实〈国务院关于积极推进“互联网＋”行动的指导意见〉的行动计划（2015—2018 年）》
2016 年	财政部、国税总局、国家发改委、工信部	《关于软件和集成电路产业企业所得税优惠政策有关问题的通知》
	国务院	《“十三五”国家战略性新兴产业发展规划》
2018 年	国务院	《2018 年政府工作报告》
	财政部、国税总局、国家发改委、工信部	《关于集成电路生产企业有关企业所得税政策问题的通知》
2019 年	财政部、国税总局	《关于集成电路设计和软件产业企业所得税政策的公告》
2020 年	国务院	《新时期促进集成电路产业和软件产业高质量发展的若干政策》

资料来源：中信证券研究部。

（二）大基金投资

为推动国内半导体产业发展，2014 年《国家集成电路产业发展推进纲要》颁布，提出设立国家集成电路产业投资基金（大基金一期），股东包括中央财政、国开金融、亦庄国投、华芯投资、武岳峰等资方，以及中国移动、上海国盛、中国电子、中国电科等电子信息公司，主要投向半导体产业中游，包括制造、设计、封装的行业龙头企业。在大基金一期的投资项目中，半导体制造行业占比 67%，包括中芯国际、长江存储等企业；

设计行业占比17%，包括汇顶科技、兆易创新、中兴微电子等企业；封测占比10%，包括长电科技、华天科技、通富微电等企业；设备和材料占比仅6%。

大基金一期成效显著。据《国家集成电路产业发展推进纲要》的发展目标，到2015年我国集成电路产业的销售收入要超过3 500亿元，集成电路产业发展体制机制创新取得明显成效，建立与产业发展规律相适应的融资平台和政策环境。而2015年我国集成电路销售额为3 610亿元，同比增19.7%，超额完成目标，2016—2017年也维持了20%以上的增速，发展势头良好，第一阶段的目标基本完成。

大基金二期将更多投向产业链上游和下游，瞄准设备、材料等薄弱环节的细分龙头企业。国家集成电路产业投资基金二期股份有限公司于2019年10月22日注册成立，注册资本为2 041.5亿元，略超此前市场预期的2 000亿元。截至2020年12月30日，大基金二期年内公开投资的项目已有10个，其重点投资方向为集成电路行业上游环节，投资对象包括集成电路封测、设备、材料等企业，如长川制造以及中芯国际子公司中芯南方等，并对于资金使用方向做出规定。投资风格也更加灵活多变，不仅投资行业龙头企业，还会与龙头企业共同投资设立合资子公司。

表11-2　2020年大基金二期投资项目

公司	时间	具体投资	备注
上海睿励	2020年1月7日	大基金认缴出资额3 748.24万元，持股12.12%	检测设备
华润微	2020年2月18日	以10亿元获得科创板上市战略配售7 812.5万亿股	功率IDM龙头
广州兴科	2020年2月25日	兴森科技与大基金共同设立合资公司，注册资本10亿元，大基金出资2.4亿元	PCB供应商
泰凌微	2020年3月30日	大基金认缴出资额2 127.06万元，持股11.94%，为第二大股东	无线物联网系统级芯片
紫光展锐	2020年5月1日	股权重组获得增资50亿元，其中大基金二期增资22.5亿元	移动通信和AIoT领域核心芯片
中芯国际	2020年5月15日	子公司中芯南方获得大基金及上海集成电路产业投资基金等各方合计投资90.59亿美元，其中大基金二期投资15亿美元	制造
	2020年7月13日	以35亿元获得中芯国际科创板上市战略配售1.27亿股	
深科技	2020年10月17日	大基金二期出资9.5亿元，与深科技子公司共同设立沛顿存储，大基金二期持股31.05%。	存储
思特威	2020年10月21日	大基金二期认缴出资额686.82万元，持股8.21%	CMOS图像传感器芯片

（续上表）

公司	时间	具体投资	备注
智芯微	2020年11月11日	大基金二期认缴出资额4.61亿元，持股7.19%	国家电网芯片
睿力集成	2020年11月12日	兆易创新、大基金二期分别拟出资3亿元、47.6亿元参与睿力集成增资，持股0.85%、14.08%。	存储
长川科技	2020年12月18日	大基金二期参与子公司长川智能制造的增资，拟3亿元认购新增注册资本，完成后持股33.33%	制造
纳思达	2020年12月24日	子公司珠海艾派克微电子引入大基金二期作为战投，增资15亿元	打印机加密SoC芯片

资料来源：粤开证券研究院。

三、产业发展概况

我国的半导体市场需求巨大，行业发展迅速，但自给率较低，企业规模偏小。依托庞大的中国终端应用市场需求，中国大陆集成电路产业发展迅速。据中国半导体行业协会数据，2014年中国大陆集成电路产业的销售规模为3 015.4亿元，2019年销售规模为7 562.3亿元，年复合增长率为20.19%，发展迅速。但与全球顶尖的半导体企业相比仍存在差距，全球十大半导体公司中六家为美国企业，两家为韩国企业，一家为中国台湾企业，中国大陆仅华为海思上榜（第十名），且第一名英特尔公司2020年上半年营收是华为海思营收的近十倍。具体见表11－3。此外，进出口数据表明，我国集成电路目前国内自给率较低，高端芯片对外依存度较高。2019年，我国芯片的进口金额为3 040亿美元，出口额为1 017亿美元，贸易逆差超过2 000亿美元。

表11－3　2020年上半年全球半导体企业营收

排名	公司	地区	营收/百万美元	业务模式
1	英特尔	美国	32 038	设计＋制造
2	三星	韩国	26 671	设计＋制造
3	台积电	中国台湾	14 845	制造
4	海力士	韩国	11 558	设计＋制造
5	美光	美国	10 175	设计＋制造
6	博通	美国	8 346	设计
7	高通	美国	7 289	设计

（续上表）

排名	公司	地区	营收/百万美元	业务模式
8	英伟达	美国	4 674	设计
9	德州仪器	美国	6 884	设计 + 制造
10	华为海思	中国大陆	3 500	设计

资料来源：IC Insights。

同时在2020年中国的集成电路产量占到中国集成电路市场的15.9%，虽高于2010年的10.2%，但也能明显看出中国集成电路市场规模与本土制造存在非常明显的差异，尽管中国自2005年以来一直是集成电路的最大消费国，但集成电路产量并没有随之大幅增长。

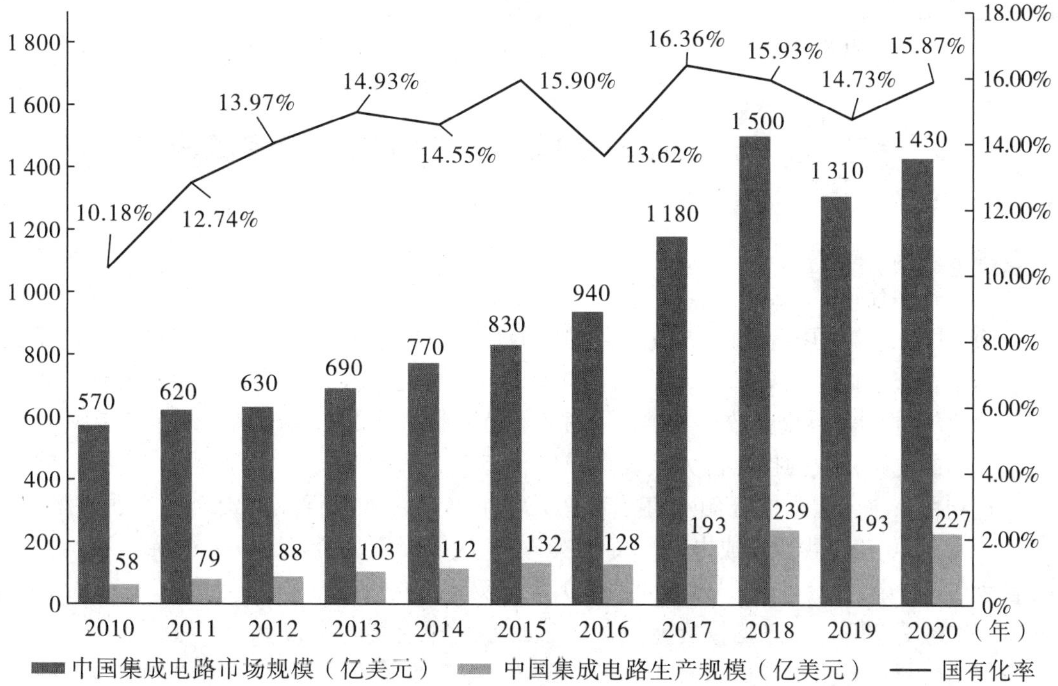

图11－2　2010—2020年中国集成电路市场规模、生产规模及国有化率

资料来源：WIND。

在政府政策和投资基金的大力支持下，中国半导体产业快速发展，在设计、制造和封测等领域均取得了一定的成果。集成电路制造三大工序中，技术门槛从高到低依次为制造/设备 > 设计 > 封测。我国晶圆制造和芯片设计行业销售增长较快，2019年芯片设计销售收入为3 063.5亿元，同比增长21.60%；晶圆制造业销售收入为2 149.1亿元，同比增长18.20%；封装测试业销售收入2 349.7亿元，同比增长7.10%。随着近年来中国一批12英寸和8英寸晶圆制造生产性投产，且国内外芯片设计业的蓬勃发展，大陆晶圆制造行业发展迅速。

表 11－4　2014—2019 年中国大陆集成电路产业销售额

项目		2019 年	2018 年	2017 年	2016 年	2015 年	2014 年	年复合增长率
芯片设计	销售额/亿元	3 063. 5	2 519. 3	2 073. 5	1 644. 3	1 325	1 047. 4	23. 94%
	增长率	21. 60%	21. 50%	26. 10%	24. 10%	26. 50%	29. 50%	
晶圆制造	销售额/亿元	2 149. 1	1 818. 2	1 448. 1	1 126. 9	900. 8	712. 1	24. 72%
	增长率	18. 20%	25. 60%	28. 50%	25. 10%	26. 50%	18. 50%	
封装测试	销售额/亿元	2 349. 7	2 193. 9	1 889. 7	1 564. 3	1 384	1 255. 9	13. 35%
	增长率	7. 10%	16. 10%	20. 80%	13. 00%	10. 20%	14. 30%	
合计	销售额/亿元	7 562. 3	6 531. 4	5 411. 3	4 335. 5	3 609. 8	3 015. 4	20. 19%
	增长率	15. 78%	20. 70%	24. 80%	20. 10%	19. 70%	20. 20%	

资料来源：《2019 年上海集成电路产业发展研究报告》；中国半导体行业协会。

第二节　半导体与集成电路产业创业投资概况

一、投资规模

随着国家政策的推动和地方政府关注度的提升，集成电路产业在近几年迎来了爆发期。据企查查数据，截至2020 年，我国共有芯片企业近5 万家，其中2020 年注册1. 2 万家，增速超过30%。企业数量激增的同时，私募股权市场的热度也在不断飙升。2016 年之前，集成电路行业的投资行为呈现缓慢增长态势，每年的投资行为有了一定数量的提升，达到百余次，但总投资额一直在百亿元上下波动，进入行业的资金没有明显增加。例如，在2010 年，我国集成电路投资频次为27 次，投资总金额为9. 8 亿元，平均投资金额为3 600 余万元，而在十年后的2020 年，私募股权投资金额达到了1 029 亿元，全年投资次数为280 次，平均投资金额3. 68 亿元，年复合增长率为26. 17%。

但结合行业背景与数据来看，由于集成电路相关行业资金需求大，投资回报周期长，我国集成电路行业投资行为呈现比较明显的政策导向特征。2016 年12 月，国务院公开发布了《“十三五”国家战略性新兴产业发展规划》，其中提到“启动集成电路重大生产力布局规划工程，实施一批带动作用强的项目，推动产业能力实现快速跃升”。数据显示，政策发布后的2017 年，市场对于集成电路行业的投资金额增长近20 倍，逼近1 700亿元。在其后的几年中，集成电路投资热情下降，直到2020 年8 月国务院发布《新时期促进集成电路产业和软件产业高质量发展的若干政策》，投资市场才再度火热。

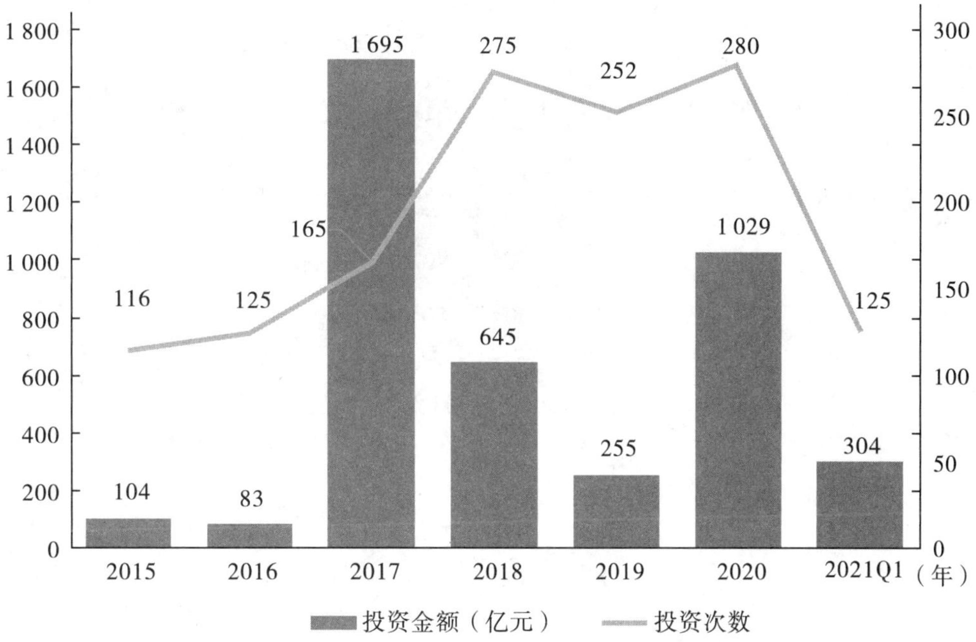

图 11－3　2015—2021 年 Q1 中国集成电路投资数量及投资金额

资料来源：IT 桔子、亿欧数据。

二、投资数量

为了全方位鼓励集成电路行业发展，国家在出台一系列优惠政策之外，还牵头成立集成电路产业基金，直接参与到集成电路产业投资中去。大基金一期首批计划募集规模为 1 200 亿元，截至 2017 年 6 月募资规模已达 1 387 亿元，超募 15.6%。此外，该基金的引领作用明显，共撬动 5 145 亿元的地方和社会资本参与集成电路及相关产业投资，总计约 6 500 亿元资金进入集成电路行业，为行业进步提供了充足的资金支持。

截至 2019 年，大基金一期在集成电路总投资约 1 106 亿元，从资金流向来看，近半流向了研发资金需求大、工艺复杂、技术攻坚困难的芯片制造领域，投资方向集中于存储器和先进工艺生产线。从图 11－4 具体来看，芯片制造获得投资 515.42 亿元，占比 47%；芯片设计获得投资 215.69 亿元，占比 20%；产业生态建设获得投资 198.58 亿元，占比 18%；封测业获得投资 115.52 亿元，占比 10%；半导体材料获得投资 36.20 亿元，占比 3%；半导体设备获得投资 25.68 亿元，占比 2%。

大基金一期除了投资发展国内企业之外，也协助了长电科技、万盛股份、通富微电等企业实现对海外公司或实体的并购，在封测、制造和设计领域都有一定的斩获，协助国内企业实现弯道超车，在有限时间内迅速提升行业排名、增加技术储备和扩大产能。因此在大基金一期的带动下，地方和社会资本踊跃入场，相关的新增社会融资（股票融资、企业债券、银行、信托及其他金融机构贷款）达到约 5 000 亿元人民币，各地方政府和协会等机构也纷纷成立子基金。据大基金管理机构华芯投资表示，按照基金实际出资结构，中央财政资金撬动各类出资放大比例高达约 1∶19。

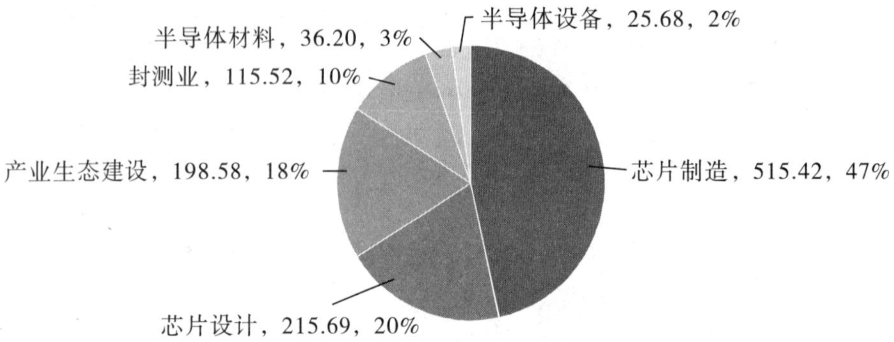

图 11－4　集成电路大基金一期投资（单位：亿元）

资料来源：亿欧数据。

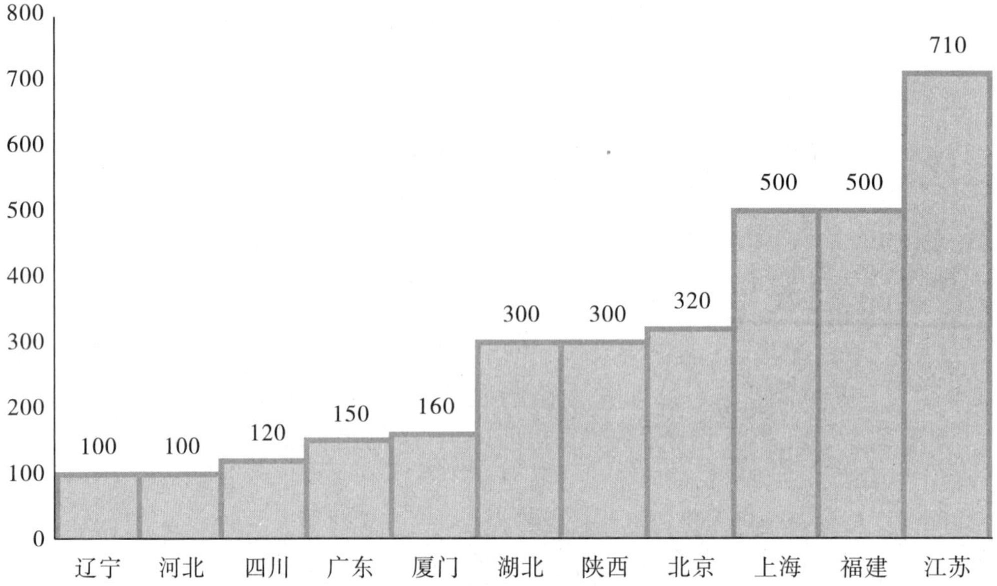

图 11－5　大基金一期（部分）带动地方集成电路产业投资基金规模（单位：亿元）

资料来源：中泰证券、瑞凡。

2019 年底，大基金二期投资募集约 2 000 亿元人民币的资金，已注册成立，目前已全面进入投资阶段。可以预见，2021—2023 年是大基金二期对企业的投资活跃阶段。二期相较于一期规模进一步扩大，且二期的投资重心向设备和材料倾斜，对发展本土的集成电路产业链有很大助力。截至 2021 年 11 月 11 日，A 股上市公司属于国产芯片概念的企业共计 283 家，总市值 8. 8 万亿元，占总上市公司数（4 539 家）的 6. 23%，占 A 股总市值 9. 5%。且有 43 家芯片企业登陆科创板（含芯片概念股及实际业务与芯片相关企业），占科创板总企业数（353 家）的 12. 18%，显著高于总体比例，这反映出近年来芯片企业前往科创板上市融资活力强劲，更受高净值投资者和机构青睐。从具体细分行业分布来看，目前科创板上市的芯片公司业务覆盖设计、材料、设备开发、制造、封测的全部环节，同时也涵盖部分芯片外延行业，如光电设备、量子通信、系统解决方案服务商等产业链上下游企业。其中，以澜起科技、寒武纪为代表的 23 家芯片设计类公司占比最高，达到科创板芯片企业的 53.48%。从投资细分领域来看，私募的投资重点主要是芯片设计及芯片的材料与设备制造。2020—2021 年芯片设计行业发生的投资数占比均超过总数的三分之二，是投资的绝对重点，反映了目前国内资本市场对“资金投入相对较小、设备和技术受限程度较低”的芯片设计行业更加青睐。

三、投资区域

按照被投企业所在地区进行划分，2020 年，我国集成电路行业投资主要发生在长三角地区，广东省和北京市的产业投资频次也较为领先，与我国制造业较为发达的区域基本重合。根据地方政府公开信息整理，江苏、上海、浙江三省市集成电路企业 2020 年共获得 186 次投资，占全国总数的 54.07%，产业布局位居全国前列。在投资吸引力上，2020 年国内基本呈现“长三角一枝独秀，广东、北京、安徽发力追赶，东北、西北地区较为薄弱”的总体态势。位于东南沿海的福建省，由于工业水平与广东、浙江存在一定差距，集成电路产业的投资热度也较低。

江苏作为我国集成电路产业起步较早的地区之一，已经连续多年在集成电路产量和产值规模上位列全国首位，而且在一系列政策支持下，江苏省已经形成涵盖 EDA（电子自动化设计）、设计、制造、封装、设备、材料等芯片细分产业较为完整的产业链，产业聚集效应逐渐突显。广东省则是在芯片设计和下游应用终端市场有所领先，在芯片制造、芯片设备和材料等方面均落后于江苏省、上海市所处的“长三角”地区。公开数据显示，2020 年广东省集成电路产业主营业务收入约 1 700 亿元，其中芯片设计业近 1 500 亿元，产业发展不平衡。而根据国家统计局和地方产业公报数据，2020 年江苏省共生产芯片 836.5 亿块，占全国总产量的 32%，相比 2019 年净增长 320.2 亿块，增长率达到 62%；而广东省 2020 年总产出 373.57 亿块，占全国总产量的 14.29%，产量同比下滑 8.5%，产量不到江苏省的一半，且同期全国集成电路增长 596.5 亿块，增长率为 29.6%，可以看出江苏省贡献了近一半的全国芯片增量。

以上这些成果都与江苏省独特的招商方式有关，江苏的部分地市采取了与智库、投资机构、龙头企业合作的方式进行，走出了一条卓有成效的特色招商之路，值得其他省市地区借鉴。具体案例有：南京江宁开发区聘请工信部下属智库编制了《江宁开发区促进集成电路产业高质量发展若干政策》，既进行了产业规划研究，还分领域地梳理了企业名录，便于相关部门和企业更直接地触达潜在企业；南京江北新区通过与半导体行业内较为活跃的达泰资本合作成立 20 亿元的产业基金，盘活产业资源，吸引行业内企业落地发展；无锡市高新区自 2021 年 3 月起，首先在上海办起投资推介会，重点吸引集成电路、高端装备等企业投资，无锡市高新区还进一步深化招商模式的创新和体制机制的创新，延长招商手臂，融合运用渠道招商、产业链招商、平台招商等多种招商模式和手段。

另外，从地方基金对集成电路的投资汇总能明显看出江苏省的投资规模基本排在全国最前列，且在 Wind 数据库所记录的全国半导体 PE/VC 事件中，江苏省以 221 次半导体 PE/VC 位列第二，占全国总投资次数（1 149 次）近 20%，上海市、江苏省、广东省和北京市的半导体 PE/VC 事件占据全国总投资次数近三分之二，可见与半导体相关的行业绝大部分位于东部沿海地区且产业集聚现象明显。

第三节 半导体与集成电路产业链创业投资分析

集成电路产业链可以大致分为 IC 设计、IC 制造、IC 封测三个主要环节。集成电路生产流程是以电路设计为开端，集成电路设计公司根据客户需求设计出集成电路图，然后委托芯片制造厂根据设计的电路进行晶圆加工，再委托封装厂进行集成电路封装、测试，最后销售给电子整机产品生产企业。

目前，半导体行业的主流商业模式分为两种，一种是集成器件制造模式（IDM 模式），以英特尔、三星、SK 海力士为代表，从设计、制造、封测直到进入市场全流程覆盖，其优势是设计、制造等环节协同优化，有助于充分发掘技术潜力，同时能有条件地率先实验并推行新的半导体技术。另一种是垂直分工模式（Fabless），上游芯片设计公司（Fabless）负责芯片的设计，设计好的芯片掩膜版图交由中游的晶圆厂（Foundry）进行制造，加工完成的晶圆交由下游的封装测试公司进行切割和封测，每个环节由专门公司负责，其优势是轻资产，初始投资规模较小，创业难度相对较小，企业运行费用较低，转型相对灵活。

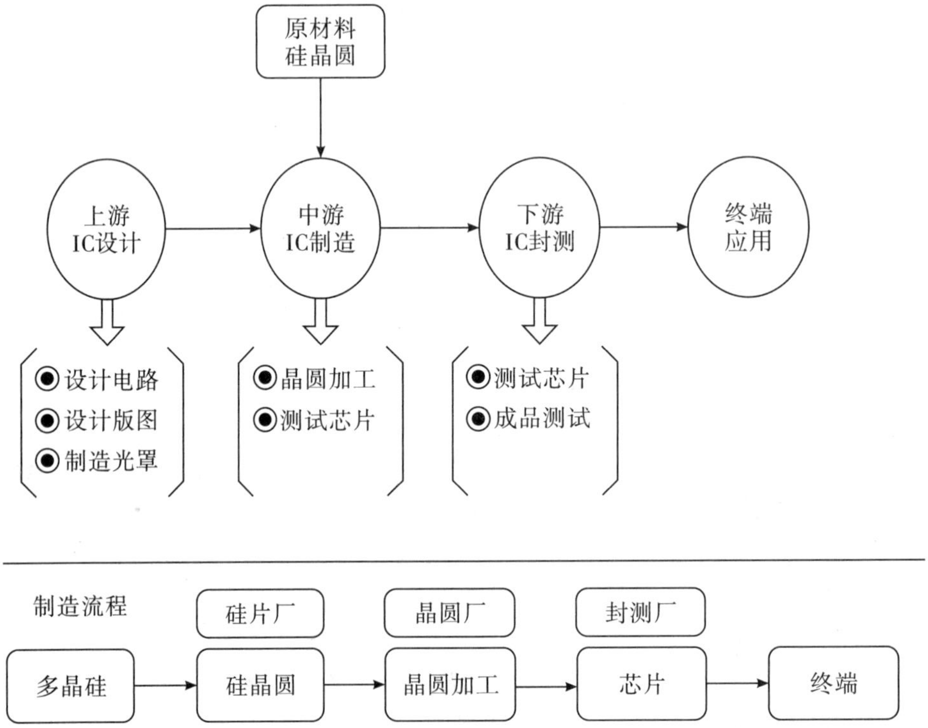

图 11-6 集成电路产业链

一、产业链环节投资分布

清科私募通的数据显示，2015—2020 年广东省集成电路产业链受机构投资共计 524 次。按清科行业划分可以分为 IC 设计、IC 设备制造和 IC 测试与封装以及以上三者的结合，2015—2020 年对集成电路上游（IC 设计）的总投资次数为 129 次，对集成电路中游（IC 设备制造）的投资次数为 72 次，对集成电路下游（IC 封测）的投资次数为 88 次，其余则是对整个产业链中多个环节进行投资的次数达到 235 次。通过图 11－7 数据可以从侧面看出，我国在 IC 设计层面布局较深、投入较其他环节更多。

通过筛选剔除清科私募通数据库关于集成电路产业链不披露具体投资规模的数据，可得 2015—2020 年广东省内集成电路产业链的投资规模统计。从图 11－8 明显看出，投资于集成电路多个环节的规模是最大的，年平均投资占整个产业链投资规模的五成以上，其次是 IC 设计，在 2020 年成为整个产业链获得投资最多的环节，规模达到 37 亿元。虽然统计数据有所缺漏，但也能看出广东省半导体和集成电路发展状况是以 IC 设计作为首要突破口以及创新点，辅以 IC 制造和 IC 封测齐头并进的全产业链发展。广东省争取到 2025 年，半导体及集成电路产业营业收入突破4 000亿元，打造我国集成电路产业发展第三极，建成具有国际影响力的半导体及集成电路产业聚集区。①。

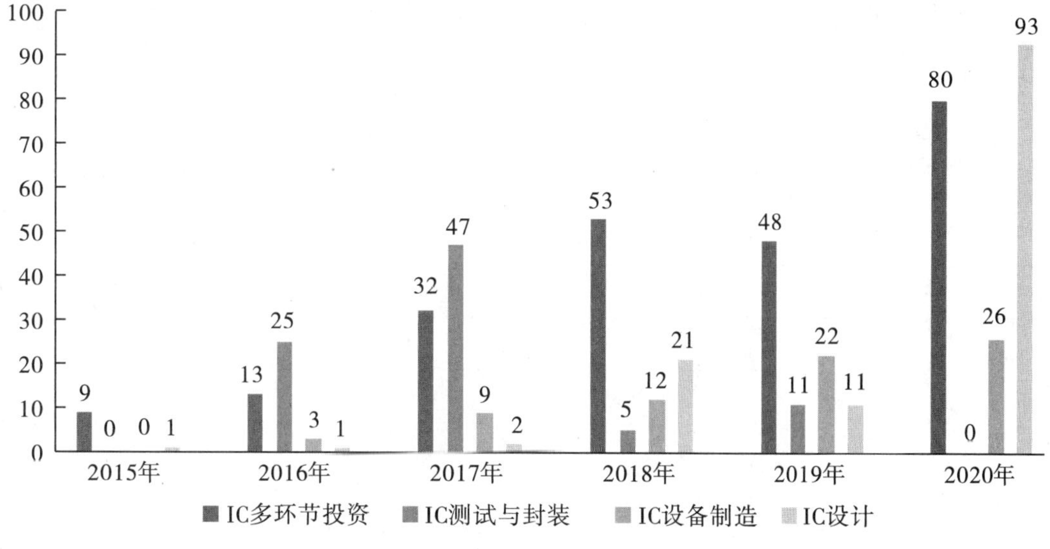

图 11－7　2015—2020 年广东省集成电路产业链投资次数统计

资料来源：清科私募通。

① 该目标来自广东省人民政府印发《广东省制造业高质量发展“十四五”规划》。

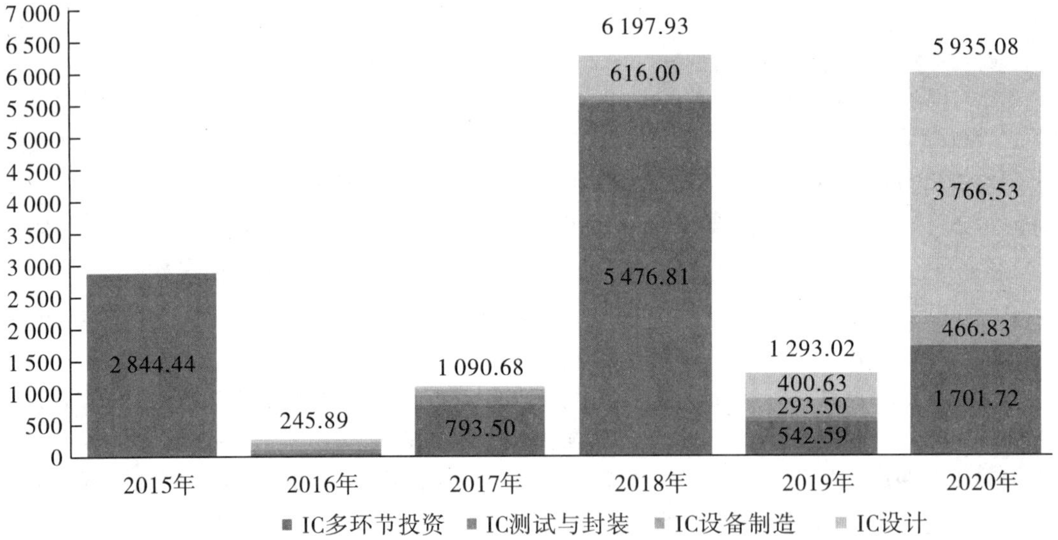

图 11－8　2015—2020 年广东省集成电路产业链投资规模统计（单位：百万元）

资料来源：清科私募通。

广东省集成电路产业链的投资地区主要集中在深圳、广州和东莞等粤港澳大湾区的核心地区，其中深圳市的投资规模和投资次数当居首位。从表 11－5 清科私募通数据的统计可以看出，2015—2020 年深圳市集成电路产业链私募投资约 367 次，约占总投资比例的 71%，投资规模将近 150 亿元；其次是东莞市，私募投资次数为 97 次，投资规模在 6 亿元左右；珠海市投资次数为 30 次，投资规模超 10 亿元；还有广州市和佛山市，投资规模在 4 亿元左右；揭阳市作为非粤港澳大湾区城市在集成电路产业链环境上也获得了近 600 万元的投资，投资类型为新三板定增，投资企业是广东先捷电子股份有限公司。

表 11－5　2015—2020 年广东省重点城市集成电路产业链私募投资情况

城市	产业链	私募投资次数	投资规模/亿元
深圳市	IC 设计	117	146. 46
	IC 设备制造	72	
	IC 测试与封装	8	
	IC 多环节投资	170	
东莞市	IC 设计	8	6. 61
	IC 测试与封装	80	
	IC 多环节投资	9	
珠海市	IC 设计	3	14. 39
	IC 多环节投资	27	

（续上表）

城市	产业链	私募投资次数	投资规模/亿元
广州市	IC 设计	1	3.40
	IC 多环节投资	11	
佛山市	IC 多环节投资	10	4.20
揭阳市	IC 多环节投资	2	0.06

资料来源：清科私募通。

总的来说，在国家政策的支持下，各地方政府结合本市及周边城市产业布局发展，积极设立高科技园区，鼓励集成电路及相关产业的发展。截至 2021 年 3 月，全国有超过 100 个地级市以上的城市已落地或正在规划集成电路相关产业园区，其中以北京、上海、江苏、广东等地区的园区最具规模和代表性。表 11－6 为广东省较为典型的集成电路产业园区，其园区的选址以及产业链的布局基本与清科数据中私募投资资金的去向吻合。

表 11－6　广东省集成电路产业园区

城市	产业布局	部分代表企业
深圳市	1. 产业涉及芯片设计、晶圆制造、封装测试、装备材料，产业链完整； 2. 芯片设计全国领先，占全市产业销售额九成； 3. 正在往封测、制造等行业发展突破	中芯国际、华为海思、华芯半导体、方正微电子、中兴微电子、国微电子、华创兆业、微纳集成电路、矽旺半导体等
广州市	1. 主攻模拟芯片制造、汽车电子配套芯片、显示控制芯片等发展方向； 2. 但除大力发展的制造领域外，其余较为薄弱	粤芯半导体、印芯半导体、广芯微
佛山市	1. 以 RISC－V 架构芯片为主； 2. 其产业涵盖芯片研发、封装测试、存储器、手机和笔记型计算机外部设备、物联网产品、穿戴式产品等全产业链	敏石芯片、华芯微特、赛昉科技、跃昉科技、高劲芯片等
东莞市（以松山湖高新区为主）	1. 已经形成以设计业为核心、化合物半导体为特色发展的格局； 2. 与周围其他制造业、电子设备行业企业配合，已经形成一定规模	紫光国微、利扬芯片、青云计算机科技、惠海半导体、赛微微电子、天域半导体、中图半导体等
珠海市	形成以蓝牙芯片、音频芯片、电源芯片为主的芯片设计、制造、封装测试、系统应用的集成电路设计产业链	炬芯科技、全志科技、珠海杰理、艾派克微电子、英集芯等

资料来源：亿欧数据。

二、主要投资案例

图 11－9 清科私募通数据显示，2020 年广东省约 300 家私募投资机构（以机构总部所在城市进行统计，下同）参与半导体与集成电路相关的产业链投资，投资类型包括早期投资、战略投资、VC/PE 以及 FOFs 等，投资次数共计 341 余次，其中深圳市的投资机构最多，达到 215 家，投资次数约 254 次；广州市 37 家投资机构参与投资，投资次数 40 次；珠海市也在 2020 年参与了半导体与集成电路产业链投资 28 次，参与机构 25 家；其次佛山市、东莞市、惠州市、中山市及肇庆市参与投资次数均小于 5 次。

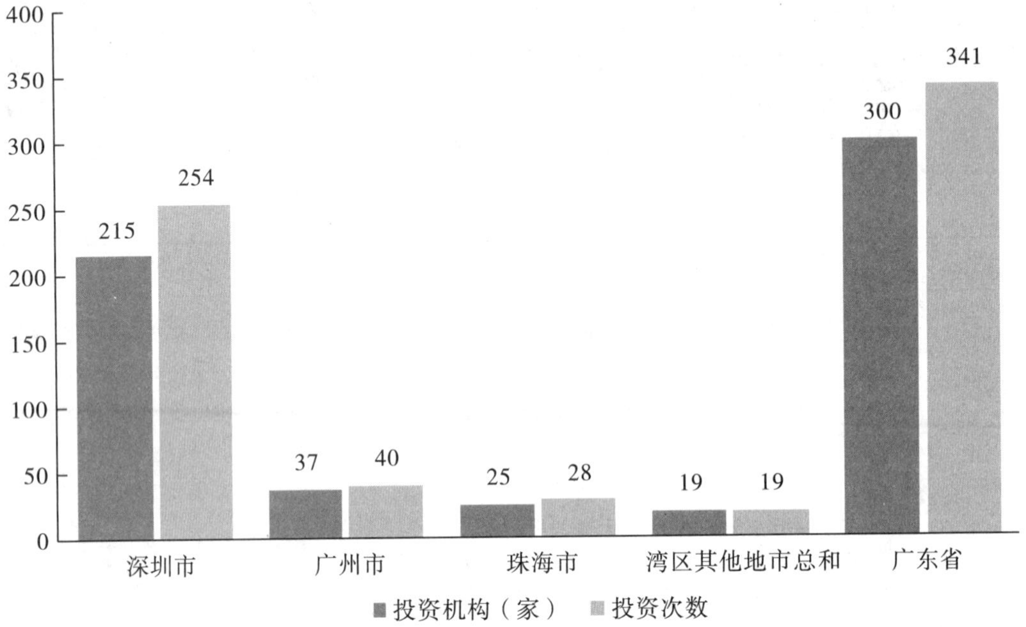

图 11－9　2020 年广东省各地区投资机构在半导体与集成电路产业链投资统计

资料来源：清科私募通。

而纵观全国，2020 年共有 1 304 家投资机构参与了半导体与集成电路产业投资，投资次数共 1 493 次，广东省投资次数占比 22.84%，位列全国第一，因为位于广东省内的投资机构相较于其他大部分省市地区，私募投资机构更倾向于投资半导体及相关电子设备的行业，有数据显示，2020 年广东省芯片设计企业营收过亿元的超过 50 家，是芯片设计企业收入过亿元最多的省份，这与广东省投资机构的投资风向息息相关；其次参与半导体产业投资较多的是上海市，共 267 家投资机构参与了 313 次投资；北京市共 261 家投资机构，参与了 304 次投资；江苏省作为“芯片强省”，共产生了 130 次投资，投资机构约 115 家，江苏省投资机构虽较少，但可投半导体产业的机构比例却明显高于其他省市地区，约为 73.68%，这与当地的特色产业政策导向相关，2020 年江苏省 GDP 增速 3.7%，增量约为 3 664 亿元，其中半导体与集成电路的产业增量在 628 亿元左右，占全省 GDP 增长比重超 17%。

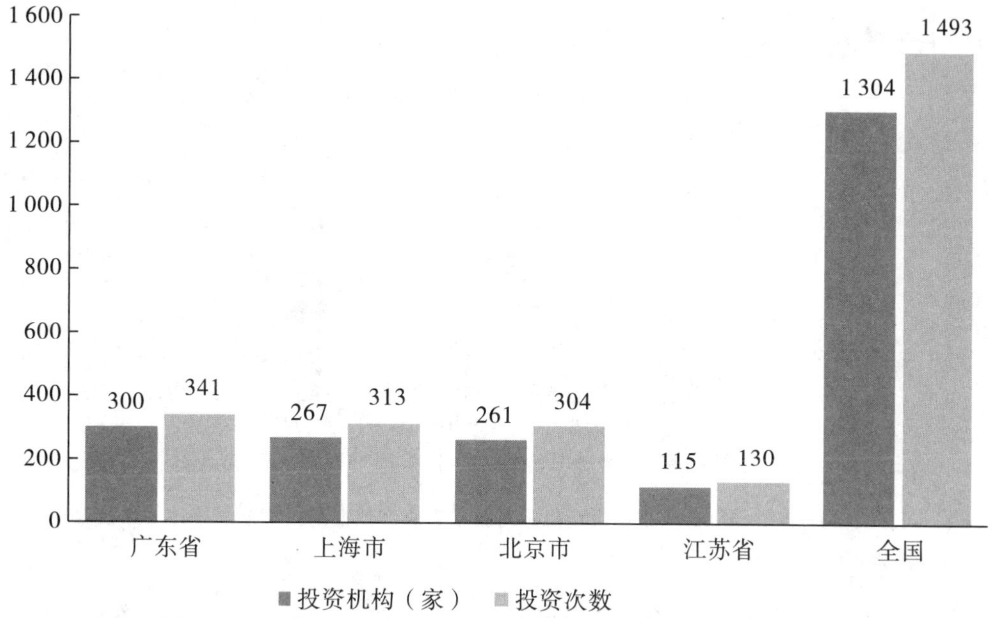

图 11－10　2020 年全国各地区机构在半导体与集成电路产业链投资情况

资料来源：清科私募通。

当然，不同地区的机构投资和基金投资不仅只投资本省市的产业，其辐射区域涵盖全国甚至全世界的初创企业，且投资维度上也纵贯产业链的上中下游。依据前文，将半导体和集成电路的产业链分为 IC 设计、IC 设备制造、IC 测试与封装。根据图 11－11 清科私募通数据统计，2016—2021 年 Q3，广东省内各投资机构参与集成电路产业链投资的总规模为 373.57 亿元（未披露投资金额的未统计，下同），其中集成电路的上游行业 IC 设计共获得了总额 99.9 亿元的投资，投资次数约 162 次，在这一领域单次投资金额最多达到了 13.16 亿元，系 2020 年 5 月 6 日“碧桂园创投”对“紫光展锐”的投资事件；中游行业 IC 设备制造方面共获得了 74.33 亿元的投资，投资次数约 119 次，单笔投资金额最多达到了 16.47 亿元，系“易方达基金”对“卓胜微”的上市定增投资；下游行业 IC 测试与封装共获得了 15.51 亿元的投资，投资次数 34 次，单笔投资金额最多的是“招商局资本”对“通富微电”的 A 轮融资，约 5.67 亿元；而对集成电路产业链多个环节（例如对进行芯片设计和芯片封测的企业进行投资）进行投资的总规模最多，达到了 185.85 亿元，投资次数近 300 余次，其中投资规模最大的“广东君诚”对“速通半导体”的 A 轮融资，金额高达 13.1 亿元，速通半导体是一家位于苏州市的公司，主要从事芯片设计、研发与销售。由此可见，广东省集成电路产业链的发展现状以及机构投资理念是以发展 IC 设计为主，IC 设备制造、IC 测试与封装为辅，注重轻资产和研发设计的局面。

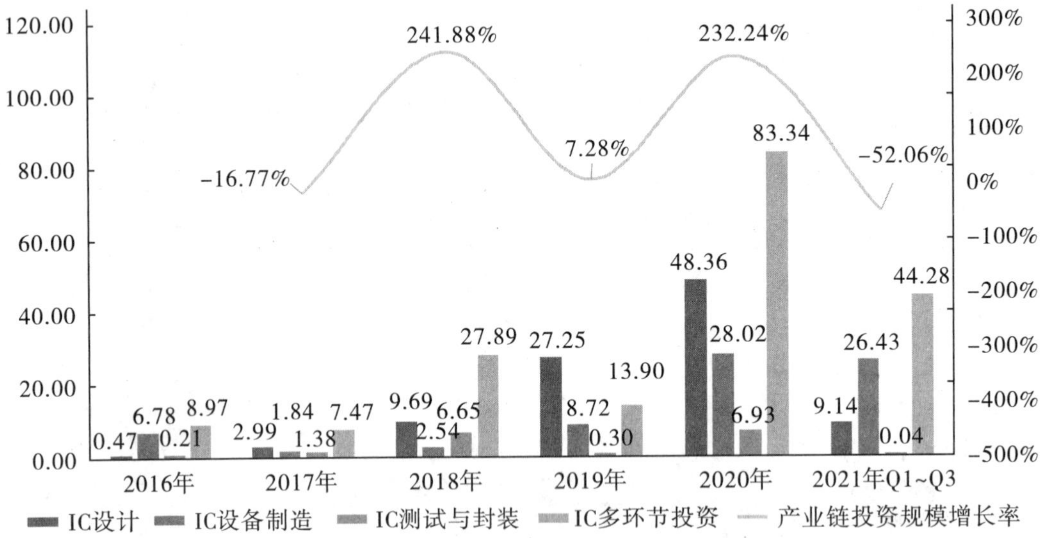

图 11－11　2016—2021 年 Q3 广东省投资机构对集成电路产业链的投资规模统计（单位：亿元）

资料来源：清科私募通。

另一角度，广东省内也有众多基金投资到集成电路产业链中（包括公募基金、私募基金、资产管理计划、产业基金等）。图 11－12 清科私募通数据显示，2016—2021 年 Q3，广东省本土基金共参与了 512 次集成电路产业链各个环节的投资，涉及规模超 122 亿元，其中涉及半导体企业天使轮投资的次数约为 74 次，有披露金额的总规模约 10 亿元；涉及 A 轮投资的次数最多，约为 219 次，披露金额总规模约 46. 72 亿元。A 轮中投资规模最大、所有轮次中投资金额最多的是“招银国际”所募集的“深圳市招银云亭成长股权投资基金”对“睿力集成”的投资，金额为 10 亿元。后续几轮投资及上市后的定增详见图 11－12。

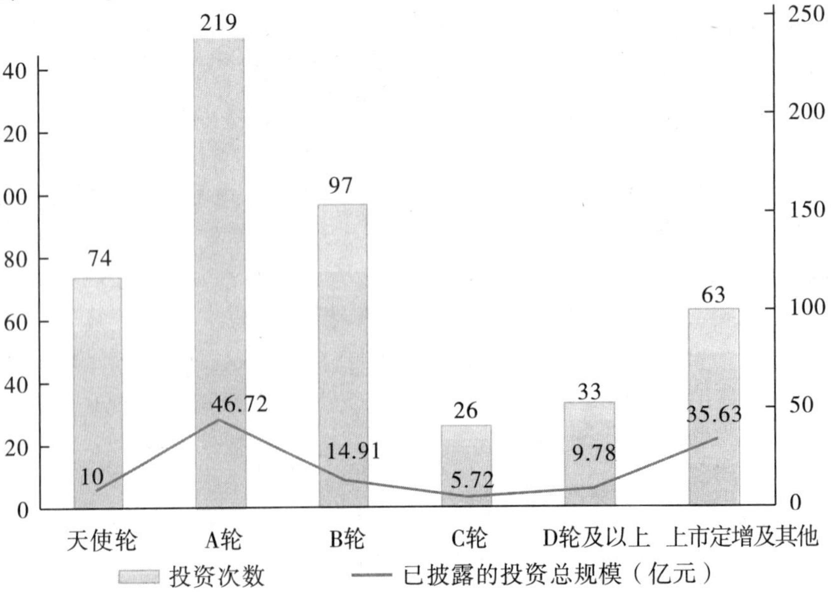

图 11－12　2016—2021 年 Q3 广东基金投资集成电路产业各轮次规模统计

资料来源：清科私募通。

而在所有基金投资中，有披露数据且单笔投资过亿元的基金约 35 只，分属于 22 家投资机构，其中招银国际资本所管辖的 5 只基金投资规模最大，共计 25 亿元。2016—2021 年 Q3 广东省投资集成电路产业链规模前十的投资机构及所辖基金如表 11－7 所示。

表 11－7　2016—2021 年 Q3 广东省投资集成电路产业链规模前十的投资机构及所辖基金统计

基金	所属机构	投资企业	所属产业链	投资金额/亿元	轮次
深圳市招银云亭成长股权投资基金	招银国际资本	睿力集成	半导体	10.00	A 轮
深圳招银电信新趋势凌霄基金	招银国际资本	寒武纪	IC 设计	8.00	上市定增及其他
长江招银成长基金	招银国际资本	寒武纪	IC 设计	4.00	上市定增及其他
招银现代产业壹号基金	招银国际资本	未披露	IC 设备制造	1.60	D 轮及以上
南京市招银共赢基金	招银国际资本	欣奕华	半导体	1.40	A 轮
招商江海产业发展基金	招商局资本	通富微电	IC 测试与封装	5.67	A 轮
招商江海产业发展基金	招商局资本	富满电子	半导体	1.16	上市定增及其他
中安招商	招商致远资本	睿力集成	半导体	4.30	A 轮
安徽交控招商基金	招商致远资本	睿力集成	半导体	2.30	A 轮
同创卓越投资	华业天成投资	英诺赛科	IC 设备制造	2.35	B 轮
湖南华业创投基金	华业天成投资	英诺赛科	IC 设备制造	2.35	B 轮
深圳市同创佳芯创业投资	同创伟业	未披露	半导体	2.00	A 轮
中小企业发展基金同创	同创伟业	欣奕华	半导体	1.40	A 轮
青岛同创致佳股权投资	同创伟业	未披露	半导体	1.00	D 轮及以上
中信证券艾为电子员工参与科创板战略配售集合资产管理计划	中信证券	艾为电子	IC 设计	2.46	天使轮
中信证券雷电微力员工参与创业板战略配售集合资产管理计划	中信证券	雷电微力	半导体	1.45	天使轮
共青城睿芯三号创投基金	赛睿基金	紫光展锐	IC 设计	1.72	上市定增及其他
共青城欣睿创业投资	赛睿基金	中欣晶圆	半导体	1.08	上市定增及其他
万容红土基金	深创投	翱捷科技	IC 设计	1.29	A 轮
万容红土基金	深创投	翱捷科技	IC 设计	1.29	B 轮
温州钛信二期股权投资	钛信资本	未披露	半导体	1.39	D 轮及以上
温州钛晟股权投资	钛信资本	未披露	半导体	1.15	D 轮及以上
深圳中植产投科技投资	京控融华投资	上海新阳	半导体	2.40	上市定增及其他

资料来源：清科私募通。

三、投资事件统计及分析

清科私募通数据显示，截至2021年第三季度，广东省管理资本量排名前十的机构中深圳本土机构有六家且包揽了前四名，广州市有三家、珠海市有一家。在十家投资机构中七家有明确倾向投资半导体及电子设备产业。具体见表11－8。

表11－8　广东省管理资本量排名前十的机构统计（截至2021年Q3）

机构简称	机构类型	机构总部	管理资本量/亿元	拟投行业	历史投资数量
招商财富	PE	深圳市	4 087.00	IT、生物技术/医疗健康等	57
融通资本	PE	深圳市	3 822.00	IT、金融、半导体及电子设备等	21
深创投	VC	深圳市	3 576.72	IT、生物技术/医疗健康、半导体及电子设备等	1 628
招商局资本	PE	深圳市	3 025.21	IT、生物技术/医疗健康、半导体及电子设备等	298
粤财基金	PE	广州市	854.45	IT、互联网、半导体及电子设备等	11
华金资本	PE	珠海市	845.29	IT、生物技术、半导体及电子设备等	147
华侨城（亚洲）	战略投资	深圳市	794.00	—	2
招银国际资本	PE	深圳市	775.54	IT、清洁技术、半导体及电子设备等	149
汇垠天粤	PE	广州市	696.00	IT、化工原料及加工等	15
粤科金融	VC	广州市	654.00	IT、半导体及电子设备等	232

资料来源：清科私募通。

此外，在近五年来这十大投资机构中，深创投参与半导体产业链投资的次数最多，共99次，规模最大，约达29.96亿元，占深创投总投资规模的6.45%，其中参与IC设计环节投资共14.59亿元、IC设备制造环节的投资7.70亿元、IC封测环节的投资0.13亿元，综合投资共7.55亿元；其次是招银国际资本，投资次数近18次，投资规模达29.04亿元，其中IC设计环节和综合投资规模最大，分别为12.50亿元和13.46亿元；在近五年内参与集成电路产业投资总规模过亿元的还有招商局资本和华金资本，分别为17.38亿元和8.91亿元。其余机构则是在近五年内投资在亿元以下或者并未参与到该产业的投融资。详见表11－9。

表 11－9 2016—2021 年 Q3 广东省十大投资机构参与半导体产业链投资情况

机构简称	投资数量	已披露的投资规模/亿元	投资半导体产业数量	已披露投资半导体产业规模/亿元					投资占比
				总规模	IC 设计	IC 设备制造	IC 封测	综合投资	
招商财富	50	61. 85	3	0. 08				0. 08	0. 13%
融通资本	10	12. 29	0	0. 00					—
深创投	1 162	464. 21	99	29. 96	14. 59	7. 70	0. 13	7. 55	6. 45%
招商局资本	187	296. 59	12	17. 38	3. 27	5. 27	5. 67	3. 17	5. 86%
粤财基金	11	2. 55	2	0. 20	0. 20			未披露	7. 84%
华金资本	165	64. 3	13	8. 91	5. 35			3. 57	13. 86%
华侨城(亚洲)	2	—	0	0. 00					—
招银国际资本	152	381. 99	18	29. 04	12. 50	3. 10		13. 46	7. 60%
汇垠天粤	6	126. 47	0	0. 00					—
粤科金融	124	77. 34	2	0. 08	0. 02			0. 06	0. 11%

资料来源：清科私募通。

从企业融资方来看，近五年来，广东省集成电路产业中共发生了近 982 次企业融资事件，已披露的融资规模近 228. 25 亿元，其中 IC 设计环节融资 141 次，融资规模 49. 50 亿元左右；IC 设备制造 188 次，融资规模 52. 35 亿元左右；IC 封测 95 次，融资规模 4. 36 亿元；综合多个环节融资 558 次，融资规模近 122. 05 亿元。在不考虑未披露企业名称和未披露融资规模的前提下，总部位于深圳市的得一微电子企业融资规模最大，达 52. 84 亿元；融资次数最多的企业为比亚迪半导体，约 46 次，融资规模 28. 15 亿元。其余，融资规模排名前十的企业如表 11－10 所示。

表 11－10 2016—2021 年 Q3 广东省内集成电路企业融资规模前十

企业	融资次数	融资规模/亿元
得一微电子	33	52. 84
艾派克微电子	13	32. 00
比亚迪半导体	46	28. 15
纳思达	15	9. 12
云英谷	31	4. 63
富满电子	14	3. 50
飞骧科技	14	3. 20

（续上表）

企业	融资次数	融资规模/亿元
芯天下	3	3.20
芯海科技	26	3.14
星云智联	16	3.00

资料来源：清科私募通。

第四节　半导体与集成电路产业链创业投资绩效分析

半导体与集成电路产业作为战略科技产业，具有投资门槛高、回报周期长等特点，引导资本进入该领域有利于激发该行业的创新活力。

一、退出分析

清科私募通数据显示，从2002—2021年近20年的时间，发生在北京市、上海市、广东省和江苏省这四个集成电路产业重点发展区域的产业投资退出事件共771次，占全国总集成电路产业投资退出事件的77.25%。其中集成电路企业总部位于上海市的机构投资退出事件位列全国首位，达416次，其退出方式则多以上市IPO为主，已披露数据显示，平均账面回报倍数达25.24倍，位居全国第一，平均内部收益率高达132.16%，且平均回报金额也超过2亿元；其次是江苏省，共产生156次产业投资退出事件，平均账面回报倍数为2.53，内部收益率的平均值为负值①；广东省发生机构投资退出事件共122次，其中深圳市退出事件最多，单笔投资回报金额最高的为“华芯投资”对“中兴微电子”的A轮投资并以并购方式退出，回报金额达到了33.15亿元，而账面回报倍数最大的则是“松禾资本”对“国民技术”的投资并以股权转让的方式退出，账面回报倍数达22.71倍，回报金额约3.86亿元；其次珠海市集成电路产业投资退出事件共14次，其中平均内部收益率高达142.41%，原因除了因未披露数据太多导致数据有所失真，还有则是存在过高的投资收益率事件，例如“中银国际投资”对“金邦达宝嘉”的A轮投资并以IPO形式退出的事件，其内部收益率达到了469.31%，位列二十年来广东省半导体行业的投资收益率的最高值。而结合清科私募通数据库和Wind数据库的PE上市退出事件来看，并无数据显示有位于广州市的半导体企业存在机构投资退出事件的情况，后续有相关案例可进一步跟进。

---

① 江苏省机构退出的平均内部收益率为负值，主要原因可能是江苏省无锡市新洁能股份有限公司（简称“新洁能公司”）的众多利空事件所致，利空原因其一是新洁能公司的子公司业绩陷入亏损，且母公司的综合毛利率下滑到行业平均水平以下；其二是历史上，新洁能公司股权转让曾以低于每股净资产的价格转让，转让方涉嫌逃税；其三是新洁能股东及董监会高层与客户、供应商之间存在“不正常裙带关系”，导致其业务独立性受到影响，以上种种原因导致新洁能公司在2017—2018年股权转让时，投资方内部收益率亏损达100%。

表 11－11　2002—2021 年集成电路产业机构投资退出事件概况

	退出事件次数	主要退出方式	平均账面回报倍数	平均内部收益率/%	平均回报金额/亿元
上海市	416	IPO（298 次）	25.24	132.16	2.77
北京市	77	IPO（47 次）	6.75	55.11	2.92
广东省	122	IPO（72 次）	3.76	28.76	0.66
深圳市	73	IPO（39 次）	3.09	24.21	0.87
珠海市	14	IPO（9 次）	6.95	142.41	0.54
东莞市	25	IPO（19 次）	1.80	14.87	0.13
佛山市	9	IPO（5 次）	10.48	39.26	0.59
江苏省	156	IPO（65 次）	2.53	－7.99	0.68
全国	998	IPO（602 次）	13.65	75.00	2.03

资料来源：清科私募通。

二、投资回报

从产业链的角度可以发现，对集成电路多环节进行投资且产生退出事件的次数是最多的，约 56 次，其中从事 Fabless 经营模式的芯海科技 IPO 的退出事件最多；约 17 家投资机构产生了 22 次退出事件，回报总金额约 6.85 亿元，平均内部收益率约 28.02%，其中 2017 年参与投资的账面回报倍数约为 1.73、2018 年的账面回报倍数约为 1.6、2019 年的回报倍数为 1.28，可见投资年限越久，回报倍数越高。从图 11－13 也可以看出，除了综合环节的投资退出事件外，IC 设计环节退出事件投资绩效均处于产业链的优势地位，账面回报约 4.21 倍、内部收益率高达 29.23%，显著高于其他中下游环节的投资绩效，回报总金额和平均回报金额分别为 10.56 亿元和 0.42 亿元，投资回报较为丰厚。

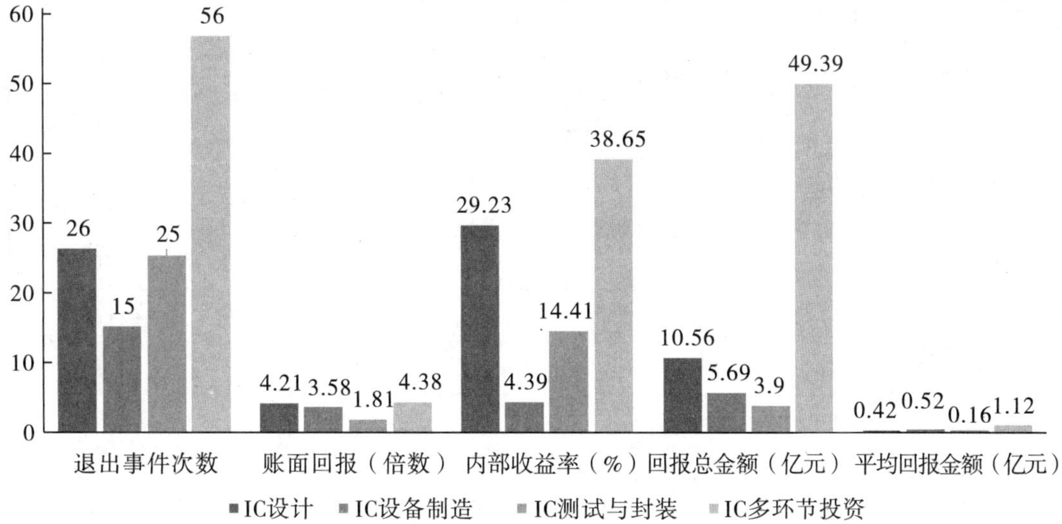

图 11－13　广东省集成电路产业链各环节退出事件概况

资料来源：清科私募通。

但涉及投资退出事件，必然会存在收益率达不到预期甚至出现亏损的风险，通过梳理匹配清科私募通退出事件、投资事件与 Wind 的 PE/VC 两个数据库，从广东省集成电路产业链 122 次退出事件中，收集整理出 15 家半导体企业共 78 次带有明确投资规模、内部收益率和回报金额的完整投资退出事件。从表 11－12 中可以明显看出，退出方式多以 IPO 退出为主，总投资规模与回报金额最高的是“中兴微电子”，总规模超过 24 亿元，投资方为“华芯投资”，最终通过并购方式退出，总回报金额达 33.15 亿元左右，但平均内部收益率为 6.85%，处于已披露平均内部收益率中的较低水平；而投资规模与回报金额相差最大的是 IC 设计环节的“炬力集成”，A 轮融资时北极光创投、NEA 恩颐投资、Intel Capital、汇睿资本、GIC 新加坡政府投资公司、汉世纪、上实投资合计投资约 7.68 亿元，上市 IPO 后退出，总回报金额达 70 多亿元人民币，账面回报倍数接近 10 倍。此外，收益不及预期的有东莞市的“气派科技”IPO 退出事件和股权转让事件，平均内部收益率分别为 7.50% 和 8.56%，处于平均内部收益率的较低水平，以及深圳市的“金百泽”IPO 退出事件，平均内部收益率仅为 6.94%。另外，IC 设计产业的投资回报率最高，平均收益率约 36.94%，总回报金额与总投资规模之比为 3.315；IC 设备制造的投资回报率次之，约为 34.70%，总回报金额与总投资规模之比为 3.740；IC 封测的投资回报率相对最低，约为 13.18%，总回报金额与总投资规模之比为 1.721，明显低于产业链的上中游环节。因此，在集成电路产业链中，上游 IC 芯片环节的投资绩效最高，其次是中游环节 IC 设备制造，投资绩效相对较差的是下游的 IC 封测环节。

表 11－12 广东省集成电路企业投资与退出事件绩效概况（根据已披露数据统计）

企业	城市	产业链环节	总投资规模/亿元	总回报金额/亿元	平均内部收益率/%	退出方式
中兴微电子	深圳市	IC 设计、生产、销售	24.00	33.15	6.85	并购
芯海科技	深圳市	IC 设计	2.52	6.76	28.02	IPO
气派科技	东莞市	IC 封测	0.39	0.68	7.50	IPO
			0.13	0.33	8.56	股权转让
利扬芯片	东莞市	IC 封测	1.12	1.81	19.13	IPO
			0.05	0.08	17.53	股权转让
力合微	深圳市	IC 设计	0.12	0.27	115.51	IPO
			0.05	0.06	17.97	股权转让
炬力集成	珠海市	IC 设计	7.68	73.73	—	IPO
金宏威技术	深圳市	IC 设备制造	0.21	0.40	33.01	并购
金邦达宝嘉	珠海市	—	1.86	3.85	469.31	IPO
金百泽	深圳市	IC 设备制造	0.60	1.04	6.94	IPO

（续上表）

企业	城市	产业链环节	总投资规模/亿元	总回报金额/亿元	平均内部收益率/%	退出方式
捷佳伟创	深圳市	IC 设备制造	0.10	0.07	—	回购
国星光电	佛山市	IC 设备制造	0.10	0.16	64.16	IPO
国民技术	深圳市	IC 设备制造	0.17	3.86	—	股权转让
富信科技	佛山市	IC 设计、生产、销售	0.42	1.60	16.33	IPO
鼎芯无限	深圳市	IC 设计	0.12	0.14	—	并购
鼎泰芯源	珠海市	IC 设备制造	0.30	0.06	—	并购

资料来源：清科私募通。

三、创新绩效

半导体与集成电路的发展不仅要面临技术攻关难题，也需要提防外部势力出于政治或经济对产业链进行封锁。同时，我国半导体产业面临领军人才不足、技术积累不足、产业链协同效应不明显等问题，两期大基金，或是扶持政策虽有成效，但无法立即改变现状，需要企业和市场不断努力，而广东省应该根据自身的区位优势和产业链短板制定出科学且精细化的产业发展政策。广东省有其独特的机遇与优势：广东芯片设计业营业收入全国第一，终端应用市场庞大，市场机制比较成熟。目前，国家持续加大对集成电路产业的支持力度，产业发展环境不断完善，5G、人工智能、智能网联汽车、工业互联网、超高清视频等产业对半导体及集成电路的需求快速增长，这些都为广东发展半导体及集成电路产业提供了良好的发展机遇。

但是广东省在半导体与集成电路发展上也存在较多的问题和挑战：一是创新能力不强，创新要素投入不足，关键核心技术研发能力薄弱。例如，产业链上游集成电路所用的硅片是制造技术门槛极高的尖端高科技产品，全球大概只有 10 家企业能制造，其中前五家企业均为海外企业且占据了全球市场 90% 以上的份额，日本信越（Shin-Etsu）和 SUMCO 更是在大尺寸硅片（200 毫米和 300 毫米）中占据全球市场 70% 以上的份额，形成了绝对垄断和极高的技术壁垒，相较于国内的硅片自给率很低，大多依赖进口，目前国内企业只能达到 4 ~ 6 英寸硅片的性能需求，并少量供应 8 英寸市场，12 英寸以上市场则基本是空白，其中上海新昇致力于生产 12 英寸硅片，重庆超硅目前能量产 8 英寸硅片，广东省企业在这方面则贡献寥寥，12 英寸晶圆线生产性仅 1 条。二是 IC 设计企业普遍规模偏小，高水平设计能力不足，广东省除了华为海思外，其他 IC 设计企业规模普遍较小且以轻资产为主，难以形成设计—制造—封测的产业协同效应，虽在细分领域具备亮点，但核心关键领域设计能力依旧有所不足。三是高校人才培养严重短缺，微电子专业在校生不足2 000人，我国集成电路长期以二级学科地位发展，直到 2020 年 7 月底才被确认设立为一级学科独立发展，独立高校和学院近几年才逐渐设立。而江苏省南京市已于2020年11月成立了南京集成电路大学，在人才引进方面，已经走在了前列，所以对于广东省所在的粤港澳大湾区来说，半导体与集成电路产业人才引进的吸引力天然地劣于长三角地区，人才引进难度大，抢人大战一触即发。四是对外依存度高，产业链发展不成熟，在集成电路的支持行业上，江苏省拥有EDA软件开发企业Cadence和华大九天，在芯片设计行业有展讯半导体、鹏芯微和芯动科技等，在制造领域有华虹半导体和华润微电子等生产基地，在封测领域有世界排名前三的长电科技和通富微电子；而广东省在IC设计领域有华为海思、中兴微电子和芯海科技等，但在IC制造领域和IC封测领域以及半导体材料领域则有所欠缺，其中深圳市的捷佳伟创和国民技术是少有的半导体设备制造商，在IC封测领域则有深科技、气派科技和风华芯电等，但与江苏省涵盖EDA、设计、制造、封测、设备、材料等完整产业链且汇聚了一批知名芯片企业相比仍有一定的差距。

而展望未来，广东省目前已发布《广东省培育半导体及集成电路战略性新兴产业集群行动计划（2021—2025年）》，该行动计划详细合理地布局了广东省半导体和集成电路的发展目标、发展任务和发展工程。当前，广东省半导体集成电路产业处于奋起追赶的发展黄金窗口期，产业发展任重道远。从轻重资产两方维度来看，IC设计等轻资产领域，在维持IP设计领先地位的同时，应学习国外发展经验和国内其他地区的发展路径，利用广东省消费电子等产业集群优势"良性内循环"，鼓励终端厂商使用国产芯片，以市场为导向，合理扶持，避免过度保护，维护公司公平竞争实现优胜劣汰和快速发展，预计IC设计环节仍将是广东省未来十年成长最为蓬勃的半导体领域，下游需求将显著提升且反哺催化国产芯片替代明确需求。IC设备制造等重资产领域，应学习国内外经验并持续逆周期投资，短期内，对标江苏省等一线半导体发展地区，加强产学研的深度合作，全方位学习但错位发展，例如，在制造环节，长三角等地区在先进制程和存储芯片制造、封装测试等已形成优势，本着错位发展的原则，广东应重点在特色工艺制程和已有一定基础的功率器件、第三代半导体方面发力；中期内，应推动省内半导体与集成电路产业链上的企业对本省、省外以及国外优质企业或资产的并购与买入，产业资源逐渐向本省的龙头企业倾斜，在参与境内外半导体企业并购时应时刻秉承四个原则：一是以收购先进技术、扩大半导体产业应用组合、强化核心业务为主要目的；二是保证收购竞争对手或合作伙伴后，企业能够在增加市场份额和提高盈利能力上发挥促进作用，避免尾大不掉；三是优先于新兴领域，人工智能、无人驾驶等新兴科技的发展极大地刺激了半导体芯片的需求，便于抢占先机；四是延长产业链和供给链作为愿景，通过进军产业价值链上的其他环节，集成电路企业不仅能够创造新的收入流，还能产生协同效应。长期并持续性地加强半导体行业的研发投入，持续推进重点领域研发计划，围绕芯片设计与架构、高端设备制造、先进封装测试工艺、化合物半导体、EDA工具等领域开展关键核心技术攻关。

第五节　发展趋势研判

广东省制造业"十四五"规划提及，将投资2.28万亿元到战略性支柱产业和新兴产业，规划描绘了"强芯行动"的详细路径。其中，半导体和集成电路产业作为广东省十大战略性新兴产业集群之一，目前已经将发展目标定在2025年，半导体及集成电路产业年主营业务收入突破 4 000 亿元，年均增长率超过 20%，打造我国集成电路产业发展第三极，基本形成以广州和深圳两个国家级集成电路设计产业化基地为核心，带动珠海、佛山、东莞、中山、惠州等地协同发展的产业格局。在集成电路的下游环节，IC 封测的行业壁垒相对较低，广东省内的 IC 封测企业，较为知名的深科技、利扬芯片和气派科技，可以通过并购和整合来持续推动行业集中度的提升且尽可能选择与国外头部企业进行合作有助于达到更高的安全边际。从大陆过去的发展历程来看，内地企业最早就是以封测环节为切入点进入半导体行业，发展至今 IC 封测已经成为中国集成电路产业链中最成熟的领域，而通过并购可以显著加强大陆产业或公司的竞争力，其中，外延式并购助力江苏省 IC 封测产业走向世界前列，例如长电科技收购新加坡封测厂星科金朋，通富微电收购 AMD 封测业务，使得江苏省在 IC 封测领域得以进入世界一流水平。究其原因，相对产业链的上中游而言，IC 封测市场在产业链地位不高、壁垒较低、毛利率低且市场规模较小，据统计，2021 年，全球 IC 封测行业市场规模达 618 亿美元，且多以代工市场为主，中国大陆封测行业销售额占全球 60% 以上，系全球最主要的封测基地，所以在市场规模增长缓慢、量价上升趋势不强以及集中度不断提升的前提下，广东省内封测企业若想跻身行内一线，必须选择外延式与内延式并购结合、优选龙头企业合作的发展策略。

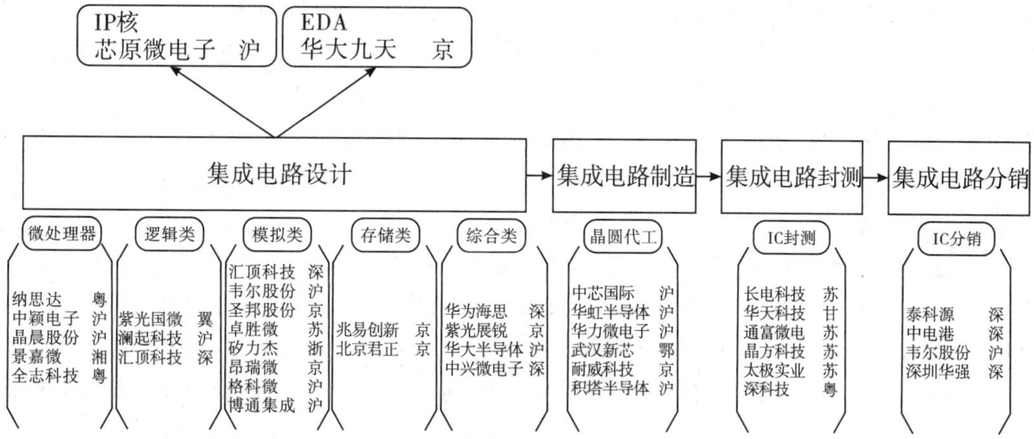

图 11－14　集成电路产业链重点企业

表 11－13　集成电路产业链的头部企业营业情况

产业链	具体环节	市场规模/亿美元	占比	头部企业	主营业务	毛利率	技术壁垒
上游	IC 设计	105	22.6%	高通	芯片设计	60%	中
中游	IC 制造	194	41.7%	台积电	芯片制造	53%	高
	IC 设备	65	14.0%	ASML	光刻机	49%	很高
	半导体材料	46	9.9%	信越化学	硅片	36%	很高
下游	IC 封测	55	11.8%	日月光	芯片封装	22%	低

资料来源：招商银行研究所。

在集成电路的中游环节，晶圆制造的技术含量高、工艺复杂，行业壁垒高，处于集成电路产业链中的核心位置，在芯片生产过程中处于至关重要的地位，2021 年全球芯片代工产业市场规模有望达到 945 亿美元，市场竞争格局上晶圆厂马太效应明显。现今，Foundry 模式的厂商处于集成电路制造环节的主导地位，即晶圆代工模式，仅专注于集成电路制造环节，该模式源于集成电路产业链的专业化分工，形成了无晶圆厂设计公司（Fabless）＋晶圆代工企业（Foundry）＋封装测试代工企业（OSAT）的专业分工产业链。未来，晶圆制造中先进制程必定依赖代工模式。但随着技术节点的不断缩小，集成电路制造设备的资本投入越来越高，巨额的设备与技术投入只有具备一定生产规模的头部集成电路制造厂商才能负担，未来市场集中度可能会进一步提升。而目前，世界领先的晶圆代工企业有中国台湾的台积电（2020 年占全球市场份额 56%）和联华电子、美国的格罗方德、中国上海的中芯国际等，广东省晶圆代工行业起步较晚，省内具有代表性的晶圆代工企业是粤芯半导体、深圳方正以及中芯国际在深圳设立的晶圆代工厂等，其中，广州市的粤芯半导体是目前粤港澳大湾区唯一一家进入量产 12 英寸晶圆的制造企业，距离主流一线尚有一定距离，但在未来随着广东省“十四五”规划和广州市黄埔区的“万亿制造”计划的逐步推进，粤芯半导体必将在政策协助下加速推动产业链的集聚与整合，成为粤港澳大湾区集成电路领域“发挥带动作用”的龙头企业之一，支撑大湾区成为半导体产业链的高地。同时，中芯国际目前处于持续产能扩张中且位列国际头部晶圆代工厂商之一，占中国纯晶圆代工市场份额的 18% 左右，排名第二，未来增长潜力较大；中芯国际在上海、北京、深圳、天津和宁波均设有代工厂，其中位于深圳市的代工厂每个月能量产 7 万片规格为 8 英寸的晶圆，占中芯国际整个 8 英寸生产线产量的 15% 左右，而 12 英寸晶圆的生产线则主要分布在北京市和上海市。在 2021 年 3 月中芯国际已和深圳市人民政府签署合作框架协议，将与深圳市重大产业投资集团有限公司合作开发 12 英寸晶圆生产设施，由中芯国际集成电路制造（深圳）有限公司开展项目的发展和营运，重点生产 28 纳米及以上的集成电路和提供技术服务，旨在实现最终每月约 4 万片 12 英寸晶圆的产能，预期将于 2022 年开始生产。可以看出，在芯片制造领域，广东省内不同的城市将基于不同的条件，行使不同的使命，力争构建完善的全省制造业协同创新体系。

在集成电路的上游环节，从芯片设计能力和芯片设计企业的数量来看，广东省在全国“拔得头筹”。华为海思、中兴微电子、比亚迪微电子、汇顶科技、国民技术、国微电子等知名芯片设计公司都坐落于广东。截至 2021 年 6 月，我国现存关键词为“芯片设计”和“集成电路设计”的企业共有 16.83 万家。其中，广东以 6.33 万家位列第一，福建、江苏、四川分列第二至四位，鉴于广东省强大的设计研发能力以及广阔的终端市场，2020 年广东省集成电路产业主营业务收入约 1 700 亿元，其中设计业近 1 500 亿元，属于产业链“头重脚轻”的格局。目前，广东省拥有全国最大的消费电子市场，半导体下游终端应用市场十分广阔，全球 60% 芯片应用市场在中国，而中国约 60% 芯片应用在粤港澳大湾区，而且据《2020 胡润中国 10 强消费电子企业》发布的名单，前十名分别是华为、小米、vivo、OPPO、大疆创新、传音控股、联想集团、盈趣科技、雾芯科技、漫步者，这 10 家公司中有 7 家都在广东。但在国际环境上，近年来国产芯片受到以美国为首的西方国家的无情打压，从 2018 年的“中兴事件”与“晋华事件”，到 2019 年以来美国将百余家中国企业、高校及政府单位列入实体名单，再到制裁华为芯片的政策，无一不彰显美国不希望中国掌握先进技术的意图，另外，除了华为海思外，本土的IC设计企业规模普遍偏小，以广东省为代表的IC设计企业整体上与国际头部企业（博通、高通、英伟达等）差距较大，虽具有很大的成长空间，但短时间内无法满足国内芯片的需求，自给率不高。因此广东省的IC设计企业若想弯道超车，选对芯片设计的赛道尤为重要，不同的IC设计企业，在面对不同的下游应用场景将会有截然不同的发展前景。过去十年是移动智能通信的黄金十年，踩中不同赛道的公司发展速度各不相同，详见表11-14。

表11-14　IC设计赛道企业简介

IC设计赛道	代表企业	成长速度
手机处理器芯片、射频芯片	高通、Skyworks	1倍、3.5倍收益增长
通信芯片	博通	11倍收益增长
存储芯片	美光	4倍收益增长
模拟芯片	赛灵思、TI	收益增长不及预期

资料来源：国元证券研究中心。

所以，广东省IC设计企业作为后进者，在赶超国外先进企业过程中，若能卡位具有良好发展前景的行业，如功率半导体、模拟器件、Wi-Fi芯片、指纹/语音识别、生物识别等消费类芯片领域，将更有希望在下游终端领域快速增长的过程中实现超车。在国产替代的大背景下，叠加广东省大力的政策扶持和资金支持以及本土市场前景广阔等多重利好因素，未来广东省乃至全国IC芯片设计企业将享有很大的市场空间和市场份额扩大的双重红利。

第十二章　医疗器械产业创业投资*

医疗器械产业涉及生物、化学、电子、机械、材料、光学等多个领域，是一个多学科交叉、知识密集、资金密集的高科技产业。其中高值耗材、体外诊断以及高端医疗设备等产品技术含量高、附加值高，是各个科技大国、大型跨国公司相互竞争的制高点。中华人民共和国成立以来，我国医疗器械产业发展经历了从无到有，从落后到追赶甚至超越的发展历程。特别是改革开放以来，我国医疗器械产业高速发展，产品种类逐渐丰富、质量标准稳步提升，创新能力不断增强。数据显示，2020 年我国医疗器械市场规模达到 7 300 亿元，在人口老龄化进程加快、居民健康意识提高和国产替代等多方面因素驱动下，预计未来 5 年，我国医疗器械市场规模年均复合增长率约为 14%，到 2023 年将突破万亿元，极大推动创业投资需求的增长。

第一节　医疗器械产业发展现状

一、产业界定

2017 年国务院发布的《医疗器械监督管理条例》修订版规定，医疗器械，是指直接或者间接用于人体的仪器、设备、器具、体外诊断试剂及校准物、材料以及其他类似或者相关的物品，包括所需要的计算机软件；其效用主要通过物理等方式获得，不是通过药理学、免疫学或者代谢的方式获得，或者虽然有这些方式参与但是只起辅助作用，其目的是：①疾病的诊断、预防、监护、治疗或者缓解；②损伤的诊断、监护、治疗、缓解或者功能补偿；③生理结构或者生理过程的检验、替代、调节或者支持；④生命的支持或者维持；⑤妊娠控制；⑥通过对来自人体的样本进行检查，为医疗或者诊断目的提供信息。

二、投资环境

2020 年我国 GDP 首次突破 100 万亿元，人均 GDP 达到 7.2 万元。从城乡居民医疗保健支出来看，除 2020 年由于疫情管控有所下滑外，其他年份均呈现上升趋势。2020 年，城镇居民人均医疗保健支出 2 172 元，占人均消费支出的 7.82%；农村居民人均医疗保

---

* 本章第一执笔人为暨南大学产业经济研究院吴金浩。

健支出 1 418 元，占人均消费支出的 8.74%。近年来，我国人口数量平稳上升，2020 年达到 14 亿人，其中 65 岁及以上人口数量为 1.9 亿人，占比 13.5%。随着我国人口老龄化进程加速，居民健康意识不断提高，国内医疗器械需求将进一步提高。

受益于经济快速发展、人口老龄化进程加速、居民健康意识提高和医疗保健支出增加，我国医疗器械市场需求旺盛，正处于快速发展的黄金期，具备优异的产业投资环境。2020 年我国医疗器械市场规模达到 7 341 亿元，同比增长 18%，接近全球医疗器械市场增速的 4 倍，我国已成为仅次于美国的全球第二大医疗器械市场。

图 12－1　2010—2020 年我国医疗器械市场规模情况

资料来源：国家药品监督管理局。

三、产业政策

近年来，国家对医疗器械产业重视程度日渐提高，不断完善监管制度、出台支持政策，促进医疗器械产业加快创新、做大做强，实现国产替代。总体来看，我国医疗器械政策主要集中在鼓励医疗器械创新、医疗器械审批改革、医疗器械标准体系建设、医疗器械注册人制度推行、医用耗材两票制实施和高值耗材集采范围扩大等方面。

表 12－1　国家层面有关医疗器械的产业政策（截至 2021 年 10 月底）

发布时间	政策名称
2021 年 7 月	《关于药械组合产品注册有关事宜的通告》
2021 年 6 月	《关于开展国家组织高值医用耗材集中带量采购和使用的指导意见》
2020 年 6 月	《关于印发医疗器械生产质量管理规范独立软件现场检查指导原则的通知》
2020 年 4 月	《关于加强无菌和植入性医疗器械监督检查的通知》
2020 年 1 月	《关于印发第一批国家高值医用耗材重点治理清单的通知》
2019 年 8 月	《关于印发医疗器械检验检测机构能力建设指导原则的通知》
2019 年 8 月	《关于扩大医疗器械注册人制度试点工作的通知》
2019 年 7 月	《治理高值医用耗材改革方案》

（续上表）

发布时间	政策名称
2019 年 7 月	《医疗器械唯一标识系统试点工作方案》
2019 年 6 月	《医疗机构医用耗材管理办法（试行）》
2019 年 4 月	《关于调整医疗器械临床试验审批程序的公告》（已废止）
2018 年 11 月	《创新医疗器械特别审查程序》
2017 年 11 月	《接受医疗器械境外临床试验数据技术指导原则》
2016 年 10 月	《医疗器械优先审批程序》

资料来源：根据公开资料整理。

（一）医疗器械审批改革不断深化

为助力医疗器械发展，国家通过进一步优化医疗器械临床试验审批程序，提升临床试验审批效率、缩短研发时间、降低研发成本。2019 年 4 月，国家药监局发布《关于调整医疗器械临床试验审批程序的公告》，公告中指出试验审批申请受理 60 个工作日内，未收到器审中心意见的，可以开展临床试验。

（二）医疗器械标准体系建设持续推进

医疗器械标准化建设是行业监管与发展的重要支撑，完善的医疗器械标准体系有利于强化行业监督，促进行业健康发展。2021 年，国家药监局对现行有效 1 791 项医疗器械标准按技术领域编排形成新版《医疗器械标准目录汇编》，其中国家标准 227 项，行业标准 1 564 项。目前，我国医疗器械标准与国际标准一致性程度达到 90% 以上，标准体系的覆盖面、系统性不断加强，国际话语权也得以提升，助力我国医疗器械企业走向国际市场。

（三）医疗器械注册人制度全面推行

医疗器械注册人制度，即符合条件的医疗器械注册申请人可以单独申请医疗器械注册证，然后委托给有资质和生产能力的企业生产，实现医疗器械产品注册和生产许可的“解绑”，有利于鼓励研发创新、优化资源配置、落实主体责任、推动管理创新。2017 年，国务院印发《关于深化审评审批制度改革鼓励药品医疗器械创新的意见》，首次提出医疗器械注册人制度。截至 2020 年底，国内已有 20 多个省市自治区实施医疗器械注册人制度。

（四）医用耗材两票制落地实施

“两票制”是指医用耗材生产企业到流通企业开一次发票，流通企业到医疗机构开一次发票。此前医用耗材流通环节较多、难以追溯，“两票制”能够压缩流通环节，增加中间环节透明度，减少灰色地带。2016 年 6 月 24 日，九部委联合发布《2016 年纠正医药购销和医疗服务中不正之风专项治理工作要点》，明确在耗材采购中实行“两票制”。

（五）高值医用耗材集采范围扩大

国家深化医用耗材集中采购，打击部分医疗器械价格虚高、过度使用等问题。2019年7月31日，国务院办公厅发布《治理高值医用耗材改革方案》，紧接着几乎所有省份均启动了高值医用耗材十大类的省级集中采购。2020年，《关于印发第一批国家高值医用耗材重点治理清单的通知》发布，首轮带量采购结果效果显著，以冠脉支架为例，价格从均价1.3万元左右下降至700元左右。与2019年相比，相同企业的相同产品平均降价93%。

四、产业发展概况

从图12－2来看，医疗器械产业链主要包括了上游、中游以及下游三个环节。上游为材料与技术，包括医用材料和技术服务等；中游为医疗器械研发制造，包括医用医疗设备、家用医疗设备、高值医用耗材、低值医用耗材和体外诊断等；下游涉及领域覆盖面非常广，包括各类医疗卫生机构、体检中心以及家庭用户等。

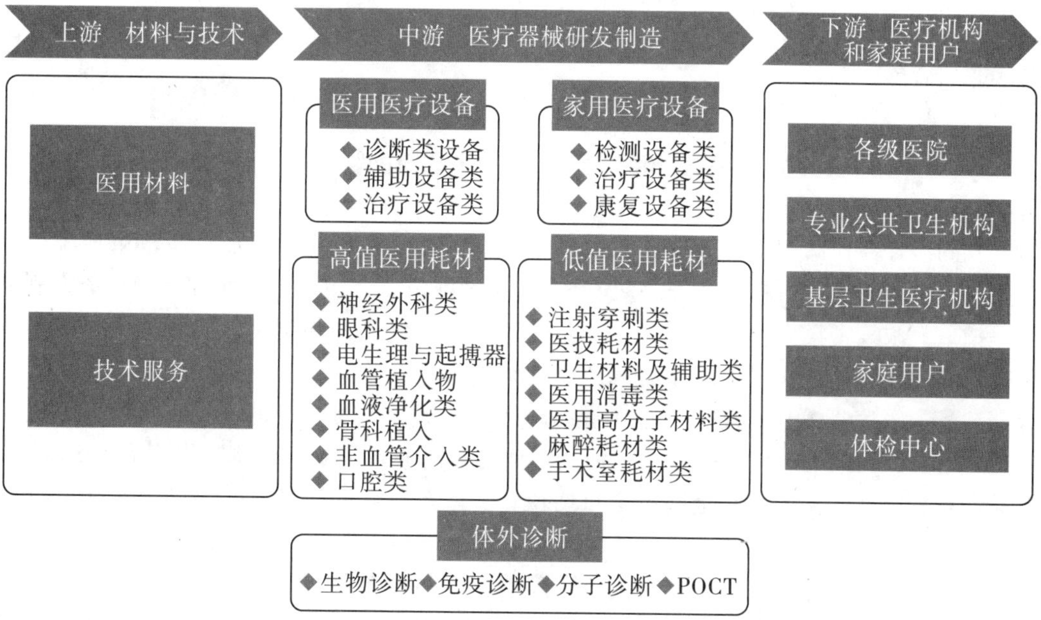

图12－2　医疗器械产业链

（一）上游产业日渐成熟，发展速度较快

医疗器械产业上游主要提供零部件、原材料等基础产品和技术服务，包括电子元件、电路板、芯片、生物信息检测技术和试剂生产服务等。这些上游供应商规模大小不等，发展较为迅速，相关产业较为成熟，对进口原材料、零部件及生物制剂产品的依赖度逐渐降低，国产替代进口成为发展主旋律，能够为医疗器械产业提供良好的基础支持。

（二）中游企业仍聚焦中低端产品，市场集中度低

我国常规的医疗器械已基本实现自主生产，高端医疗器械也已有所涉足，但以中低端产品为主的根本面并未改变，技术含量高的Ⅲ类医疗器械生产企业占比一直处于较低水平，2020年我国医疗器械生产企业数量达30 047家，可生产Ⅲ类产品2 310家，占比不到8%。高新技术企业占比不到25%，绝大多数为中小型企业，其中90%企业营收在2 000万元以下，年产过亿元的企业占比仅15%左右。2020年国内药品市场规模约2万亿元，生产厂家仅7 000多家，而同期国内医疗器械市场规模约7 300亿元，生产厂商却高达3万家，前20家上市公司的市占率也只有14.2%，我国医疗器械市场集中度远低于药品行业，也远低于全球市场。

（三）下游扩容空间大，检验器械、家用医疗器械需求旺盛

未来我国医疗器械市场扩容需求大：一是政策拉动基层医疗机构扩容，对医疗器械的需求增加；二是独立检验机构发展迅速，检验器械需求增加；三是人口老龄化程度的加剧以及人们对健康生活关注度的提升，家用医疗器械需求上升。自2017年以来，我国各类医疗卫生机构数量飞速增长，2020年已突破102万家，有效拉动了医疗器械需求的提升。未来，随着分级诊疗制度的深入实施，基层医院得到重视，有望持续推动医疗器械产业的发展。

第二节　医疗器械产业创业投资概况

我国医疗器械产业正处于快速发展的黄金期。近年来，我国医疗器械政策环境持续改善，审批改革、高值耗材治理、DRG、SPD、医联体、分级诊疗、医疗器械注册人制度等一批重大政策密集出台。同时，随着我国人口老龄化进程加速，人们对健康生活愈加重视，市场需求日益旺盛，医疗器械产业受到资本市场重点关注，正处于快速发展的黄金期。我国医疗器械产业集中分布在沿海地区，形成以北京、上海、广东、江苏为主导的产业格局，而湖北、湖南、江西、河南、河北等内地省份成为产业转移的重要区域。

广东省医疗器械产业在全国占据重要位置。广东省药品监督管理局数据显示，截至2021年，广东省共有医疗器械生产企业4 457家，其中A股上市企业23家，取得医疗器械注册证产品1.3万个，经备案的Ⅰ类医疗器械产品1.7万个。广东省医疗器械产业基础较扎实，在产业链的重点细分领域均涌现了代表性企业，如提供生物化学技术的达安基因、华大基因，医用医疗设备龙头企业迈瑞医疗、健帆生物，家用医疗设备企业和佳医疗、普门科技，医用耗材企业冠昊生物、稳健医疗，体外诊断企业万孚生物、新产业生物、理邦仪器等。无论是从上市公司数量、营收还是净利润在全国所占的比重来看，广东省医疗器械产业都占据着重要位置。

政府引导基金促进了广东省医疗器械产业发展。在广东省医疗器械产业取得亮眼成绩的背后，政府引导基金"筑渠引流"的金融支持发挥了举足轻重的作用。广东省及各地市政府对医疗器械产业高度重视，先后成立了相关政府引导基金，满足企业在种子期、天使期的融资需求，同时鼓励有医疗器械产业背景的团队或产业公司发起成立创业投资

基金、天使基金等早期医疗器械产业子基金，以满足广东省医疗器械产业资金需求。据表 12－2 清科私募通数据统计，2010—2021 年广东省医疗器械政府引导基金数量达 56 个，排在全国各省市首位，占比达 26.67%，募集目标规模 1 024.51 亿元，居全国第二位，仅次于北京，占比 26.37%。

表 12－2 2010—2021 年全国医疗器械政府引导基金前五位省市分布

总部地区	基金数量	基金数量占比	募集目标规模/百万元	募集目标规模占比
广东省	56	26.67%	102 451.01	26.37%
北京市	49	23.33%	181 083.98	46.62%
上海市	46	21.90%	48 509.83	12.49%
江苏省	26	12.38%	27 509.15	7.08%
浙江省	10	4.76%	5 220.50	1.34%

资料来源：清科私募通。

广州通过政府引导基金引进国内外优质企业。作为全国最早探索设立政府引导基金的城市之一，广州市早在 2010 年便设立了广州市创业投资引导基金，开启了政府引导基金的探索与发展之路。2018 年 3 月，广州工信局设立了发展基金，撬动的社会资本主要投向了包括生物医药及高端医疗器械在内的产业领域。广州发展基金与丹麓资本合作设立基金引进国内外优质企业，如从美国引入以创新技术预防院内感染的企业伊辰云健康科技，又如从北京引入外科专科手术机器人企业觉心医疗。

深圳设立政府引导基金助推本土优秀企业发展壮大。深圳市是政府引导基金市场化程度较高的城市之一，在各方面均已走在全国前列。1999 年，深创投由深圳市政府出资并引导社会资本出资设立，已成为以创业投资为核心的综合性投资集团，截至 2020 年 5 月底，管理各类资金总规模约 3 500 亿元，已助推 164 家被投企业成功上市。深创投旗下深圳红土医疗健康产业基金已投资亚辉龙、麦科田、联新医疗、元化智能等十多家本土优秀企业。深创投旗下深圳红土天使股权投资基金也已投资包括大洲医学在内的多家本土优秀企业。

佛山、珠海、东莞纷纷成立各类政府引导基金，支持医疗器械产业发展。2014 年，安信乾宏与佛山市南海区人民政府共同成立了安信德摩牙科产业股权投资基金，瞄准南海的医疗器械产业。2016 年，佛山顺德成立了规模 1 亿元的中科华兴生物医药创业投资基金，将推动医疗器械、生物制药领域企业项目落地。2018 年，珠海市设立首期规模 2 亿元的人才创新创业基金，将瞄准新兴高潜产业中的医疗器械等众多细分领域。2021 年，东莞松山湖天使投资基金正式投入运作，总规模达 10 亿元，支持包括医疗器械在内的科技型企业发展。

一、投资规模

（一）广东省医疗器械投资规模居全国首位，并呈现上升趋势

广东省医疗器械投资次数及投资金额均位居全国首位。截至2020年，广东省现有医疗器械生产企业4 290家，位居全国首位，其中，高新技术企业1 187家，科技型中小企业940家，上市企业21家，新三板挂牌企业50家。从表12－3全国医疗器械企业融资数据来看，2010—2021年广东省医疗器械企业共获得投资270次，总投资金额257亿元，均排在全国各省市首位。广东省医疗器械生产企业数量全国最多，且处于快速发展阶段，融资需求较大，吸引了众多投资机构参与该领域的创业投资。

表12－3　2010—2021年全国医疗器械企业融资次数及金额前五位省市分布

地区	融资次数	融资次数占比	融资金额/百万元	融资金额占比
广东省	270	18.75%	25 702.60	21.52%
江苏省	254	17.64%	11 170.28	9.35%
北京市	242	16.81%	18 884.44	15.81%
上海市	222	15.42%	22 486.98	18.83%
浙江省	153	10.62%	9 761.15	8.17%

资料来源：清科私募通。

2010—2021年，广东省医疗器械产业累计披露投资案例262起，披露投资金额229.77亿元，投资规模呈现上升趋势。2010—2015年广东省医疗器械创业投资处于萌芽期，投资数量及金额均较少，在2016年突飞猛进，投资金额达到历史新高，为14.62亿元，但到了2017年，市场竞争激烈，加上资本寒冬，投资金额水平回落到11.80亿元。2020年，新冠肺炎疫情暴发，不论是从市场情绪还是资金供应上都给医疗器械产业打了一剂强心针，投资数量突破到45次，投资金额更是创历史新高，与2019年相比，暴增500.39%。2021年以来，市场投资的盲目狂热逐渐褪去，投资数量及金额均明显回落，回归到“精挑细选”价值投资。

图12－3　2010—2021年广东省医疗器械产业创业投资情况

资料来源：清科私募通。

（二）平均单笔投资金额同样呈现上升趋势

2010—2021年广东省医疗器械产业创业投资平均单笔投资金额为0.62亿元。2010年至2020年，广东省医疗器械产业平均单笔投资金额呈现曲折上升的趋势，在2020年达到最高值2.38亿元/起，是2010年（0.09亿元/起）的26.44倍。进入2021年，市场回归理性，平均单笔投资金额明显回落。

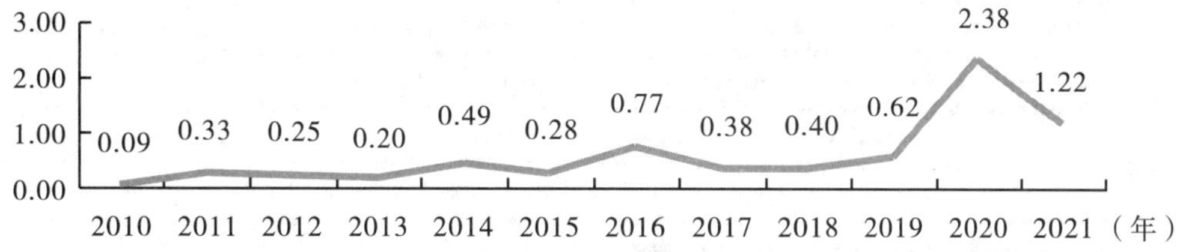

图12-4 2010—2021年广东省医疗器械产业平均单笔投资金额（单位：亿元）

资料来源：清科私募通。

（三）未来我国医疗器械市场增量较大，创投需求有望提高

我国医疗器械相对落后于药物，存在较大增量空间，预计2023年市场规模将破万亿元。全球医疗器械市场规模大致为全球药品市场规模的33%，而我国该比例仅为12%。我国医疗器械人均消费额与药品人均消费额之比仅为35%，远低于全球平均水平。目前我国医疗器械市场规模存在较大增量空间，预计未来5年，我国医疗器械市场规模年均复合增长率约为14%，到2023年将突破万亿元。伴随着我国医疗器械市场规模的增长，广东省医疗器械产业创业投资需求有望提高。

二、投资轮次

（一）投资轮次集中在早期阶段，占比过半

2010—2021年广东省医疗器械产业投资集中于早期投资（天使轮和A轮），占比高达52%，超过一半，这是因为刚成立不久的医疗器械企业研发资金需求大，而对于成熟企业，要么资金相对充裕，要么一般通过上市解决资金问题，故而D轮及以上的投资事件占比很少。

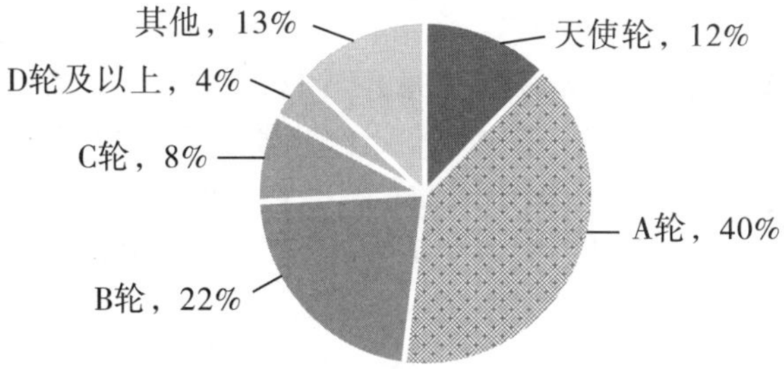

图12-5 2010—2021年广东省医疗器械产业投资事件轮次占比

资料来源：清科私募通。

（二）随着产业发展成熟，投资轮次逐步向中期阶段过渡

早期投资占比在2016年达到最高（74%）后开始下降，包括战略投资等形式的其他轮次占比则呈现出总体下降的趋势，随着广东省医疗器械产业发展成熟与初创企业逐步壮大，广东省医疗器械产业创业投资开始逐渐着重于中期阶段（B轮）。

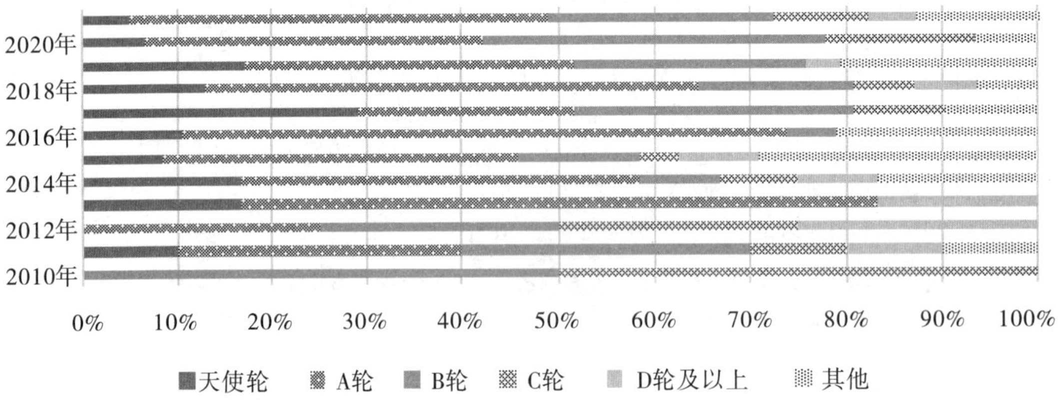

图12－6 2010—2021年广东省医疗器械产业投资事件轮次分布

资料来源：清科私募通。

三、投资区域

（一）广东省医疗器械产业基础扎实，发展潜力巨大

我国医疗器械生产企业主要集中在东南沿海地区，广东省最多。从地区分布来看，截至2020年底，广东、江苏、山东、浙江四个省份医疗器械企业占比将近一半。其中，广东省医疗器械企业最多，共4 290家，占比16%，其次为江苏省3 867家，占比14%，山东省3 172家，占比11%。

广东省医疗器械生产企业主要集中在珠三角地区，广州最多。截至2020年底，广东省现有医疗器械生产企业4 290家，位居全国第一，同比增长49.21%，其中，可生产Ⅰ类产品的企业2 701家，可生产Ⅱ类产品的企业2 126家，可生产Ⅲ类产品的企业265家。其中，高新技术企业1 187家（全国占比21.24%），科技型中小企业940家（全国占比21.99%），上市企业21家，此外新三板挂牌企业50家，主要分布在深圳、广州和佛山等地。

广州、深圳医疗器械产品规模遥遥领先，其他城市瞄准中高端医疗器械产品发力。从各市医疗器械产品结构与数量分布看，广州医疗器械产品数量位列全国第三、广东省首位，其2020年增长总量位居全国榜首，同时其Ⅰ、Ⅱ类产品增长量也位居全国前三。深圳在中高端产品方面优势明显，其Ⅱ、Ⅲ类产品数量与占比均领先其他各市。佛山、珠海、中山、东莞等城市近几年优先发展中高端医疗器械产业，中高端器械产品占比情况较为可观。

广州医疗器械产业服务生态资源最为丰富，为全省产业发展提供有力支撑。服务生

态方面，截至2020年，珠三角地区现有三甲医院122家，动物实验机构181家，临床试验机构90家，医疗器械检测机构33家，医疗器械CDMO机构23家，医疗器械第三方网络交易平台78家，医疗器械第三方物流资质企业35家。从表12－4各市分布情况来看，广州医疗器械产业服务生态资源最为丰富，服务全省医疗器械产业发展。

表12－4 珠三角地区医疗器械产业服务生态资源分布

（单位：家）

城市	三甲医院	动物实验机构	临床试验机构	医疗器械检测机构	医疗器械CDMO机构	医疗器械第三方网络交易平台	医疗器械第三方物流资质企业
广州	59	120	41	24	8	44	19
深圳	17	21	28	6	12	27	8
佛山	14	8	8	2	0	2	1
东莞	10	11	5	1	3	3	2
珠海	6	7	3	0	0	2	0
中山	4	8	2	0	0	0	3
惠州	6	1	1	0	0	0	1
江门	4	0	2	0	0	0	1
肇庆	2	5	0	0	0	0	0

资料来源：众成医械。

（二）投资区域主要分布在珠三角地区，尤其集中于深圳

深圳一城遥遥领先，广州排第二，东莞、佛山、珠海位居第三梯队。2010—2021年广东省医疗器械产业投资地域主要分布在珠三角地区，其中仅深圳一城的投资金额高达214.40亿元，占总金额的93.31%，而投资数量则达到199起，占总数量的78.97%，位居首位，且遥遥领先。广州则以5.78亿元、26起排在第二位，但与第一的深圳差距甚远。东莞、佛山、珠海三市投资金额均在3亿元左右，为第三梯队，而中山投资金额以0.25亿元排在末尾。

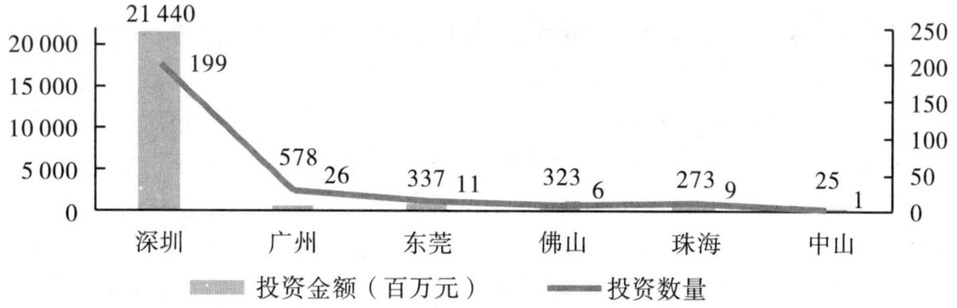

图12－7 2010—2021年广东省医疗器械产业投资数量及金额地区分布

资料来源：清科私募通。

深圳医疗器械产业高质量发展，相应的创业投资需求巨大。目前，深圳医疗器械产业几乎覆盖了临床医学的所有领域，主要集中在医学影像诊断类、放射治疗类、医用电子仪器类、介入治疗类、口腔义齿类和体外诊断试剂类产品。2015—2020 年，广东省新增仅生产Ⅱ类产品企业最多的城市均为深圳市，共新增 433 家，年均增长 87 家。2020 年，深圳市医疗器械产业产值突破 800 亿元，接近全国的 10%，产品出口占全国 14% 以上，位居全国首位。截至 2021 年 6 月，深圳市有 1 300 多家医疗器械生产企业，其中优质企业也不少，融资需求旺盛，加上深圳创投氛围浓厚，故而其医疗器械创业投资数量及金额均遥遥领先全省，占比极高。

广州医疗器械产业规模较小，随着政府支持力度加大，融资需求有望提高。目前，广州开发区各类生物医药企业超过 1 000 家，主要是医药、保健品、化妆品等。其中，2019 年生物医药产业营收 896 亿元，医疗器械营收仅为 98 亿元，主要为体外诊断试剂，而Ⅲ类无源植入产品如植入体、人工器官、生物材料等附加值最高的产品仍是短板。近年来，广州大力推进国际高端医疗器械创新产业基地、粤港澳大湾区高性能医疗器械创新中心等重大项目建设，将吸引一批医疗器械企业落地，企业融资需求有望提高。

珠海、佛山、中山等市发展特色医疗器械，融资需求相对较小。珠海加快打造唐家湾医疗器械研发生产基地，集聚以医疗器械为主的生物医药创新研发企业。佛山加快发展口腔器材、康复医疗器械、医用导管等医疗器械。中山积极推进国家健康科技产业基地建设，吸引相关企业集聚。总的来说，这些城市医疗器械产业规模普遍较小，企业融资需求也相对较小。

四、投资机构

（一）广东省医疗器械创投机构各项指标均位居全国前列

广东省医疗器械产业创投机构数量位居全国第三，仅次于北上。从表 12－5 全国医疗器械产业创业投资机构数量来看，截至 2021 年 12 月 13 日，广东省共有 236 家创业投资机构（包括总部在外省，但分支设在广东省的医疗器械创业投资机构），占比 16.64%，排全国第三位，仅次于上海、北京。广东省医疗器械产业创投机构投资次数和金额均位居全国首位。广东省医疗器械产业机构投资次数高达 759 次，机构投资金额为 242.64 亿元，均位居全国首位，可见创投机构非常看好广东省医疗器械产业，未来前景可期。

表 12－5　全国医疗器械产业创业投资机构数量前五位省市分布

地区	创投机构/家	数量占比
上海市	281	19.82%
北京市	276	19.46%
广东省	236	16.64%
江苏省	118	8.32%
浙江省	113	7.97%

资料来源：清科私募通。

深圳医疗器械产业创投机构达100家，位居广东省首位。从表12-6广东省本土医疗器械产业创业投资机构数量分布来看，截至2021年12月31日，深圳市共有100个医疗器械相关的创业投资机构，排在广东省各市首位，数量占比高达78.74%，可见深圳市创业投资机构数量多、实力雄厚，对于深圳医疗器械产业发展起到了有力的促进作用。

表12-6　广东省本土医疗器械产业创业投资机构数量城市分布

地区	数量/人	数量占比
深圳市	100	78.74%
广州市	17	13.39%
珠海市	8	6.30%
中山市	1	0.79%
东莞市	1	0.79%

资料来源：清科私募通。

（二）VC/PE为广东省医疗器械产业创投机构主要类型

从图12-8广东省医疗器械产业投资机构类型分布来看，VC与PE占比最多，分别占比50%和22%，而早期投资机构、战略投资者以及FOFs类型较少，占比均低于10%。我国医疗器械产业发展起步晚，初期多以分销、代销、仿制为主，积累原始资金，企业规划不明确。同时，医疗器械具有较高的技术壁垒，中小企业难以倾注大量资金和人力去自主研发，融资需求虽然大，但产品研发成功与否还需时间验证。因此，创投机构担心风险太大，对医疗器械企业投资较为谨慎，而起步较早的医疗器械企业，在前期发展积累足够资源后，对内自主研发、对外并购，产出成果丰富，伴随政策利好落地，备受VC/PE等投资机构关注。

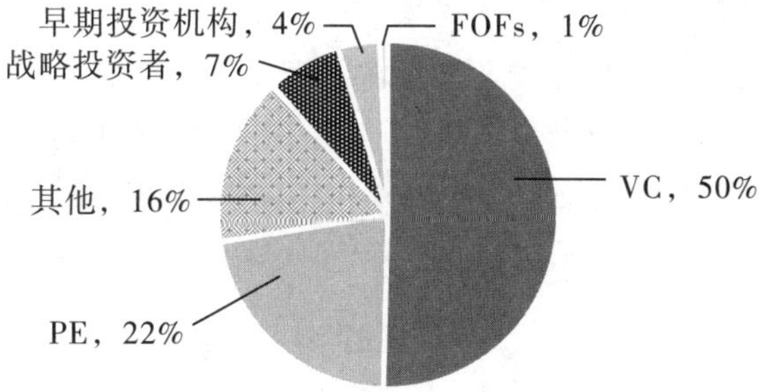

图12-8　广东省医疗器械产业投资机构类型分布（截至2021年12月31日）

资料来源：清科私募通。

（三）本土投资机构是广东省医疗器械产业创业投资的主力军

从广东省医疗器械产业投资机构资本类型分布来看，截至2021年12月31日，本土投资机构以占比98%，高居首位，而合资等其他资本类型很少，合计占比约为3%。与外资机构相比，本土投资机构更加熟悉国内医疗器械企业的优劣势和资金需求，在遴选投资标的上甄别能力更强。

（四）创投市场集中度较低，优质企业备受投资机构关注

从表 12－7 广东省医疗器械产业活跃投资机构（Top5）来看，一方面，广东省医疗器械产业创投市场集中度较低，即使是投资次数最多的深创投，其投资金额占比也仅 3.27%；另一方面，优质企业备受投资机构关注，不少机构均对一些实力强、潜力大的优质企业进行了投资。

表 12－7 广东省医疗器械产业活跃投资机构（Top5）

机构名称	投资次数	投资金额/百万元	投资金额占比	投资代表性企业
深创投	32	733	3.27%	安科，亚辉龙，普门科技，华声医疗等
启明创投	18	540	2.41%	天深医疗，惠泰医疗，北芯生命科技等
红杉中国	14	865	3.86%	新产业生物，艾康特，沃德生命，元化智能等
松禾资本	12	410	1.83%	艾康特，华大智造，唯公科技，普门科技等
元生创投	12	252	1.13%	亚辉龙，柳叶刀机器人，康膝生物，艾康特等

资料来源：清科私募通。

第三节 医疗器械产业链创业投资分析

一、产业链环节投资分布

（一）产业链中游是创业投资的核心环节

从产业链环节来看，医疗器械产业链中游投资事件最多，占比高达 90%，其次是产业链上游，占比 10%。产业链上游提供材料与技术服务，产业链中游则是医疗器械的研发制造，处于整条产业链的核心，下游则是各类应用场景的医疗机构，因而医疗器械产业创业投资主要集中于产业链中游，如图 12－9 所示。

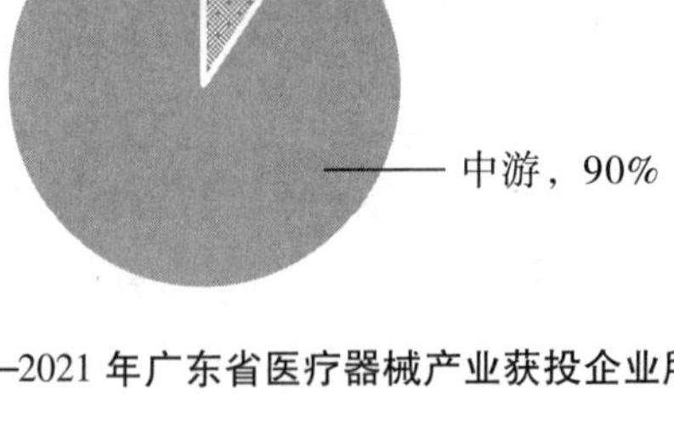

图 12－9 2010—2021 年广东省医疗器械产业获投企业所涉及产业环节

资料来源：清科私募通。

（二）医疗设备、体外诊断领域投资热度高

从产业链细分领域看，广东省医疗器械产业投资集中于产业链中游医疗设备、体外诊断和产业链上游材料与技术领域，分别占比 61%、25% 和 12%，如图 12－10 所示。

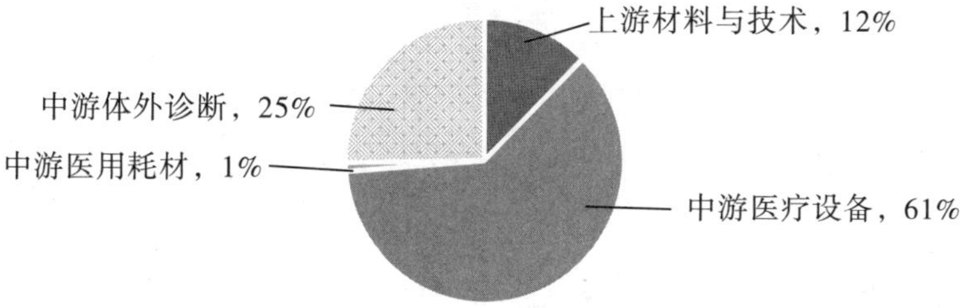

图 12－10　2010—2021 年广东省医疗器械产业获投公司所涉及细分领域

资料来源：清科私募通。

从图 12－11 数据统计可知，产业链中游的医疗设备领域以 124 起投资、150.95 亿元投资金额高居各细分领域之首，无论是投资数量还是投资金额，医疗设备均远超其他细分领域。体外诊断领域以 51 起投资、54.34 亿元投资金额次之，而材料与技术领域以 25 起投资、9.37 亿元投资金额居第三位，医用耗材领域仅 2 起投资、0.22 亿元投资金额。

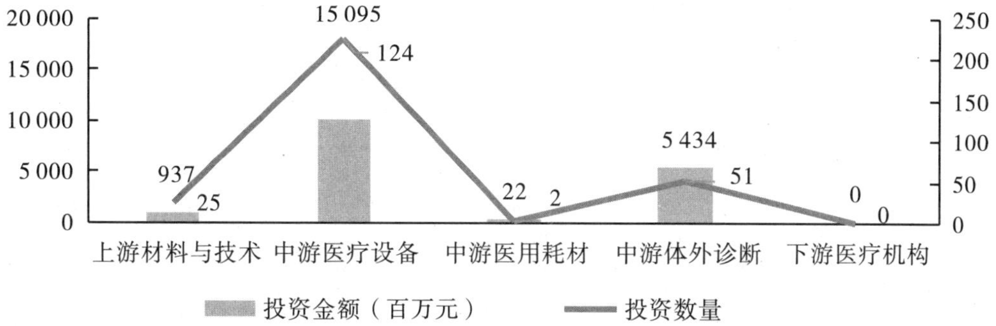

图 12－11　2010—2021 年广东省医疗器械产业细分领域投资情况

资料来源：清科私募通。

有别于全球市场，产业链中游的医疗设备仍占据了我国医疗器械市场各细分领域首位。从细分市场来看，不同于产业链中游的体外诊断位居全球市场细分领域首位，2019 年医疗器械产业链中游的医疗设备细分领域仍占据我国医疗器械市场的大量份额（57%），而体外诊断目前仅占我国医疗器械市场规模的 11%，如图 12－12 所示。2020 年广东省有效产品注册量共计 26 250 件，同比增长 29.79%，其中体外诊断试剂产品占据半壁江山。目前，医疗设备仍位居广东省医疗器械产业细分领域投资热度首位，参考发达国家发展历程，未来体外诊断投资潜力巨大。

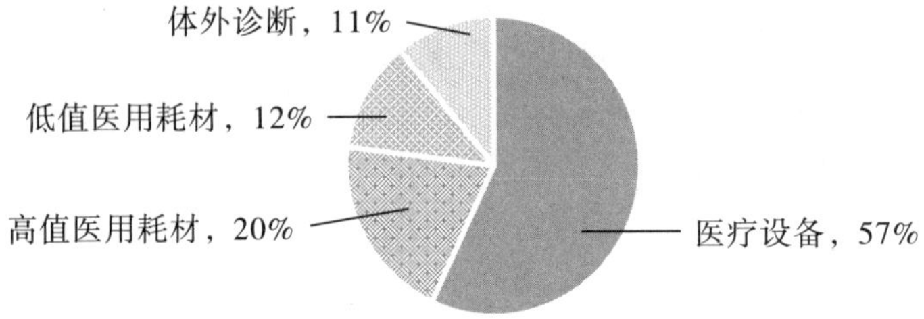

图 12－12　2019 年我国医疗器械产业细分领域市场份额

资料来源：Eshare。

二、主要投资案例

总体来看，医疗器械产业链上游投资案例较少，被投资企业聚焦于各细分领域。微点生物是一家临床快速诊断产品研发商，专注于床旁即时检测设备，最早在 2009 年由深创投领投完成了 1 800 万元人民币 A 轮融资，后续又先后完成多轮融资，2016 年在新三板挂牌。华钛三维是一家专注于将 3D 打印技术应用于骨科治疗领域的公司，于 2017 年完成天使轮融资，投资方为南粤基金。AI 医疗影像公司视见科技于 2018 年先后获得深创投、招商局创投总计 1 亿元的 A 轮融资。2014 年，医疗器械行业服务商奥咨达完成天使轮融资，领投方为越秀产业基金。从以上投资案例不难发现，国有资本以及政府引导基金在医疗器械企业起步阶段起到关键的助推作用，满足了企业早期融资需求。

表 12－8　2010—2021 年广东省医疗器械代表性企业投资案例（上游）

产业链环节	企业简称	细分领域	所在城市	投资时间	投资方	轮次	融资金额/百万元
上游—材料	微点生物	生物芯片	深圳	2010 年	雅银投资	B	15
				2011 年	北极光创投	C	20
				2011 年	深创投	D	20
				2012 年	千骥创投	D	20
				2014 年	开物投资	D	24
				2015 年	开物投资	D	40
	华钛三维	骨骼材料	广州	2017 年	南粤基金	天使轮	1
				2018 年	不公开的投资者	A	1
上游—技术	视见科技	医学影像	深圳	2017 年	联想创投	天使轮	1
				2017 年	联想创投	A	20
				2018 年	深创投	A	60
				2018 年	招商局创投	A	40
				2020 年	徕卡显微	A	10

（续上表）

产业链环节	企业简称	细分领域	所在城市	投资时间	投资方	轮次	融资金额/百万元
上游—技术	奥咨达	行业服务	广州	2014 年	越秀产业基金	A	5.56
				2015 年	天津中南成长	B	10
				2017 年	磐霖资本	C	1

资料来源：清科私募通。

医疗器械产业链中游是核心环节，投资案例较多、投资金额较大。主营医学影像设备的贝斯达公司先后完成多轮融资，累计融资超 2.5 亿元。迈普医学专注植入医疗器械研发制造，于 2018 年完成 1.5 亿元大额 B 轮融资，投资方为粤科金融集团，粤科金融是广东省人民政府授权经营的国有企业。荧光内窥镜企业欧谱曼迪已完成数亿元 D 轮融资，其投资方包括国投创新、国投招商等。北芯生命科技致力于打造高端有源心血管介入医疗器械技术平台，成立仅 5 年多已完成 6 轮融资，累计融资金额超 10 亿元，其投资方既有国投创合这样的国资背景，也有红杉中国等民营机构，且出资额均较大。通过以上分析，可以发现，产业链中游企业融资轮次多、融资规模较大，其中国有资本也参与了大额投资。

表 12－9　2010—2021 年广东省医疗器械代表性企业投资案例（中游）

产业链环节	企业简称	细分领域	所在城市	投资时间	投资方	轮次	融资金额/百万元
中游—医疗设备	贝斯达	医学影像设备	深圳	2011 年	高特佳投资	A	63.8
				2011 年	富海银涛	B	34.3
				2012 年	高特佳投资	C	75.6
				2013 年	高特佳投资	D	0.64
				2015 年	道格资本	D	77.35
	迈普医学	植入医疗器械	广州	2014 年	纳普生投资	A	9.5
				2015 年	分享投资	A	22
				2017 年	吉富创投	B	60
				2018 年	粤科金融	B	150
	欧谱曼迪	内窥镜	佛山	2016 年	达晨财智	天使轮	1
				2016 年	达晨财智	A	20
				2018 年	力合科创集团	B	100
				2020 年	九拓投资	C	100
				2021 年	国投创新（领投）	D	100

（续上表）

产业链环节	企业简称	细分领域	所在城市	投资时间	投资方	轮次	融资金额/百万元
中游—体外诊断	北芯生命科技	心脏介入诊断	深圳	2016 年	泰煜投资	A	1
				2018 年	红杉中国	B	100
				2020 年	国投创合（领投）	B	248
				2020 年	启明创投（领投）	C	1
				2021 年	启明创投	C	544.84

资料来源：清科私募通。

三、投资事件统计及分析

2010—2021 年广东省医疗器械产业累计披露投资事件 262 起，投资事件呈现上升趋势。2010—2014 年广东省医疗器械创业投资处于萌芽期，投资事件较少，在 2015 年突飞猛进，投资事件突破 20 起大关。2016 年投资事件有所减少，2017 年开始，投资事件达到 30 起量级。2020 年疫情暴发，不论是从市场情绪还是资金供应上都给医疗器械产业打了一剂强心针，投资事件突破到 45 起，创历史新高。2021 年以来，市场投资的盲目狂热逐渐褪去，投资事件有所减少，回归到“精挑细选”价值投资。

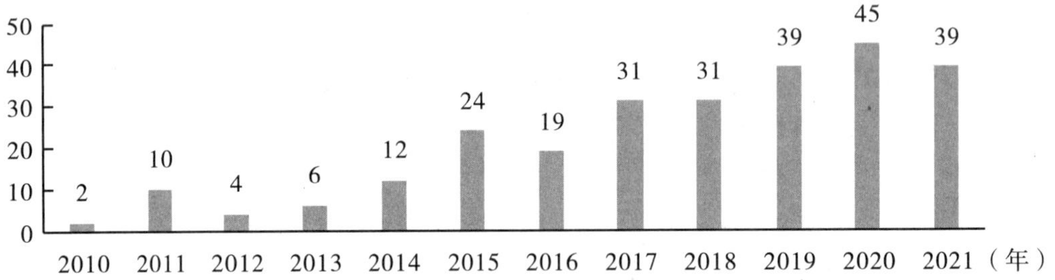

图 12－13　2010—2021 年广东省医疗器械产业投资次数

资料来源：清科私募通。

从产业链环节来看，产业链中游投资事件最多，占比高达 90%，近年来医疗设备投资事件明显增加。产业链上游提供材料与技术服务，中游则是医疗器械的研发制造，处于整条产业链的核心，下游则是各类应用场景的医疗机构，因而医疗器械产业创业投资主要集中于产业链中游。从图 12－14 统计数据来看，近年来，产业链中游的医疗设备细分领域投资事件明显增加。

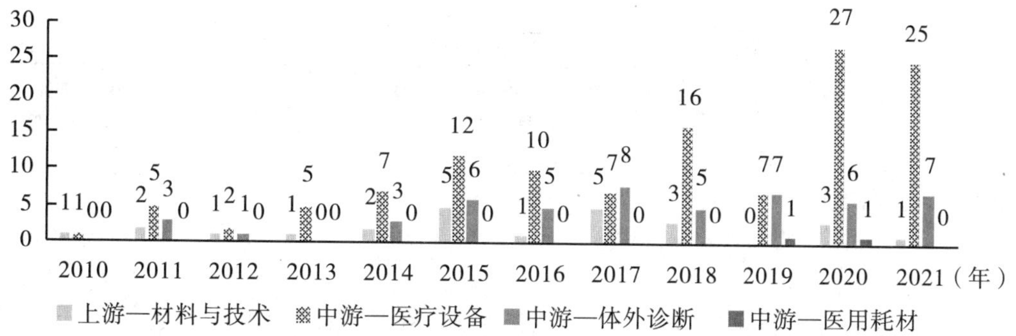

图 12－14 2010—2021 年广东省医疗器械产业链环节投资次数

资料来源：清科私募通。

第四节 医疗器械产业链创业投资绩效分析

一、退出分析

（一）退出次数和退出金额均呈上升趋势，近三年大幅增加

所谓退出是指投资机构或个人在其所投资的创业企业发展相对成熟后，将其持有的权益资本在市场上出售以收回投资并实现投资收益的过程。2010—2021 年，广东省医疗器械行业退出次数共 122 次，退出金额共 94. 49 亿元，退出次数和退出金额呈上升趋势，近三年大幅增加。从图 12－15 数据可见，2010—2018 年广东省医疗器械产业创投机构退出次数很少，在 2019 年及之后，创投机构退出次数明显增加且维持在较高水平。2021 年创投机构退出次数达到历史新高，共 55 次。

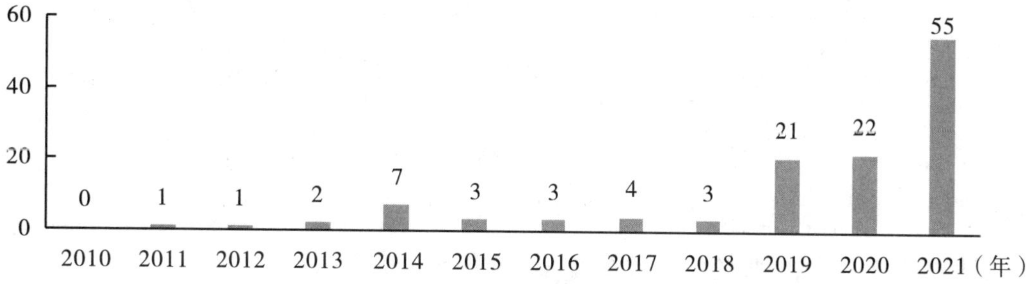

图 12－15 2010—2021 年广东省医疗器械产业创投机构退出次数统计

资料来源：清科私募通。

（二）退出事件集中分布在少数优质企业上

从 2010—2021 年广东省医疗器械产业退出事件数据来看，退出事件主要集中在少数几家优质企业，而对应的机构数量较多，如表 12－10 所示，2021 年创投机构退出次数达 55 次，涉及 7 家企业、34 个创投机构。

表 12－10　2010—2021 年广东省医疗器械产业退出事件数据统计

类别	2010 年	2011 年	2012 年	2013 年	2014 年	2015 年	2016 年	2017 年	2018 年	2019 年	2020 年	2021 年
退出次数	0	1	1	2	7	3	3	4	3	21	22	55
企业数量	0	1	1	2	3	2	3	4	1	2	4	7
机构数量	0	1	1	2	5	3	2	4	3	10	15	34
平均回报倍数	—	14.53	—	—	7.88	2.34	6.36	8.44	2.34	1.38	8.33	2.18

资料来源：清科私募通。

（三）IPO 是医疗器械创投市场最主要的退出方式

从 2010—2021 年广东省医疗器械产业创投机构退出方式来看，如图 12－16 所示，IPO 退出的次数高达 87 次，占绝大部分，其次是股权转让 26 次、回购 4 次、并购 3 次和分红 2 次。通过 IPO 退出是获得高回报的理想方式。伴随着医疗器械产业快速发展，创投机构退出渠道也日渐成熟。由于医疗器械的研发需要持续高投入，研发周期长，在器械成功上市流通前，这些公司盈利能力有限，一旦研发成功后回报收益较为丰厚，具有较高的溢价，适合通过 IPO 方式进行融资。医疗器械企业 IPO 路径拓宽，可根据企业自身需求选取合适的上市地点，有利于降低投资机构退出风险，帮助企业获得融资。

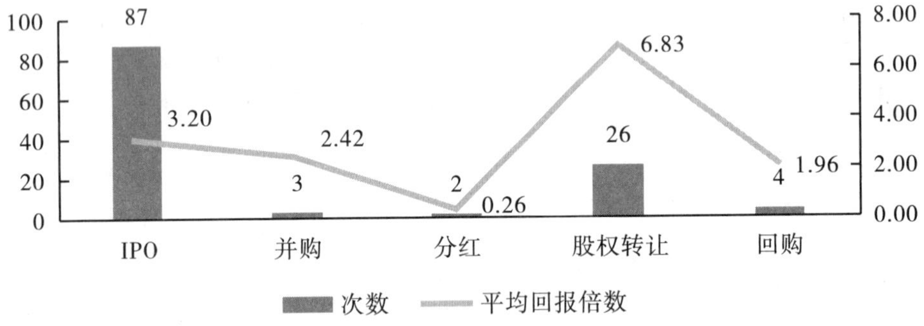

图 12－16　2010—2021 年广东省医疗器械产业创投机构退出方式统计

资料来源：清科私募通。

（四）医疗器械企业通过并购整合实现外延式发展

2010—2021 年，广东省医疗器械行业共完成 19 起并购案例，总并购金额达 49.11 亿元，并购整体呈上升趋势。从广东省医疗器械产业并购事件梳理结果来看，并购事件主要发生在 2015—2021 年，被并购企业细分领域包括医疗设备（14 家）、体外诊断（4 家）以及材料与技术（1 家）；所在城市分布上，深圳占据最多（10 家），其次是广州（8 家）和中山（1 家），各家企业被并购金额差距较大，这与企业自身价值相关。

国内医疗器械企业通过并购整合实现外延式发展。国内医疗器械行业并购频发，通过并购整合核心业务、降低内部研发风险、提高市场份额、实现外延式发展，已经成为医疗器械企业重要的新发展模式。一是专注细分市场，通过并购成为细分市场龙头。部分企业通过对同类产品资源并购整合，形成规模效益和协同效应来增强自身竞争优势和提高行业进入壁垒，成为细分市场龙头，如微创医疗、康辉医疗、创生医疗、九安医疗、阳普医疗等。二是多元化发展，通过并购成为行业巨头。在企业发展到一定规模，在市场占有率和品牌都具有相对优势的情况下，通过并购某一细分领域的优质企业实现多元化发展或者通过并购国外企业拓展国际市场，成为行业巨头，如迈瑞医疗、威高集团、鱼跃医疗、乐普医疗等。

二、投资回报

从 2014—2021 年广东省医疗器械产业平均投资回报倍数来看，平均投资回报倍数随年份变化呈现出高低起伏的动态变化，这可能与市场流动性偏好有关。具体见图 12－17。

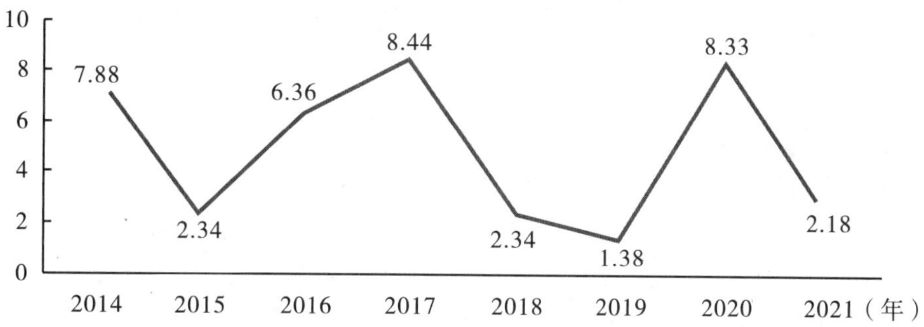

图 12－17 2014—2021 年广东省医疗器械产业平均投资回报倍数

资料来源：清科私募通。

被退出企业均分布在产业链中游医疗设备和体外诊断两大细分领域，各企业投资回报差异较大。从表 12－11 广东省医疗器械产业退出事件梳理结果来看，被退出企业在细分领域上分为医疗设备和体外诊断两大类，分别有 8 家和 4 家企业。城市分布上，深圳共有 8 家企业被退出，而广州、珠海、中山、惠州则分别各有 1 家企业被退出。由于各企业存在差异，相应的投资平均账面回报倍数、平均内部收益率以及平均回报金额也相差较大。

表 12－11 2010—2021 年广东省医疗器械产业退出事件梳理

细分领域	企业名称	地区	被退出次数	平均账面回报倍数	平均内部收益率/%	平均回报金额/百万元
中游—医疗设备	宝莱特	珠海	1	14.53	54.00	—
	贝斯达	深圳	3	1.41	12.18	14.69
	倍泰健康	深圳	1	2.04	12.50	36.72
	惠泰医疗	深圳	13	3.02	55.97	126.98

（续上表）

细分领域	企业名称	地区	被退出次数	平均账面回报倍数	平均内部收益率/%	平均回报金额/百万元
中游—医疗设备	精锋医疗	深圳	2	1.96	24.93	54.65
	乐心医疗	中山	1	1.38	14.54	34.39
	迈普医学	广州	11	8.73	22.52	25.01
	锦好医疗	惠州	2	—	—	15.45
中游—体外诊断	普门科技	深圳	21	1.32	7.09	43.94
	沃德生命	深圳	1	1.60	22.48	32.00
	新产业生物	深圳	26	7.02	24.19	166.30
	亚辉龙	深圳	21	1.81	25.02	67.14

资料来源：清科私募通。

三、创新绩效

我国医疗器械发展起步较晚，产业基础薄弱，技术水平相对落后，市场长期以来被国外品牌垄断。伴随着我国医疗器械产业快速发展，投融资市场持续活跃，医疗器械企业通过加大研发投入，创新发展催生新专利、新技术、新产品。截至2020年底，全国医疗器械企业专利授权数量共计65 403件，同比增长10.79%，保持较快增速。

截至2020年6月30日，广东省医疗器械专利总数突破4万件，排在全国各省市首位，我国其他省市医疗器械专利情况具体见图12－18。企业创新绩效突出，其背后离不开创业投资的支持。通过梳理广东省医疗器械产业投资事件发现，绝大多数事件的融资用途均为研发创新。众所周知，研发创新具有较大风险，一般企业难以负担，而创业投资为医疗器械企业研发创新提供了资金保障，助力企业创新发展。

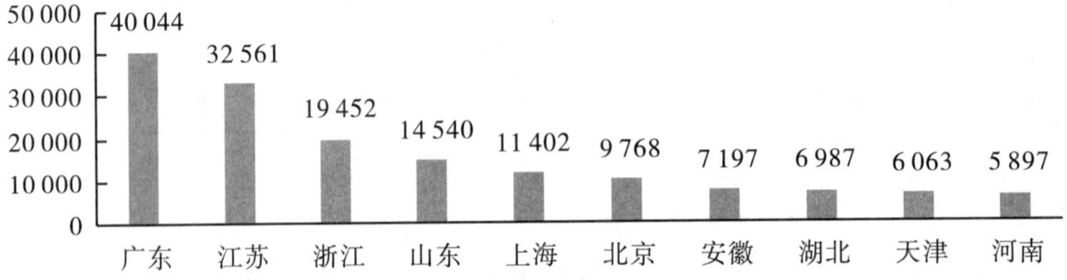

图12－18 我国主要省市医疗器械专利总数（单位：件）

资料来源：众成医械。

从表12－12广东省医疗器械代表性企业专利情况来看，产业链中游的医疗器械企业其专利数量明显多于产业链上游企业，主要原因是产业链中游是核心环节，涉及学科更多、技术更为复杂。从医疗器械企业层面来看，上市企业比非上市企业普遍拥有更多的专利数量，如迈普医学和乐心医疗发明专利授权数量分别为 91 项和 71 项，远高于其他非上市企业。这可能是因为上市企业资金更为雄厚，且受公众监督，需加强研发创新才能获得资本市场认可。

表 12 - 12 广东省医疗器械代表性企业专利情况

产业链环节	企业简称	细分领域	所在城市	发明专利申请数量	发明专利授权数量	实用新型授权数量
上游—材料	微点生物	生物芯片	深圳	8	6	8
	华钛三维	骨骼材料	广州	29	3	40
上游—技术	视见科技	医学影像	深圳	20	4	0
	奥咨达	行业服务	广州	2	0	0
中游—医疗设备	贝斯达	医学影像设备	深圳	25	12	88
	迈普医学*	植入医疗器械	广州	148	91	65
	欧谱曼迪	内窥镜	佛山	81	20	42
	脉搏医疗	心血管介入	珠海	38	5	33
	博迈医疗	心血管介入	东莞	24	7	17
	乐心医疗*	家用医疗设备	中山	175	71	116
中游—体外诊断	北芯生命科技	心脏介入诊断	深圳	85	33	51
	雷德生物	免疫诊断	广州	18	8	16
中游—医用耗材	世格赛思	手术耗材	深圳	25	4	33

注：带 * 为上市企业。

资料来源：企查查。

第五节 发展趋势研判

一、对内研发、对外并购

加大研发创新、实现技术升级和产品颠覆是医疗器械企业的必然选择。经过多年发展，目前我国高端医疗器械和中低端医疗器械的比例约为 3∶7，而欧美日韩等发达国家该比例为 5∶5。随着我国高端医疗器械需求上升，加大研发投入是医疗器械企业发展和转型升级的必然选择。2018—2020 年，全球头部医疗器械企业平均研发投入占比在 10%左右，而国内医疗器械代表企业平均研发投入收入占比约为 8.8%，仍具有差距。但国内企业近年来研发投入力度不断加大，国内医疗器械头部企业每年研发投入都保持 20% 左右的增长。

并购整合业务、降低研发风险、提高市场份额，成为医疗器械企业重要的发展路径。医疗器械的发展一直伴随着并购事件的发生，医疗器械企业凭借创新产品抢占了一定的市场先机，有了一定品牌和渠道优势以后，就会通过并购的方式拓展市场，拓宽产品线，不断地增强竞争力和提高行业进入壁垒。纵观全球医疗器械巨头发展历程，并购都是不可或缺的一环。例如，美敦力以起搏器业务起家，先后收购了 Sofamor Danek、MiniMed、柯惠医疗、Mazor Robotics 等公司，最终成为多元化的医疗器械巨头；被誉为“中国版美敦力”的迈瑞医疗，2008 年以 2. 02 亿美元并购美国 Datascope 生命信息监护业务，开启了公司并购历程，至今并购事件超过 20 起，迈瑞医疗通过并购不断丰富生命信息与支持、体外诊断、医学影像、外科手术等领域的产品线，已成为国内医疗器械龙头企业。

二、市场集中度提升成必然，关注市场占有率较高企业

目前我国医疗器械市场集中度总体偏低，与美欧日发达国家相比仍有较大差距。全球医疗器械市场 Top10 企业市场占有率已接近 40%，我国医疗器械市场 Top10 企业市场占有率仅有 10%左右，未来国内医疗器械行业并购整合空间巨大。国内头部医疗器械企业正在持续推进并购重组，以心血管高值耗材领域为例，从 2014 年微创集团与美国强生签署协议收购其旗下药物洗脱支架相关资产，到以乐普医疗、威高集团等为代表的头部企业不断并购整合国内外高值耗材领域优质资产。国内上市公司正通过横向、纵向整合，不断扩大市场份额，提升行业集中度。

行业集中度提升是大势所趋，市占率较高企业将受益。从美国的经验来看，领先的医疗器械企业很多是靠创新产品占据市场先机，持续的研发投入是企业成长的助推器。而只有规模较大的企业才能投入巨资进行研发，维持企业的竞争优势。同类产品之间的并购整合可以共享渠道，产生规模效益，增强企业竞争力和提高行业进入壁垒。随着国内“两票制”与集中采购医疗改革政策的深入实施，在压缩医疗器械企业利润的同时，将推动医疗器械行业集中度提升，市场占有率较高企业将从中受益。

三、国产替代持续推进，看好医疗设备、高值耗材板块

我国医疗器械产业正处于高速发展的黄金期，国产替代是未来发展主旋律，也是医疗器械产业的关键投资逻辑之一。目前基本实现国产替代（国产占比超过 50%）的细分领域包括：①植入性耗材中的心血管支架、心脏封堵器、人工脑膜、骨科植入物中的创伤类及脊柱类产品等；②大中型医疗设备中的监护仪、DR 等；③体外诊断领域的生化诊断；④家用医疗器械中的制氧机、血压计等；⑤体外诊断领域的分子诊断、免疫诊断等。高值耗材的外周血管介入、人工晶体，医疗设备的 CT 等领域，已步入进口替代的高速成长阶段。国内高值耗材的神经介入、高端医疗设备等已逐步进入进口替代萌芽期。《中国制造 2025》提出：到 2025 年，国产中高端医疗器械比例达到 70%，到 2030 年提高至 95%。

高端医疗设备、高值耗材板块将成为国产替代的主力军，投资潜力巨大。境内Ⅱ类器械获批数量远超进口Ⅱ类，说明目前国产器械在中低端产品上已基本实现了进口替代。

同时，境内Ⅲ类获批整体数量也已超越进口Ⅲ类且呈现加速上升的态势，这也在一定程度上表明在高端医疗器械方面，国产替代正在加速。从 2018 年与 2020 年境内Ⅲ类器械获批情况对比来看，体外诊断、无源植入器械、护理器械已基本实现国产替代。随着国产替代不断推进，未来医学影像类等高端医疗设备、心血管、骨科、眼科等高值耗材将成为国产替代的主力军，投资潜力巨大。

第十三章　智能家电产业创业投资*

智能家电是物联网应用中的朝阳产业和智能家居的核心领域，其因契合人工智能、智慧城市、消费升级等众多概念，受到各个新兴领域的高度关注。随着家电生活正在不断走向智能化，从家电行业的运行态势来看，在经历了30年的快速发展后，广东省家电行业已走过普及潮带来的快速成长期，进入以改善性消费为主要特征的低速成长和整合提升的阶段。在内外综合因素影响下，家电行业呈现出加速转型、升级和分化的趋势。物联网相关政策的不断出台为智能家电行业提供了强有力的支撑，而关键技术的进步和产业体系的完善则成为行业发展的重要基础。在政策环境上，随着物联网被上升为国家发展战略，智能家电产业作为广东省支柱性战略产业集群得到重视。智能家电行业投融资经历长期上扬，在2020年达到巅峰后，投资热度有所回落，投资逐渐回归理性，投资轮次主要集中在早期，创业企业正成为行业内重要的新生力量。主要投资分布于智能家电产业链上游，即智能芯片、传感器等硬件生产设计环节。在政策加持下资本进入频繁，竞争激烈，投资回报率呈现波动式发展。随着行业发展趋于稳定的态势，技术创新绩效优异，智能家电产业未来发展预期良好。

第一节　智能家电产业发展现状

一、产业界定

智能家电就是将微处理器、传感器技术、网络通信技术引入家电设备后形成的家电产品，简单来说，是应用了智能化技术或具有了智能化能力或功能的家用电器，并具有类似人类所具有的感知、决策、执行及学习等固有属性和能力。同时，智能家电也是作为智能家居的重要组成部分。智能家电区别于传统家电的主要特点是前者能够自动控制及接收住宅用户在住宅内或远程的控制指令。当前，随着居民可支配收入的增长及互联网的普及与应用，智能家电产业数字化转型趋势明显。智能家电因其在节能、开放兼容、互联共享等方面具有区别于传统家电的特殊优势，在短时间内迅速完成了对传统家电行业业态的迭代与更新。

从产业具体行业门类上看，智能家电产业主要涉及我国制造业行业中的3大类9中类28个小类，含电气机械和器材制造业、计算机、通信和其他电子设备制造业、通用设备制造业等多个环节。

---

* 本章第一执笔人为暨南大学产业经济研究院李彬。

从产业链环节来看，智能家电产业的产业链上游为智能芯片、传感器、智能控制器等核心元器件的制造，以及平台和方案；中游为智能电视、智能空调、智能洗衣机、智能冰箱等家电产品的制造，可分为以白色家电为主的智能大家电和以厨房小家电为主的智能小家电；下游为产品销售环节，主要分为针对大型商超、批发市场即“B2B”的销售和针对个人消费者的“B2C”的销售，具体如图 13－1 所示。

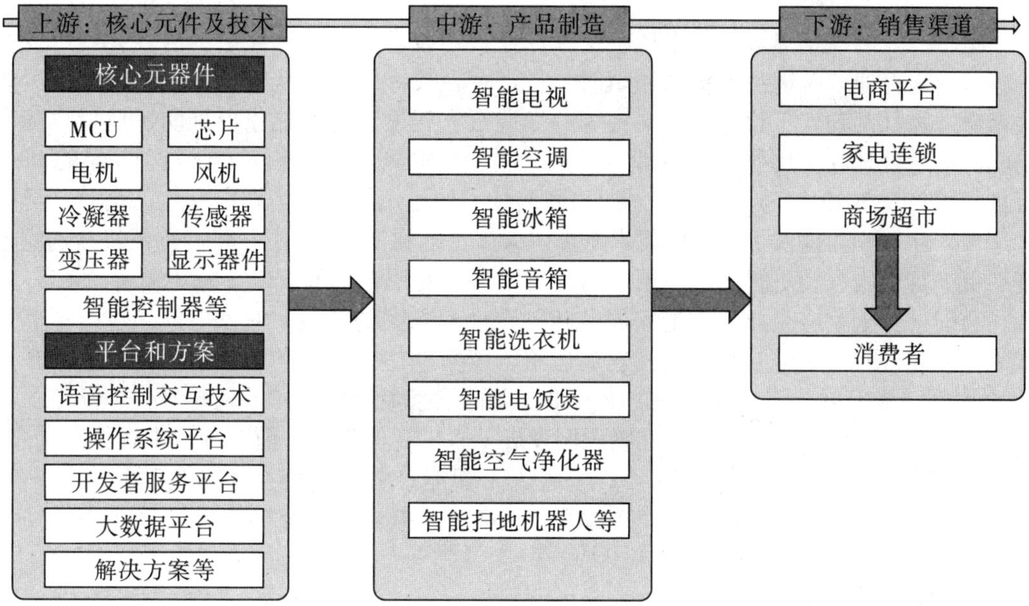

图 13－1　智能家电产业链结构

资料来源：根据公开资料整理。

二、投资环境

（一）后疫情时代投资环境稳定

首先，我国经济总体稳定，未来 GDP 仍将持续中高速增长，国内 GDP 由 2010 年的 41.21 万亿元，增长到 2020 年的 101.59 万亿元，十年里提高了 147%，而家电制造中心——广东省常年作为经济第一大省，GDP 增速与全国增速保持一致，甚至在部分年份高于全国平均水平。国民经济的平稳运行，深刻影响着各行各业，也将为家电厂商和消费者带来更强的信心，为家电产业环境和消费市场打造稳定环境，从这一点上看，广东省智能家电行业投资环境较为优越。

（二）收入增长带动消费升级

居民可支配收入直接关系到居民对智能家电的购买力，居民可支配收入的增长使得智能家电消费需求旺盛，市场不断扩大，对全国尤其是广东省智能家电生产提出了庞大需求。智能化、科技化、品质化小家电及智能家居硬件市场的增长，与消费者消费理念的变化密不可分。新消费浪潮来袭，消费行为的产生已不仅由产品的使用价值单一要素驱动，产品的附加价值更多地进入消费者的决策范围。随着收入上升，消费者对能增强生活仪式感、满足情感社交与自我实现的产品有了更多的需求。此外，近年来，90后、Z世代等成为新消费主力军。宏观环境及消费人群的更迭，驱动主流消费理念的转变：消费者健康及安全意识提升、个性化需求萌发、消费仪式感增强，对家电的智能化提出了更高的要求。

（三）技术环境改善提供坚实支撑

每个产业的投资热潮往往出现于这个产业核心技术实现重大突破的时候，当产业核心环节尚未打通，关键技术仍然梗阻时，投资存在较大风险。从智能家电产业的技术依赖来看，物联网和人工智能、云平台等的发展很大程度上把智能家电推向了风口，随着物联网信息处理和应用服务等产业的发展，中国物联网行业规模已经从2013年的0.45万亿元增长至2019年的1.5万亿元。物联网技术的运用，无疑为智能家电的高效、可持续运作、互联互通提供了有力的技术支撑。人工智能在5G时代下，将提供更快的响应速度、更丰富的内容、更智能的应用模式以及更直观的用户体验。对于家电行业而言，5G时代会促进各大家电企业“智能家居”相关硬件和方案的落地，对家电产品进行更高智能赋能。此外，云平台互联的蓬勃发展也给智能家电注入了新的活力，至今，已有超过20个中外主流家电、零售及相关企业，加入《智能家电云云互联互通标准》（CIC）。广东省凭借强大的经济科技实力，在物联网发展、人工智能研发等前沿领域走在全国前列，以人工智能企业数量而言，2020年广东省人工智能企业数量在全国占比高达26.39%，仅次于北京，技术环境的优越为广东省智能家电产业提供了重要支撑。

三、产业政策

（一）国家层面

智能家居是物联网九大重点领域应用示范工程之一，诸多国家政策为智能家居设备行业发展提供了良好的政策环境。2010年国务院发布的《关于加快培育和发展战略性新兴产业的决定》中，将新一代信息技术作为国家首批加快培育的七个战略性新兴产业，为智能家居行业发展提供机会。2011年，“十二五”规划中提出要推进智能化家电关键技术的产业化。2017年国家质检总局和国家标准委发布的《物联网智能家居　数据和设备编码》对中国智能家居市场进行了规范。此后，在物联网、5G、人工智能等相关政策的推动下，智能家电产业加速发展。根据我国国民经济“十一五”规划至“十四五”规划，国家对家电行业的支持政策经历了从“保证行业可持续发展”到“由家电大国发展成为家电强国”再到“以智能化为大方向，积极推进创新发展”的变化。

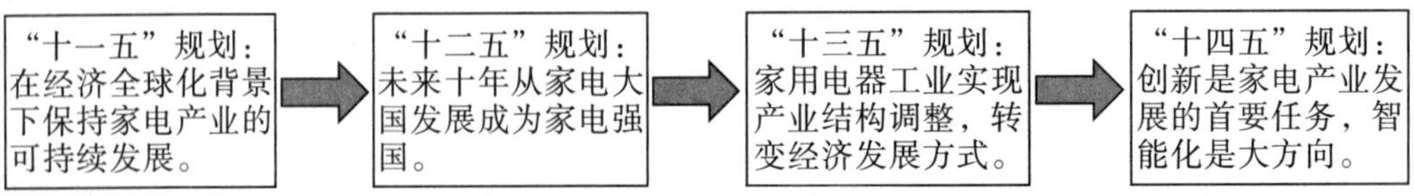

图13-2　历次五年规划中我国对家电产业的发展定位

资料来源：根据公开资料整理。

近年来，国家密集出台了与智能家电相关的政策，从智能化升级改造、技术改善、技术标准的建立等方面出台了一系列的政策，国家层面对智能家居设备行业的支持政策主要集中在物联网、人工智能、5G、节能等领域。自2010年以来，中国政府持续颁布相关支持、规划及规范政策以推动智能家居发展，为智能家居行业提供了良好的发展环境。但至今为止，中国尚未明确建立智能家居设备行业的标准体系，行业健康稳定发展还需要国家给予更多的指导和规范。

（二）广东省层面

近年来，广东省提前捕捉行业发展大势，推动大数据、云计算、人工智能、5G等新技术与家电产品深度融合应用，以个性化、数字化、智能化、绿色化、健康化、高端化等为重点方向，支持开发高端新型智能家电和特殊用途家电，力图建立和完善与国际接轨的智能家电标准体系，打造智能家电战略性支柱产业集群，为实现该目标，广东省先后出台了一系列前瞻性支持政策，如表13－1所示。

表13－1　广东省智能家电产业政策汇总

政策要点	发布时间	政策名称	政策内容
推进数字化转型	2019年10月	《广东省工业和信息化厅关于开展产业集群工业互联数字化转型试点（2019年第一批）工作的通知》	推动家电产业集群数字化转型，推进产业链稳链补链强链延链，提升产业链协同水平，促进制造业高质量发展
打造战略性支柱产业集群	2020年10月	《广东省发展智能家电战略性支柱产业集群行动计划（2021—2025年）》	支持智能家电制造业创新中心等创新载体建设，推进家电企业开展数字化、网络化、智能化、绿色化改造，形成全球最具竞争力的产业集群
	2021年7月	《广东省制造业高质量发展“十四五”规划》	巩固扩大空调、冰箱、电饭锅、微波炉等家电产品世界领先地位，做优做强电视机、照明灯饰等优势产业，形成全球领先的智能家电产业集群
加强行业平台建设	2020年10月	《广东省推进新型基础设施建设三年实施方案（2020—2022年）》	推广逆向物流回收、“互联网＋回收”等智能回收模式，推进废旧家电等再生资源在线交易平台建设

资料来源：根据公开资料整理。

从表13－1可知，广东省在支持本土家电传统产业发展时顺应技术趋势和市场潮流，适时提出了数字化转型和绿色化转型的概念，并从技术、资金、平台建设等多方面重塑行业生态，保持了传统家电产额产业的竞争力，近年来，广东省愈发重视建立和完善与国际接轨的智能家电标准体系，加大对智能家电领域创新的支持，为打造战略性支柱产业集群奠定基础。

四、产业发展概况

（一）市场规模持续扩张

从市场规模来看，在全球范围内，智能家电的需求仍是全球居民消费需求的重大引擎，未来五年，全球智能家电市场规模仍将实现22.2%的年复合增长，到2024年市场规模预计达到19 726亿元。在我国，智能家电市场规模也在不断增长，2020年我国智能家电市场规模达5 155亿元，相较2016年累计增长130%，预计2021年我国智能家电市场规模将达5 760亿元。

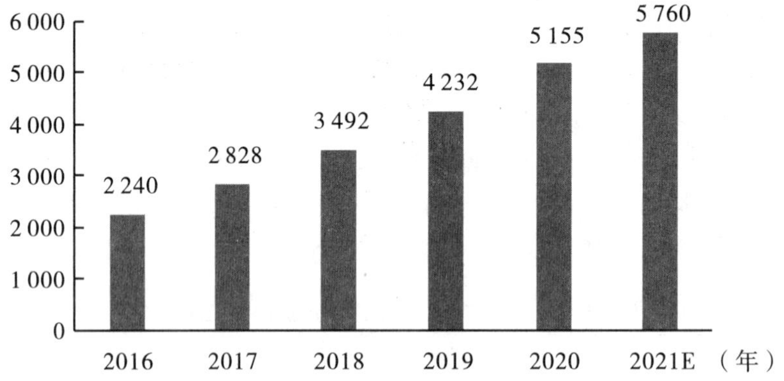

图13-3 全国智能家电市场规模发展情况

资料来源：普华永道。

从智能家电的产品分类来看，当前彩电、空调等智能大家电构成我国家电市场的主要需求，市场年销量均达到3 000万台以上，而以厨房小家电、个人护理小家电等为主的智能小家电产品也方兴未艾，销量增速较高，意味着居民对智能小家电的需求也在不断扩大，智能小家电尤其是厨房小家电有望成为智能家电市场新的增长引擎。

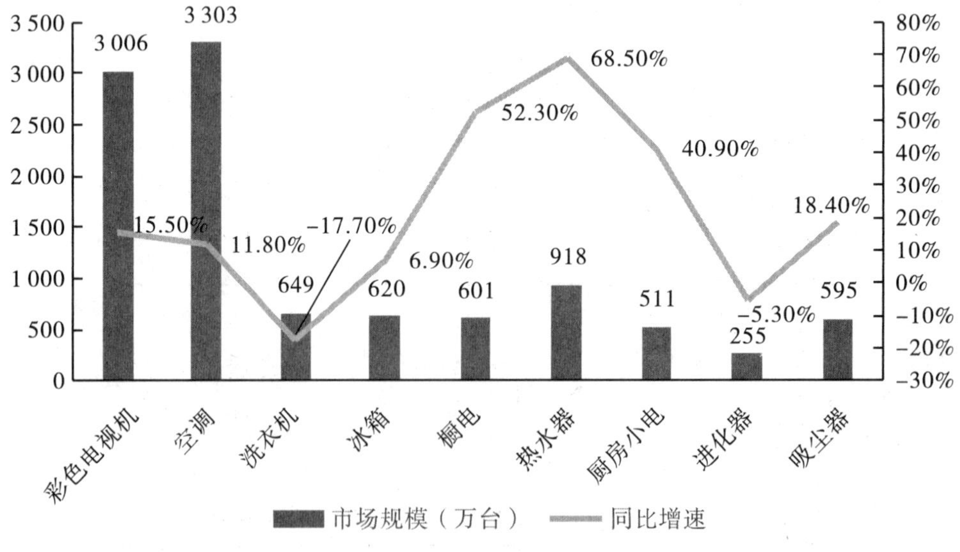

图13-4 2020年全国智能家电主要产品销量趋势

资料来源：根据公开资料整理。

（二）智能家电市场渗透率稳中有进

就智能大家电而言，智能彩电和智能空调渗透率持续升高，当前已提高至相当水平，而智能洗衣机和智能冰箱则仍处于低位。从图 13－5 可知，2020 年我国智能大家电市场渗透率最高的是智能彩电，达到 67.5%，预计 2021 年将达到 75%。渗透率最低的为智能洗衣机，仅为 17.6%。从整体趋势看，目前智能彩电和智能空调渗透率在同类产品中已经比较高，说明产品替换比例较高，符合现实情况，未来市场成长空间将进一步被压缩，大盘逐渐趋于稳定。但需要注意的是，空调由于存在一家多台配套的特殊属性，未来还是有相对于彩电更高的成长空间。智能洗衣机和智能冰箱目前市场渗透率还非常低，主要原因是相较于传统洗衣机和传统冰箱，其性能和功效虽有提升，但未实现技术上的革命性突破，因为对旧有市场替代能力相对较差，市场渗透率未呈现出明显扩张势头，随着万物互联和智能家居产品的演进，二者成长性良好，未来还有很大的成长空间，需要慢慢挖掘。

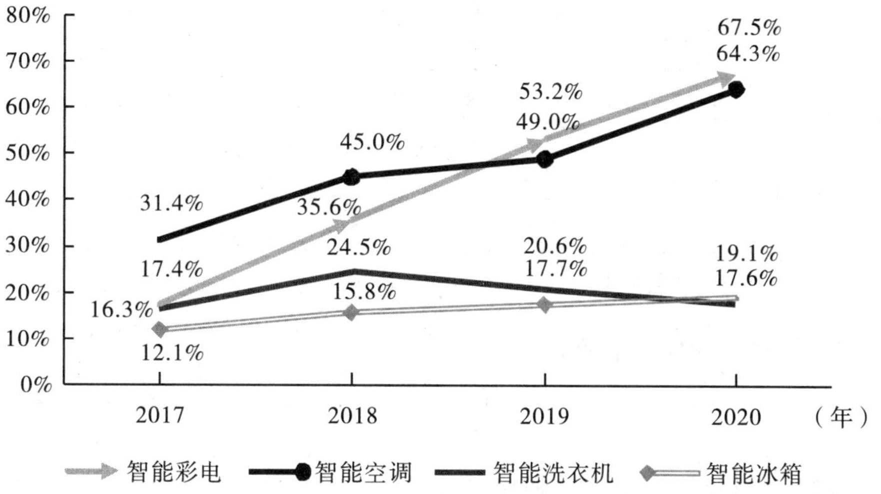

图 13－5　2017—2020 年智能大家电主要产品市场渗透率

资料来源：艾瑞咨询。

从智能小家电的市场渗透率来看，目前，多品类小家电的市场空间还很大，大多数品类的渗透率远未及峰值，强产品力的小家电仍有广阔空间。具体细分来看，强必选属性的头部品种，如电饭煲、电吹风、电热水壶、剃须刀，家庭渗透率已经达到额定渗透率的 70% 以上，未来上升空间不大；绝大多数小家电渗透率低于额定渗透率的 50% 以下；洗碗机（台式）、食物垃圾处理机等新型智能小家电产品渗透率均为个位数，可知，诸多产品渗透率还远远未达到天花板，目前小家电市场还有很大的渗透空间，尤以洗碗机、扫地机器人市场潜力最为巨大。

表 13－2　2020 年智能小家电分品类渗透率及潜在空间对比

	当前市场渗透率	额定渗透率	使用周期/年	市场容量/亿元	当前市场规模/亿元
洗碗机（台式）	9.00%	65.30%	8	709	68
扫地机器人	29.60%	62.20%	5	540	87

（续上表）

	当前市场渗透率	额定渗透率	使用周期/年	市场容量/亿元	当前市场规模/亿元
除螨仪	19.40%	48.80%	3	141	9
食物垃圾处理机	3.90%	32.50%	5	141	—
空气炸锅	12.10%	40.40%	3	117	—
多功能料理锅	11.70%	39.20%	5	159	—
吸尘器	52.10%	77.30%	3	336	194
蒸锅	48.20%	72.70%	3	158	—
电烤箱	43.50%	65.00%	5	113	32
电饼铛	36.90%	57.70%	3	195	—
电热火锅	38.60%	58.60%	3	170	—
空气净化器	32.50%	52.30%	5	124	132
电烤盘	11.20%	30.60%	3	103	—

资料来源：根据公开资料整理。

（三）广东省产业优势不断巩固

广东省作为我国最大的家电生产中心，近年来，智能家电产业企业数量和产值规模保持稳定增长，产值规模常年占全国总额比重超40%，是全球最大的家电制造业中心，电视机、空调、冰箱、厨房电器、照明灯饰等产品规模连续多年蝉联全国第一。截至2020年第三季度末，广东省共有规模以上智能家电制造企业5 223家，占全部规模以上工业企业数量的9.4%。经过多年的发展，广东省已形成了一批如美的、创维、康佳、TCL、格兰仕和格力等国内外知名智能家电制造企业，同时还有大批代工企业为国际知名品牌家电贴牌生产。

表13-3　2020年中国和广东四大家电产量情况

家电类型	产量/万台		占比
	全国	广东	
洗衣机	8 041.9	348.5	4.3%
冰箱	9 014.7	1 111.6	12.3%
空调	21 064.6	3 861.8	18.3%
彩色电视机	19 626.2	4 667.2	23.8%

资料来源：国家统计局、广东省统计局。

总体来看，广东省智能家电产业呈现出以下特点：

一是总量占比较高。2019 年广东省智能家电产业实现增加值 2 731. 35 亿元，占全省规模以上工业的 8. 1%，实现工业总产值 12 417. 78 亿元，占比为 8. 5%。2020 年前三季度，广东省智能家电产业实现增加值 1 946. 17 亿元，占全省规模以上工业的 8. 5%，实现工业总产值 8 900. 24 亿元，占比为 8. 7%，分别比 2019 年提高 0. 4 个和 0. 2 个百分点。

二是发展速度较快。2018—2019 年，广东省智能家电产业保持高速增长，增加值同比分别增长 8. 6% 和 9. 1%，高于当年全省规模以上工业增加值增速 2. 3 个和 4. 4 个百分点。2020 年前三季度，广东省智能家电产业增加值增长 3. 0%，高于全省规模以上工业增速 4. 2 个百分点。

三是重点产品在全国始终占据重要地位。2019 年，广东省共生产彩色电视机 10 442. 30万台，占全国产量的 54. 9%，生产房间空气调节器 6 691. 42 万台，占全国的 30. 6%，这两类产品占比都位列全国第一；生产家用电冰箱 1 631. 42 万台，占全国的 20. 6%，占比仅次于安徽省（31. 7%）；生产家用洗衣机 672. 56 万台，占全国的 9. 0%，占比在全国位列第四。2020 年前三季度，面对新冠肺炎疫情冲击，广东省家电产业部分产品仍能实现较高增速，部分产品出现一定下滑，全省共生产彩色电视机 8 144. 98 万台，增长 5. 9%；生产房间空气调节器 4 972. 49 万台，下降 4. 4%；生产家用电冰箱 1 646. 43 万台，增长 12. 0%；生产家用洗衣机 501. 66 万台，下降 25. 4%。

四是省内产业集聚态势明显。作为中国的智能家电生产中心，广东省各地市在智能家电产业的发展上也存在明显区别，2020 年前三季度广东全省智能家电产值共 8 900 亿元，珠三角核心区域产值规模达 8 633. 81 亿元，占比高达 97%，实现增加值 1 873. 74 亿元，增长 3. 3%，占比达 97. 2%；沿海经济带和北部生态发展区实现增加值总量小且增速为负，2020 年前三季度分别实现增加值 28. 89 亿元和 25. 69 亿元，占全省比重仅为 1. 5% 和 1. 4%，沿海经济带增加值增速呈两位数负增长（－26. 7%），广东省智能家电产业区域集聚明显，主要集中于珠三角地区。分地市来看，广东智能家电产业集群主要集中在佛山、深圳、珠海，中国家电行业巨头美的集团总部位于佛山市顺德区，佛山市凭借 3 138. 76 亿元的智能家电产值位居全省首位，占全省比重高达 35%，约为其后深圳、中山、广州三市产值之和，另外，广州、中山、东莞智能家电产业增加值均超 100 亿元。

五是家用电力器具制造业支撑效果突出。从行业分布上看，广东省智能家电产业主要集中在家用电力器具制造业。2020 年前三季度，家用电力器具制造业完成增加值 1 064. 28亿元，同比增长 5. 3%，占智能家电产业集群的 54. 7%，拉高智能家电产业集群增加值增速 2. 9 个百分点，是智能家电产业中拉动力最强的行业；其次是照明器具制造业，完成工业增加值 204. 81 亿元，占比 10. 5%；其余行业占比仅为个位数，相对较小。从行业增速上看，6 个行业在 2020 年前三季度均实现正增长，其中，增长速度最快的是广播电视设备制造业，2020 年前三季度增长 91. 0%，拉高智能家电产业集群增加值增速 1. 7 个百分点。

总而言之，广东省智能家电的发展对全国智能家电产业具有重要的支撑作用，分析广东省智能家电产业创业投资情况对全国乃至世界智能家电市场均意义匪浅。

第二节　智能家电产业创业投资概况

一、投资规模

继2016年被写入政府工作报告后，2017年初智能家居升级为六大重点领域应用示范工程之一。智能家电作为传统家电制造产业的延伸，因契合人工智能、智慧城市、消费升级等众多概念，能较好地支撑智能家居愿景，受到各界高度关注，各类投资机构相继布局智能家电产业，投资规模不断扩张，智能家电产业新增创业投资额迅速从2016年的205.8亿元扩张至2017年的786亿元，增速达282%，2018年更是达到1 837亿元，同比增长134%，此后，在贸易战带来的负面冲击下，国外市场需求萎缩，投资环境恶化，投资额略有下降，但2020年已恢复上涨势头，疫情延长了“宅家”时间，使得居民对家用智能化产品的刚需得到巩固，越来越多的居民倾向于使用智能家电取代传统家电，并逐步向智能家居和智慧生活衍化，使得智能家电市场重新得到资本青睐，在政府引导基金创业投资大幅下降的2021年，我国智能家电市场创业投资基金仍实现翻倍增长，达到2 287.5亿元。

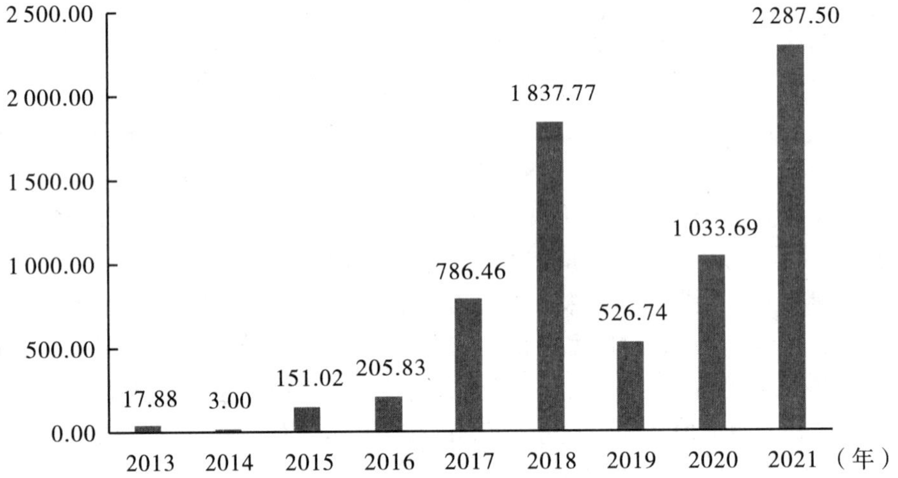

图13－6　2013—2021年我国智能家电创业投资规模（单位：百万元）

资料来源：清科私募通。

二、投资轮次

从融资阶段来看，根据表13－4，智能家电领域的融资事件发生最多的为A轮融资，其次为B轮，处于种子轮和E轮的案例数很少。从金额来看，创业投资金额占比最高的为C轮，累计占比约21.78%，A轮和B轮占比分别为19.16%和15.24%，A、B、C三轮融资占比高达56.18%，说明整体而言，当前智能家电产业行业已度过发展的早期阶段，逐渐步入成熟期。

表 13-4 全国智能家电产业创业投资轮次分布

轮次	数量	数量占比	金额/百万元	金额占比
种子轮	6	1.60%	45.40	0.64%
天使轮	45	12.00%	80.66	1.14%
Pre-A	30	8.00%	159.81	2.26%
A	123	32.80%	1 355.57	19.16%
A+	17	4.53%	222.98	3.15%
Pre-B	6	1.60%	61.87	0.87%
B	49	13.07%	1 077.84	15.24%
B+	9	2.40%	39.05	0.55%
C	18	4.80%	1 540.50	21.78%
D	8	2.13%	291.24	4.12%
D+	3	0.80%	0.68	0.01%
E	3	0.80%	155.86	2.20%
新三板定增	27	7.20%	383.64	5.42%
Pre-IPO	5	1.33%	75.13	1.06%
其他	26	6.93%	1 584.85	22.40%

资料来源：清科私募通。

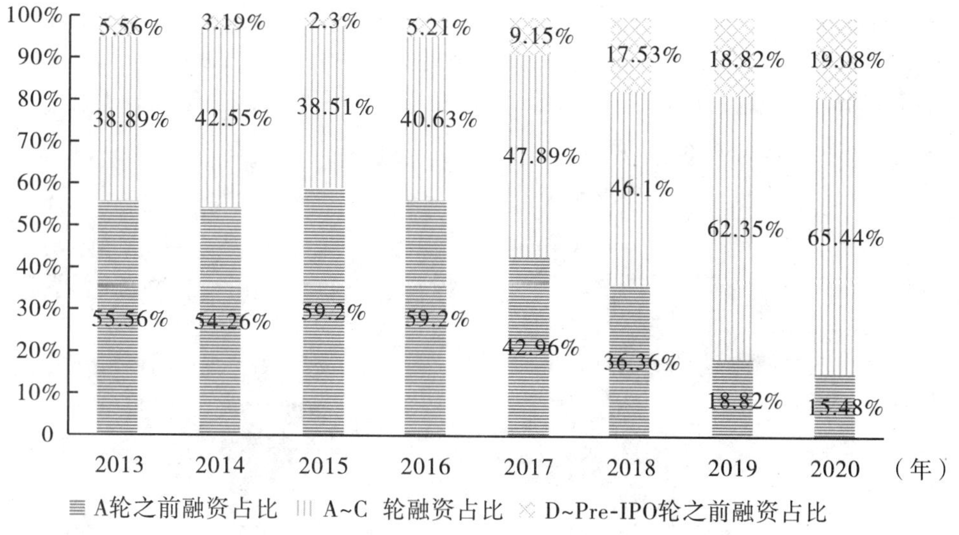

图 13-7 智能家电创业投资融资金额主要轮次分布

资料来源：清科私募通。

细分各个年份来看，根据图 13－7，智能家电产业投资日趋成熟化的趋势尤为明显，从 2017 年起，A～C 轮融资占比超过 A 轮之前的融资占比，成为智能家电投融资的主流，A 轮之前的融资占比从 2013 的 55.56% 降低至 2020 年 15.48%，A～C 轮融资占比从 2013 年的 38.89% 上升至 2020 年 65.44%，与此同时，D 轮到 Pre－IPO 这一阶段的融资也逐渐增加，到 2020 年，已提高至 19.08%，智能家电投融资市场稳定性不断增强，已逐渐进入成熟期。

三、投资区域

（一）投资区域集中于家电消费大省

我国智能家电产业区域集中度较高，由于智能家电生产工艺要求高，涉及从功能创意到智能芯片，再到集成组装等多个环节，且智能家电面向群体多为中等收入以上群体，当前智能家电产业主要分布于东部沿海制造业发达省市，相应地，绝大部分投资机会也分布在东部省市。

根据图 13－8，从 2013—2021 年九年间的创业投资分布来看，广东省作为我国最大的家电生产基地，制造业基础雄厚，家电企业众多，产业体系完善，集群化发展态势明显，是我国智能家电产业链中游优势最为突出的区域，因而也成为智能家电创业投资的重点区域，全国 29% 的创业投资发生在广东省。从投资规模来看，广东省集中了 20% 的家电产业投资额。此外，北京市作为全国科技创新中心，科研院所众多，坐拥中关村等智能芯片生产中心，创意设计产业独占鳌头，在智能家电产业链上游具备较强优势；同时，面积较小，人口集中，物联网普及快，居民收入水平高，对新事物适应能力强，均为北京市智能家电的发展创造了得天独厚的条件，24% 的创业投资事件发生在北京，也因而集中了全国 25% 的投资额。江苏作为制造业大省，在智能大家电生产上具备优势，浙江作为小商品集散地，出口了较多的以厨房小电器为主的家用小电器，上海市科技力量雄厚，在智能家电上游环节也易获资本青睐。

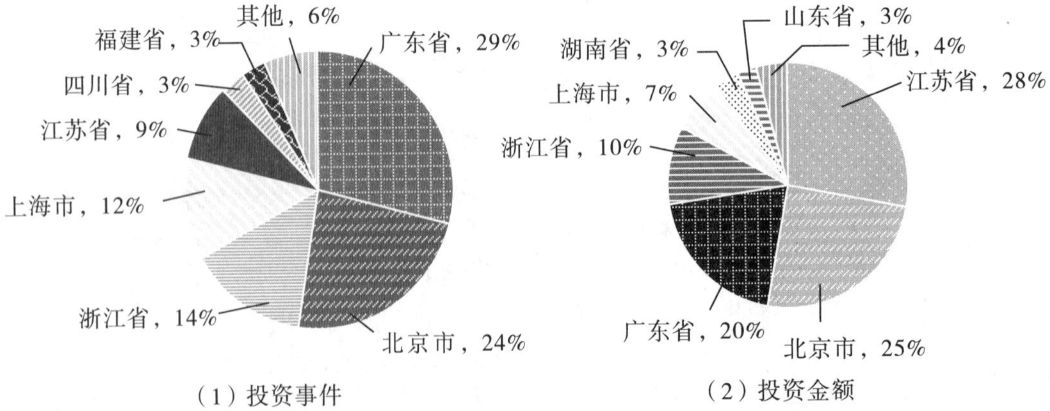

图 13－8　2013—2021 我国智能家电创业投资区域分布

资料来源：清科私募通。

总体而言，尽管广东省在传统家电生产制造上的优势仍然存在，但智能家电区别于传统家电的“智能化”特征仍为其他地区尤其是科技力量雄厚、半导体及芯片等产业发达的省市提供了弯道超车的机遇。根据图 13－9，尽管广东省每年新增创业投资数额不低，但增长缓慢，相较于其他省市，广东省对智能家电创业投资的吸引能力正在削弱，一方面是因为广东省内家电企业数量众多，竞争激烈，行业生态已基本处于饱和状态，新兴企业较少；另一方面，北京、江苏等省市凭借科技实力和雄厚的制造业基础，以及物联网发展带来的智能家居、智慧城市等勃发机遇，从产业链上游和中游都对广东省提出了挑战，未来我国智能家电产业投资将“百花齐放”，广东省“一枝独秀”的局面将一去不返，智能家电领域的区域竞争将日趋多极化。

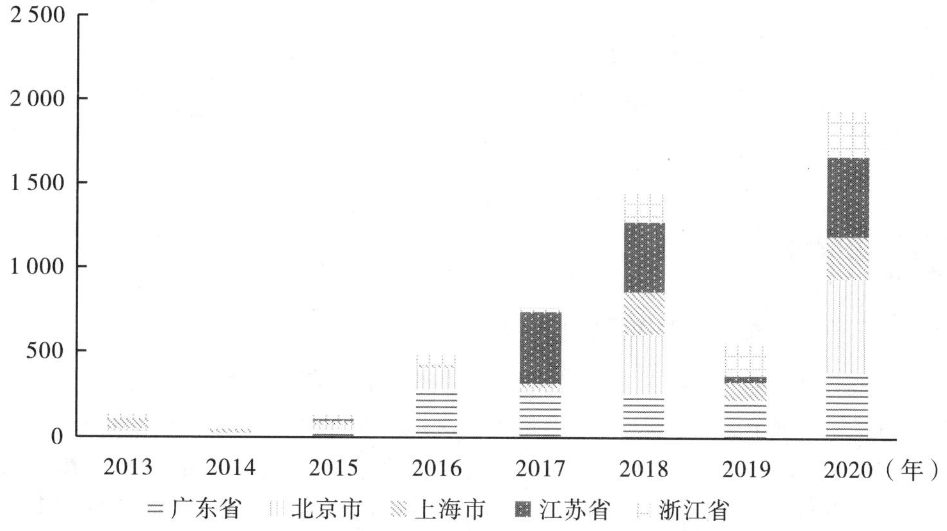

图 13－9 2013—2020 年我国主要省市智能家电创业投资规模（单位：百万元）

资料来源：清科私募通。

（二）广东省家电创投趋于成熟

从图 13－10 可以看出广东省与其他省市在智能家电投资阶段上的显著区别，广东省、江苏省、浙江省、北京市、上海市这五个智能家电产业创业投资较为密集的省市，均体现出扩张期投资占创业投资主导地位的鲜明特征，可以反映出当前我国智能家电投资整体已度过发展的早期阶段，逐渐步入成熟期。其中，广东省扩张期投资占比为 60.49%，高于江苏、浙江、北京等省市，仅低于上海市，而广东省成熟期投资高达 24.24%，不仅高于上海市的 8.01%，也远高于其他省市，相应的，广东省种子期和初创期投资占比之和约为 15%，远低于其他省市，可见广东省在常年发展中积累的雄厚产业基础使得智能家电的行业生态较其他省市更为成熟。

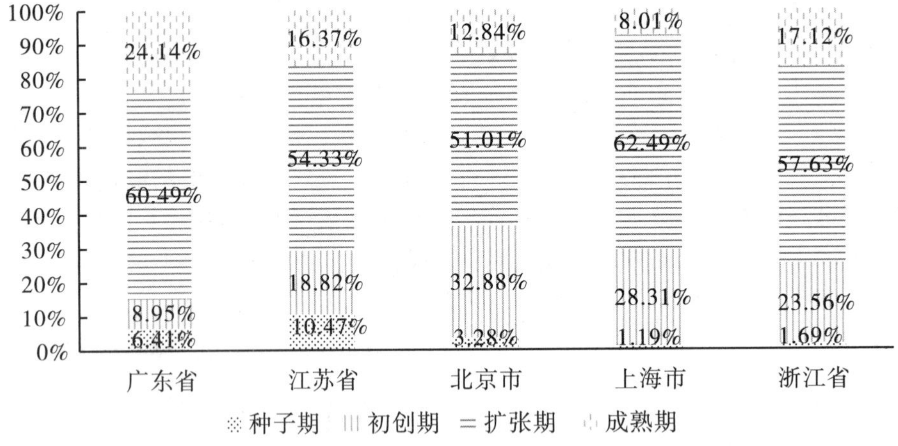

图 13－10　2013—2020 年我国主要省市智能家电分阶段创业投资规模

资料来源：清科私募通。

四、投资机构

（一）政府引导基金撬动作用明显

智能家居是物联网应用中的朝阳产业，而智能家电产业则是智能家居领域的核心产业支撑。随着物联网上升为国家发展战略，智能家居作为重点应用频繁出现在中央和地方政策当中，政府层面在推动智能家居、提升人民生活质量方面不断发力。2013 年以来，我国政府逐步扩大对智能家电产业的投资引导，政府引导基金在智能家电领域创业投资额从 2013 年的 0.06 亿元，攀升至 2018 年的 2.28 亿元，在 2019 年的短暂下降后，2020 年政府引导基金达到 4.36 亿元，创历史新高，为智能家电领域的投资注入强劲动力。

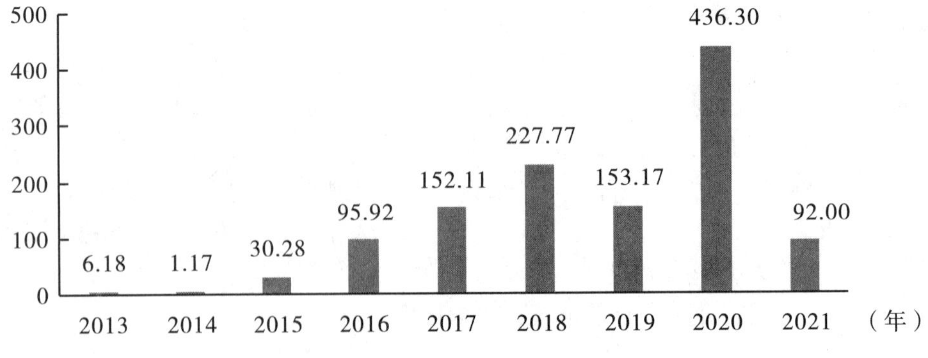

图 13－11　2013—2021 年智能家电全国政府引导基金投资规模（单位：百万元）

资料来源：清科私募通。

（二）私募股权投资明显占优

从投资机构的类型来看，如图 13－12 所示，在所有机构类型中，PE 代表的私募股权投资金额最多，规模最大，占比达到 46.2%，接近一半，在所有机构类型中不仅为最高，也高于除其他典型投资机构类型创业投资之和；专注于早期投资的机构投资总金额较少，风险投资 VC 投资金额占比仅 13.1%，可见广东省智能家电产业主要投资机构为私募股权投资机构，主要表现为通过私募基金对非上市企业进行权益性投资。总体来看，风险投资并不占优，可见广东省智能家电创业投资多集中于成熟阶段。

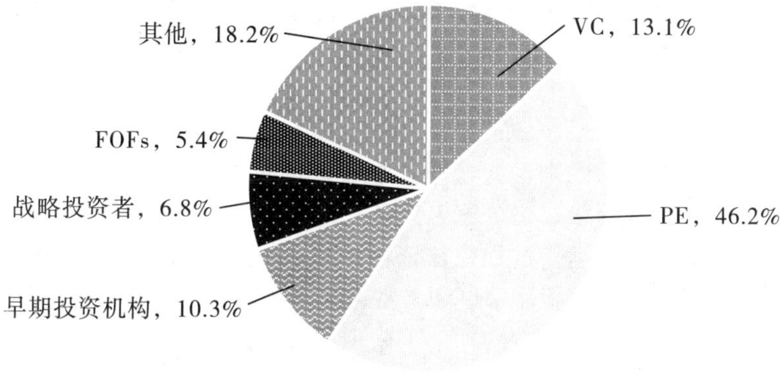

图 13－12　2020 年广东省智能家电产业创业投资机构类型

资料来源：清科私募通。

（三）有限合伙制成为智能家电创投主要形式

从广东省 2020 年智能家电创业投资机构的组织形式上看，如图 13－13 所示，公司制机构占绝大多数，达 79.26%；有限合伙制占比仅 14.20%，基本与全国范围内及其他产业的创投结构保持一致，即主导机构均以公司制形式存在。一方面是因为广东省智能家电产业明显受到政府引导基金投资的推动，国有背景的创投机构多以公司制为主；另一方面是公司制相较于有限合伙制，在风险分担及盈利分配上更符合我国法律制度背景要求，在投资中更具优势。

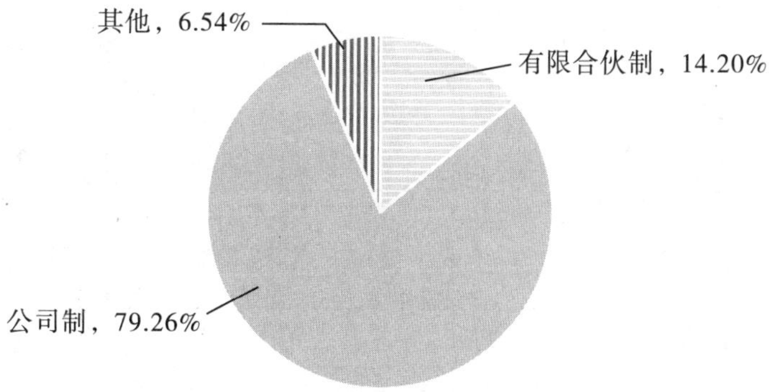

图 13－13　2020 年广东省智能家电产业创业投资机构组织形式

资料来源：清科私募通。

第三节　智能家电产业链创业投资分析

一、产业链环节投资分布

广东省作为我国家电制造业大省，甚至全球家电生产制造中心，已形成了较为完整的智能家电产业链。总体来看，近年来广东省智能家电产业的创业投资重心位于产业链上游环节，尤其是智能元器件的生产设计，主要是因为广东省在中游环节即家用电力器械制造领域已深耕多年，产业体系已较为完整，近年来，虽在上游领域加大投资有所突破，但仍面临投资不足，区域分布失衡等问题。

（一）产业链上游

智能家电和传统家电的区别，从软件上反映为操作系统的复杂和高级程度；从硬件上表现为智能芯片的功能等级，传统家电更多的是机械式的执行过程，满足生活中的一些基本需求，而智能家电的运作过程往往依赖于物联网、互联网以及电子芯片等现代技术的应用和处理，所应对的消费需求更加丰富，层次更高。目前家电企业的造芯进程中，几乎所有芯片都已布局。智能家电的功能上限取决于其芯片的设计层次和操作系统的服务能力，国内家电企业造芯布局中，MCU 芯片的应用率最高，达到 34%。下文将从 IT 行业中硬件设施和半导体及电子设备领域度量广东省智能家电行业在产业链上游硬件创业投资情况，从广播电视及数字电视终端设备技术服务方向衡量从广东省智能家电行业在产业链上游软件创业投资情况。根据表 13－5 可知，广东省智能家电产业链上游投资主要集中于硬件即智能芯片、传感器等核心元器件领域，在创意及技术服务等软件上投资较少，仅在 2015、2018、2020、2021 等少数年份存在少量投资，总体而言，90% 以上的上游产业投资集中于智能芯片、传感器等硬件生产设计环节。

表 13－5　2013—2021 年广东省智能家电上游创业投资情况

年份	投资额/百万元			事件次数		
		硬件（元器件）	软件（创意服务）		硬件（元器件）	软件（创意服务）
2013	9.00	9.00	0.00	1	1	0
2014	16.80	16.80	0.00	1	1	0
2015	22.17	16.53	5.64	4	3	1
2016	35.77	35.77	0.00	1	1	0
2017	17.27	17.27	0.00	1	1	0
2018	39.22	34.10	5.12	6	5	1
2019	20.00	20.00	0.00	5	5	0

（续上表）

年份	投资额/百万元			事件次数		
		硬件（元器件）	软件（创意服务）		硬件（元器件）	软件（创意服务）
2020	123.15	102.29	20.86	16	14	2
2021	323.21	277.39	45.82	8	7	1

资料来源：清科私募通。

根据图 13－14，广东省在智能家电产业链上游的创业投资呈波动起伏态势，总体为增长，2020 年创业投资事件最多，为 16 起，投资额以 2021 年为最大，达到 323.21 亿元，同比增长 162%。上游环节是智能家电产业的核心，决定着家电产品的智能化程度，也很大程度上决定着产业竞争力和产品的生命力，目前广东省在该环节创业投资尚显不足，北京市、上海市等半导体、IT 产业较发达的区域在该领域积累了长足优势，构成对广东省智能家电产业的激烈竞争。

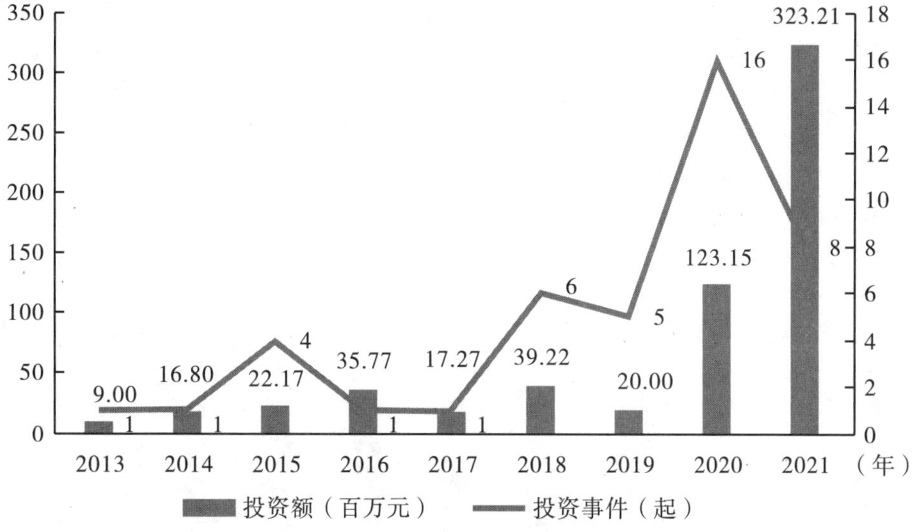

图 13－14 2013—2021 年广东省智能家电产业链上游创业投资规模

资料来源：清科私募通。

广东省智能家电产业链上游环节创业投资在地区上也存在着差异，根据表 13－6，深圳市集中了全省 80% 以上的投资事件，投资金额占比达到 90% 以上。深圳市在科技创新上的雄厚实力和芯片等高精尖产业的坚实基础，使得全省绝大部分关于智能家电产业上游投资汇聚深圳。

表 13－6 2013—2021 年广东省部分地区智能家电上游创业投资情况

地区	投资事件	企业数量	创投数量	投资金额/百万元
深圳市	35	16	28	494.95

（续上表）

地区	投资事件	企业数量	创投数量	投资金额/百万元
广州市	3	3	3	29
珠海市	2	1	2	15
东莞市	2	1	2	12
中山市	1	1	1	3.06

资料来源：清科私募通。

（二）产业链中游

智能家电的产业链中游环节为家用电力器械制造即主要家电成品的制造，包括智能大家电和以厨房小家电为主的智能小家电。根据图 13－15，广东省因在传统家电制造业上积累了坚实的基础，2016 年前在该环节上的投资波动不大，在 2017 年初智能家居升级为六大重点领域应用示范工程之一，投资事件迅速增加至 9 起，投资额达到 1.51 亿元，2018 年受贸易战大环境影响，海外出口受阻，导致家电投融资环境恶化，投资额有所下降。2019 年之后，随着贸易战影响淡去和国内双循环战略的提出，智能家电产业创业投资回暖，但此时更多创业投资聚焦于产业链上游，即智能元器件和创意设计服务等领域，广东省家用电力器械制造创业投资额未恢复至最高水平。

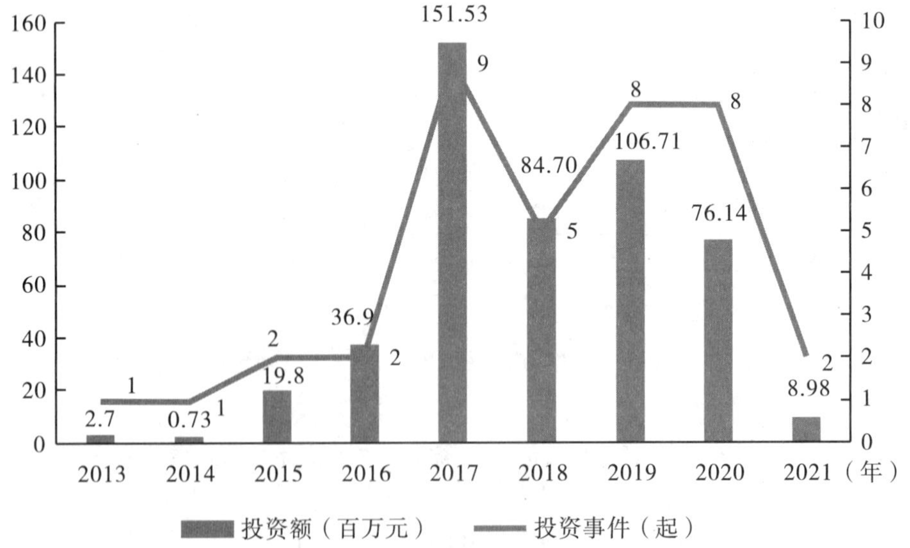

图 13－15　2013—2021 年广东省智能家电产业链中游创业投资规模

资料来源：清科私募通。

从地区分布上看，由表 13－7 可知，广东省智能家电产业创业投资在中游环节的投资与家电产地分布较为一致，佛山市坐拥省内最大的家电产业集群，集中了全省约 70% 的投资事件和近 80% 的创业投资资金。

表 13－7 2013—2021 年广东省部分地区智能家电中游创业投资情况

地区	投资事件数	企业数量	创投机构数量	投资金额/百万元
佛山市	28	15	16	374.04
深圳市	4	4	3	63.23
珠海市	2	1	2	24.05
广州市	2	2	2	18.39

资料来源：清科私募通。

（三）产业链下游

广东省智能家电产业投资在下游布局较少。因物流发达、商品经济繁荣，广东省线上线下销售渠道均已接近完备，以佛山顺德美的集团为代表的家电巨头为企业的长远发展考量，对省内的铺货网络和市场渠道深耕数十年，在电商物流的加持下，有效整合了资源，已形成一张线上线下均行之有效的销售网络，在满足了企业自身发展需求的同时，也为同行业其他企业提供了示范和参考，近年来，广东省少有企业在家电产品流通销售领域大展拳脚，智能家电产业链下游投资事件较少，接近饱和。

二、主要投资案例

根据表 13－8，广东省内智能家电产业创业投资较为集中，前五大机构投资者投资总额约 4.7 亿元，约占总投资（不包括未披露数据企业，下同）的 40%，整体而言，各类机构投资者投资未出现明显的集中投资趋势，未出现被多个机构投资者同时青睐并竞相投资的企业，但就单个机构投资者而言，其在投资额和投资事件上均较为集中，以投资额最多的红杉中国而言，该机构于 8 年间共投资智能家居解决方案提供商几光、智能家用储能产品公司正浩 EcoFlow 两家企业，累计投资 2 次，投资金额 2.36 亿元，占全省总投资的 20%，投资具有较强的针对性，显示出该机构对智能家电上游领域创意设计的重视，该机构平均投资金额为 1.18 亿元，相当于总体平均水平的 7.3 倍，体现出头部投资者的投资针对性。

表 13－8 2013—2021 年广东省主要投资机构情况

机构名称	案例数/企业数	投资金额/百万元	金额占比	平均投资金额/百万元·次	与总平均金额比
红杉中国	2/2	236.23	20.51%	118.12	728%
深创投	3/3	78.00	6.77%	26.00	160.25%
天图投资	2/1	56.88	4.94%	28.44	175.29%
中南创投	4/1	50.00	4.34%	12.50	77.04%
亚商资本	3/2	49.32	4.28%	16.44	101.33%

（续上表）

机构名称	案例数/企业数	投资金额/百万元	金额占比	平均投资金额/百万元·次	与总平均金额比
方广资本	2/1	35.00	3.04%	17.50	107.86%
力合创投	5/3	34.80	3.02%	8.70	53.62%
深圳惠友创盈投资	2/2	32.50	2.82%	16.25	100.16%
明裕创投	2/1	30.00	2.60%	30.00	184.90%
北极光创投	2/1	28.40	2.47%	14.20	87.52%
中小担创投	2/2	25.99	2.26%	12.99	80.09%
善达投资	2/2	12.50	1.09%	6.25	38.52%
时代伯乐	2/1	11.17	0.97%	5.59	34.43%
安达资本	2/1	未披露	未披露	未披露	未披露
元禾控股	3/1	未披露	未披露	未披露	未披露
其他	69/38	471.15	40.90%	11.78	72.60%

资料来源：清科私募通。

从具体产业链环节来看，绝大部分投资发生在智能家电产业的上游，尤其是智能元器件的生产和设计，该环节分布着较多的种子期和初创期企业，红杉中国、天图投资等头部机构投资者热衷于投资初创期的芯片设计和智能家居创意服务企业，该环节主要投资轮次多为A轮和B轮；而中游智能家电产品的生产制作环节，则融资企业多为成熟期，且投资轮次以C轮较多，主要是因为广东省作为家电制造大省，其家电生产组装环节已接近完备，不具备太多投资机会。当前智能家电领域的角逐主要发生在产业链上游，即创意服务和智能芯片等元器件的设计制造，众多机构投资者围绕上述两个环节选择具备投资潜力和价值的企业展开风投。

三、投资事件统计及分析

据清科私募通统计，2013—2021年广东省融资规模最大的前四家智能家电领域企业如表13-9所示，前四大融资企业中，除宇瞳光学为中游产品制造企业外，其他三家均位于上游环节，具体而言，为上游智能元器件的制造企业，即当前广东省内智能家电产业大规模融资需求在产业链环节上存在差异，上游融资需求较大，尤其是智能元器件的生产制造。近年来广东省芯片、半导体产业发展迅速，众多独角兽企业异军突起，吸引机构投资者进入，形成了投融资热潮。

从投资阶段和轮次来看，除云顶科技在种子期有过融资外，其余融资事件均发生于企业的成熟期和扩张期，侧面反映了当前广东省智能家电产业发展逐渐成熟，企业融资主要用于扩张规模，巩固市场地位。融资轮次多为A轮及以后的融资。

从融资规模来看，总融资额最大的为芯海科技，融资额达1.558亿元，也是吸引机构投资者最多的企业，力合科创、方广资本等9家企业相继参与投资。芯海科技是模拟类芯片平台公司，作为国内信号链及MCU芯片优秀设计企业，自2003年成立以来长期积累奠定ADC模数转换器及MCU微控制器领域技术实力，创始人为ADC芯片领域业界专家，公司自主研发的24位高精ADC芯片CS1232有效位数达23.5位，处于国内领先、国际先进水平，可广泛应用于灵敏度要求高的人体成分分析仪器、温湿度测量，电表计量、压力触控，在为家电企业提供芯片供给方面独具优势，成为智能家电产业链上游最受青睐的投资企业。

表13－9　2013—2021广东省智能家电产业主要投资事件

企业	产业链环节	投资方	融资金额/百万元	总融资金额/百万元	轮次	投资阶段
芯海科技	上游（智能元器件）	力合科创	19.80	155.80	A	成熟期
		方广资本	35.00		B	
					C	
		湖南蒲公英私募	10.00		C	
		时代伯乐	10.00		其他	
		山鹰资本	10.00		其他	
		暴龙资本	5.00		其他	
		力合科创	6.00		其他	
		华强创投	10.00		其他	
		泰达科投	40.00		其他	
		大有资本	10.00		其他	
云顶	上游（智能元器件）	华颖投资	未披露	50.00	种子轮	种子期
		中南创投	50.00		A	扩张期
爱普特	上游（智能元器件）	中小担创投	15.15	46.97	A	扩张期
		亚商资本	22.72		A	
		深圳投控	未披露		A	
		亚商资本	9.10		A	
		临芯投资	未披露		A	
宇瞳光学	中游（家电成品制造）	粤科金融	20.00	45.00	A	扩张期
		深创投	25.00		A+	

资料来源：清科私募通。

第四节 智能家电产业链创业投资绩效分析

一、退出分析

退出机制是投融资过程中不可或缺的一环，观察表 13－10 易知，2017 年以前，全国智能家电领域鲜有投资退出事件，仅 2014 年和 2016 年各有一起，前者即深圳市航通智能被佳讯飞鸿并购，投资方澳银资本因而退出投资，后者即基石资本投资的深圳市科信技术 IPO 成为上市公司，因而退出投资，该两起被退出方均为广东省企业。2017 年前广东省智能家电产业作为全国的风向标，资本进入与退出与全国智能家电走向息息相关，2017 年后，在智能家居升级为六大重点领域应用示范工程之一后，政府在推动智能家居发展方面不遗余力，各省相继掀起智能家电投资热潮，全国范围内智能家电产业投资退出事件逐渐与广东省脱钩，然而广东省作为全国最大的家电产业集群所在地，以及全国智能家电投资的重要一环，其资本退出仍对全国行业生态起着至关重要的作用，总体而言，2017 年后，全国和广东省退出事件均开始增加，到 2020 年均达到高峰，分别为 24 起和 11 起，资本退出分别为 20 家和 10 家，2021 年，退出事件迅速回落至 6 件和 3 件，资本退出分别为 6 家和 3 家，总体趋于稳定。

表 13－10 2013—2021 年全国及广东省智能家电投资退出情况

年度	退出事件		企业数量		机构数量	
		其中：广东省		其中：广东省		其中：广东省
2013	0	0	0	0	0	0
2014	1	1	1	1	1	1
2015	0	0	0	0	0	0
2016	1	1	1	1	1	1
2017	3	1	2	1	3	1
2018	2	0	2	0	1	0
2019	19	4	6	3	17	3
2020	24	11	6	2	20	10
2021	6	3	5	2	6	3

资料来源：清科私募通。

从退出方式方向分析，由图 13－16 可知，在广东省 21 起智能家电投资退出事件中，退出方式主要为被投资方 IPO 成为上市企业，占比高达 78%。在众多退出方式中，IPO 在保持企业独立性的同时，可以让企业实现证券市场持续融资，能较好地维护投资方收益，是一种健康的退出方式，广东省智能家电领域内的投资退出主要通过 IPO 方式，意味着广东省智能家电产业行业前景较好，发展潜力十足。

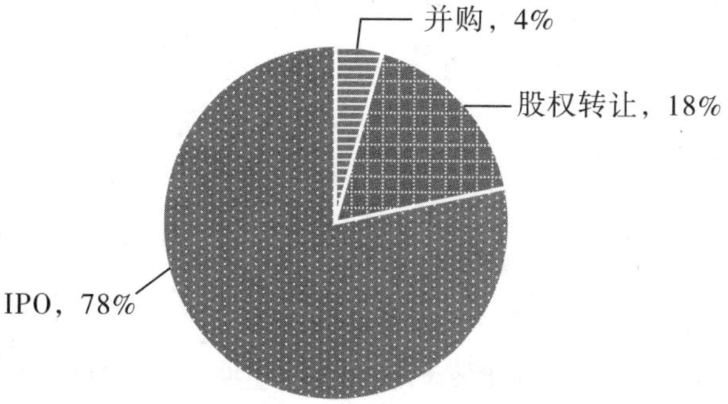

图 13－16　2013—2021 年广东省智能家电投资退出方式分布

资料来源：清科私募通。

从投资退出在产业链环节上的分布来看，如表 13－11 所示，创业投资退出主要集中在上游，尤其是智能芯片等核心元器件生产设计，23 起退出事件中，核心元器件的生产环节投资退出达到 16 起，远高于同属于上游的创意服务环节（3 起）和中游家电产品制造环节（4 起）。一方面，当前广东省创业投资主要集中于上游领域，导致该领域投资进出频繁，另一方面，核心元器件的生产技术为高精尖技术，排他性强，企业在获得投资后容易扩张规模，IPO 成为上市公司，这使得该领域成为创业投资退出的集中领域。

表 13－11　2013—2021 年广东省智能家电投资退出产业链分布情况

	上游（创意服务）	上游（核心元器件）	中游（制造）
退出次数	3	16	4
企业数量	3	6	2
机构数量	3	15	4

资料来源：清科私募通。

二、投资回报

投资的目的是获取收益，纵向来看，2014 年广东省智能家电产业创业投资平均回报倍数为 1.04，2016 年上升为 1.92，2017 年因国家将智能家居升级为六大重点领域应用示范工程之一，大量资本进入，加剧竞争，使得投资回报倍数下降为 1.00，2019 年历经贸易战后，投资回暖，在疫情带来的“宅经济”加持下，智能家电投资看涨，收益也随之提升，回报倍数连续三年增长，至 2021 年，平均回报倍数已达 2.73。

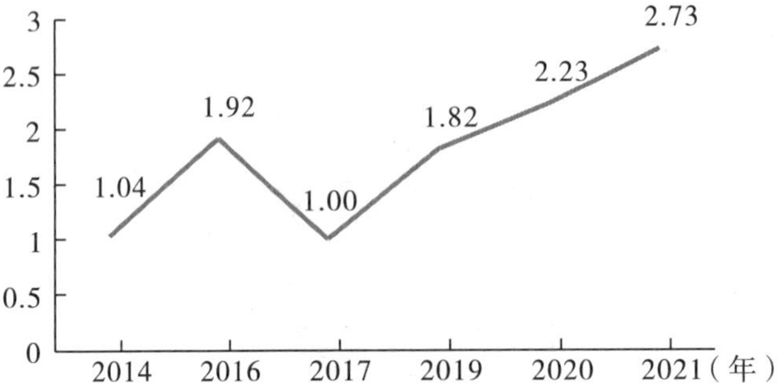

图 13－17　广东省智能家电产业创业投资平均回报倍数

资料来源：清科私募通。

从退出方式来看，家电产业创业投资回报倍数在不同退出方式间存在较大差异，在23起退出事件中，以IPO形式退出投资的18起创业投资平均回报倍数为2.46，略高于股权转让的2.29倍，远高于并购的1.04倍，说明在IPO后退出投资是广东省智能家电产业获得理想投资回报的最佳方式。从产业链环节来看，根据图13－18，广东省智能家电产业上游创业投资平均回报倍数明显高于中游，上游为技术含量较高的创意服务和核心元器件，如智能芯片等生产设计，附加值高，投资平均回报倍数分别为2.6和2.42，中游家电制造在广东省已为深耕多年的传统优势领域，省内竞争激烈，利润率较低，投资平均回报倍数仅为2.04，低于上游环节。

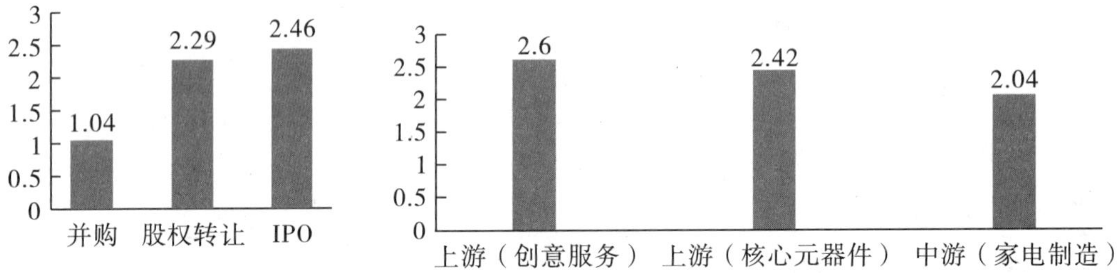

（1）不同退出方式平均回报倍数　　　（2）不同产业环节平均回报倍数

图 13－18　广东省智能家电产业创业投资退出情况

资料来源：清科私募通。

三、创新绩效

企业创新绩效不仅关乎企业的竞争能力，也影响着创业投资的回报，而事实上，在投资对象的选取上，投资方往往偏向于创新能力较强的企业，而企业接受创业投资资金的一大目标也正是投资于研发创新以实现自身竞争力的突破。因数据缺乏，主要对接受融资规模最大的代表性企业进行投资分析，选取上游的芯海科技、爱普特和中游的宇瞳光学三家企业，通过观察三家企业2016—2020年的研发投入占比可知，在获得创业投资后，三家企业研发支出在营业收入中占比虽屡有波动，但均在2020年均达到五年来的峰值，对研发创新的重视力度总体呈上扬趋势，可见创业投资为企业注入了创新活力，使得其加大研发创新，获得了较好的创新绩效。

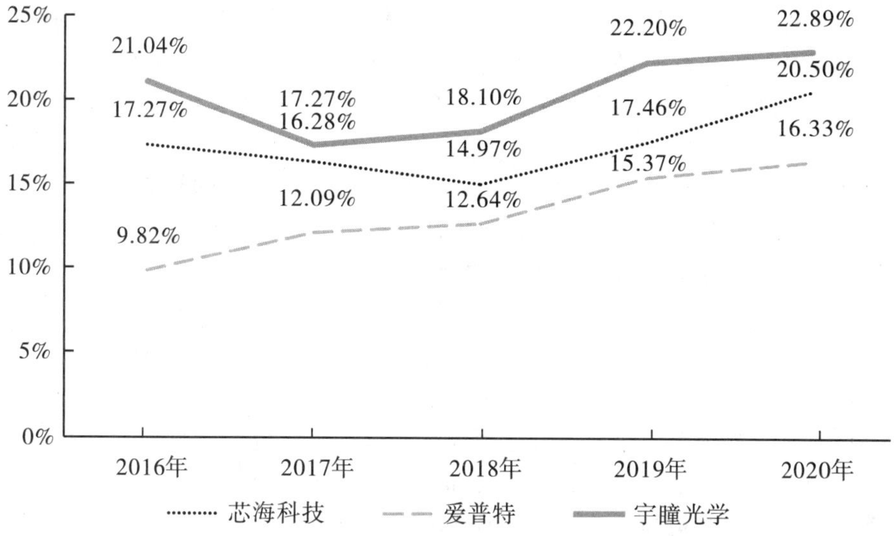

图 13－19 2016—2020 年广东省智能家电代表性企业研发投入占比

资料来源：清科私募通。

第五节 发展趋势研判

智能家电产业的发展前景主要受两方面因素的影响，从需求端来看，居民消费需求是市场扩大的主要引擎，从供给端来看，5G、区块链、物联网、人工智能等新兴生产方式的普及有助于解决智能家电技术瓶颈，提供更优质的产品。

从需求端而言，首先，得益于成功“抗疫”，我国经济总体稳定，而家电制造中心——广东省常年作为经济第一大省，GDP 增速与全国增速保持一致，甚至在部分年份高于全国平均水平。国民经济的运行平稳，为家电产业环境和消费市场打造了稳定环境，从这一点上看，广东省智能家电行业投资环境较为优越。其次，居民可支配收入直接关系到居民对智能家电的购买力，广东省作为我国甚至全球最大的家电生产中心，在满足本省对智能家电的消费需求外，其产品畅销海内外各地，我国虽受疫情冲击，但恢复势头强劲，成为全球第一个复工复产的国家，居民可支配收入的增长使得智能家电消费需求旺盛，市场不断扩大，对广东省智能家电生产提出了庞大需求。再次，近年来随着数字科技的发展，居民消费观念发生革命性变化，消费者消费行为的产生已不仅由产品的使用价值单一要素驱动，产品的附加价值如生活仪式感、情感社交满足感和自我实现越来越为消费者所重视，智能家电因在满足消费者个性化需求方面具备传统家电不可比拟的优势，越来越受市场青睐，投资价值较大，仍将处于投资风口。

从供给端而言，技术环境改善，物联网、人工智能等先进生产方式的普及，为广东省智能家电产业发展提供了强劲动力。中国物联网行业规模持续壮大，物联网技术的普及，无疑为智能家电的高效、可持续运作、互联互通提供了有力的技术支撑。人工智能在5G时代下，将提供更快的响应速度、丰富的内容、更智能的应用模式以及更直观的用户体验。对于家电行业而言，5G时代会促进各大家电企业“智能家居”相关硬件和方案的落地。在家电制造端，5G会推动智能制造的深入发展，助力产业互联网的构建及家电的个性化制造等。此外，云平台互联的蓬勃发展也给智能家电注入了新的活力，在AWE 2021期间举行的智能家电云云互联互通成果发布会上，由中国家用电器协会牵头制定的《智能家电云云互联互通标准》自发布实施3年多以来不断迭代，已形成一套可使不同家电厂商智能系统实现互联互通的可行性方案。广东省凭借强大的经济科技实力，在物联网发展、人工智能研发等前沿领域走在全国前列，以人工智能企业数量而言，2020年广东省人工智能企业数量在全国占比高达26.39%，仅次于北京，技术环境的优越为广东省智能家电产业提供了重要支撑。

在供需两端的积极作用下，未来，广东省在智能空调、智能冰箱、智能电饭锅、智能微波炉等优势家电产品方面在世界的领先地位将得到巩固，并做优做强电视机、照明灯饰等优势产业。压缩机、电机、五金、模具等核心零部件和配件产业链得到优化，原材料和零配件质量与供应水平有效提升。同时，大数据、云计算、人工智能、5G等新技术与家电产品深度融合应用不断拓展，还将以个性化、数字化、智能化、绿色化、健康化、高端化等为重点方向，支持开发高端新型智能家电和特殊用途家电，建立和完善与国际接轨的智能家电标准体系。此外，也需注意到北京、上海等地区在产业链上游加大投资力度带来的竞争压力，以及江苏、安徽、浙江等家电制造后起之秀在家电制造领域的追赶力度，未来广东省在巩固中游环节固有优势的同时，应密切关注产业链上游的“智能化”趋势，积极助力产业互联网的构建及家电的个性化制造，引导家电“智能化”潮流，打造更完整更高效更先进的智能家电全产业链，实现更高质量的发展。

第十四章　工业机器人产业创业投资*

工业机器人包括核心部件、本体制造和系统集成三个环节，技术难度、进入壁垒和附加值在这三个环节依次降低。广东省正在以深圳、惠州、佛山、东莞为重点，推进工业机器人区域专业化分工，打造特色鲜明的错位发展格局和产业集群。在工业机器人产业链布局方面，企业以本体制造和系统集成等中低端环节为主，上游关键零部件依赖进口，尚处在价值链攀升阶段。在创业投资方面，虽然新冠肺炎疫情加剧了供应链的不稳定性，但是由于机器换人需求的增加，工业机器人的创业投资规模日益上升。首先，政府引导基金积极发挥引领示范功能，与社会资本优势互补，投资机构多元化发展。其次，资本集中布局在市场竞争激烈、规模效应不足的中下游环节，投资回报较低。最后，全产业链企业依靠研发能力和成本优势受到资本市场青睐，有可能在工业机器人赛道中脱颖而出。总之，资本市场越来越重视上游核心零部件的研发能力。工业机器人企业或将重新洗牌，同质化的竞争格局亟待打破，市场结构将出现集中化趋势。

第一节　工业机器人产业发展现状

一、产业界定

工业机器人是应用于工业生产过程中搬运、焊接、装配、加工、涂装、清洁生产等方面的多关节机械手或多自由度机械装置。工业机器人产业链分为上游、中游和下游三个环节。上游是核心结构部件，包括控制器、伺服系统和减速器。中游是本体制造，即机座和执行机构，包括手臂、腕部等。下游是系统集成，针对性地实施软件二次开发，涵盖焊接、机械加工、装配、搬运、分拣、喷涂等多个领域，其市场空间是本体制造的3～4倍。终端客户广泛，汽车制造和3C电子占据集成应用的半壁江山，食品饮料、物流、光伏、锂电等长尾市场增速较快。

二、投资环境

广东省工业机器人企业融资需求大幅上升，投资环境日益优化。广东省工业机器人企业主要布局在产业链中游的本体制造和下游的系统集成环节，对控制器、伺服系统、

---

* 本章第一执笔人为暨南大学产业经济研究院张疆北。

减速器等上游零部件存在进口依赖，处在实现价值链攀升的关键时期。2017 年以来，广东省工业机器人产业融资需求年均超过 4 亿元，2021 年融资需求逼近 10 亿元，2017—2021 年累积融资需求突破 30 亿元。在资本市场上寻求融资机会的企业基本在 10 家左右，明星企业的成长性被不断发掘，市场结构出现集中化趋势。

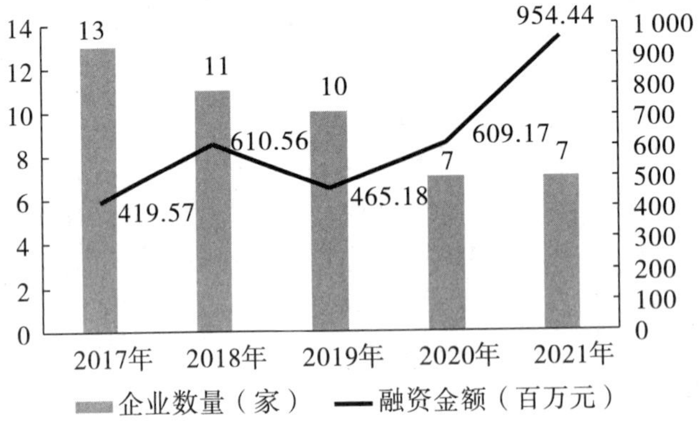

图 14－1　2017—2021 年广东省工业机器人产业融资需求

资料来源：清科私募通。

三、产业政策

整体而言，工业机器人产业政策以引导为主，广东省政策主动适应国家顶层设计，统筹兼顾多条主攻方向。第一，孵化规模优势。广东省力争到 2025 年实现工业机器人年产量超过 10 万台，年均增长约 15%，发明专利授权量年均增长超过 10%。建设国内领先、世界知名的机器人产业创新、研发和生产基地。第二，加速核心技术攻关。重点突破减速器、伺服电机、控制器、传感器和末端执行器等零部件技术壁垒，打破国外企业的技术封锁和市场垄断，建立健全完整的工业机器人制造产业链。第三，加大资金扶持。一方面是财政补贴，广东省在工业与信息化发展专项资金中特别安排机器人发展专题资金，给予一定比例的采购价格补贴。深圳每年出资 5 亿元专项资金，补助机器人等智能产业；东莞给予采购国产机器人 15% 的补助，镇一级配套 20%、30%、50% 不等的补贴。另一方面是税收优惠，2020 年广东省税务部门累计为工业机器人纳税人办理增值税即征即退 1 236 万元，通过增值税进项税额留抵退税政策为企业办理留抵退税 1 176 万元，退税总额超过 2 400 万元，税费减免节约的资金基本流向研发部门。

表 14－1　广东省工业机器人产业政策

时间	政策文件	主要内容
2021 年	《广东省制造业高质量发展“十四五”规划》	重点发展机器人减速器、控制器、伺服系统等关键部件研制；到 2025 年，建设国内领先、世界知名的机器人产业创新、研发和生产基地

（续上表）

时间	政策文件	主要内容
2020 年	《广东省培育智能机器人战略性新兴产业集群行动计划（2021—2025 年）》	到 2025 年，工业机器人年产量超过 10 万台，年均增长约 15%；核心技术和关键零部件主要技术指标达到国际先进水平，发明专利授权量年均增长超过 10%
2017 年	《广东省先进制造业发展“十三五”规划》	重点打造机器人等智能制造装备产业基地、实施智能制造试点示范工程、发展智能制造服务业新业态和智能产品
2017 年	《广东省工业机器人保费补贴试点工作方案》	省级财政资金给予保费补助，为生产企业和使用单位分担风险，加快我省自主研发的工业机器人的推广应用力度，提高产品市场竞争能力，推动我省工业机器人产业加快发展
2015 年	《广东省智能制造发展规划（2015—2025 年）》	加快突破机器人关键核心技术，重点支持工业机器人本体、控制器、减速器、伺服电机等关键零部件的研发和应用，打造完整的工业机器人制造产业链

资料来源：根据公开资料整理。

四、产业发展概况

（一）我国工业机器人产业链、价值链以中低端环节为主

在技术壁垒方面，从核心零部件到系统集成，工业机器人的技术难度和进入壁垒越来越低，商业模式趋向轻资产。我国工业机器人产业起步较晚、基础薄弱，缺乏核心技术，以产业链中游的本体制造和下游的系统集成环节为主，技术处于全球智能机器人产业链、价值链中低端。国内企业对产业链上游的减速器、控制器、伺服系统以及高性能驱动器的进口依赖较高，国产化率较低，缺乏价格优势。

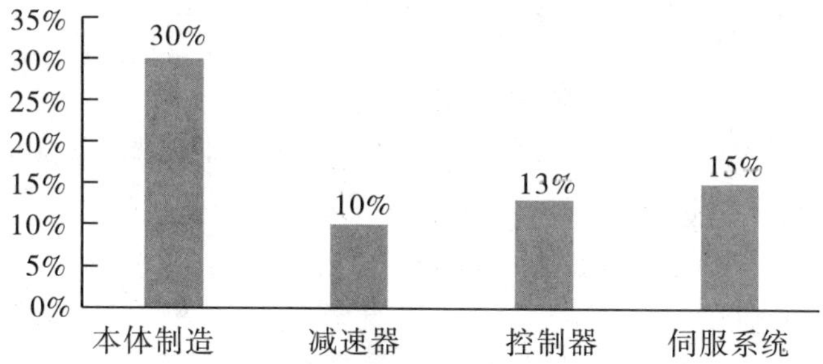

图 14－2　2020 年工业机器人产业链国产化率

资料来源：工控网、头豹研究院。

（二）我国工业机器人规模扩张潜力巨大

2016—2021 年我国工业机器人产量逐年上升。2018 年以来，中美贸易摩擦和新冠肺炎疫情使得宏观经济环境恶化，汽车制造和 3C 电子等下游产业受阻，工业机器人需求受到抑制，增速明显放缓。不过，随着新能源汽车等产业的崛起以及中美贸易缓和，2021

年我国工业机器人企稳回暖，产量突破36万套，增速高达54.4%。

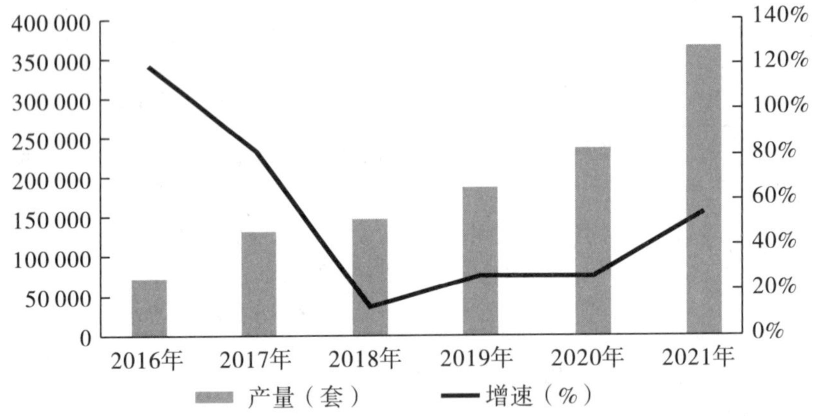

图 14-3　2016—2021 年我国工业机器人产量及增速

资料来源：国家统计局。

（三）广东省积极打造工业机器人产业集群

建设明确的区域分工体系和完整的产业链体系。广东省正以广州、深圳、珠海、佛山、东莞、中山为依托，推进区域专业化分工，打造特色鲜明的工业机器人区域错位发展格局。首先，支持中心城市广州、深圳发挥高端资源汇集优势，开展机器人研发创新。其次，支持佛山、东莞、珠海等珠三角城市发挥生产制造优势，建设机器人生产基地。最后，支持揭阳、江门、肇庆、汕头、潮州等周边地市组织产业配套。表14-2是广东省主要城市工业机器人产业区域分布和发展重点。

表 14-2　广东省工业机器人区域分布

主要地市	发展重点
广州	依托省机器人创新中心，加快推动以面向汽车、船舶、航空等高端制造业为主的集成应用，完善标准化、检验检测、技术培训、信息咨询等公共服务能力
深圳	重点发展服务机器人、特种机器人和无人机产业，推动以面向3C产业为主的工业机器人及集成应用，打造人工智能创新平台，加强人工智能技术和机器人的深度融合
珠海	依托格力智能装备和国机智能产业园，发展工业机器人本体及核心零部件制造；依托云洲智能、羽人等企业，发展无人船和无人机产业
佛山	重点打造智能制造产业基地和机器人谷，推进工业机器人在家电、陶瓷、纺织、家具等重点行业的集成应用
东莞	重点培育核心零部件企业和机器人系统集成商，推动工业机器人在电子信息制造业、电气机械及设备制造业的集成应用
中山	加快推进高端无人装备的产业化
揭阳、江门、肇庆、汕头、潮州等	发展机器人整机、配套零部件及集成应用项目

资料来源：根据公开资料整理。

积极培育规模优势、释放规模效应。从图 14－4 可知，2020 年广东省工业机器人产量达到 7.04 万台（套），占比 29.7%，比 2019 年（24.0%）提高了 5.7 个百分点，高居全国第一。广东省工业机器人通过产业规模的迅速扩张，不断提高成本优势和市场竞争力。

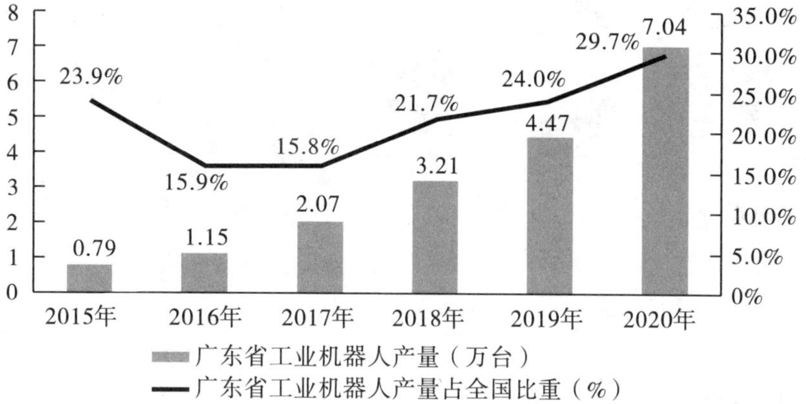

图 14－4　2015—2020 年广东省工业机器人产量及占比

资料来源：根据公开资料整理。

总之，广东省各地围绕本体制造、系统集成和零部件等环节，以产业园、研究机构和龙头企业为依托，合力打造技术与资本高地，增强匹配、学习和知识溢出效应，加速核心技术的消化与突破，推动智能化渗透。

第二节　工业机器人产业创业投资概况

一、投资规模

广东省工业机器人产业创业投资规模呈现先上升、后下降、再上升的趋势，后疫情时代的创业投资企稳回升。从图 14－5 可知，2017—2018 年创业投资规模上升，2018 年达到高点，突破 6.1 亿元。2019 年中美贸易摩擦导致汽车制造、3C 电子等下游产业需求萎缩，技术短板和价格劣势暴露，创业投资回落至 5.5 亿元。不过，2020 年以来，全球疫情与中美贸易缓和刺激了自动化和智能化升级需求，工业机器人创业投资规模企稳回升，2021 年创业投资规模达到 6.7 亿元。

重点企业受到资本市场追捧，成长步伐加快，规模经济显现。天太机器人、大族机器人和李群自动化等陆续受到包括 IDG 资本、招商局资本、梅花创投、真格基金、九合创投、招银国际资本等知名风险投资布局，提高了工业机器人企业在新技术、新产品等方面的研发投入和市场竞争优势。

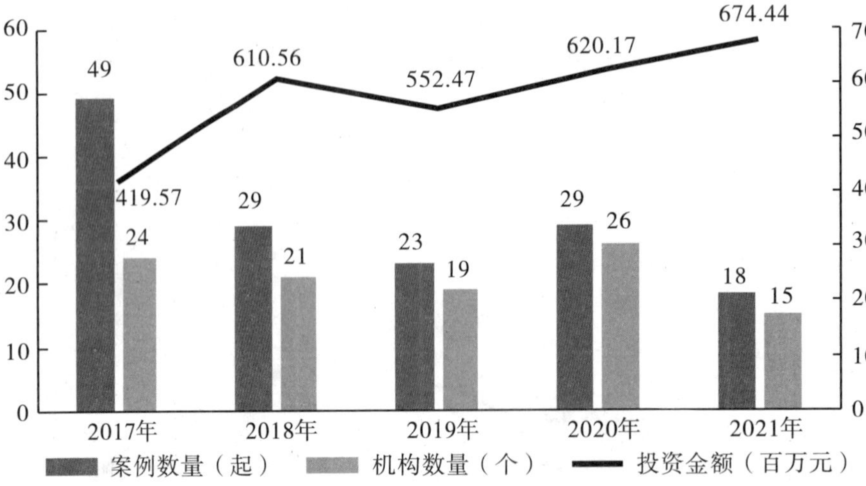

图 14－5　2017—2021 年广东省工业机器人创业投资规模

资料来源：清科私募通。

二、投资轮次

A 轮和 B 轮融资的规模最高，即资本主要流向拥有市场潜力的初创企业。理论上，进入 A 轮融资说明企业产品基本成熟，商业和盈利模式完备，在行业内获得了一定的市场地位和口碑，市场前景广阔，但是在业绩方面可能还存在亏损。进入 B 轮融资说明企业已经孵化出一定的规模，投资项目取得进展，产品线及市场份额持续扩张，利润或客户稳定增长。进入 C 轮融资说明企业已经成熟，可以考虑进一步拓展新业务或上市。

2017—2021 年广东省工业机器人 A 轮和 B 轮融资分别为 6.6 亿元和 8.5 亿元。一方面，广东省工业机器人企业处在谋求价值链攀升的成长阶段，企业规模和市场势力有限，产业链亟待向上游零部件环节拓展。另一方面，投资机构重视企业的创新潜力和市场前景，期望通过中小型企业的孵化与核心竞争力培育获取高额的投资回报。

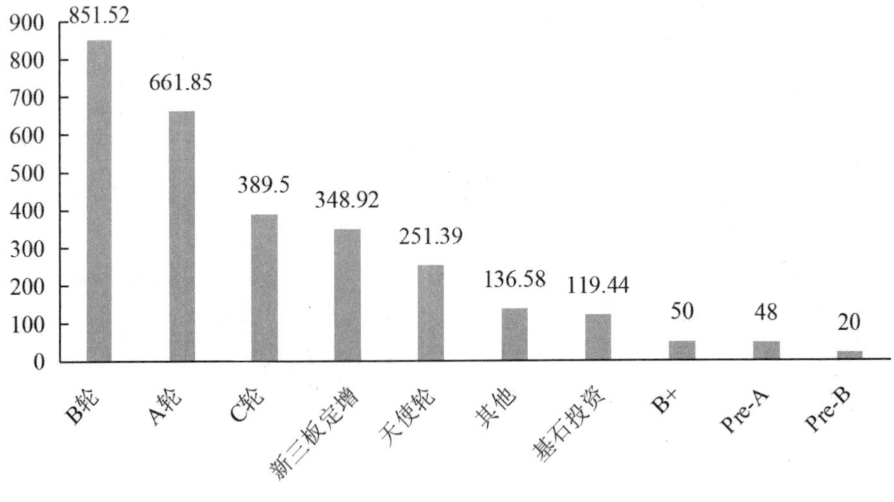

图 14－6　2017—2021 年广东省工业机器人创业投资各轮次投资金额（单位：百万元）

资料来源：清科私募通。

三、投资区域

（一）沿海发达地区是我国工业机器人创业资本主要流入地

在全国层面，资本主要流向北京市、上海市、广东省、江苏省和浙江省等制造业发达、集聚程度高和市场潜力大的沿海地区，2021 年以上五个地区工业机器人创投资本占全国比重达到 95%。2017—2021 年广东省工业机器人累积吸纳创业投资约 28.8 亿元。另外，北京市、上海市、江苏省、浙江省等地区将智能制造业作为战略重点，工业机器人产业链的自主创新能力持续增强，价值链不断攀升，市场成熟度不断提高。其中，2017—2021 年，江苏省累积吸纳工业机器人创业投资约 23.7 亿元，北京市累积约 22.1 亿元，上海市累积约 14.7 亿元，浙江省累积约 11.9 亿元。

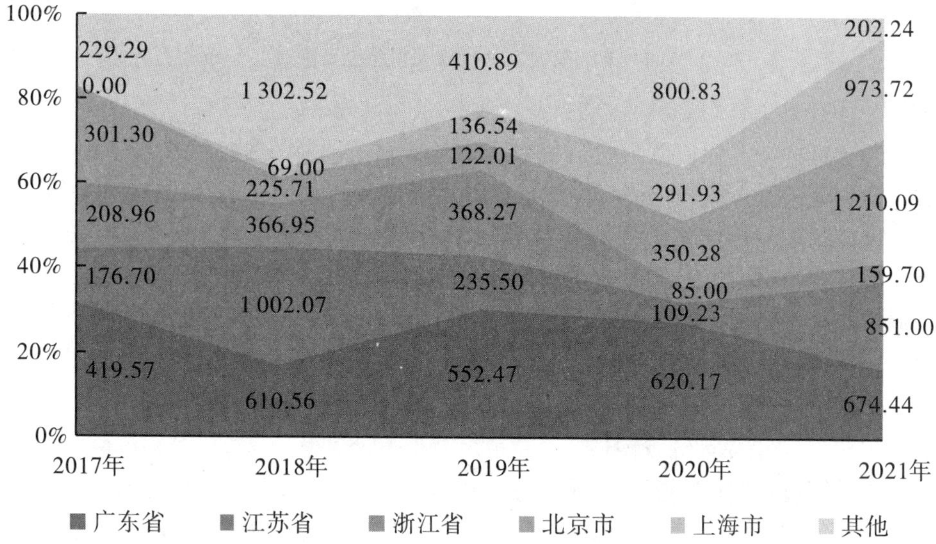

图 14－7　2017—2021 年我国工业机器人创业投资区域（单位：百万元）

资料来源：清科私募通。

（二）广东省工业机器人创业投资以深圳为中心由点到面铺开

在广东省层面，工业机器人创业投资以深圳为中心由点到面、依次铺开。在工业机器人产业发展早期，系统集成企业主要布局在制造业规模大、市场需求大以及地处技术前沿的深圳，2017—2021 年深圳累积吸纳创业投资 13.1 亿元。伴随区域专业化分工和产业链布局的深化，工业机器人开始向惠州、佛山、东莞等地布局。惠州 5 年累积吸纳投资 8 亿元，位居次席。佛山和东莞也分别在 5 年内累积吸纳创业投资 3.3 亿元和 2.3 亿元。

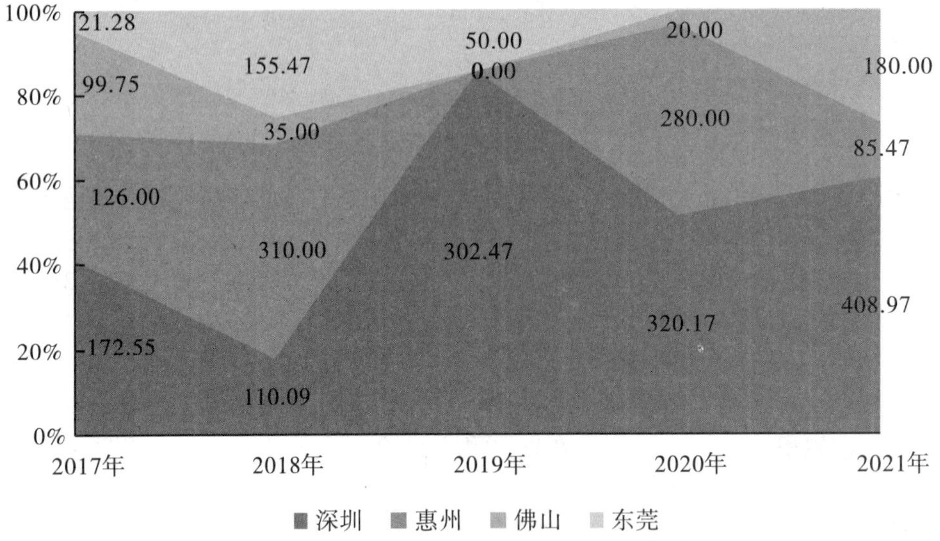

图 14－8　2017—2021 年广东省工业机器人创业投资区域（单位：百万元）

资料来源：清科私募通。

深圳产业集群为工业机器人发展提供了应用领域和技术支撑。2020 年深圳工业机器人产值达到 904 亿元，较 2019 年增长 9.98%，销售收入同比增长 11.50%。惠州将智能制造作为建设制造强市的主攻方向，依托事后补助、事后奖补等政策支持企业数字化、智能化升级。2019 年，惠州引进哈工大机器人集团投资建设机器人智谷项目，打造机器人产业生态圈和创新人才圈。作为全国唯一的制造业转型升级综合改革试点城市，佛山在 2021 年发布推进制造业数字化智能化转型政策，单个企业扶持资金总额最高达 1 亿元，佛山 2020 年机器人及智能装备总产值突破 900 亿元。东莞作为机器人产业先行市，拥有 2～3 个工业机器人产业园和 10 个智能装备特色产业基地。2021 年东莞松山湖国际机器人产业项目正式启用，多家优质企业从竞争中脱颖而出，迈向市场。

四、投资机构

（一）政府引导基金加强工业机器人创业投资引领示范

从图 14－9 可知，2020—2021 年政府引导基金参与的创业投资连续两年超 4 亿元。工业机器人作为高新技术产业，具有高投入、高技术、高风险等特点，研发资金需求旺盛。广东省以中小工业机器人企业为主，减速器、伺服电机和控制器等关键零部件存在进口依赖，产业配套能力较弱，生产成本较高，中高端产品和技术较为落后，缺乏价格优势。对此，政府引导基金以市场化的方式，吸引优质机构参与设立投资基金，有助于反哺广东省工业机器人创业企业，有效发挥财政资金的杠杆效应，吸引社会资本集聚，降低投资风险。另外，政府引导基金发挥示范效应，能够引导投资理性，优化资本配置效率，促进创新能力强的企业快速成长，依托“接力赛”模式帮助高成长性企业做大做强。

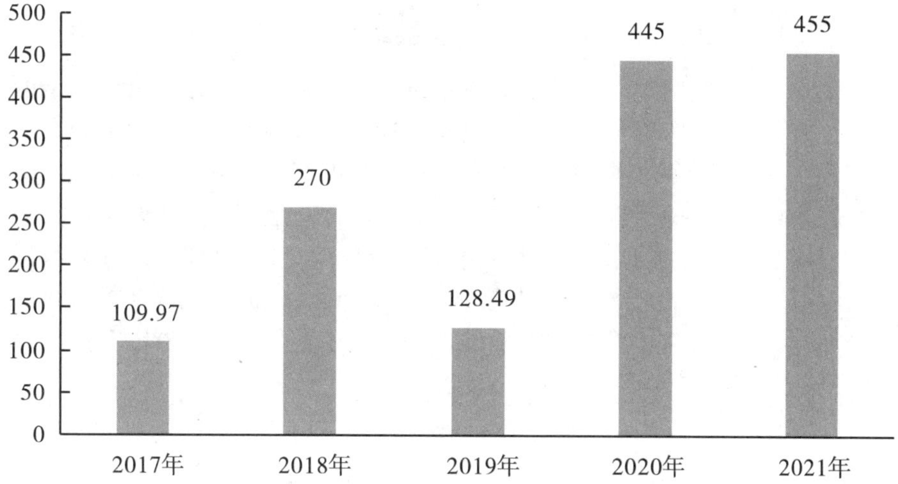

图 14-9 2017—2021 年广东省工业机器人政府引导基金投资规模（单位：百万元）

资料来源：清科私募通。

（二）本土资本是工业机器人创业投资主力

2017 年以来，本土创业投资占主导地位。我国是工业机器人的后起之秀，产业链和价值链处在中低端。相较于发达国家，我国的产业发展、资本市场和制度环境具有特殊性。本土创业资本和风险投资机构更加熟悉国内工业机器人企业的短板和优势，能够制定具有针对性的投资策略，对创业企业和创业家的选择具有更强的甄别能力，有助于实现资本与企业的良性互动。随着人民币基金强势崛起，本土创投的优势日益凸显。另外，由于全球经济环境恶化，国外投资机构的策略趋于谨慎，外币基金的募集更加艰难。

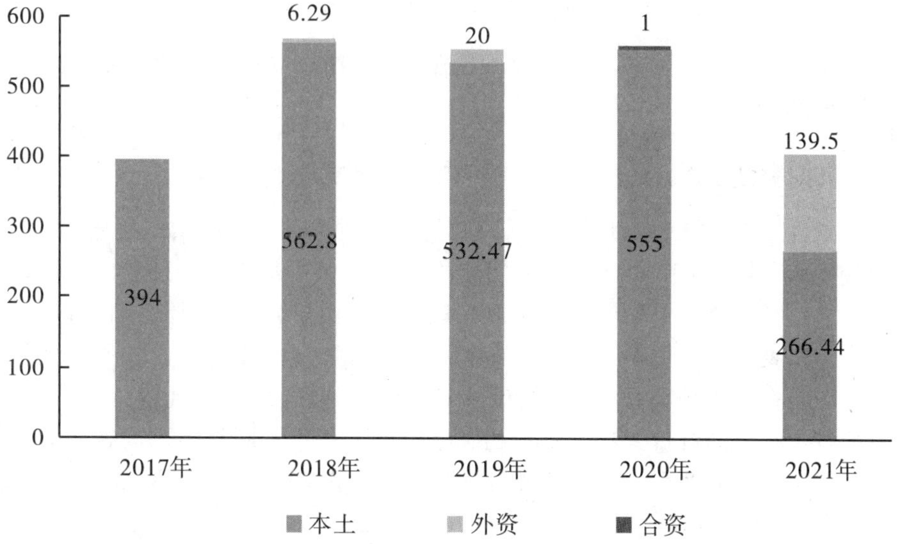

图 14-10 2017—2021 年广东省工业机器人创业投资资本类型（单位：百万元）

资料来源：清科私募通。

（三）公司制是工业机器人创业投资的主要组织形式

2018 年以来，公司型基金的创业投资规模维持在 4 亿元，有限合伙型基金的投资比重较小。相比有限合伙型基金，公司型基金具有稳健、可持续的投资策略和灵活的分配机制，公司型基金大多采取长期投资的形式，因而能够有效化解资金流动的风险，发挥基金管理人在市场上的专业化运作优势。另外，公司型基金擅长聚集社会广大的闲散资金和规模化投资运作，有助于降低资本市场的投资风险，提高风险资本的投资回报率。工业机器人具有高投入、高技术、高风险等特点，需要大量的研发资金投入才能向上游零部件环节布局，孵化市场竞争优势。因此，公司型基金与工业机器人产业的发展特点可以形成更高的匹配度。

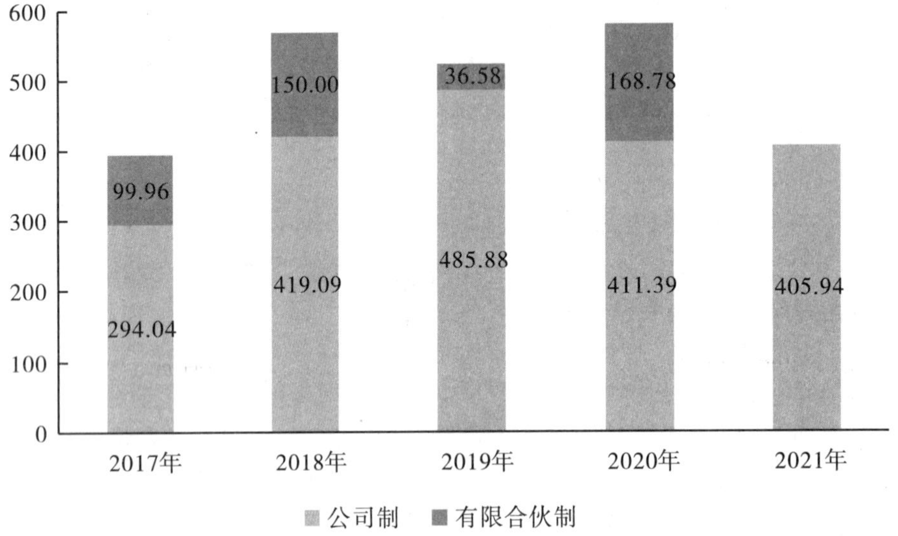

图 14－11　2017—2021 年广东省工业机器人创业投资组织形式（单位：百万元）

资料来源：清科私募通。

（四）机构类型从以 VC 和 PE 为主转向多元化发展

2021 年之前，创业投资风险投资（VC）和私募股权投资（PE）为主，私募股权投资的比重较大。利用 VC 和 PE 融资无须承担债务，能够降低投资周期长的风险，平衡高风险和高收益，拓宽资金募集渠道。值得注意的是，由于企业创新能力和市场竞争力的提高，投资机构朝向多元化发展。2021 年除 VC、PE 和战略投资者以外的其他机构投资达到 4.4 亿元，在资金规模层面甚至与 VC、PE 等投资机构形成直接竞争关系。总之，工业机器人各个环节的投资参与者呈现相互融合的趋势，不同类型机构之间的合作也将更加频繁，投资者与创业企业、投资者与投资者之间的交流与合作也将更加丰富。

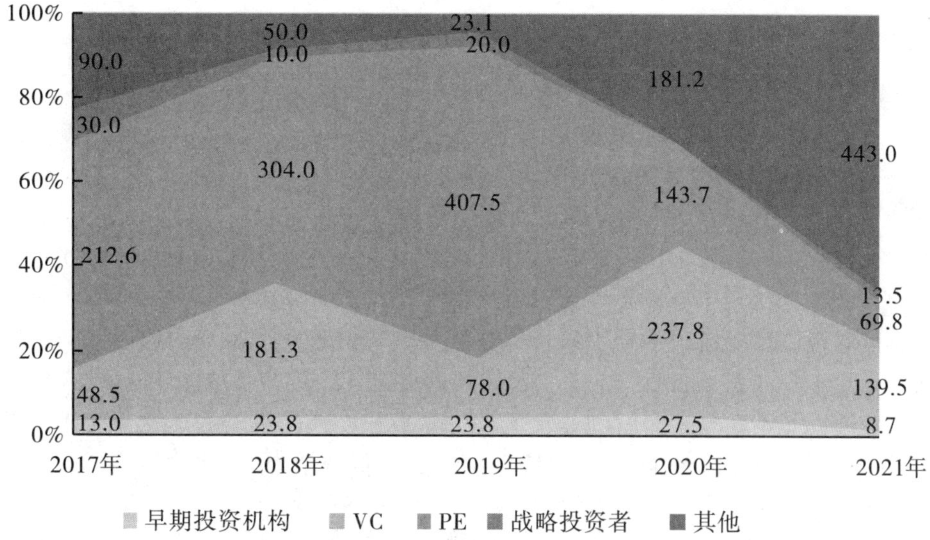

图 14－12 2017—2021 年广东省工业机器人创业投资机构类型（单位：百万元）

资料来源：清科私募通。

（五）国有与非国有机构相辅相成

非国有背景的投资机构是资金供给主体，规模基本维持在 2 亿～5 亿元。同时，拥有国有背景的机构投资也维持在 1 亿元以上。2019 年为应对经济环境的恶化，国有资本积极发挥稳定器功能，投资规模达到 3.6 亿元。因此，国有和非国有资本在工业机器人创业投资中形成了有效的良性互动。一方面，非国有资本是资金供给主体，缓解企业研发资金紧张的局面。另一方面，国有创业资本以参股但不控股为原则，以投资形成的价值增值和获利退出为运营模式，积极发挥引领示范作用，维护市场稳定，规避市场风险。

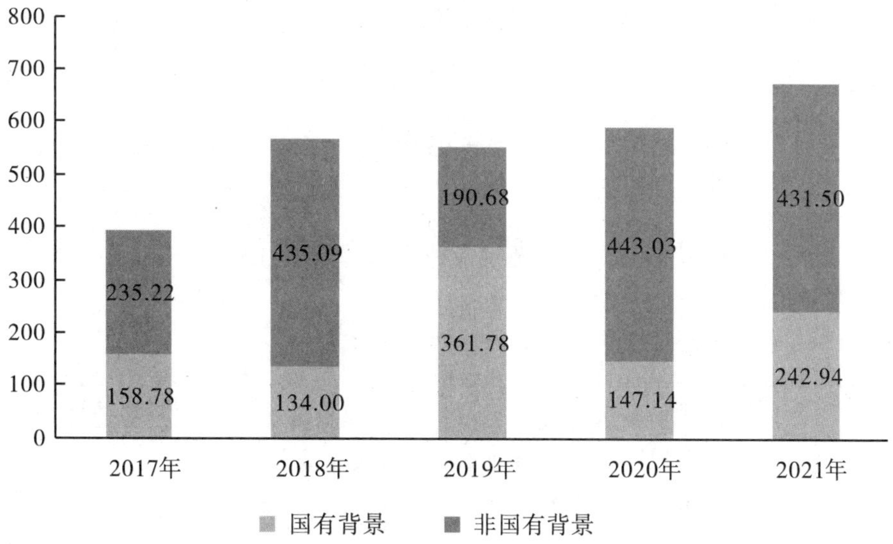

图 14－13 2017—2021 年广东省工业机器人创业投资所有制形式（单位：百万元）

资料来源：清科私募通。

第三节 工业机器人产业链创业投资分析

一、产业环节投资分布

工业机器人上游由控制器、伺服系统和减速器构成，技术壁垒和价值链最高，“卡脖子”问题严重。中游是本体制造，技术难度相对较低，市场竞争激烈。下游是系统集成，国产化程度较高，市场竞争激烈，议价能力较弱，规模效应不足。产业链纵向一体化是工业机器人企业提高市场占有率的首要策略，难点在于上游核心零部件的研发攻关能力。

从产业链的基本布局来看，创业投资集中分布在本体制造和系统集成环节。2017—2021 年中下游企业累积吸纳创业资本 17.1 亿元，在投资结构中占据主导地位。然而，投资机构不断重视企业的纵向一体化能力和成本优势，对全产业链企业形成愈发强烈的兴趣。天太机器人、大族机器人和李群自动化等具备零部件研发、本体制造、系统集成和服务一体化能力的全产业链企业 5 年累积吸纳创业资本 6.5 亿元，对中下游企业形成赶超之势。

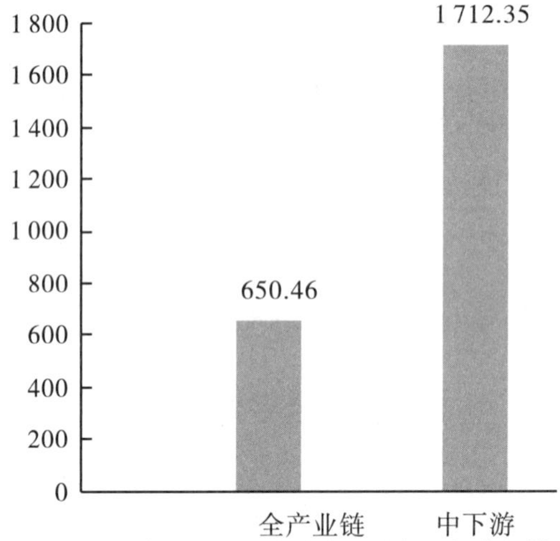

图 14－14 2017—2021 年广东省工业机器人分产业链创业投资规模（单位：百万元）①

资料来源：清科私募通。

从产业链的动态演进来看，工业机器人创业投资呈现由浅入深的特征。初期投资重点是技术门槛较低的本体制造与系统集成企业。广东省工业机器人企业尚处在成长阶段，在上游减速器、伺服电机和控制器等核心零部件领域的研发能力不足，进口依存度高，配套能力弱。核心技术和基础软件被国外先进企业合围，研发创新和成本管控受制于人。另外，垄断上游零部件制造的国外企业具有很强的议价能力，供应链稳定性和价格波动加剧了国内企业的成本和风险。国内企业亟待突破技术瓶颈，谋求价值链和创新链攀升。因此，积极布局上游环节、实现纵向一体化的企业蕴藏着更高的成长性和创新能力，全

①不包括未披露企业名称和投资金额的数据。

产业链企业将受到资本市场重点关注。

表 14－3　2017—2021 年广东省工业机器人各产业链企业创业投资规模

产业链	企业	地区	累计投资金额/百万元	最新融资时间	最新融资轮次
全产业链	天太机器人	佛山	180	2021 年	B
	大族机器人	深圳	329.99	2021 年	B
	李群自动化	东莞	100	2018 年	C
	本润股份	东莞	40.47	2018 年	新三板定增
中下游	模德宝	深圳	200	2021 年	A
	墨影科技	深圳	31	2021 年	A
	利元亨	惠州	801.47	2021 年	基石投资
	利和兴	深圳	279	2021 年	基石投资
	易视智瞳	深圳	118.8	2020 年	B
	如本科技	深圳	40.45	2020 年	A
	蓝海机器人	广州	—	2020 年	A
	隆深机器人	佛山	99.75	2019 年	C
	星河智能	深圳	0.3	2019 年	A
	三维通	深圳	24	2019 年	Pre-A
	远荣智能	深圳	60	2018 年	新三板定增
	力子机器人	深圳	10	2018 年	Pre-A
	沃顿装备	佛山	10	2018 年	新三板定增
	拓野机器人	深圳	—	2017 年	A
	工业富联	深圳	—	2017 年	A
	若步智能	深圳	10	2017 年	A
	吉阳智能	深圳	27.58	2017 年	B

资料来源：清科私募通。

二、主要投资案例

（一）知名投资机构加速布局全产业链企业

知名投资机构瞄准工业机器人企业的纵向一体化能力，深入布局全产业链企业。2017—2021年天太机器人、大族机器人和李群自动化等企业依靠研发能力和成本优势吸引知名投资机构布局。华登国际注资1.26亿元领投天太机器人B轮融资，IDG资本跟投1 350万元，资金将用于扩充产品矩阵与场景，开拓国内外市场，探究前沿技术，实现零部件全面国产化。优山资本和招商资本联合领投大族机器人B轮融资，分别注资1.38亿元，用于智能协作机器人的规模化生产、研发投入以及市场开发等。李群自动化专注核心零部件自主研发，陆续赢得粤科金融集团、天鹰资本等知名投资机构青睐，2018年完成C轮融资1亿元，资金用于研发和上下游合作生态建设，包括在上海建立华东研发中心等。

表14－4　2017—2021年广东省工业机器人全产业链企业主要投资案例

企业	投资人	时间	轮次	投资金额/百万元
天太机器人	华登国际（领投），IDG资本，龙光地产，宁波泓生投资，不公开的投资者	2021年	B	180
大族机器人	招商资本（领投），优山资本（领投），方正证券，深圳投控，中油资产，不公开的投资者	2021年	B	445
	深圳添乐投资，深圳藤松创投，博儒资本，中小担创投	2020年	A	165
李群自动化	粤科金融集团，天鹰资本	2018年	C	100

资料来源：清科私募通。

（二）重视挖掘中下游企业质量与核心竞争优势

一是关注研发视觉智能技术和3D视觉系统的企业。3D视觉有助于提升终端智慧化程度，一旦机器人能够利用3D视觉感知物体的大小和形态，就可以实施高难度自动化操作。在易视智瞳B轮亿元级融资中，广州科学城创投领投7 000万元，智数资本和程铂瀚创投分别跟投750万元，启赋资本追加750万元，资金用于解决高端装备的复杂精密视控及工业场景的智能视觉检测。如本科技接受高榕资本3 416万元A轮融资，资金用于加快市场推广、推进3D视觉产品落地等。

二是重视在特定领域定位明确和具有成本、效率优势的企业。墨影科技关注移动协作机器人的一体化设计以及提供智能柔性产线解决方案，2021年完成A轮1 000万元融资，天奇创投领投，前海长城基金跟投，资金用于产品研发、供应链建设以及商业化落地。智能AGV分拣技术供应商三维通2019年完成2 000万元Pre-A轮融资，由天津睿德信资产领投，力合创投跟投，资金用于智能分拣技术研发，为快递、电商等行业设计高效率、高准确率的智能分拣方案。智能无人叉车是力子机器人坚持时间最久、积累最多的领域，力子机器人完成1 000万元Pre-A轮融资，专注研发工业智能无人叉车，投资机构为点亮资本。

三是重视服务应用领域龙头客户的企业。拓野机器人是日本安川机器人全球最大的代理商，客户包括华为、比亚迪、格力、中车、长盈、伯恩、美的等企业，中兴创投2017年参与拓野机器人A轮融资。利元亨是具备动力电池电芯装配、电池模组组装等智能成套装备研发制造能力的企业之一，与宁德时代、比亚迪、力神等知名企业建立了长期合作关系，2018年B轮融资受到招银国际资本、晨道资本、华创深大等明星资本青睐，资金规模达到2.6亿元；2020年C轮融资获得昆石资本、睿德信投资、松禾资本等机构注资，资金规模达到2.8亿元。

综上所述，本体制造和系统集成企业的创业投资具有明显的需求导向特征。新能源、3C等正处在效率提升阶段，智能升级需求旺盛。投资机构非常注重工业机器人中下游企业与新能源、锂电、家电和3C电子等战略性应用领域的有机融合与分工协作。

表14－5 2017—2021年广东省工业机器人中下游企业主要投资案例

企业	投资人	时间	轮次	投资金额/百万元
墨影科技	天奇创投（领投），前海长城	2021年	A	10
	梅花创投（领投），九合创投，真格基金，宝星依力	2020年	Pre-A	21
利元亨	民生证券	2021年	基石投资	85.47
	睿德信投资，杨林，昆石资本，广东超前投资，津蒲创投，松禾资本，稳正资产	2020年	C	280
	宁波川捷投资，粤科金融集团	2018年	其他	50
	宁波超兴投资，佛山创金源，宁波川捷投资，华创深大，红树成长，招银国际资本，晨道投资	2018年	B	260
	宁波贝庚股权投资，宏升投资，宁波川捷投资	2017年	A	126
易视智瞳	科学城创投（领投），智数资本，程铂瀚创投，啟赋资本，广州科创瑞森风险投资	2020年	B	100
	啟赋资本，远致创投	2018年	A	18.8
如本科技	高榕资本	2020年	A	34.16
	高榕资本	2018年	天使轮	6.29
隆深机器人	小米，力合科创集团	2019年	C	—
	海捷投资	2017年	B	99.75

（续上表）

企业	投资人	时间	轮次	投资金额/百万元
三维通	天津睿德信资产（领投）；力合创投	2019 年	Pre-A	20
	松禾资本	2017 年	天使轮	7
力子机器人	点亮资本	2018 年	Pre-A	10
拓野机器人	中兴创投	2017 年	A	—

资料来源：清科私募通。

（三）政府引导基金与社会创业资本优势互补

政府引导基金与社会资本积极互动，覆盖工业机器人产业链的各个环节，拓宽了资金供应渠道。政府引导基金的参与有助于发挥财政资金的杠杆效应，疏通产业链上下游环节之间的关联，保障供应链畅通稳定，提高生产效率，加速技术研发。

在全产业链企业投资方面，2021 年大族机器人分别在 B 轮和 A 轮融资中获得深圳投控（深圳市投控东海中小微创业投资企业）和中小担创投（深圳市人才双创三号二期）注资，两支基金均由深圳政府引导基金投资入股。

在中下游企业投资方面，2021 年前海长城的中洲铁城创投基金投资墨影科技 A 轮融资，中洲铁城创投基金的主要合伙人为深圳引导基金投资有限公司。2019 年长江小米基金参与隆深机器人 C 轮融资，长江小米基金由小米科技有限责任公司、湖北省长江经济带产业引导基金共同发起设立。2019 年利和兴的新三板定增中获得长江小米基金注资，资金规模达到 2 848 万元。2018 年佛山金控旗下的佛山市产业金融引导基金完成沃顿装备1 000万元新三板定增，其中佛山金控由佛山市公用事业控股有限公司和佛山市财政局出资控股。

表 14－6　2017—2021 年政府引导基金主要投资案例

产业链	企业	投资人	时间	轮次	投资金额/百万元
全产业链	大族机器人	招商资本（招科创新智能基金）	2021 年	B	—
		招商资本［招盈（诸城）创业投资］（领投）			—
		深圳投控（深圳市投控东海中小微创业投资）			—
		中小担创投（深圳市人才双创三号二期）		A	17.53
中下游	墨影科技	前海长城（中洲铁城创投基金）	2021 年	A	1.3
	利元亨	松禾资本（松禾创智创投基金）	2020 年	C	10
		晨道投资（长江晨道基金）	2018 年	B	100

（续上表）

产业链	企业	投资人	时间	轮次	投资金额/百万元
中下游	隆深机器人	小米（长江小米基金）	2019 年	C	—
	利和兴	小米（长江小米基金）	2019 年	新三板定增	28. 48
		大宇资本（顺德大宇智能制造基金）	2017 年	新三板定增	4. 51
	沃顿装备	佛山金控（佛山市产业金融引导基金）	2018 年	新三板定增	10

资料来源：清科私募通。

三、投资事件统计及分析

投资事件集中布局在本体制造和系统集成环节。2017—2021 年发生在中下游企业的投资事件共 32 起，占比 84%；发生在全产业链企业的投资事件共 6 起，占比 16%。一方面是需求侧，本体制造与系统集成紧密连接应用领域，汽车制造、锂电、3C 电子等产业的扩张增加了中下游市场需求，促进了资本入场。另一方面是供给侧，减速器、伺服系统和控制器等核心零部件长期被国外先进企业垄断，布局上游、推动纵向一体化的企业更有能力实现技术攻关，建立稳定的供应链系统。全产业链企业将是广东省工业机器人国产化的主力军和未来资本市场的热捧对象。

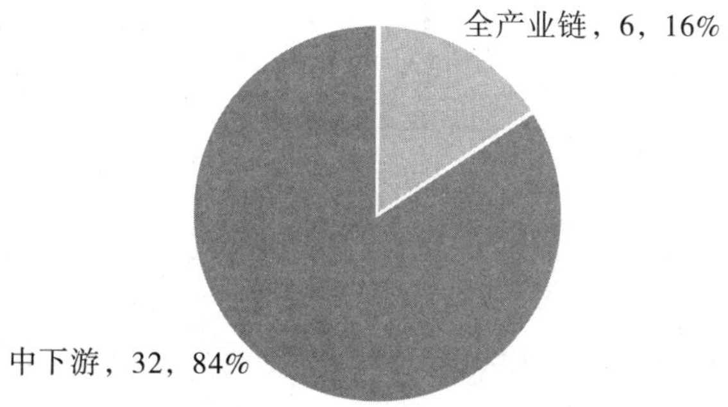

图 14－15 2017—2021 年广东省工业机器人各产业链创业投资事件占比①

资料来源：清科私募通。

第四节　工业机器人产业链创业投资绩效分析

一、退出分析

从退出事件的规模来看，相比半导体等战略性支柱产业，工业机器人的退出事件和企业数量较少，回报金额相对有限。2017—2021 年广东省工业机器人创业投资共发生退出事件65 起，回报金额仅在2018 年和2021 年达到高点，分别是33.2 亿元和11.5 亿元。一方面，创业资本处于寻找投资目标的入场阶段，致力于中小机器人企业孵化和价值潜力挖掘。另一方面，广东省工业机器人企业尚处在融资扩张和价值链攀升的成长阶段，市场竞争力和盈利能力依然有待提高。

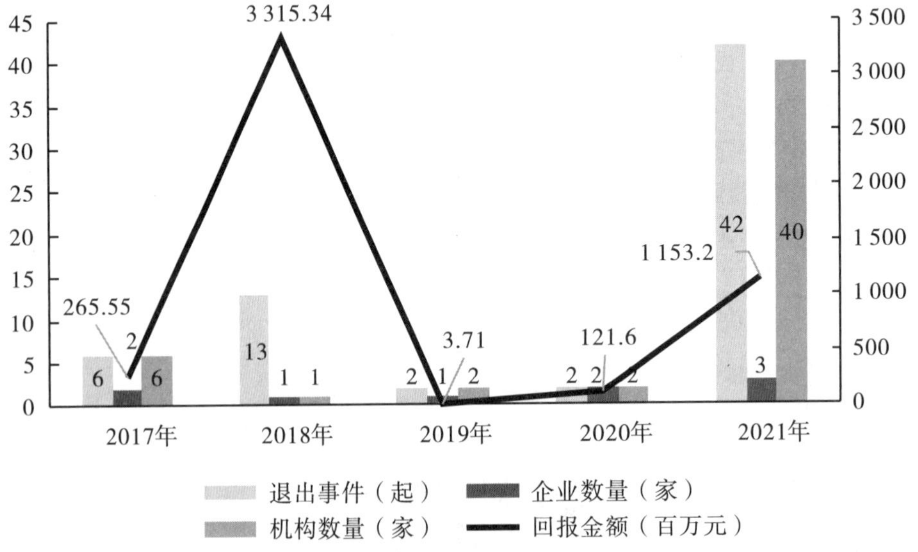

图 14－16　2017—2021 年广东省工业机器人创业投资退出事件

资料来源：清科私募通。

从退出方式来看，以 IPO 退出为主。2017—2021 年以 IPO 退出实现的投资回报金额达46.8 亿元，退出事件59 起，退出机构45 家，退出企业4 家。工业机器人作为高新技术产业，具有高投入、高技术、高风险等特点，为了保持市场竞争优势，工业机器人企业需要大量的研发资金投入和持续不断的创新，建立一体化产业链。一方面，以 IPO 形式退出投资不仅能够保持工业机器人企业的独立性，还能够在证券市场上获得持续融资的渠道，增加流动性，满足未来的资金需求。另一方面，IPO 还有助于帮助工业机器人企业树立市场声誉，建立品牌价值。

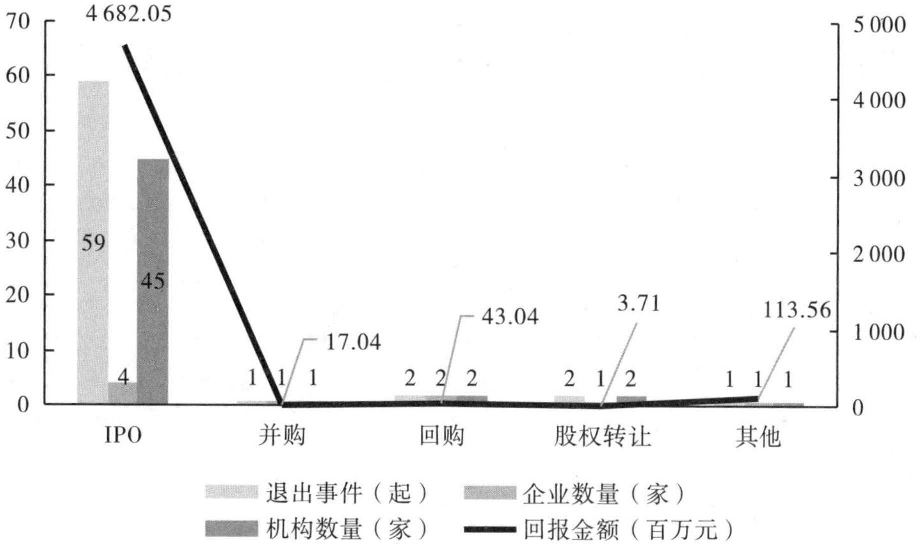

图 14－17　2017—2021 年广东省工业机器人创业投资退出方式

资料来源：清科私募通。

二、投资回报

（一）广东省工业机器人投资回报有限且较不稳定

从整体投资绩效来看，投资回报有待提高。2017—2021 年广东省工业机器人的平均回报倍数仅 1 倍左右，平均内部收益率一般不超过 10%，仅 2019 年有所突破。2020 年外部经济环境恶化导致内部收益率由正转负。这是因为广东省工业机器人企业规模小，减速器、伺服电机和控制器等核心零部件依赖进口，产业配套能力较弱，生产成本较高。另外，逆全球化抬头加剧了工业机器人供应链的不稳定性，阻碍了创业投资回报的提高。

从细分投资机构来看，PE 的投资绩效最为优异。2017—2021 年 PE 的平均回报倍数和内部收益率为 2.55 和 13.11%。一方面，PE 的投资覆盖程度更高，在市场中获得的投资回报也主要流向 PE。另一方面，PE 投资范围广，偏向利润、估值以及资金需求量较大的项目，致力于协助工业机器人企业上市和套现退出，关注企业的盈利能力。相反，VC 的投资范围相对分散，关注高风险、高收益的机器人投资项目，投资进入的时间较早，既可长期进行股权投资并协助管理，也可短期投资寻找机会出售股权。另外，早期投资机构往往能够享受初创企业早期业绩成长带来的投资回报，内部回报率较高。战略投资者重视企业的成长性，追求上游核心技术突破带来的高收益，青睐技术研发型企业，投资周期长、市场风险大，投资绩效有限。

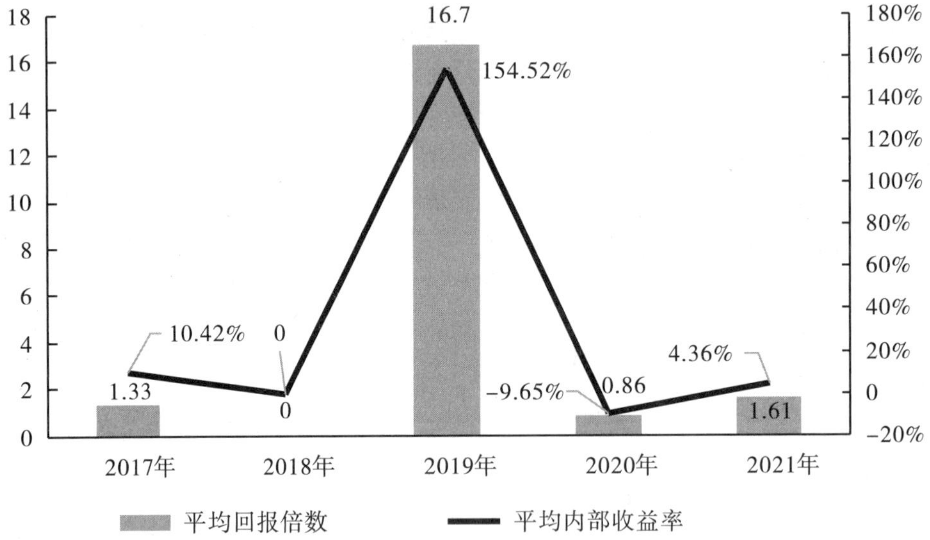

图 14－18　2017—2021 年广东省工业机器人创业投资回报

资料来源：清科私募通。

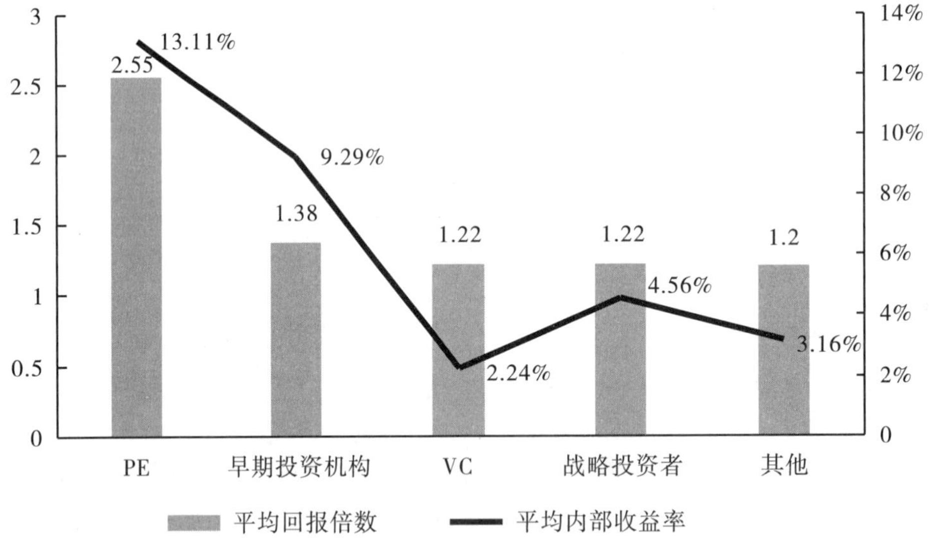

图 14－19　2017—2021 年广东省工业机器人创业投资机构投资回报

资料来源：清科私募通。

（二）广东省工业机器人投资绩效存在差异化特征

从产业链分布来看，投资退出事件集中在本体制造和系统集成环节。工业机器人中下游的技术壁垒和议价能力较低，企业数量众多，市场竞争激烈，利润空间和投资回报被明显压缩。2017—2021 年中下游退出企业包括利元亨、利和兴和远荣智能等。绝大部分投资机构的账面回报小于 2 倍，内部收益率低于 20%。利和兴和远荣智能的投资回报较高，利元亨投资表现不佳。具体见表 14－7。

利元亨的主要收入来源是锂电池制造设备，为应对人工成本的上升压力，企业将大部分募资投入到工业机器人。利元亨创业投资绩效表现不佳的核心原因是业绩含金量不高。具体而言，第一，在销量下降的情况下，盲目投资智能装备以扩张产能；第二，企业规模不足，客户集中度过高；第三，过度依赖税收优惠和补贴。反观绩效出色的企业，利和兴与华为建立长期稳定的合作关系，成为华为智能制造设备的重要供应商之一。除此之外，利和兴还积极拓展新客户以降低客户依赖度，同时扩大研发投入，增加新产品数量。远荣智能积极扩大经营规模，提高议价能力，成本和费用得到有效控制和降低，产品和技术改进促使盈利能力提升，新能源等新兴产业将成为其新的业务增长点。由此可见，本体制造和系统集成企业在争夺市场份额、提升经营业绩的过程中应该以优化产品和服务质量为重心。

表 14－7　2017—2021 年广东省工业机器人中下游企业投资绩效

企业	退出时间	退出机构	账面回报倍数	内部收益率/%
利元亨	2021 年	宁波川捷投资	1.37	8.74
		晨道投资	0.88	－3.91
		招银国际资本	0.88	－3.91
		宏升投资	1.71	15.35
		宁波贝庚股权投资	1.71	15.35
		松禾资本（松禾创新五号）	0.83	－13.08
		津蒲创投	0.83	－13.34
		广东超前投资	0.83	－13.34
		昆石资本（昆石创富）	0.83	－13.34
		粤科金融集团	0.88	－4.03
		睿德信投资	0.83	－13.34
		昆石资本（宁波昆石智创股权投资）	0.83	－13.34
		稳正资产（深圳市稳正瑞丰投资）	0.83	－13.34
		红树成长	0.88	－3.91
		佛山创金源	0.88	－3.91
		华创深大	0.88	－3.91
		宁波超兴投资	0.88	－3.91
		松禾资本（松禾创智创投基金）	0.83	－13.08
		稳正资产（深圳景泰创投基金）	0.83	－13.34

（续上表）

企业	退出时间	退出机构	账面回报倍数	内部收益率/%
利和兴	2021 年	高平聚能资本	14.56	72.13
		顺融资本	2.26	17.98
		中通汇银	1.56	13.04
		深科技	1.56	13.04
		浚泉信	1.56	13.04
		广东商弈投资	1.56	13.04
		顺融资本	1.38	9.29
		大宇资本	1.56	13.04
		双石资本	1.49	11.62
		同创伟业	1.38	15.20
		远致富海	1.38	15.20
		小米	1.38	15.20
		赣州强宇	1.55	25.43
	2019 年	高平聚能资本	16.70	154.52
远荣智能	2017 年	盛世资本	1.21	13.69

资料来源：清科私募通。

实现零部件、本体制造和系统集成“三位一体”的全产业链企业具有亮眼的投资回报。例如，拓斯达不断增加研发投入，在控制器和伺服系统的制造中具有自主研发能力，产品迭代能力强。同时，拓斯达积极布局 3C、汽车制造、光电、新能源、医疗等产业，扩张营销渠道。作为专注于自动化应用领域的技术驱动型差异化战略的企业，众为兴在 2014 年被新时达收购，联新资本、纳兰德投资基金、众智兴和澳银资本等机构退出，其账面回报倍数及内部收益率如表 14－8 所示。众为兴和新时达通过共享销售渠道和供应链能够有效地促进双方的规模协同效应，提高了企业的市场份额和经营业绩，增加了预期投资回报。

表 14－8　2014—2021 年广东省工业机器人全产业链企业投资绩效

企业	退出时间	退出机构	账面回报倍数	内部收益率/%
天太机器人	2021 年	高捷资本（高捷智慧基金）	—	—

（续上表）

企业	退出时间	退出机构	账面回报倍数	内部收益率/%
拓斯达	2017 年	兴证资本（福建兴证战略创业基金）	1.78	19.67
		中国华融	1.07	3.17
		达晨财智	1.07	3.17
		湖北高投集团	1.07	3.17
		兴证资本	1.78	19.67
众为兴	2014 年	联新资本（联新基金）	2.00	22.02
		纳兰德投资基金（深圳市纳兰德基金）	2.00	22.02
		众智兴	17.40	97.06
		澳银资本（华澳创投基金）	2.00	22.02
		澳银资本（深圳华澳创投基金）	2.00	25.89

资料来源：清科私募通。

综上所述，工业机器人需要大量的研发资金投入方能保持企业竞争优势。企业战略调整应该以拓展上游和纵向一体化为主，通过零部件自给，增强盈利能力。宏观经济下行压力增大导致企业遭遇客户需求收缩、投资回报敏感度提升和流动性收缩等多重挑战。产业亟待摒弃粗犷的高速扩张模式，谋求理性发展，培育核心优势。

三、创新绩效

从整体创新绩效来看，广东省是我国工业机器人专利申请数量最多的省份，全国占比达到28%。截至2021年7月，广东省工业机器人专利申请71 519项，其次是江苏省与浙江省，分别为54 905项与31 324项，其他地区均未超过2万项，具体见图14－20。然而，减速机、控制器、伺服电机等核心零部件的专利申请相对低迷，在核心器件的研发上仍有较大上升空间。

从产业链创新绩效来看，全产业链企业在创业资本的支持下加速上游技术攻关，是工业机器人的创新高地。李群自动化自主研发的销售占比逐年提高，2020年达到40%，2021年预计达到80%，专利数量达到145项。天太机器人参与中国国家工业机器人测试标准制定，采用自主研发生产的谐波减速机等核心部件，核心零部件国产化率达到85%。拓斯达不断加强研发投入，2020年的研发投入高达1.61亿元，同比增长129.83%，占营业收入的5.83%，截至2021年拓斯达专利数量达到705项，其中发明专利269项。

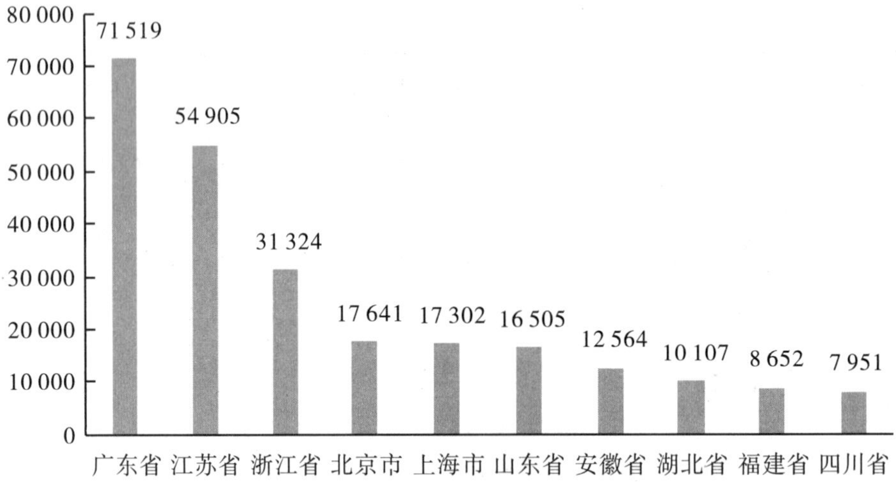

图 14－20 各主要省市工业机器人专利数量（单位：项）

资料来源：智慧芽、前瞻产业研究院。

表 14－9 广东省工业机器人企业专利数量（截至 2021 年）

（单位：项）

产业链	企业	专利总量	发明专利	实用新型	外观设计
全产业链	天太机器人	84	24	38	22
	大族机器人	72	51	7	14
	李群自动化	145	62	70	13
	本润股份	59	24	32	3
	拓斯达	705	269	418	18
中下游	模德宝	56	30	25	1
	墨影科技	26	7	15	4
	利元亨	1 618	765	786	67
	利和兴	85	18	65	2
	蓝海机器人	49	15	34	0
	易视智瞳	80	30	28	22
	如本科技	8	3	3	2
	隆深机器人	247	154	77	16
	星河智能	14	8	5	1
	三维通	22	8	14	0

（续上表）

产业链	企业	专利总量	发明专利	实用新型	外观设计
中下游	远荣智能	116	54	62	0
	力子机器人	46	24	22	0
	沃顿装备	54	13	41	0
	拓野机器人	142	38	102	2
	工业富联	5	5	0	0
	若步智能	12	8	2	2
	吉阳智能	666	393	273	0
	控石智能	58	25	32	1
	佳顺智能	107	27	53	27
	康道智能	20	9	11	0

资料来源：企查查。

由于技术难度低、同质化竞争严重等问题，在产业发展初期，本体制造与系统集成的创新产出不仅数量少，而且结构上以实用新型专利为主，研发质量不足。不过在创业投资的带动下，中下游企业加速转型，扩大研发投入，研发思路由策略性创新转为实质性创新，创新质量显著提高，发明专利开始占据主导。截至 2021 年，隆深机器人申请发明专利 154 项、实用新型专利 77 项。模德宝、墨影科技、三维通、易视智瞳、星河智能、力子机器人等企业的创新同样实现转型提质，关键技术的研发资金投入在创业资本的引导下扩张，发明专利占创新产出的比例不断提高。

综上所述，掌握核心技术的零部件、本体制造和系统集成企业将率先享受国产替代红利，全产业链企业有机会成为产业龙头。布局核心零部件能够降低本体制造成本，提升本体制造性价比；布局本体制造既可以检测核心零部件性能，又可以降低系统集成的成本；系统集成也凭借市场潜力大，成为盈利的必争之地。因此，全产业链布局的战略方能使工业机器人企业脱颖而出。

第五节　发展趋势研判

第一，产业发展环境。我国正在深化供给侧结构性改革，构建国内国际双循环相互促进的新发展格局，释放统一大市场的规模经济。在全球产业链重构的时期，智能化自主可控是应对外部经济风险、促进制造业转型升级的核心。工业机器人是适应新一轮科技革命的关键媒介。广东省工业机器人在税收优惠和财政补贴的推动下迎来战略机遇期，各地纷纷落地产业园，建设技术与资本高地。疫情加速工业机器人渗透，刺激汽车制造、3C 电子、锂电和新能源等与人工智能、互联网和自动化技术融合发展。“快速成长 + 进口替代”是广东省工业机器人发展的主要特征，创业投资有望继续攀升。

第二，产业链和价值链布局。广东省建立起比较完整的工业机器人产业链体系，是全国规模最大的产业集群。控制器、伺服系统和减速器三大上游核心零部件的附加值最高，减速器市场的85%、伺服电机市场的90%以及控制器市场的80%均被国外品牌占据。广东省工业机器人主要布局本体制造和系统集成环节，市场竞争激烈，企业数量多、规模小，扎堆创新链中低端，缺少核心技术和自主知识产权，受限于外国企业的寡头效应。

第三，产业发展瓶颈。到2025年，广东省目标建成国内领先、世界知名的机器人产业创新、研发和生产基地。然而，当前工业机器人产业面临的风险与挑战依旧不容忽视。首先，中高端产品在技术上与外国企业存在较大差距，产业链和价值链处在世界中低端。其次，减速器、伺服系统和控制器等核心零部件和部分系统集成技术对外依存度较高。最后，机器人产品智能化水平较低，垂直应用领域有待拓展。

第四，创业投资的格局演进。在产业成长阶段，中下游的本体制造和系统集成是创业资本集中布局的环节。与此同时，不少企业通过积累与学习，实现技术突破，布局上游核心零部件环节。全产业链企业依靠产业链一体化和成本优势开始受到创业资本青睐。不过伴随市场竞争的加剧，行业资源亟待重新整合，规模效应亟待释放。在资本市场中，虽然融资需求持续增加，但是在经历技术“卡脖子”和产品低端化阶段以后，投资理念也开始面向理性化方向发展。未来，创投机构可在以下方面发力：一方面，关注纵向一体化企业。全产业链企业的创新能力突出，有条件打破国外企业对上游零部件的垄断，有能力降低供应链的不稳定与风险，形成成本优势。另一方面，在中下游本体制造与系统集成环节，注重市场定位明确、研发投入高和生产规模大的企业。另外，系统集成企业如果能够与应用领域中的龙头企业保持密切的战略合作关系也能够为创业资本带来丰厚的投资回报。总之，创业资本将聚焦工业机器人企业质量尤其是产业链一体化等核心竞争力的孵化。市场格局将重新洗牌，迎来优势劣汰的集中化趋势。

第五，创业投资的市场机会。广东省工业机器人具有极高的发展潜力和投资价值，各产业链企业将迎来新的投资机会。首先，核心零部件领域的技术破冰促使一些企业有能力实现纵向一体化，创业资本可以考虑进入在控制器、伺服系统和减速器等上游环节积极推进研发的全能型创新企业。其次，在本体制造环节，创业资本需要关注高性价比的中低端本体。最后，在系统集成环节，3C电子、锂电和新能源汽车等领域的规模扩张将带来更多投资机遇，创业资本需要关注与应用领域龙头企业保持密切合作的系统集成企业，重视产品差异化，考虑布局研发视觉智能和3D视觉系统的企业。

综上所述，做大做强工业机器人是一项复杂的系统性工程。广东省亟须采取创新驱动的发展模式，加速上游核心技术攻关，推动新旧动能转换，围绕产业链结构，促进工业机器人产业链集群化发展。首先，聚焦减速器、控制器和伺服系统研制，支持核心零部件企业以互相参股和技术转让等形式整合资源，布局全产业链，培育贯通“研发—生产—营销”的纵向一体化能力。其次，支持国际人才流动和来华创业，加速智能领域的人力资本集聚，通过校企联系优化“产学研”一体化平台，鼓励本土企业与国外标杆企业合作。再次，利用粤港澳人工智能产业联盟和产业园区，打造技术竞合平台，释放产业集聚中的匹配、学习和知识溢出效应。最后，甄别企业质量，鼓励龙头企业做大做强，盘活各类金融资源，统筹财政补贴和税收优惠，依托产业引导基金引领 VC、PE 等社会资本再分配，优化资金配置效率，支持优质工业机器人企业在合适板块挂牌、上市，协助解决登陆资本市场的困难，鼓励债券工具融资。